世界名著阅读经典文库

影响中国的100部中外名著

孙维新 吴文智 主编

苏州大学出版社

图书在版编目(CIP)数据

影响中国的100部中外名著/孙维新，吴文智主编
.—苏州：苏州大学出版社，2010.4
(世界名著阅读经典文库)
ISBN 978-7-81137-430-8

Ⅰ.①影… Ⅱ.①孙…②吴… Ⅲ.①著作—简介—世界 Ⅳ.①Z835

中国版本图书馆CIP数据核字(2010)第058620号

书　　名	**影响中国的100部中外名著**
主　　编	孙维新　吴文智
责任编辑	史创新
出版发行	苏州大学出版社 (苏州市干将东路200号　215021)
印　　刷	丹阳市教育印刷厂
开　　本	787 mm×1 092 mm　1/16
印　　张	23.75
字　　数	435千
版　　次	2010年4月第1版 2010年4月第1次印刷
书　　号	ISBN 978-7-81137-430-8
定　　价	38.00元

苏州大学版图书若有印装错误，本社负责调换
苏州大学出版社营销部　电话：0512-67258835
苏州大学出版社网址　http://www.sudapress.com

前　言

当今社会，物质世界发展之快是人们有目共睹的，就常识而言，无论社会如何发展，精神世界仍是主导物质世界的力量所在，从这个角度看，书籍，特别是那些优秀的文学名著，才是我们这个社会所共有的最大财富。

无疑，书籍是人类最好的朋友，读书能让我们变得聪慧、善良、谦逊……很多优良品质我们都是从书本上得到的，而名著更是给我们留下巨大财富的良师益友。要想成为一个高尚的人，就必须让自己学会阅读。阅读升华人格情操，触及心灵自省，是最有效的教育之一。阅读名著，可以培养我们健康向上的情趣，增长知识，促进智力，可以提高人的综合素质。在阅读的过程中，书中的智慧能使我们的人生得到启迪，书中顽强拼搏的精神能让我们自强不息。阅读名著，就是与伟大心灵的对话。

人，只有通过阅读，才能够发现自己思想的卑微，才能使心灵和灵魂得到净化。名著如同沙漠里的绿洲与甘露，可以使自己的心灵获得重生。从这个意义上说，阅读名著是一种快乐，是很有意义的事情。阅读名著可以让人在精神上得到最大的满足和享受。特别是对于青少年而言，阅读是头等大事，它是青少年增长知识、开拓眼界和陶冶情操的有效途径。

古今中外的名著历来是人类共同的精神财富，对人们生活的各个方面有着巨大的影响。不可否认，世界文明的发展给我们留下了许多优秀的文化作品，但相对于海量的一般普通作品而言，我们所能接触到的优秀作品充其量也不过如沙中珠玉。在这座世界文化宝库面前，存在的一个显要的问题就是:精华与糟粕共存。这里就有一个如何引导的问题。引导阅读,已被发达国家上升到了人才竞争、国力竞争的层面上来认识。正确引导读者步入有益阅读是思想界与学术界的神圣职责。对于大多数一般读者而言,要从浩如烟海的一般图书中去甄别那些有特别阅读价值的名著,虽不是什么登天难事,但也绝非易事。所以,我们的多数读者,想要多读一些优秀作品的愿望还是很难实现的。不仅有不少人限于财力不能购买那么多书,也因现代人生活节奏太快,不能拥有大块时间去一本本地细细阅读、慢慢体味。因此,无论是对研究者还是对普通读者,如果能拥有一套可以概括世界主要名著的工具书,无疑是一大美事。这就是我们编写这套"世界名著阅读经典文库"丛书的初衷。

丛书以独特的视角切入,对世界文化发展脉络予以深刻洞察和梳理,在占有大量信息的基础上,以那些塑造和改变了我们这个世界的人、事乃至理念为线索,勾画了一部生动而清晰的世界文化发展史。在选择评介对象时,以学术性或艺术性并重的原则,兼顾作品的实际影响;在广泛调查、大量翻阅工具书的基础上确定书目。在写作时,语言上注重可读性,追求一种介于学术性和文学性之间的风格。内容上,大致包括三个方面:作者生平及著述与学术或艺术成长历程、作品内容提要及简析、作品的主要影响。

读者可以在短时间内通过对丛书的轻松阅读系统地感受世界哲学、文学、历史、政治、艺术、科学等各个领域的发展与成就。希望这套荟萃世界名著的丛书会被大众所接受,所喜欢。

contents

目录

contents

目录

contents

目录

contents

目录

鲁迅 [中国]

《阿Q正传》

作者简介

鲁迅(1881—1936),原名周树人,中国文化革命的先驱,伟大的文学家、思想家和革命家。他的小说主要收集在《呐喊》《彷徨》《故事新编》里,著名的有《孔乙己》《药》《一件小事》《故乡》《阿Q正传》《祝福》等。鲁迅也写了很多杂文和散文,如《读书杂谈》《拿来主义》《野草》《秋夜》《藤野先生》等。

作品提要

要给阿Q作传,已经不止一两年了。但一面要做,一面又往回想,感到万分困难。第一是文章的名目。传的名目繁多:列传、自传、小传……用在阿Q头上可惜都不大合适。第二,立传的通例,开头往往道出名姓,可不知道阿Q姓什么。有一回他似乎是姓赵,但第二日便模糊了。第三,又不知道阿Q的名字是怎么写的。他活着的时候人都叫他阿Quei,死了以后便没有一个人再叫他阿Quei了。不知道他究竟是阿桂还是阿贵,只好用“洋字”,略作阿Q。第四是阿Q的籍贯了。他虽然多住未庄,然而也常常住在别处,不能说是未庄人。

阿Q不单是姓名籍贯有些渺茫,连他先前的“行状”也很渺茫。阿Q没有家,住在未庄的土谷祠里;无固定职业,只得给人家做短工。只有一回,一个老头子颂扬说:“阿Q真能做!”别人摸不着这话是真心还是讥笑,然而阿Q听了很喜欢。阿Q又很自尊,所有未庄的居民全不在他的眼睛里。加之进过几次城,阿Q更自负,然而他又看不起城里人。按理说,既然阿Q“真能做”,又见识广,该是个“完人”了,可惜他体质上有些缺点。最恼人的是头皮上颇有几处不知起源于何时的癞疮疤,常被未庄人取笑。阿Q起先是打,但力气小总是吃亏,于是他渐渐地改为怒目而视,但那些闲人们仍不放过他,常揪住他的辫子往壁上碰,而后心满意足地得胜走了。阿Q站在一侧,心想:我总算被儿子打了,现在的世界真不像话,于是也心满意足地得胜地走了。当未庄人知道他有这样一种精神上的胜利法后,更加不放过他,常强迫他说自己是畜生。阿Q起先还觉得心里闷,然而不过十秒钟，一想自己是第一个自轻自贱的人，那状元不也是“第一个”吗?于是又愉快地喝酒去了。

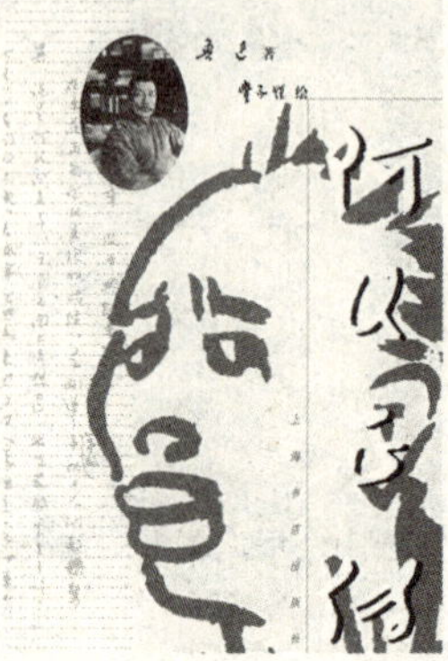

上海出版社 1999 年版封面

人民文学出版社 2002 年版封面

有一年春天，阿Q看见王胡赤着膊从衣服里捉虱子，一个接着一个，而自己一共才捉了三四个，阿Q心里很不服气，两人打了起来。王胡因为那一脸络腮胡子，一向被阿Q所瞧不起，这回王胡竟然把阿Q打了!阿Q的“君子动口不动手”这次没有起任何作用。他无所适从地在街上站着，看见远远走来一个人，是钱府大少爷——去过东洋，剪了辫子，被阿Q称为“假洋鬼子”。“假洋鬼子”过来了，阿Q骂道:“秃儿，驴……”这回可能由于太气愤，竟骂出了声。那秃儿提着棍子大踏步走过来狠狠地打了他几下。这大概是阿Q记忆上第二次受辱。然而不一会儿，“忘却”这宝贝又发生了效力，当他将到酒店门口时，早已有些高兴了。看到对面走来了静修庵的小尼姑，阿Q又来了气:“怪不得今天这样晦气!就因为见了你!”他迎上去，大声吐了口唾沫。小尼姑没有睬他，他又突然去摸伊的头皮，傻笑说:“快回去，和尚等着你。”“断子绝孙的阿Q!”远处传来小尼姑的骂声，阿Q大笑着回到土谷祠。然而这次胜利使他有些异样。平时一躺下就睡着了，可今天?“断子绝孙的阿Q!”阿Q耳边又响起这句话。

吴妈是赵太爷家里的唯一的女仆。一天，她坐在长凳上和阿Q聊天，突然阿Q大喊着对吴妈跪下了:“我和你困觉!”吴妈一愣，随即哭着往外跑。阿Q跪在那儿，仿佛觉得有些糟，忽然头上着了很重的一下，原来是赵秀才拿根大竹竿立在他身后。赵秀才刚一走，阿Q慌忙从后门溜回了土谷祠。打这天起，阿Q忽然觉得世上有些古怪，女人们都躲着他走，管土谷祠的老头也想赶他走，最要命的是没有人请他打短工了。不打短工，吃什么呢?这一天，阿Q实在太饿，只好出去求食。熟悉的饭馆他不愿求，慢慢一直走，竟走到了静修庵的门外。他走进门，眼前一亮:萝卜!他匆忙拔了几个，却见老尼姑已放了黑狗撵他。阿Q慌忙中掉下一个萝卜，吓走了黑狗，他才拔腿跑了。等三个萝卜吃完，阿Q打定了进城的主意。

“士别三日当刮目相看”，阿Q再次回到未庄时，人们惊奇地发现他似乎有了很多钱，常大摇大摆地到酒店买酒喝。这一来，众人对他更是又敬又畏。一班闲人却想要探究阿Q发财的底细，阿Q并不忌讳，傲然说出经验，却原来竟是一个帮助人家接东西的偷儿!这真令那些对他“敬而远之”的人感到有些屈辱了。

宣统三年，有一只大乌篷船悄悄到了赵府上的河埠头，据探头探脑调查来的结果，知道那竟是城里举人老爷的船！人们都传说是革命党进城了，举人老爷来乡下避难的。一时人心惶惶。阿Q本来是积极反对革命党，认为革命便是与他为难。而现在发现革命竟使举人老爷这样怕，不免有些神往了。这一日他喝了点酒，走在大街上飘飘然起来，忽而觉得自己成了革命党，禁不住大叫起来："造反了！造反了！"人们都用惊惧的眼光看着他。阿Q飘飘然地飞了一通，回到土谷祠。他的思想蹦跳起来，他恍惚觉得未庄的鸟男女们都会跪在他面前求他饶命，好多女人都在他眼前晃过。阿Q没有想好，已发出了鼾声。

第二天他起得很迟，有意无意地走到了静修庵，声称要革命。"怎么？那秀才和假洋鬼子已革过一命了，你还要怎样？"老尼姑问。原来是赵秀才一听说革命党进了城，就急忙去找假洋鬼子商量去革命。他们想起静修庵里有一块"皇帝万岁万万岁"的龙牌应该革掉，就急忙来到庵里。当老尼姑后来检查时，才发现龙牌固然已碎，连一个宣德炉也不见了。这事阿Q后来才知道，他深怪他们不招呼他。"难道他们不知道我已投降革命党了吗？"阿Q想。这一天，阿Q经过钱府，只见假洋鬼子和赵秀才正谈得起劲，阿Q怯怯地躄进去。他鼓起十二分的勇气终于开了口。然而只说了"我要投"三个字，就被"洋先生"扬棒子赶了出去。阿Q只有懊丧地往回走。忽然，"啪，吧"，阿Q听得一阵异样的声音，接着看见小D气喘吁吁地说："赵家遭抢了！"阿Q气愤地想：全是假洋鬼子可恶，不准我造反，否则这次何至于没有我的份呢？……妈妈的假洋鬼子，你造反！我要告你，看你抓进县里去杀头，——满门抄斩，——嚓！嚓！

然而，四天后的一个暗夜，阿Q被糊里糊涂地抓到了县城。在大堂上，一个穿长衫的老头子问："你的同党呢？就是那晚打劫赵家的人？""他们没有来叫我。"阿Q提起来就愤愤的。他还想说点什么，老头子却叫人将他关进了一间小屋里。第二天依然是同样的问题，阿Q只能说"没有"。老头子就拿笔和纸来，叫阿Q画押。阿Q简直要惊奇得"魂飞魄散"了，因为他的手和笔相关，这回是初次。他立志要画得

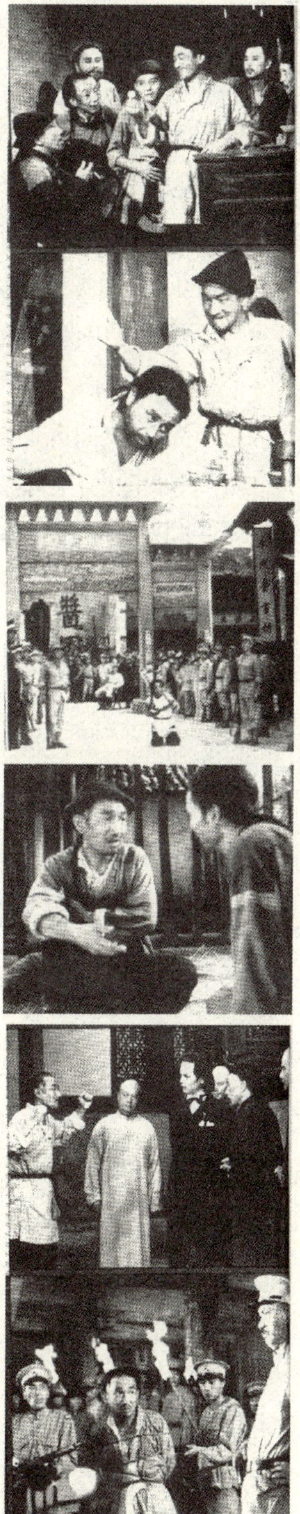

电影《阿Q正传》中严顺开主演阿Q的数则剧照

圆，然而笔一抖一抖的，结果画成瓜子样子了。他回到小屋，一直为没有画圆而苦恼，但不多时他就觉得“孙子才画得很圆”！

第四天，阿Q被抬上一辆没篷的车，他看到两旁许多张着嘴的看客，前面背着洋炮的兵们，突然觉察到了：这岂不是去杀头吗？他忽然很羞愧自己没志气，竟然没有唱几句戏，于是百忙中他叫出几句从来不说的话：“过了二十年又是一个……”人群里哄笑起来。阿Q的耳朵里嗡的一声，觉得全身仿佛都迸散了。

在未庄，人们自然都说阿Q如何如何坏，枪毙他便是他坏的证据。这之后很长一段时间，城里人还在不满地议论，那是怎样一个可笑的死囚啊，游了那么长时间的街，却没有唱一句戏，他们白跟一趟了。

圣-琼·佩斯［法国］

《阿纳巴斯》

作者简介

圣-琼·佩斯是著名的法国诗人阿历克西·圣莱热·莱热(1887—1975)的笔名。他生于法属瓜德罗普岛,他的家族是在17世纪移民到那里去的。他十二岁那年,全家迁回法国。佩斯在波尔多学过法律,早年就有诗作和诗歌翻译作品问世。他自学政治后,于1914年开始从事外交工作。1916—1921年在法国驻中国大使馆任职,后在法国外交部任秘书长和大使。第二次世界大战爆发后,他于1940年到美国,于1941年至1945年担任美国国会图书馆文学顾问,在停笔十六年之后重返文坛。在此期间,他被法国维希政府剥夺了公民权和财产。大战之后,他没有重返法国外交舞台,于1950年正式退休并在美国永久居住。

他文学作品的署名有一部分用的是真名,但大部分用的是笔名。在发表了几首反映儿时印象的诗作之后,他于1924年在法国驻中国使馆创作了具有史诗性质的长诗《阿纳巴斯》(有人译为《远征》)。这首诗读来令人费解,有的评论者猜想,也许亚洲读者比西方读者更容易理解此诗的含义。不过,佩斯大部分的作品是在他到美国之后写出来的,如长诗《流亡》(1942)、《雨》(1943)、《致异乡女士的诗篇》(1943)、《雪》(1944)、《风》(1946)和《岸标》(1957)等。1960年,他获得诺贝尔文学奖,得奖评语是:“由于他高超的飞越与丰富的想象,表达了一种关于目前这个时代富于意象的沉思。”人们普遍认为《阿纳巴斯》对现代诗歌产生了深远的影响。T. S. 艾略特将其译成了英语,并在译序中称这首长诗描述了在广阔的东方大地上的“一系列迁徙意象”,称赞这首诗为“与詹姆斯·乔伊斯的后期作品同样重要的作品”。

圣-琼·佩斯(中)与友人在北京的合影

浙江文艺出版社 1999 年版封面

作品提要

阿纳巴斯(节选)

选顶帽檐掩面的大软帽。面向心灵中的省份,目光倒退了一世纪,从彻亮的白垩门远眺,平原景色尽收眼底,活生生的风物,哦,那些东西

美极了!

幼儿坟头的幼马祭,用玫瑰取洁的寡妇们以及那些于院落聚在老人们身边敬老的翠鸟;

大地上很多可闻可见的东西,我们周围尽是活生生的事物!

纪念古树的露天喜庆,为一片水潭而设的公众祭典;浑圆的黑石碑上的题铭,废弃的圣地又发现的源泉,近山口处的立杆梢头招展的祝圣的幡旌,墙影下阵阵热烈的喝彩,为壮汉在太阳下受断肢的刑罚,为展示新嫁娘完婚的衣物。

还有不少东西齐我们左右的太阳穴;村头镇口包扎的受伤牲畜,迎着剪毛手的羊绒梭口的起伏,好些掘井人和阉马人一行,听庄稼的造熟声而估量眼下的收成和草叉阵阵往屋脊上铺干草的鼓风声,粉红窑土筑起的围墙,腌肉的晒台和僧侣的长廊,王室总管的府邸,兽医的成片宽敞无比的院子;维修骡马的崎岖山道和深堑间羊肠小路的苦役队;旷地上兴建的收容所,商旅到来的告示和流窜于钱币兑换区的保安队;门户披檐和油炸物炉台前呈现的兴隆,反对承兑货券的呼声,对白化患者的牲畜和地下白蚁采取绝灭的行动,死尸污染地点升起荆棘的烈火,大麦粉和芝麻做的香烧饼;或许是发酵的饽饽而且处处起人烟……

啊!各行其是的各色人等:食昆虫的人,也有食水产的人;果腹者,腰缠万贯者!耕作者和贵宦少年,针刺医生和咸盐贩子;征收过桥买路钱的,铁匠;贩食糖,贩肉桂者,贩白金属杯盏和羊角灯者;皮衣裁缝,木屐匠和椭圆衣扣制造者,荒芜田地者;无行无业者:要隼者,吹笛者,养蜂者;以吊嗓子为乐者,鉴别玉石的行家,以教唆纵火为得计的人;香叶铺地成床,躺下休闲的人;仿活水塘设计青陶瓷器图纹的人;那倦游了又想再度云游者;于成年大雨国度度过岁月者;摇骰子的,玩骨牌的,耍魔碗的;或是在地上铺开相命册者;对葫芦用途别具慧眼者,拖着一只死鹰像脚跟捆了树枝似的人(羽毛扯尽,并非卖了而是当羽箭使的)，在朽船上采花粉的人(而他说，乐趣就在于那份嫩黄色)；爱吃馅饼、棕榈虫、覆盆子的人；喜闻龙蒿气味者；做过甜椒梦者；或者仍是咀嚼化石胶糖者；海螺凑到耳根谛听的人，盼石头新裂缝散发精灵香气者，念念不忘女人体形者，贪色汉；对剑刃反光照自家灵魂者；精通百技，名录学者；出谋献计的受宠者，指称泉水地点者，捐歇座于树下，献彩毯于贤士者；于三岔口渴饮古铜色大碗水，底印有捐家姓氏的善人，更妙的是，无所事事者，自行其是者，还有不胜枚举的其他人!土旮旯里掏鹌鹑的人，荆丛中拣到青斑卵的人，下马拾遗的人，拾到玛瑙的，一块青玉石，小镇口外的雕匠可加工(成匣子，烟盒和搭扣，或是患过中风者的手里轧轧的磨着的圆球)；露天里边吹口哨边油彩漆盒的人，拄着象牙圆头手杖的男人，坐着藤椅的休闲人，附丽于一双女人纤指的雅士与长矛栽在门口拴只猴子的解甲归田的武人……呵!各行其是的各色人等。然而，蓦地出现身着晚装，居先依次解答一道道难题者，正是那腰果树下坐着的说书人!……

啊，地方志学家，熟记多少族谱和世系?——希望死者身后财产归属继承人，一如法家训诫所规定，我不曾见到任何一件淹没的东西及其悠久的价值；史册和年鉴的藏房，天文家的老杂志，一方墓地的幽寂以及棕榈下见有一头母骡，三只白母鸡的，毗邻的古刹左右的美景——而我环顾所及的远方，有那么多顺利进行的秘密活动：我未得消息，已撤离的帐篷，丘陵居民的放肆和无礼以及乘羊皮筏子渡河；传送盟约文书的骑手们，葡萄园内的阻击，深山峡谷强盗们的掳掠与庄稼地里图谋诱拐良家妇，讨价还价和圈套的种种，林中走兽交配在孩子们眼下，还有于牛栏深处养伤的祸言惑众的预言家，两个男子在一棵树下默默地互使眼色……

然而，于大地上人们的活动处，飘游如许的信息，飘游如许的种子，而且透过晴空的尘埃柱，乘大地的劲风，待收的谷物全化为满天的飞羽!……

待到黄昏后，升起太白星，那纯粹当抵押的纯东西直上九霄云外了……

梦里可耕的陆地!建设有谁人谈起?——我看到分成若干辽阔空间的全大陆，而我的心思须臾未离蹈海人。[①]

---

① 节选自《圣-琼·佩斯诗选》(圣-琼·佩斯著，叶汝琏译，吉林出版集团有限责任公司2008年版)，第69—72页。

加西亚·马尔克斯 [哥伦比亚]

《百年孤独》

作者简介

加西亚·马尔克斯(1927—),哥伦比亚著名小说家。他的长篇小说《百年孤独》是他展示其魔幻现实主义手法的代表之作。在这篇小说中,马尔克斯巧妙地将荒诞不经的情节与本国的政治、历史及神话传说、宗教习俗糅合在一起。小说通过描写一家几代人奇特的经历,描绘了拉丁美洲劳动人民百年来所遭受的苦难。《百年孤独》以它独特的艺术成就获得了1982年诺贝尔文学奖。马尔克斯的其他长篇小说还有《没有人给他写信的上校》(1961)、《恶时辰》(1962)、《家长的没落》(1975)和《霍乱时期的爱情》(1985)等。

作品提要

霍塞·阿卡迪奥·布恩迪亚是西班牙人的后裔,他的妻子叫乌苏拉。他俩刚结婚时,布恩迪亚和他的邻居阿吉廖尔发生了冲突,布恩迪亚杀死了阿吉廖尔。从此以后,死者的不灭灵魂经常出现在他的眼前;那孤独、痛苦、凄凉的眼神扰得他不得安宁,他整日心神不定。他别无选择,只好带着妻子离家出走,去追寻梦中的理想、安宁乐土。经过两年多的艰苦跋涉,终于在一片滩地上安居下来,开始了新的生活。后来,这个地方被称为马孔多。布恩迪亚家族在此一住就是一百多年。布恩迪亚是一位非常具有创造力的人,他聪颖过人,想象力非常丰富:他从吉卜赛人那里看到磁铁,便想用它来开采金子;他看到放大镜能够聚集太阳的光热,便想用它来研制一种威力无比的武器;他得到一种航海用的观象仪和六分仪,便能判定“地球是圆的,像橙子”。

马孔多位于一片偏僻的沼泽地中,那里的人们生活落后,孤陋寡闻,交通不便。布恩迪亚不满足于这种生活,决心开辟一条道路。他带领一帮人开石凿路、披荆斩棘,大约修了两个多星期,但是最后还是没有成功。这次的失败对他的打击很大,他觉得自己再也走不出马孔多这个小天地了。后来,他开始研究炼金术,每天都把自己关在实验室里进行着各种离奇的研究。他这种忘我的创造精神和灵活敏捷的思维与他所生活的世界格格不入,于是，他的精神崩溃了，完全陷入了孤独，最后精神失常，被家人绑在大树上，几十年后才死去。他的妻子乌苏拉活了一百多岁。

布恩迪亚家族的第二代有两男一女，他们继续生长繁衍在这片土地上。大儿子名叫霍塞·阿卡迪奥，他的性格虽然有点像他的父亲，但是不如父亲那样聪明。他和一个叫皮拉·苔列娜的女人私通，苔列娜怀了孕，对此他很后怕，觉得没脸见人，于是就尽量躲避大家，渴望孤身独处，不想与人交往。后来，他随吉卜赛人到处流浪。经过几年的颠沛流浪生活以后，他又返回家乡，最后，不知什么原因被人杀死了。老二奥雷连诺生出来就很聪明，从小就有预见事物的天才。他继承了父亲的血统，从小就对发明创造很感兴趣。长大后，他爱上了镇长的女儿雷梅苔丝·莫科特。后来，他参军当了上校。他的一生坎坷不平，曾经遭受过14次暗杀、73次埋伏和1次枪决，但都死里逃生。他曾经因为对战争感到厌烦而开枪自杀未果。他一生与多位女子同居，生有许多孩子，但是孩子在一周内都被人打死了。从此以后，他万念俱灰，整天躲在家里炼金子做小金鱼，几乎与世隔绝，过着一种像父亲一样孤独的生活，直至死去。老三阿马兰塔是个女儿。她爱上了一个意大利人，后又与她的侄子关系暧昧。两次爱情的失意让她心灰意冷，她故意烧伤自己的一只手，终生用黑色绷带缠起来，发誓永不嫁人。她把自己关在房子里缝制殓衣，过着一种孤独、痛苦的生活，最后跟她的父亲、哥哥们一样，孤独地离开人世。

布恩迪亚家族的第三代只有两个堂兄弟。一个是霍塞·阿卡迪奥的儿子，他的名字也叫阿卡迪奥；另一个是奥雷连诺的儿子，叫奥雷连诺·霍塞。前者是个私生子，因为不知自己的亲生母亲是谁，所以连自己爱上了自己的母亲都不知道，几乎酿成大错，后来成为当地有名的暴君，贪赃枉法，欺行霸市，最后被处死。后者热恋着他的姑母阿马兰塔，但因无法与她结婚，只好找妓女寻求安慰，最后死于政府的枪弹之下。这兄弟俩死时都很年轻。

布恩迪亚家族的第四代是阿卡迪奥与人私通生下来的一女两男。女儿叫俏姑娘雷梅苔丝，天生丽质，楚楚动人。她的身体散发着引人不安的气味，曾把几个男人置于死地。她喜欢光着身子，每天花很多时间洗澡。她不会做家务，不谙与人交往的技巧，所以人们都不理解她，不愿意和她来往，她只能“在孤独的沙漠里徘徊”。一次，她在晾晒一幅白色床单时，被大风吹走，永远没有回来。她的弟弟是一对双胞胎，一个叫阿卡迪奥第二，

时代文艺出版社2003年版封面

马尔克斯的影响力不仅在文学界，他甚至是整个拉美文化的代言人。图为马尔克斯与古巴领导人菲德尔·卡斯特罗

在美国人开办的香蕉公司当监工。他是一位工人运动领袖，因为不满资本家的残酷剥削，领导工人罢工。后来罢工遭到镇压，只有他一人幸免于难。他亲身经历了政府的血腥屠杀，痛恨政府的残暴，到处揭露事实的真相，竟被认为神志不清，在一些人的眼里，他就是一个傻子。他感到很害怕，拒绝与人来往，把自己关在屋子里潜心研究吉卜赛人遗留下来的神秘手稿，一直到死。另一个叫奥雷连诺第二。他与妻子关系不好，成天迷恋于酒色。令人感到奇怪的是，每当他跟情妇鬼混的时候，家里的牲畜就繁殖得很快，他因此发了一笔财。几年来，马孔多经常下大雨，他无法到情妇家去，结果家境日益衰落，不久就死去了。

布恩迪亚家族的第五代是奥雷连诺第二的一男两女。大儿子霍塞·阿卡迪奥很小就被妈妈送到罗马的一所宗教学校读书。母亲想让自己的儿子长大后成为一名主教，可儿子对此不感兴趣，但为了将来能够获得一份虚幻中的遗产，只好违背自己的意愿，假装学习宗教，等到母亲死后，他就立刻停止了学习。一次偶然的机会，他发现了乌苏拉藏在地窖里的数量可观的金币，欣喜若狂，于是过着一种毫无节制的奢侈生活，最后被歹徒杀死。大女儿梅梅和香蕉公司的一名工人相爱，但遭到了母亲的强烈反对。一次，两人在浴室里偷偷约会，被母亲发现后，母亲以偷鸡贼的借口把他打死。已有身孕的梅梅经受不了强烈的刺激，进了修道院，以此摆脱孤独、邪恶的尘世。小女儿阿马兰塔·乌苏娜是一个非常有知识、有抱负的女孩。她曾经在布鲁塞尔上学，然后又在那里成了家。她的丈夫比较富裕。婚后，她偕丈夫一同回到马孔多，看到家乡如此贫穷落后，她感慨万千，决心带领大家改造自己的家乡。她性情开朗，天资聪颖，在很短的时间内，就使封闭落后的马孔多有了生机。看到家乡的可喜变化以后，她决定长期留在这里，拯救这个多灾多难的小镇。

布恩迪亚家族的第六代是梅梅的儿子奥雷连诺·布恩迪亚。他在修道院被生下来后就被送回了马孔多。他一生除了对躲在吉卜赛人梅尔加德斯的房间里研究各种神秘的书籍和手稿感兴趣外，对其他事情漠不关心。他甚至能与已经死去的梅尔加德斯对话，并受其指示学习梵文。后来，他与姨妈阿马兰塔·乌苏娜产生了畸形的爱情，并有了一个畸形的孩子。这个孩子长着一条猪尾巴。阿马兰塔·乌苏娜死于难产。

布恩迪亚家族的第七代就是那个长着一条猪尾巴的男孩。后来他被一群蚂蚁吃掉了。

就在这一瞬间，奥雷连诺•布恩迪亚终于破译了梅尔加德斯的手稿。手稿卷首的题词是：“家族中的第一个人将被绑在树上，家族中的最后一个人将被蚂蚁吃掉。”原来这篇手稿记载的正是布恩迪亚家族的历史。就在他破译完手稿的那一瞬间，不知从哪里刮来了一阵奇怪的飓风，于是，马孔多小镇刹那间消失得无影无踪。一切照旧还是那样寂静。

托马西·迪·兰佩杜萨 [意大利]

《豹》

作者简介

托马西·迪·兰佩杜萨(1896—1958),意大利著名作家,西西里的名门贵族。他游历广泛,但他的大部分时间仍是在西西里的巴勒摩的略为破旧的府邸中度过的。他很有文化修养,举止文雅,从未发表过任何作品。不过多年来他一直有一种创作意图,想写一本他的父亲、祖父对他的家庭产生过重大影响的历史事件和他自己的亲身经历相结合的书。年届60,他才动手写《豹》,而在1957年,他死去的前一年才写完此书。嘉嘉科莫·弗尔特耐利出版公司的一位编辑读了他的手稿,对其印象极深,想象不出这是一位无名作者的作品。小说于1958年在米兰发表。

《豹》一书几乎一夜之间即成为畅销书。但在评论界,至少在意大利,则没有取得这样的效果。当它被提名为"斯特雷加大奖"——意大利最高文学奖的候选作品时,阿尔贝托·莫拉维亚说过:投《豹》一票,就是投了反对现代意大利文学的一票。他的这一态度是不难理解的。第二次世界大战后,意大利大部分作家都一直致力于创作强调主题和文采的作品,但《豹》则背道而驰,是一部写得平静而严肃,笔触十分细腻,而且难得一见的古体作品,它把小说创作的伟大的欧洲传统中的多种流派融会在一起,包括司汤达、屠格涅夫、托尔斯泰和普鲁斯特。小说在依格纳契奥·西罗内获得了第一名,以后又在众口称颂之中不断获奖。在法国和德国,小说被赞誉为名作和文学上的一朵奇葩。

影片《豹》中萨利纳亲王与安琪丽卡在舞会上的剧照

作品提要

小说以1860年加里波第的红衫志愿军进攻西西里王朝为楔子。在西西里这块由于几个世纪的征服和外来统治而沦为政治沙漠的土地上,这位萨利纳古老封建王室的亲王唐·法布里契奥正在等着瞧加里波第究竟只是一个崛起的冒险家，还是一个献身于意大利统一的爱国者。亲王是一位长着满头黄褐色头发、性格和顺的人，在打猎场上体力充沛，情欲强烈，并且作为一名业余天文爱好者还颇有点名气。小说中的主角——这位亲王的一言一行就和他统管他的家庭，以及以一种不自觉的傲慢态度在他的领地内统管农民一样。虽然他效忠于法兰西斯二世国王，但是凭常识他知道在那不勒斯的波旁王朝已摇摇欲坠，很快就要倒台了。但与此同时，他又过于机敏世故，并不愿看到意大利的复兴将给拜占庭的征税人、酋长们、西班牙的总督们、教会和波旁家族已经铸就的那种生活方式带来巨大的改变。面对这种形势，他必须作出一种选择，但他犹豫了，直到最后还是一事无成。在整个意大利都受到震撼的日子里，对于他来说，生活依然如故。他没有把他的顺从的妻子放在眼里，厌恶他的后嗣，身边常有一位情妇陪伴以满足他的情欲，还有一位可以向其吹胡子瞪眼睛的教父，以便拯救他的灵魂。他还常常观看天象。

他唯一真正疼爱的人就是他那位身无分文、行为浪荡的外甥唐克雷迪·法尔科内利王爵。在他的身上，这位舅父发现了他自己不平静的年轻时代的影子。有讽刺意味的是，他对这个孩子的喜爱变成了对自己灵魂的拯救。在唐克雷迪去山上加入加里波第的部队时，唐·法布里契奥给了他一包金币。这一做法是一种爱和家庭感情的表示，后来在政治上产生了效果。

至于唐克雷迪本人，在历史事态的进程中居然东山再起。他的哲学，正如他向他舅舅所解释的，很简单。他说，如果他们不支持斗争事业，造反的人也会建立起一个共和国。如果他们不希望有什么改革，造反的人还得进行改革。他参加加里波第的部队在山中进行战斗，而且在加里波第和他的衣衫褴褛的追随者们于阿斯蒙特被正人君子的部队击败之前，在皮埃蒙特部队中任过职，并且为了重新获得他的家产，竟向一个阔绰庸俗的地方上的暴发户的女儿求婚，并和她结了婚。

外国文学出版社 1986 年版封面

唐·法布里契奥也能适应时代潮流了，头一次是和多纳富伽塔城的市长唐卡洛杰罗·塞达拉打交道。这位市长在意大利复兴时期做过投机买卖，精明过人，时间不长，他的收入居然可以差不多和萨利纳庄园的家资抗衡了。第二次是在公民投票表决意大利统一问题的时候，唐·法布里契奥心里明白要恢复旧的那一套是不可能了，因此在别人向他征求投票意见时，他就建议他们投赞成票。他背地里也知道有部分人对统一问题投了反对票。但是在

吉林出版集团 2008 年版封面

多纳富伽塔统计投票结果时，公布的数字是：应投票人数 515 人，实际投票人数 512 人，投赞成票的 512 人，投反对票的人数为零。狡猾的市长将假选票投入了票箱。第三次又是与唐卡洛杰罗打交道，唐·法布里契奥在他去市政所正式以他外甥的名义向市长的女儿安琪莉卡提出求婚时，不得不卑躬屈膝——意大利的说法是“吞下一只癞蛤蟆”(“拍马屁”)。这一喜剧性场面充满了讽刺性的挖苦。在较早的年代里，萨利纳家族成员对像安琪莉卡这样美貌的少女曾拥有过“封建领主权”，在现代的意大利，舍得花钱的年轻贵族则可以娶她们。他觉得更扫兴的是他知道自己的女儿康切塔也爱上了唐克雷迪，而现在她已失去了他，败在一个贪婪的、野心勃勃的农家父亲和一个母亲曾经喂过猪的农家女儿手下。

当阿依莫奈·谢瓦莱·迪·蒙泰尔佐罗骑士要求唐·法布里契奥在新的王国中出任参议员一职时，处在亲王地位的唐·法布里契奥并不觉得这是什么特别荣耀。他故意装作不明白参议员是干什么的，是一种荣誉头衔吗?还是一种点缀?谢瓦莱也的确被他给搞得局促不安了。因此亲王便向他说明自己的态度。这就是小说中唐·法布里契奥开诚布公地、痛苦地谈起西西里的历史和西西里人的个性的那一次。他说，西西里人从来不愿意有所改革，原因很简单，因为他们自以为尽善尽美。他们的虚荣心胜过他们的贫穷。他解释说他正介于新、老两个时代之间，因此跟其中的哪一个时代也不适应。而且，他也缺乏幻想，生来不善于自欺。而要领导别人，就要有这些必备的条件。他不能把个人的利益与空泛的公众理想、目标结合起来。唐·法布里契奥在结束他的这段惊人的谈话时，建议有发展前途的人物唐卡洛杰罗·塞达拉应被提名为参议员。

沈从文［中国］

《边　城》

作者简介

沈从文(1902—1988),现代著名作家、历史文物研究家。原名沈岳焕,湖南凤凰县人。1922 年受新思潮吸引弃武从文,在就业无路、升学无门的情况下,开始学习写作,到 1928 年,已经有五部小说集出版。著名作品有短篇小说集《月下小景》《八骏图》,中篇小说《边城》和散文集《从文自传》《湘行散记》等。

作品提要

将近湘西边境有一个名叫茶峒的小山城,那里有一条小溪,溪边有座白色小塔,塔下住了一户单独的人家。这家只一个老人,一个女孩子,一只黄狗。小溪有一只方头渡船,管理这渡船的就是住在塔下的那个老人。老人唯一的朋友是一只渡船与一只黄狗,唯一的亲人便是外孙女翠翠。他的女儿——翠翠的妈,老船夫的独生女,十五年前和一个屯戍军人相恋,怀了孕;两人既然无法同生而聚首,便选择了同死。军人首先服了毒,翠翠的妈生下女儿后也有意喝冷水死去。遗孤已长大成人,一转眼便十三岁了,天真活泼,人又乖,一对眸子清明如水晶,她从不发愁,从不动气。老船夫不论晴雨,必守在船头。翠翠帮他在渡口撑渡。

茶峒临水处设了一个码头,掌管码头的叫顺顺。他大方洒脱,事业顺手,喜欢结交朋友,慷慨而能济人之急。他有两个儿子,皆结实如小公牛,能驾船,能泅水,能走长路。大儿子叫天保,十八岁,像爸爸一样豪放豁达,不拘常套小节;小儿子叫傩送,诨名“岳云”,十六岁,像妈妈一样眉清目秀,聪明而又富于感情。两个年轻人在父母的养育之下,皆结实如老虎,却又和气亲切,不娇惰,不浮华,不倚势凌人,故父子三人在茶峒边境上为人所提及时,人人对这个名姓无不加以一种尊敬。茶峒风光秀美,一年中最热闹的日子是端午、中秋和过年。在端午这一天,赛龙舟和泅水捉鸭子是两个传统节目。天保和傩送两人皆是当地泅水划船的好选手。端午又快来了,“蓬蓬”的鼓声越山掠水传到渡头,老船夫家的黄狗最先

北岳文艺出版社 2005 年版封面

北京燕山出版社 2005 年版封面

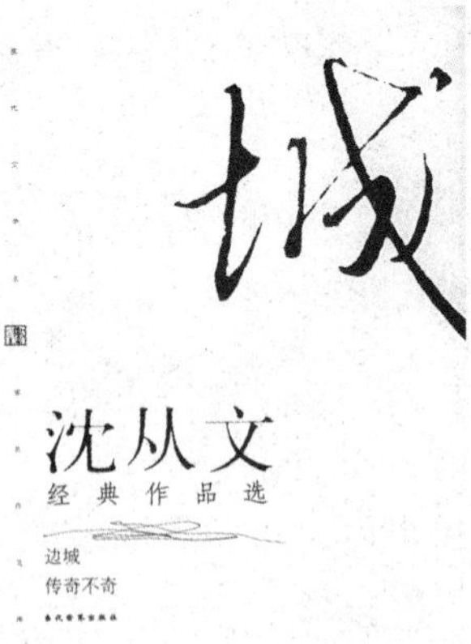

当代世界出版社 2007 年版封面

注意到这声音，接着翠翠也发现了，这鼓声把她带到一个过去的节日里去。两年前，翠翠随祖父进城看赛龙舟，祖父被人拉去喝酒，天晚了还没来接她。二老傩送要她到他家里去等她爷爷来找她。翠翠误会了他的好意，出口骂了他。傩送派人连夜送翠翠回家。这件小事搅动了翠翠的心湖，使她沉默了一个晚上。去年的端午节，翠翠又同祖父到城边河街看了半天船。忽然下起雨来，为了避雨，来到顺顺家的吊脚楼上，却没有碰上傩送，翠翠有点儿失望。但这次不见傩送却认识了大老天保，且见着了那个一地出名的顺顺。顺顺叫天保把泅水捉来的鸭子送给翠翠，并向祖父询问翠翠的年纪和是否有人家。祖父拿翠翠和天保开玩笑，翠翠心里不高兴，因为翠翠心里一直记挂着傩送。

翠翠一天一天长大了，她喜欢看扑粉满脸的新嫁娘，喜欢说到关于新嫁娘的故事，喜欢把野花戴到头上去，还喜欢听人唱歌。茶峒人的歌声，缠绵处她已领略得出。祖父的心事也越来越重了。无论如何，得让翠翠有个着落，才对得起他可怜的女儿。端午又来了。祖父叫翠翠同黄狗过顺顺吊脚楼去看热闹。前几天顺顺家天保大老过溪时，这心直口快的年轻人向祖父道出了心声。但祖父不知道翠翠愿不愿意。后来二老也来过渡，对祖父说："伯伯，你家翠翠像个大人了，长得很好看。"并邀请翠翠到他家里去看船。这时乡绅中寨王团总要把女儿嫁给二老，并愿以一座碾坊作陪嫁。可傩送偏偏不爱碾坊爱渡船，他心上早有了美丽的翠翠。后来顺顺当真请了媒人到渡口来给大老说亲了。但祖父以要看翠翠的意思为由，而没有给正面答复。祖父询问翠翠的主张时，翠翠把头低下不作理会。回头又同翠翠谈了一次，也依然不得结果。老船夫猜不透这事情在什么方面有个疙瘩，解除不去，夜里躺在床上便常常陷入沉思里去，隐隐约约体会到一件事情——翠翠爱二老不爱大老。他有点忧愁，因为他忽然觉得翠翠一切全像她母亲，而且隐隐约约感觉到母女二人共同的命运。

船总顺顺家中，大老天保的事已让二老傩送知道了，二老同时也让哥哥知道了弟弟的心事。这一对兄弟原来同时爱上了那个撑渡船的外孙女。问题是两兄弟不会按照茶峒人的规矩,来一次流血的挣扎,但也不会如大都市怯懦男子来个“情人奉让”。两人决定月夜里同到碧溪去唱歌,不让人知道是弟兄两个,两人轮流唱下去,谁得到回答,谁便继续用那张唱歌胜利的嘴唇,服侍那划渡船的外孙女。大老不善于唱歌,轮到大老时也仍然由二老代替。大老把弟弟的提议想了想,决定由自己来唱。两人把事情说妥后,便决定从当夜开始,来作这种为当地习惯所认可的竞争。翠翠在梦中灵魂为一种美妙的歌声浮起来了,仿佛轻轻地各处飘着。原来是对溪高崖上的人唱了半夜的歌。祖父以为是天保大老走马路的第一着。其实昨晚上,哥哥因为走车路占了先,无论如何也不肯先开腔唱歌,一定得让那弟弟先唱。弟弟一开口,哥哥却因为明知不是敌手,更不能开口了。大老决定离开茶峒,驾家中那只新油船下驶,好忘却了上面的一切。

北京十月文艺出版社2008年版封面

大老走后,二老有机会唱歌却从此不再到碧溪唱歌。老船夫忍不住了,进城往河街去找寻那个年轻小伙子。路上,遇到为大老提亲的杨老兵,得知大老坐船到茨滩出了事,掉到滩下漩水里淹死了。老船夫来到顺顺家,顺顺因为大老的死而对老船夫很冷淡,他忘不掉大老死亡的原因。二老出北河下辰州走了六百里,沿河找寻那个可怜哥哥的尸骸,毫无结果,又为哥哥悲伤。老船夫又误信了傩送决定娶王团总女儿的谣传,回到家就生起病来。后来又来到顺顺家探询,得知二老坐船下桃源好些日子了,顺顺婉转地拒绝了老船夫的意思。夜里下起了大雨,老人在雷雨将息时死去了。顺顺帮着翠翠料理了爷爷的后事,并商量接翠翠到家里住,翠翠却想看守祖父的坟山。翠翠后来明白了祖父活着时所没提到的许多事:二老的唱歌,顺顺大儿子的死,顺顺父子对祖父的冷淡,中寨人用碾坊做陪嫁妆诱惑傩送二老,二老既记忆着哥哥的死亡,又得不到翠翠的理会,且被家中逼着接受那座碾坊,因此赌气下行,祖父的死又如何与翠翠有关……凡是翠翠不明白的事,如今可全明白了。

此后,翠翠仍住在碧溪,等待二老驾船回来。到了冬天,那个在月下唱歌,使翠翠在睡梦里为歌声把灵魂轻轻浮起的年轻人还不曾回到茶峒来。

这个人也许永远不回来了,也许明天回来。

弗兰茨·卡夫卡［奥地利］

《变形记》

作者简介

弗兰茨·卡夫卡(1883—1924),奥地利小说家。出身于布拉格一个犹太人家庭。他是幻想小说的开拓者,现代派德语文学大师。他擅长通过奇特的构思勾勒出夸张的画面,把直觉和幻觉交替穿插,使主题晦涩不明,形成一种不同于传统现实主义的写作方法。代表作长篇小说《审判》(1914—1918)描写一公民无端遭到逮捕和处决,揭露带有封建专制特征的资本主义司法制度的腐败以及反人民的本质。其他作品有长篇小说《美国》(1912—1914)、《城堡》(1922),中短篇小说有《判决》(1912)、《变形记》(1912)、《在苦役营》(1914)和《乡村医生》(1917)等。卡夫卡的作品大多描绘资本主义社会中小人物的生活和命运,具有批判精神。

作品提要

一天早晨,旅行推销员格里高尔·萨姆沙从不安的睡梦中惊醒,发现自己躺在床上变成了一只巨大的甲虫。他仰卧着,那坚硬得像铁甲一般的背贴着床,他抬了抬头,看见自己已经变成棕色的肚子和许多条细腿,那些细腿在他眼前无奈地舞动着,他想翻一下身都做不到。他感到无奈而忧郁。

他看了看柜子上的闹钟,已经六点半了,他已经没有时间赶早班火车为公司出差了,老板的一顿训斥是不能避免的了。不过,像他现在这副怪模样怎么见人,怎么挣钱养家糊口?过了一段时间,母亲、父亲、妹妹分别来敲门催他起床,他自以为对他们的呼叫作了非常明了的回答,但是,他发出的尖细的可怕声音已经不是人类的语言了。他既不知如何挪动自己变了形的身体,又无法让家人听懂他的话。他努力想把自己从床上移动下来,还想把衣服穿好,可是,不管他怎样做都是徒劳,只好恢复了原来的姿势躺着。他的大脑在不停地思考着。他听到他所任职的那家公司派秘书主任来这里查看他不能按时出差的缘由,他们一向待人刻薄。事已至此,格里高尔只有用尽全力把自己甩出床外,他不顾疼痛爬到门边，用嘴咬住钥匙打开了房门。主任见到爬出来一个甲虫吓得“啊”的一声，发出来的声音像一股狂风一样。他连连后退，仿佛有什么巨大的力量在驱使他似的。他不听格里高尔恳求留职的解释，连忙逃走了。这突如其来的打击使母亲当场昏了过去。父亲握紧拳头，一副恶狠狠的样子，不久又垂头哭泣起来。父亲终于止住了啼哭，决定把格里高尔赶回房间。他嘘嘘叫着，像个野人，毫不留情地驱赶着，全然不顾格里高尔的甲壳被门挤压受伤，血从伤口汩汩流出。他跌进房间中央便昏迷了过去。

直到薄暮时分，格里高尔才从昏迷中苏醒过来。他看到门边有一盆牛奶，上面浮着切碎的面包，差点高兴得笑出声来，因为他现在比早晨更饿了。他猜想这是妹妹送来的。他匍匐在地板上，虽然感到饥饿却吃不下东西。这间高大空旷的房间使他充满了不可言喻的恐惧。他为自己的形状羞愧，便钻到沙发下面躲藏起来，这才感到安全。到了晚上，家人谁也没有来看他，他感到伤心极了。自从变形以来，格里高尔多次透过门缝听到家人讨论未来的生计，他知道，家里的女佣已经被辞退，改请一个按钟点来做粗活的老妈子；父亲在银行里充任杂役，母亲给时装店做针线活，妹妹去当了售货员——她的小提琴拉得很好。他本想再攒些钱，明年送妹妹进音乐学院深造，现在这一切都无从谈起了。想到家计日益窘迫，父母、妹妹都在为此操劳奔波，而自己却无能为力，他痛苦焦虑得中心如焚。日子在煎熬中一天一天度过，格里高尔变形后一直由妹妹喂养，因为父亲和母亲都鼓不起勇气进他的房间。格里高尔认识到，自己开始喜欢吃那些不新鲜、半腐烂的蔬菜，被人吃剩下的骨头以及没有人爱吃的陈面包、奶酪等。格里高尔看出连妹妹看见他都止不住恶心，她送饭送水时总是屏住呼吸，仿佛要窒息了。于是他一听到房门响便躲起来，待妹妹走后再爬出藏身之地。为了锻炼身体，没人看见他的时候，他就在墙壁和天花板上纵横交错地爬行，他发现倒悬在天花板上很令人开心。妹妹还是发现了他的新动向，就招呼母亲帮她搬走哥哥屋里碍路的家具，让他有更大的活动空间。格里高尔见她们进来本想躲起来，免得吓坏母

漓江出版社 2003 年版封面

作家出版社 2004 年版封面

河北教育出版社 2005 年版封面

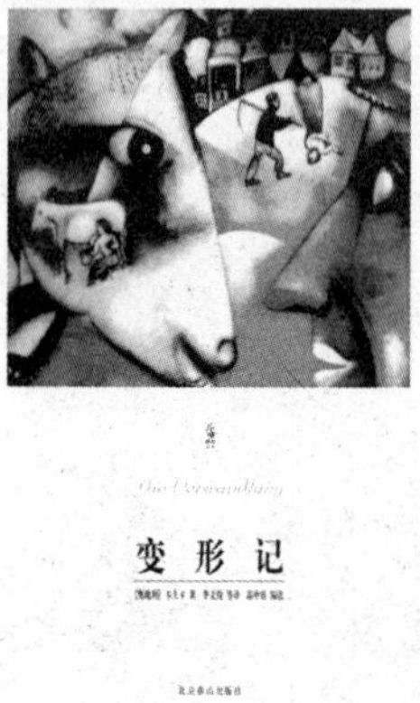

北京燕山出版社 2005 年版封面

亲，但是他实在无法忍受她们随意搬走房间内他喜欢的东西。终于，他冲出去了，试图拯救什么。母亲立即昏厥不醒，妹妹急忙到隔壁房间找药。格里高尔自知闯了祸，紧跟在妹妹的身后爬来爬去，好像他还和过去一样真能帮她一把似的。就在此时，父亲迈进了家门，他刚听说格里高尔逃出来吓昏了母亲，立刻狂怒着冲向他。父亲从衣袋里掏出一个又一个苹果向他背部砸去。他仓皇逃窜，可是由于多日以来很少进食，他变得虚弱无力，爬得很慢。一个苹果飞来，正好打中他的后背并且还陷了进去。格里高尔挣扎着向前爬，似乎听到苏醒的母亲在哀求父亲别伤害儿子的性命。

那个苹果一直留在他身上，没人敢去取下来，苹果已经开始腐烂。格里高尔所受的重创使他有一个月不能行动。他行动迟缓，活像一个老弱的病人。随着时间的推移，妹妹给他送食物和清扫房间时也越来越草率大意，脾气也变得暴躁。有时，母女两人会相拥着痛哭流涕。每逢这样的时刻，格里高尔就感到背上的创伤疼痛难忍。他多么希望明天自己就能复原，重新挑起全家人的生活重担啊!为了增加收入，家里挤出一间空房，招了三个房客。别处放不下的破烂都堆到了他的房间，家里人不再注意他，只有那个老妈子有时推开门看他一眼。有一天晚饭后，三个房客请妹妹过来拉小提琴。听到妹妹的琴声，格里高尔欢喜而激动。他情不自禁地爬出居室，向发出琴声的地方爬去……突然，一个房客发现了他并恐怖地大叫起来。琴声戛然而止。房客们不听父亲的安慰和解释当场宣布退租，并扬言要控告他。在绝望和沮丧的气氛中，妹妹忿忿地说道："对这个怪物，我不能再叫他哥哥了，他一定得走，这是唯一的办法。再也不能这样下去啦！全家人对他已经仁至义尽，不能让他拖垮全家，必须立即把他弄走，他不再是格里高尔!"父母都赞成妹妹的意见。可是，格里高尔能明白这个意思吗?他能自动走开吗?

"现在又该怎么办呢?"格里高尔完全听懂了。事实上，他消灭自己的决心比他们还强烈呢，只要这件事真能办得到。他很快发现自己已经完全不能动弹了。的确，他整个身体都觉得疼痛。他背上的烂苹果和周围发炎的地方都蒙上了一层尘土。多日以来极度饥饿造成的衰弱和伤痛，使他只能缓慢地爬回房间。在无边的黑暗中，他怀着温柔和爱意想着自己一家人。半夜三点，他的头无力地垂下，鼻孔里呼出了最后一次摇曳不定的气息。清晨，打扫房间的老妈子向萨姆沙先生和太太报告了格里高尔的死讯。他们先是呆若木鸡，随后仿佛卸掉了千斤重担似的。大家一起在身上画十字感谢上帝开恩，他们决定这一天完全用来休息和闲逛。他们各自给他们的上司写信请假，然后，萨姆沙太太和女儿走到窗户前，站在那里，紧紧地抱在一起。

于是他们三个人一起离开公寓，已有好几个月没有这样的情形了，他们乘电车到郊外去闲逛和休息了一天。电车里的乘客不多，他们舒服地谈起了将来的前途，感到前途似乎并不太坏。他们还想搬一次家，找一所小一些、位置更好的房子。在旅途快要结束时，他们的女儿第一个跳起来，舒展了几下她那充满青春活力的身体。

赫尔曼·黑塞［德国］

《玻璃珠游戏》

作者简介

赫尔曼·黑塞(1877—1962),20世纪前半叶著名德语小说家、诗人。黑塞出身于德国西南部的小城卡尔夫的一个牧师家庭，是在具有浓厚宗教色彩和东方精神的环境中长大的,并受到中国和印度古老文化的熏陶。少年时期,黑塞不堪忍受僵化的经院式教育,中途辍学,先后当过工厂学徒、书店店员。他对文学怀有浓厚的兴趣,刻苦自学,并开始写作。20世纪初,黑塞陆续发表了《彼得·卡门青》《在轮下》《盖尔特鲁特》等长篇小说,成为知名作家。1911年,游历印度,翌年回国,后迁居瑞士,1924年入瑞士籍。黑塞著作甚丰,被西方称为"浪漫派的最后一位骑士"。其中重要的有长篇小说《德米昂》《席特哈尔他》《纳尔齐斯与哥尔德蒙》和《玻璃珠游戏》。1946年,黑塞获歌德奖金和诺贝尔文学奖。1927年6月,黑塞出版长篇小说《荒原狼》。小说问世后,先后被译成近20多种文字,在文学界和读者中引起强烈反响。

作品提要

一

巴斯定·皮洛特,德国音乐家和手工艺爱好者,他发现科隆研究院的学生常玩一种游戏,那就是由学科中提出公式,令参赛者以高低不同的声音争相作答。他想这用乐器表达岂不更美?于是他制作了算盘样的架子,周围缀上数十根穿了玻璃珠的线条。那些大小不等、颜色各异、形状不同的玻璃珠用来代替不同的字母、数字和音符,同时还制成谱,使之能随时调整对位和改变声调。这东西用来训练记忆力和设计能力效果颇佳,很快在英德两国风行,以至科隆音乐学院专设此科,并命名它作玻璃珠游戏。到了22、23世纪,数学系学生率先运用珠戏并使其升华,接着珠戏被广泛应用,各类人才创造出各自学科的公式符号及组织关系。这使珠戏在各个领域风行一时,最后发展成一套共通的语言,不断涌现的珠戏能手们以此表达思想,沟通感情。

珠戏不单是游戏，而且是一种思想集中的训练，它能令人摆脱尘世的杂念，养成僧侣的苦修精神。它形式多样，既可一人也可团体进行。一旦出现佳作，便广为流传，不受国界之限。由于教育界的大力提倡，各国都设有珠戏指导委员会及最高领袖——路迪长老。路迪长老身份不公开，只与少数人直接接触。他利用官方或国际广播工具主持珠戏大赛即文化庆典。此外他还领导珠戏总会，督导各珠戏委员会管理珠戏档案。

在郁郁葱葱的沙伯特森林的外缘，坐落着一个美丽的小城伯洛芬根。城里有所环境优雅的拉相小学，一位十二三岁的文弱少年正站在明亮的练琴室里，他叫约瑟夫·克涅奇。早就听说执掌全国音乐的十二位领导人之一要来小城，克涅奇把即将来访的玻璃珠游戏大师幻想成国王，他盼望着能在举行隆重欢迎仪式时排在队伍前列，仔细看上大师一眼。

他万没料到，大师竟悄然来到了这所小学并且要召见他这十二岁的孩子。克涅奇又期盼着这位神秘大师的召见。等不多时，一位年长者走了进来，他目光炯炯，令人望而生畏，却不盛气凌人，脸上虽无笑容但慈祥可亲。他走上前握着克涅奇的手说："你就是克涅奇吧?你喜欢什么曲子?咱们一起来弹。"克涅奇张着嘴，说不出话，只好用手指着乐谱给大师看。大师在琴上弹出第一音，克涅奇立即接下去。就这样每重复一次，曲调便欢快一些。接着大师教他奏"赋格曲"。整个上午，练琴室里响着动听而神奇的乐声。

当克涅奇离开琴室，他发现世界改变了，仿佛到处张灯结彩，蒙受召见就像做圣事一样隆重。上帝派遣使者，传来了美好世界的感召。

这位大师特别不喜欢那种讨好老师而没有宁静功夫的孩子，而克涅奇却连一句话也不说，只是用音乐表达，很得大师的欢喜。回到教育部，大师亲手将克涅奇的名字写进优良学生名册。

直到克涅奇被菁英学校录取时，自己才知道大师是专程为考他而来。于是他联想起最近同学们谈论的"野心家名册""优等生"等讽刺的话。那次召见对他而言不是升级的问题，而是精神上的鼓励。

卡斯达林省是一座宁静祥和的山城，昔日歌德称之为教育省。这里的学校称为菁英学校，所有的学生都是从各省选出的尖子。他们不参加统考，而是由老师推荐。菁英的校长及优秀教员掌管全省的教会及教育组织。菁英的学生二十二三岁结束课程后，将成为各教会及教育机构的骨干，但永远不能成为公职人员。他们必须遵守贫穷与独身的教会章程。菁英学生如能够接受各项教学，教会最高教育机构将征召他担任十二个学校的校长或珠戏大师。

克涅奇被分到卡省的艾瑟贺尔茨学校，他很快适应了新的生活。在校就读期间，他与大师交往甚密，受大师指教并同奏喜爱的作品是他最快慰的事。

临毕业那个假期，他到大师家做客。大师语重心长地对他说："你将走向新的生活，在这之前，你最好学会静坐，希望你像学习音乐时那样领会其真谛。"

克涅奇在大师的指导下双目半闭，调整呼吸，谛听着大师弹奏的乐曲，仿佛见到音符在眼前起舞，他领略着这些优美的动作的意味。他仿佛在梦中呢喃："太美了。"过了许久，他的心绪飘回现实，美的乐曲依然在心头荡漾。静坐给他留下了深刻的印象，他深知这又是一次感召。

克涅奇离开了艾瑟贺尔茨，意味着他生活中一个重要阶段即将告一段落，十七岁的他将开始奋斗生涯。

二

克涅奇被分到他仰慕已久的瓦德塞尔学校。该校以培养珠戏能手为宗旨，尽管只有六十人，却是菁英中之菁英。在这里除了继续原有的学习科目，又增加了"静坐"这一新科。由于受过大师的指点，克涅奇练起来得心应手。在音乐上他也有了长足的进步。来瓦城前，他就能对各国的各种音乐符号倒背如流，并精通四方音乐，到瓦城后的一段时间，他一心想当音乐家，漠视一切。校长批评他，他不服气，离群索居，把全部感情放在音乐创作上。

正当孤寂之时，一位叫普里尼欧·德希诺力的高年级同学吸引了他。德希诺力是来自俗世的寄读生。卡省的传统，法律对他只在就学阶段生效，等待他的是政治、家庭而不是教会。由于他熟知俗世又有口才，经常在校园里有声有色地演讲，他把卡省和俗世加以比较，最后得出"俗世合乎正义，合乎自然，有人情味"等结论。俗世在卡省人眼里是卑劣的禁地，但也充满着神秘，因此许多同学围着德希诺力。

德希诺力发现有个叫克涅奇的小个子同学认真好学，就与他攀谈，可克涅奇害羞得红了脸不作答。德希诺力越发觉得这个同学不同一般，要与他交朋友。

克涅奇给大师写信，向大师诉说了德希诺力把卡省人比作供人饲养的鸟，只会唱，不会觅食，不知生存和奋斗以及其他攻击批评教会的话。他在信中写道："我不清楚，他是想令我接受他的思想，还是找个辩论对象，我太幼稚，有时我被他刺伤，可又得承认他正确。更糟糕的是，我不能把心思告诉校长，我真怕误入歧途，望您能帮帮我。"

大师亲自来到学校，检查了克涅奇的成绩，并让他向校长道歉，使他与校长之间的误会冰释了。克涅奇按大师的批示，坦然地接受了德希诺力的友谊，并暂时接受他的影响攻击。与此同时，他潜心研究卡省的制度及根源，并针对批评卡省的言论进行答辩，促使对方的攻击讽刺态度逐渐改善，措辞也较严谨负责。

这场君子之争已成为全校的一件大事。开始德希诺力用在家所听到的俗世对卡省的不满以俗世经验与幽默争取了许多听众，后来克涅奇运用学识宣讲卡省有自己的传统和渊源。德希诺力越来越感到他对卡省及其精神的领悟远不如克涅奇。他只不过是个客人，而作为本地人的克涅奇站出来为它说话了。

假期里，德希诺力回到俗世的世界省亲，而克涅奇在校不是弹琴就是读书。他坚信自己是卡省人，适合没有家，没有娱乐、报纸，也没有饥寒交迫的生活。他认为卡省是人类创造的心智世界，而这个世界又给大世界提供师资、书籍以保其思想道德的纯洁。为什么两个世界不能和平共处？为什么没人能够集两者于一身呢？

克涅奇与德希诺力的友谊与争论持续了两三年。克涅奇不断地从深思、静坐、书本和大师那里得到力量。他不但成为卡省的代表和辩护人，而且改变了德希诺力。毕业时德希诺力对他说："朋友，我也爱上了卡省，我将永远感谢卡省对我的教育，每年来参加珠戏大典。"

在瓦城，克涅奇全修了珠戏入门课程，并独立设计珠戏蓝图。最后一学年，他成为珠戏能手，并晋升为珠戏二段。这是相当难得的。

三

克涅奇是优秀珠戏能手中的核心分子，如今不寻常的任务更令他突出。周围的人开始疏远他，这是人们惯用的表现阶级的区别方式。德希诺力仍同他保持着近乎宗教的狂热情分。他们分手时，克涅奇虽珍视友谊但他天生不会多愁善感，而德希诺力却显得脆弱与不安。玛利亚·费尔兹修道院历史悠久，景色宜人，四周绿草如茵，牛羊徜徉其间。抵达教堂时，克涅奇受到了热烈欢迎，加之院长瓦席尔期和蔼可亲，他很快适应了新的环境。

上海译文出版社 2007 年版封面

过了一段时间，仍无人提开课的事，克涅奇有些心急，写信向长老请教。长老指示他要泰然处之，要坚持静坐，多研究那里的生活方式，与大家打成一片。在与院长聊天时，克涅奇引用了《易经》中的表述，院长不懂中文，但很喜欢《易经》。

克涅奇在图书馆结识了教会历史权威杰克伯斯神父。克涅奇对教会的历史极感兴趣，两人兴致勃勃地谈了许多问题。他们之间的交谈加深了两人的友谊。杰克伯斯开始接受卡省，克涅奇也学到更多的历史知识。卡省的权威人士认为，杰克伯斯神父的转变是克涅奇被派到玛利亚·费尔兹以来的最高成就。两年过去了，克涅奇成为修道院里颇具影响的人。他开设珠戏初级班，他的工作成绩由院长每年向长老报告。由于他表现出色，长老准他回瓦城度假。度假回来，按照路迪长老的指示，他请神父帮助完成在罗马设立使节团的计划。

杰克伯斯神父不仅是学者、圣人，更是位政治家。他接受了克涅奇和他所代表的卡省精神，并与克涅奇共同努力，使罗马与卡省从原来的中立关系发展为密切合作的联盟。同时神父迷上了珠戏，成为卡省以外很有影响的珠戏推动者。

四

克涅奇胜利完成了任务。春季，他告别了神父、院长，踏上了归途。一路上他心中充满了喜悦，因为此时正是一年一度的珠戏季节。就要见到长老了，他多么渴望尽快听到长老的指示啊。

抵达珠戏村时，克涅奇立即去见长老。可出乎意料，接待他的是长老的代理人（人们称他作“影子”）伯特伦。他告诉克涅奇长老病重，年会的事多半落在他身上，他十分焦虑，并让克涅奇到贺斯兰教会总部报到待命。

与往年一样，各地宾客蜂拥到瓦城参加珠戏大赛，大会前夕举行静坐。钟声响了，整个人声鼎沸的瓦城沉寂下来。第二天上午第一个节目是演奏，然后进行珠戏活动。令人失望的是，长老病了没能主持大典。“影子”强作自然但脸色苍白。

这次年会没有产生神奇的氛围，反而演变成一场既不愉快也不成功的游戏。珠戏大会闭幕的前一天，汤玛斯大师——路迪长老逝世了。一时间谣言四起，伯特伦在呆板、孤立的气氛中主持完大会。会后，他避进了深山，后来有人传说他跳崖自尽了。

长老过世，其继承人选成为热门话题。教会及教育部的人开始到珠戏村征询调查。一天晚上，德希诺力兴奋地来到克涅奇的房间对他说：“约瑟夫，他们要让你当长老了！”

克涅奇平静地对他说：“我不想听，回去吧！”德希诺力望着克涅奇那冷漠的目光，不由得对他们多年的友谊产生了怀疑。

克涅奇已猜到他将受到的最后一次召唤是任他为路迪长老，但他并没想到会这么快。几天后，上级正式发了公告，并经过“净身火”的洗炼，举行了庄严的就职仪式。、

五

初接长老工作，克涅奇用尽了全部精力，可内心还是很空虚。不久，他便恢复了自信。在工作中，他了解了珠戏村的本质、特性，多年来他一直是珠戏村的一分子，而今他成了瓦城菁英分子的领导人。在一次会上他指出：“珠戏是卡省的灵魂，你们这些珠戏能手是卡省的未来，在学问上要客观求真，在修养上要注重静坐的智慧与和谐。我们要发扬主席的博大精神，实现文化大学的理想。下面再讲一下具体方法……”这表达了他的工作方针。

在最忙碌的日子里，克涅奇还挂念着他的好朋友，常去看望德希诺力。可德希诺力却不把他当成从前的好友，因为克涅奇成了他的上司，不管怎样，他仍然无私地爱着克涅奇，他自愿做他的助手，为他奉献一切。在后来的工作和研究中，德希诺力发挥了很大的作用。

一年一度的珠戏年会到了，这是对新长老及他所领导的组织的一次重大考验。

所有高级教士皆身穿黄白色袍服，静静地排列在神圣的象征性棋盘上。克涅奇在众多工作人员的簇拥下镇定地步入礼堂，其仪态之稳重高贵，实非俗世的典礼上所能得见。他按仪式一步步引导年会进行。他拿起金色尖笔，写下许多字，同时在年会的字幕上呈现出来，在场的人低声诵读，再由发言人高声朗诵，向全世界播放。第一个节目接近尾声，他将其简要的程序写在字板上，然后做了个优美的手势，指示工作人员准备静坐仪式。他先示范出最标准的静坐姿势。珠戏村、瓦城、全卡省甚至世界所有信仰珠戏的人都静坐沉思，直到长老再度起身。这是传统的一幕，但这次十分感人。长老引领拥挤在会堂及全城的教徒和宾客，沿着迷宫般的曲径，参观无数多层空间的珠戏构筑。接下来的几天的节目及珠戏蓝图更安排得新颖别致。无论是新会员还是学者，菁英分子公认这是他们所参加过的年会中最令人难忘的一次。这一高雅的盛会也得到了来自世界各地的朋友们的赞赏，为珠戏争取了许多新会员。

对克涅奇和德希诺力而言，他们的努力有了丰富的成果；对卡省和教会而言，证明他们选克涅奇任要职实为明智之举。瓦城、珠戏村及青英学校再度举行了辉煌灿烂的年会，出现了空前的盛况，它又是记载卡省有史以来在最年轻最博人议论的长老指挥下进行的。上一年瓦城年会失败在名誉上受的损失，这次得以补偿。

凯旋声中，克涅奇在十天会期结束后，与他的朋友德希诺力发表了一段奇妙的经验谈。他说："我们应该满足了！卡省人和珠戏村几乎达到了完美的境界，它太完美了！美好到令人乐以忘忧的地步。"

克涅奇在他一生中最光辉的一天，也就是卡斯达林精神最焕发的一天，竟看到了他日渐衰亡的趋势。这是和德希诺力的唇枪舌剑及杰克伯斯神父研究历史的结果。

克涅奇在德希诺力身上看到了两个特性：卡省是伟大的天才，同时也是自足自满道德沉沦的先兆。然而，防止卡省沦为德希诺力型病态，已是当务之急。

克涅奇运用技巧使他的朋友就范，更运用他对珠戏的天赋及兴趣，使他设计的蓝图给年会增添了光辉，也在历史上增添了多彩的一页，更使他的朋友名垂千古。

六

克涅奇看清了卡省的未来和自己的处境。他体味了各种各样的成功，才智发挥至极点。如今他厌倦了权力的运用，视长老之职为负担。他最喜爱的工作是教学，年纪越轻的学生越使他感兴趣。当克涅奇设法寻找空气新鲜的道路时，在卡省高层会议上，他又与童年好友德希诺力不期而遇。他已是一位议员和政论家。尽管克涅奇再三提醒要他用旧时的称呼，他还是不断地称他为长老。会上他们决定一道再访瓦城，他们沿着昔日的路追忆起那美好的童年和那再也不会发生的争论场面。

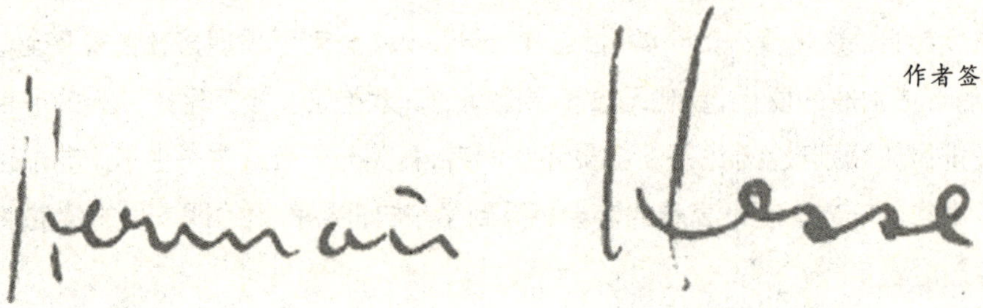

作者签名

托马斯·曼［德国］

《布登勃洛克一家》

作者简介

托马斯·曼(1875—1955)，德国著名的批判现实主义作家。1895 年至 1898 年，托马斯和他的哥哥侨居意大利，开始职业创作，代表作《布登勃洛克一家》发表于回国后的 1901 年。1929 年，托马斯·曼“主要由于其伟大小说《布登勃洛克一家》，这部作品日益被公认为当代文学中经典作品之一”而获得诺贝尔文学奖。托马斯·曼的创作生涯长达 60 年，1924 年发表的长篇小说《魔山》，作者称它是《布登勃洛克一家》在另一个生活层次上的重复，是一部自传性的作品，是从个人精神经历写出的一段德意志文化史。此外，《魔山》还标志着作家早期创作的截止和新创作时期的开端。1930 年作者发表了中篇小说《马利奥和魔术师》；1933 年发表长篇历史巨著《约瑟夫和他的兄弟们》四部曲：《雅各布的故事》(1932)、《年轻的约瑟夫》(1934)、《约瑟夫在埃及》(1936)、《赡养者约瑟夫》(1943)；1947 年出版了《浮士德博士》等。

作品提要

1835 年 10 月的一个下午，在德国北部的商业城市吕贝克，布登勃洛克家在孟街购置了一所大邸宅，亲朋好友们纷纷前来祝贺。房间布置得既富丽又典雅，客人们赞不绝口，布登勃洛克一家以十分豪华丰盛的晚宴款待了客人。

布登勃洛克家族是当地的一家名门望族。这家人中的老一代——祖父老约翰·布登勃洛克，在反对拿破仑的战争时期，靠为普鲁士军队供应粮食发了财，经营起一家大商号——约翰·布登勃洛克公司。另外，这一家人还拥有许多农庄、粮栈、轮船和地产。他们不但经济实力雄厚，而且在全城还享有很高的声名地位。老约翰的儿子小约翰荣获了尼德兰政府赠予的参议荣誉头衔，家里的亲友也个个都是当地的名门望族。布登勃洛克一家正处在兴旺鼎盛的时期。

老约翰性格开朗、豁达，在商业上精明能干、自信而稳重，他始终恪守祖上传下来的一

译林出版社 1997 年版封面

条箴言:“我的孩子，白天精心于事务，但勿做有愧于良心之事,夜间才能坦然就寝。”几十年来,老约翰就是依靠这一准则,成了一个正派的商人。小约翰性格比较严谨,工于心计,即使在处理家庭问题上也处处以事业为前提。小约翰的妻子家姓克罗格，是本城的一家富豪。他们的婚姻并不是恋爱的结合,只是因为她会给公司带来一笔可观的陪嫁费。

布登勃洛克家族的第三代——孙子托马斯、克里斯蒂安和孙女安东妮(后来参议夫妇又生了一个小女儿克拉拉),从幼时起就显示出不同的性格。托马斯聪明活泼,理解力强,并且举止有节。作为长孙,人们早就预感到他将是布登勃洛克家族未来的主人。和托马斯相反,弟弟克里斯蒂安虽然天资一点也不差,却喜怒无常,作派滑稽。有一天晚上,他擅自和一个好朋友到戏院看戏,还买了一束鲜花煞有介事地献给了一位女演员。这件事被当做笑谈传遍了全城,使得他的父亲布登勃洛克参议大为震惊和恼火。

孙女安东妮小时候天真顽皮,头脑聪明,在一所寄宿学校里度过了幸福的青年时代。长大以后,一个叫格仑利希的汉堡代理商向她求婚。开始时,安东妮拒绝了他。但参议对格仑利希的经济情况做过一番调查后,认为这是一桩门当户对的婚事,这使安东妮产生了很大的压力,她一天天瘦下去。参议便让她到总领港狄德利希·施瓦尔茨考甫家住段日子,在那里她可以洗海水浴,呼吸新鲜空气。在施瓦尔茨考甫家中,安东妮爱上了他的儿子莫尔顿。安东妮给父亲写了一封信,说自己已经爱上了施瓦尔茨考甫先生的儿子。参议赶紧把她从施瓦尔茨考甫家接了回来。在翻阅了记载家族以往体面历史的大事记簿以后,安东尼猛然意识到:自己也是这部历史链条中的一环,于是她放弃了对自由爱情的追求。在满载家族荣誉的大事记簿上,她亲自写上了“1845 年 9 月 22 日和汉堡商人本迪可思·格仑利希先生订婚”。这时候,祖父母老约翰夫妇已相继去世了。老约翰去世时,把家业传给了他们的儿子布登勃洛克参议。

托马斯在妹妹婚后不久,离家到阿姆斯特丹他父亲朋友的一家公司去任职。克里斯蒂安也决定放弃学术研究而走商人的道路,为此到伦敦去了。参议虽然从公司的利益出发,为安东妮安排了这门婚事,以为这门亲事将给家庭和公司带来好处,却没想到格仑利希千方百计追求安东妮只是为了利用她八万马克的陪嫁费和约翰·布登勃洛克公司的信誉来维持其商业信用。结婚四年后,格仑利希就破产了。安东妮这时虽然已经生了女儿伊瑞卡,但她告诉父亲她从来没有爱过格仑利希，布登勃洛克参议也不愿有一个破了产的商人女婿，于是便毅然地把女儿和外孙女接回了家。这样，安东妮的第一次婚姻就结束了。她自己亲自把这件事登记在家庭记事簿里："这次婚姻于 1850 年 2 月经过法律程序解除。"

托马斯在这一年的 8 月里回来了，参议欢迎他重新作为公司中的一个合作人。参议的岳母继岳父去世后不久故世了，布登勃洛克家得到了一笔大约十万泰勒的遗产，这使公司的营业资本大为增强。参议对二儿子克里斯蒂安不抱什么希望，1851 年夏天，克里斯蒂安搭船到智利去了。小约翰虽然干练、严格，但缺乏老约翰的从容不迫。日益尖锐的工商业竞争迫使他必须无休止地为维持这份祖传家业而拼命搏斗，因为他已经面临着靠投机起家的暴发户哈根施特罗姆的挑战了。由于像哈根施特罗姆这样一些新兴起的商人在经营上不择手段，不顾"商业道德"，致使布登勃洛克公司连受挫败。再加上女儿婚事上的失算，所以尽管小约翰惨淡经营，也只能是勉强支撑门面了。到后来，他身心交瘁，1855 年夏末的一个星期日下午，在家人等着参议出去散步时，他已经坐在卧室的椅子上与世长辞了。

参议去世后，作为长子，托马斯理所当然地成了这家大商号的老板。掌管公司后，他采取了一些大胆的行动，使公司出现了活泼进取的精神。1856 年 2 月初，离家八年的克里斯蒂安回故乡来了，开始为老公司服务。一开始，他的工作热情似乎还很高，但没过多久就原形毕露，托马斯对弟弟的行为十分不满，但参议夫人却不以为然。

安东妮的第二次婚姻也同样很不幸。第二次结婚从开始就毫无幸福可言，只是为了避免离婚女人不好听的名声。安东妮这次选中的目标——汉堡商人佩尔曼内德是个懒汉，他一把陪嫁弄到手就清理了商业，把它放在一个安全的能孳生利息的地方，自己在家里享清福。这使安东妮失望，感受不到新生活的乐趣，尤其是第二个孩子生下来只一刻钟就夭折了。她在给娘家的信中不停地抱怨。一天深夜，安东尼在睡梦中惊醒过来，意外地发现丈夫正搂抱着女厨。为此，夫妻俩激烈争吵起来。她的第二次婚姻就这样结束了。从此以后，安东尼带着她同第一个丈夫格仑利希生的女儿伊瑞卡就住在娘家。

时代文艺出版社 2006 年版封面

托马斯继承了祖业。他没有辜负长辈的期望，在他的努力下，布登勃洛克公司在小约翰死后业务并没有受到什么影响，一直还是踏踏实实地开展。特别是托马斯成功地与富有音乐气质的荷兰富豪之女盖尔达结了婚，盖尔达带过来的丰厚的陪嫁充实了家业，一度使公司的生意呈现出兴旺的景象。布登勃洛克家族第四代小汉诺的诞生更给一家人带来了希望，布登勃洛克家族后继有人了。

托马斯凭借家族的威信及在商业和社会活动上的成就，击败了代表新兴势力的大商人哈根施特罗姆，当选了吕贝克市的议员。他的干练与才华得到了所有人的承认，一度被视为市长的"左右手"。1863年夏天，托马斯议员盖起了新居——一座方圆几十里再也找不出更漂亮的"顶尖儿"的住宅。安东妮认为他早应该这样做了。然而所有这一切都不过是回光返照而已，事实上从小约翰时起，布登勃洛克家族就已经开始走下坡路了。到了托马斯的时代，接连发生的不幸更使因耗巨资盖房而大伤元气的公司一蹶不振。

小妹妹克拉拉在结婚后不久便病故了，母亲瞒着托马斯，把一大笔家产送给了克拉拉的丈夫。克里斯蒂安在汉堡也病倒了，医生诊断他是风湿性关节炎，正躺在医院里。战争的爆发连累布登勃洛克家一下子损失了大约两万泰勒的巨款。安东妮的女儿伊瑞卡重蹈了母亲的覆辙。伊瑞卡的丈夫是家火灾保险公司的经理，不仅对文化知识一窍不通，而且在经营上还有违法的行为，案发后被判了刑，资产也被拍卖了。

不久，托马斯的母亲约翰夫人病逝了，遗产问题引起了家庭矛盾的一次大爆发。先是女佣们分抢衣物，而后兄妹几人为争夺遗产吵得面红耳赤，就连一向懒散的克里斯蒂安这次表现出的热心也几乎达到了贪婪的程度。当克里斯蒂安宣布要和一位身份暧昧的女人结婚时，托马斯脾气大发，他害怕家资外流。于是兄弟两人隔着桌子对骂起来，平日和谐、温文尔雅的家庭一时闹得剑拔弩张。最后连一度值得炫耀的布登勃洛克家族的祖传老屋也售给了暴发户哈根施特罗姆。安东妮虽然对此极力反对，却也无能为力。与此同时，公司的生意也日渐萧条。由于托马斯的优柔寡断，使得他在与日益强大的哈根施特罗姆的竞争中，更加显得软弱无力，连连失利，损失了不少资金。在这种内外交困的情况下，托马斯经不起妹妹的怂恿，竟干起投机买卖来。但是一场风暴粉碎了他的美梦，布登勃洛克公司在这次投机中不仅没有赚到钱，反而蒙受了重大的损失。另外，托马斯的儿子小汉诺自小体弱多病，根本不可能肩负重振家业的重担，他继承了母亲爱好音乐的天性，用音乐来逃避现实。

儿子没有希望继承家业，这对托马斯无疑是一个沉重的打击。在与哈根施特罗姆这些新兴商人的激烈竞争中，托马斯连连受挫。最后为维持家计而筋疲力尽的托马斯因拔牙而惨死，此时他才四十多岁。托马斯死后，布登勃洛克公司也随之歇业了，布登勃洛克一家早已外强中干的事业终于土崩瓦解。不到一年，克里斯蒂安和那个早已盘踞在他心头的女人结了婚。这次婚姻对他的身体似乎没有什么好处，他听从妻子和医生的劝告进入了一家精神病疗养院。由于他老婆已经和医生勾搭上，他大概只能在那里度其余年。

盖尔达卖掉了豪宅，母子俩搬进了一幢郊区别墅。汉诺从生下来体质就一直很差，这次终于一病不起,医生诊断是伤寒,尽管全力治疗,但孩子还是夭亡了。汉诺死了六个月,盖尔达为回阿姆斯特丹举行了小型的家庭告别会,座上八位妇人,秋雨落叶,一片凄凉。安东妮对于她的这个决定并没有表示反对,虽然在内心深处她对这件事是感到非常痛心的。如果盖尔达仍旧留在本城,如果她的社交界仍然保留着她的荣誉地位,不把她的遗产移走,那么这一家人的姓氏就还能保留一点威望……但是不管怎么样,安东妮决定只要她活在世上一天,只要别的人看得见她,她始终要把头抬得高高的。她的祖父曾经坐着四轮马车周游过全国……

显赫一时的布登勃洛克家族只留存在人们的记忆中,只有安东妮时常手捧家庭大事记簿,怀想家族的百年荣耀。

豪尔赫·路易斯·博尔赫斯
[阿根廷]

《布宜诺斯艾利斯激情》

作者简介

豪尔赫·路易斯·博尔赫斯(1899—1986),阿根廷著名的小说家、诗人、文学翻译家。出身于阿根廷布宜诺斯艾利斯一位心理学教授家庭。少年时在首都求学,后在瑞士日内瓦继续学业,并获文学学士学位。第一次世界大战结束后,他随家游历欧洲,在伦敦和马德里居住过一段时间。1921 年回到阿根廷,在公共图书馆任职,协助创办了数种文学和哲学期刊,同时也写了大量反映阿根廷历史性主题的抒情诗,如《布宜诺斯艾利斯激情》(1923)、《面前的月亮》(1925)、《圣马丁手册》(1929)等。1945 年出版的《虚构集》可以说是他最重要的短篇小说集。博尔赫斯也写过大量哲学文章和文学评论文章。此外还翻译了福克纳和卡夫卡的许多作品。一生出版了三四十部著作。博尔赫斯是这样评论自己的作品的:“我既不是思想家,也不是道德家,只不过是一位文学家,将自己的困惑和我们称之为哲学的令人敬畏的困惑用文学的形式表现出来。”他在作品里所创造的世界是怪诞的、全然主观的,而且充满形而上的色彩。他乐于创造自己独特的象征系统,对千百年来一直重复的主题予以不同的处理,以此攀高创新。

作品提要

别　　离(节选)

三百个长夜犹如三百堵高墙,/ 把我的情人和我分隔,/ 我们中间将是一片梦幻的海洋。/ 除了回忆,还能有些什么?/ 啊,哀愁笼罩的下午,/ 苦苦思念你的夜晚,/ 我的道路茫茫苍苍,/ 我见到了却又失去……/ 你的别离像大理石那般确凿,/ 将给今后的下午蒙上忧伤。[①]

---

① 选自《布宜诺斯艾利斯激情》(博尔赫斯著,林之木译,浙江文艺出版社 2008 年版),第 55 页。

归　　来(节选)

经过流浪的岁月，/我回到儿时的老家，/一切都感到生疏。/我抚摩树木，/仿佛把熟睡的人爱抚，/重走那些老路，/似乎忆起遗忘的诗句，/当傍晚消退的时候，/我见到那弯荏弱的新月，/高大的棕榈树叶扶疏，/月牙偎依着叶影，/好像鸟在巢中安卧。/院子的围墙/要揽过多少蓝天白云，/街道的尽头/要映出多少夕阳余晖，/幽静的花园/要披上多少温柔的月光，/老家才会重新认出我，/把我重新接纳！[1]

浙江文艺出版社 2006 年版封面

① 选自《布宜诺斯艾利斯激情》(博尔赫斯著，林之木译，浙江文艺出版社 2008 年版)，第 34 页。

老舍［中国］

《茶　馆》

作者简介

老舍(1898—1966),原名舒庆春,字舍予,出身于北京一个贫民家庭,满族人。1924 年去英国伦敦大学东方学院教授中文,在英国期间,他完成了《老张的哲学》《赵子曰》和《二马》三篇小说,这些作品以其轻松酣畅的文笔引起了读者的广泛注意。1930 年,老舍回国后因有感于“对国事的失望”,完成了小说《猫城记》。1934 年又完成了长篇小说《离婚》。1932 年以后,老舍开始从事短篇小说的创作,如《月牙儿》《牺牲》《上任》《柳家大院》《牛天赐传》《黑白李》《老字号》《断魂枪》等等,这些小说,大多辑入《赶集》《樱海集》和《蛤藻集》中。1936 年至 1937 年,老舍又先后发表了中篇小说《我这一辈子》和长篇小说《骆驼祥子》,写的都是他所熟悉的北京贫民生活。《骆驼祥子》是一部优秀的现实主义小说,它标志着老舍的创作进入了一个新阶段。《骆驼祥子》发表后,曾被译成多种外文,得到了较高的国际声誉,扩大了中国现代文学的社会影响。1946 年,老舍应邀赴美国讲学,其时他完成了描写敌伪统治下北平人民生活的长篇小说《四世同堂》。新中国成立两个月后,老舍积极从事文艺组织领导工作和文学创作,先后创作了《龙须沟》《茶馆》等多个话剧及京剧、曲艺剧本。曾荣获北京市人民政府授予的“人民艺术家”称号。

人民文学出版社 2002 年版封面

作品提要

第一幕

1898 年初秋,康、梁等人领导的维新运动失败了。北京裕泰大茶馆里,各式各样的人,有事无事都可以来坐上半天。在这里,可以听到最荒唐的新闻和奇怪的意见,也可以看到某人新得到的奇珍,这简直可以算作文化交流的所在。此时,茶馆老板王利发正坐在柜台里,以相面为生的唐铁嘴溜达进来，要给王利发相面。王利发送给他一碗茶，不让他给自己算命，告诉唐铁嘴如果他自己不戒大烟，就交不上好运。有一起要打群架的，正在后院调解，许多打手往后院走去。满人松二爷和常四爷也进茶馆来喝茶，说话时不小心冲撞了打手二德子。常四爷说他不应该在这儿抖威风，要抖威风，跟洋人干去。二德子伸手要打常四爷，马五爷给他解了围。但王利发说常四爷连马五爷也得罪了，因为马五爷本身就是吃洋饭的。刘麻子也来到了茶馆。他是个说媒拉纤的，心狠手辣。他来这儿是为了给太监——庞总管买一个媳妇。京郊贫民康六因生活所迫，以十两银子的价格把女儿康顺子卖给了刘麻子，而刘麻子却向庞太监要了二百两银子。秦仲义，王利发茶馆的房主，来到茶馆，要王利发多交房租。一个乡妇带着自己十来岁的女儿来到茶馆，想把女儿卖掉。常四爷可怜她们，就给她们买了两碗烂肉面，却遭到秦仲义的冷嘲热讽，他说大清国完不完不在于给穷人一碗烂肉面。他想把自己的资产全卖掉开工厂，以实业救国。宋恩子和吴祥子这两个清廷的特务，也在茶馆转悠，寻觅可疑的人。常四爷说了句“大清国要完”，就被他们带走坐牢。庞太监来到茶馆找刘麻子，秦仲义向他问起谭嗣同的事，他狠狠地说：“天下太平了，圣旨下来了，谭嗣同问斩!告诉您，谁敢改祖宗的章程，谁就掉脑袋!”这话引起茶馆里人们议论起谭嗣同和康有为来。王利发怕惹事，恳求大伙儿不要谈国事。

外文出版社 2003 年版封面

第二幕

十年后。袁世凯死后，军阀混战时期。北京城内的茶馆相继关门，“裕泰”是硕果仅存的一家了。裕泰茶馆为避免被淘汰，已改变了样子与作风。它前部仍然卖茶，后部却改成了公寓。“莫谈国事”的纸条保存了下来，而且字写得更大。因为修理门面，茶馆停了几天营业，预备明天开张。王利发的妻子王淑芬和跑堂李三正忙着布置。王淑芬劝李三剪去小辫儿，李三却说：“改良!改良!越改越凉，冰凉!”还说改来改去，万一哪一天把皇上改回来，他的小辫还有用。这时，有一群难民在门外央告。巡警替王利发赶走难民后，就向他敲诈。没想到又有一群大兵过来，王利发给了他们钱，好不容易才把他们打发走。唐铁嘴来到茶馆，这年月他

人民文学出版社 2003 年版封面

倒混好了。照他的话说:“年头越乱,我的生意越好!这年月,谁活着谁死都碰运气,怎能不多算算命、相相面呢?”他想租王利发茶馆后面的公寓房,王利发拒绝了他。报童来卖报,说是长辛店大战的新闻,王利发问有没有不打仗的报纸,报童让他自己找,王利发就把报童赶走了。常四爷自食其力,成了卖菜的人。他赶在茶馆重新开张之前,给王利发送来了一串腌萝卜和两只鸡,正好在茶馆里碰到了松二爷、吴祥子和宋恩子。常、松两个老朋友见面十分亲热,但见到吴祥子和宋恩子,常四爷仍十分气愤。吴祥子和宋恩子说谁给饭吃就给谁效力,常四爷说如果洋人给饭吃呢?吴祥子说要他们效力的都仗着洋人撑腰。吴祥子和宋恩子仍干着老本行,来茶馆搜捕人,王利发求情,说公寓里住的都是可靠的人。他们就让王利发每个月给他们送钱,他们就不再到茶馆抓人。刘麻子也来到茶馆,又准备卖人。十年前在茶馆被刘麻子卖给太监做老婆的康顺子带着儿子康大力(太监买的儿子)来到茶馆,正好看到刘麻子,她痛骂刘麻子干伤天害理的事。庞太监死后,康顺子被赶出家门,走投无路,王淑芬做主留下了她娘儿俩。刘麻子准备卖给两个逃兵一个媳妇,正当他们谈买卖时,被宋恩子和吴祥子盯上。而此时追捕逃兵的军官来到茶馆,两个逃兵为了活命,把自己的现大洋分给他们一半,于是他们共同把刘麻子出卖给搜捕逃兵的军官,说他是逃兵,刘麻子被带走砍了头。曾经做过国会议员的崔久峰不愿再过问时事,躲在王利发开的公寓里修道,秦仲义找他,他也不去,他说中国非亡不可。而秦仲义在开工厂、办银号,希望以实业救国。

第三幕

抗日战争胜利后,国民党特务和美国兵在北京横行霸道的时候,裕泰茶馆已经衰落了。藤椅已不见,代之以小凳与条凳,房屋和家具也都旧了。“莫谈国事”的条子更大、更多了,在这些条子旁边还贴着“茶钱先付”的新纸条。

一天清早,还没有下窗板,王利发的儿子王大栓正独自垂头丧气地收拾屋子。大栓的妻子周秀花正嘱咐女儿王小花不要讲康大力到她家来过的事。康大力已是西山八路军游击区的人,他头一天晚上来到茶馆,想把康顺子接走。康顺子拿不定主意是走还是不走,怕给茶馆带来灾祸。王利发托小刘麻子找女招待,却使得小刘麻子起了霸占茶馆的心思。王大栓不愿用女招待,而王利发还抱着一丝只要改良就能继续把茶馆开下去的想法,想用女招待招徕顾客。小刘麻子和小唐铁嘴相遇在茶馆。小唐铁嘴说自己现在是唐天师,而小刘麻子给小唐铁嘴叙述他要组织一个“托拉撕”的计划,意即他要把舞女、明娼、暗娼、女招待全组织起来,由他一手包办,供应给美国军队、各级官员。他还请小唐铁嘴给他的“托拉撕”起了个“花花联合公司”的名字。曾包办满汉全席、现在却在包监狱伙食的明师傅，说评书的名手邹福远等人来到茶馆，各自抱怨世道艰难，命运不济。庞太监的四侄媳妇——庞四奶奶来到茶馆，她说庞四爷马上要在有八路军的西山登基了，不过庞四爷贪酒好色，弄了好几个小老婆，所以她来到茶馆，想逼康顺子去做太后，她自己做皇后，一齐管着皇上。康顺子已经受够了庞家的虐待，不愿再和庞家的人打交道，因此拒绝了她。她就威胁王利发，让王利发劝康顺子，否则，她就砸了茶馆。王利发看情况不好，就让儿媳把康顺子送走了。小二德子拿着打学生挣的钱来喝茶，王大栓不收，还骂他是流氓。小二德子又要去打教员，王小花的两个老师正好被他撞上，他挥拳便打，王大栓出手相助，帮老师逃跑了。小二德子迁怒于王利发，扬言要打他。小丁宝冒险来到茶馆，给王利发通风报信，说小刘麻子要霸占这个茶馆，王利发下了要和茶馆共存亡的决心。他把周秀花和王小花娘儿俩打发走，让她们去追康顺子。常四爷沦落成一个卖花生的小商贩。秦仲义的工厂被拆了，仓库也被政府查封了。他们都来到茶馆，秦仲义诉说自己的不幸，常四爷痛斥世道的不公，他说自己死后都怕没有人给自己烧纸，三位老人竟然在茶馆里为自己烧起纸钱来。小刘麻子为霸占茶馆，勾结了宪兵司令部的沈处长。当沈处长和小刘麻子来到茶馆，讨论把它改造成“处长个人的小俱乐部”时，王利发上吊自杀了。裕泰茶馆，这个百年老字号，也随之湮灭了。

弗兰茨·卡夫卡［奥地利］

《城　堡》

作者简介

作者简介见《变形记》一章。

作品提要

为了进入城堡谒见威斯特－威斯公爵，获准在村里定居，K在一个冬夜来到了城堡所辖的一个村子，并准备在一个客栈里过夜。按照这里的规矩，没有伯爵的许可证，他是不能在村子里过夜的。K虽然自称“我就是伯爵大人正在等待着的那位土地测量员”，但又拿个出证件，于是就受到客栈的严厉盘查。幸亏客栈用电话向城堡“中央局”询问，得到了似是而非的答复，这样K才侥幸被允许住下。

上海译文出版社1997年版封面

第二天早晨，K走出客栈向山上眺望，城堡的轮廓清晰分明，于是他就向城堡走去。他走啊走，虽然方向正确，可一步也没有靠近它。等他疲乏地转回客栈，暮色已经降临了。在客栈里，有两个自称是城堡方面派来做他的助手的人向他报到。K通过他们与城堡联系，可城堡回答说“任何时候都不能来”。K正独自纳闷时，一个叫巴纳巴斯的信使给他送来了来自城堡的一封信。信的落款是“X部部长”，据来使说，这个部长名叫克拉姆。信上说，“你的直属上司是本村村长”，并指出巴纳巴斯将负责K与城堡的通讯联络。

K以送信为名，来到巴纳巴斯家中，结识了他的两个妹妹阿玛丽亚和奥尔珈。K陪奥尔珈到旅馆里去买啤酒，并打算在旅馆里住下来，但遭到旅馆老板的拒绝，因为据说这儿是专门为城堡里的先生们保留的旅馆。在旅馆的酒吧间里，K 遇到了克拉姆部长的情妇弗丽达，而克拉姆就在旅馆房间里。两人一见钟情，当晚就在酒吧间里私定了终身。

第二天，弗丽达同 K 回到乡村客栈，客栈老板娘以弗丽达保护人的身份训斥和劝戒 K。两人话不投机，K 愤然出走，去找村长，向他展示了克拉姆给自己的那封信。对于这个信件，村长作了模棱两可的解释，并坚持说村里不需要一个土地测量员。K 感到十分失望，但他回到客栈之后，却接到村长的任命，让他去当乡村学校的看门人。K 在弗丽达的坚持下，只得决定同弗丽达住进学校。

K 曾听弗丽达说，克拉姆住在旅馆内，因此他在搬进学校之前来到旅馆，去谒见克拉姆，但等着他的是克拉姆在乡下的秘书摩麦斯。由于客栈老板娘对 K 谈及过，因他打扰了克拉姆的生活，想会见克拉姆是很渺茫的，唯一可能的途径是摩麦斯的审查式的“会谈记录”。然而，K 不愿接受秘书的“审查”，扬长而去。

K 在回学校的路上，遇到了巴纳巴斯，他给他送来了克拉姆的第二封信，信中对他的土地测量工作表示赞许，并鼓励他继续努力。K 觉得莫名其妙，因为他根本还没有开始进行土地测量工作。为此，他托巴纳巴斯带口信回去，要求克拉姆给他私人会见的机会。

在学校中，K 认识了一个叫汉斯的学生，他听说汉斯的母亲在城堡呆过，就表示愿意去见她。这事引起弗丽达的猜忌，并且她对 K 与阿玛丽亚姐妹的友情早怀醋意，她揭露说，K 同她订婚和同居，无非想利用她是克拉姆的情妇这一点，企图通过她与克拉姆取得联系。这时，K 的助手朱雷玛乘虚而入，与弗丽达调情，并扬言要把弗丽达从 K 手中“解救”出来。

K 从巴纳巴斯家出来，在路上碰到了巴纳巴斯，他通知 K 说，克拉姆的主要秘书之一艾朗格在旅馆等着见他。K 来到旅馆，艾朗格命令他立即将克拉姆的情妇弗丽达送回来。其实，正当 K 与奥尔珈攀谈时，弗丽达出于嫉妒就同她往日的情人——朱雷玛私奔同居了，而这个人竟是 K 的两个助手之一。

译林出版社 2003 年版封面

外语教学与研究出版社 2005 年版封面

河北教育出版社 2005 年版封面

中国书籍出版社 2007 年版封面

托妮·莫里森 [美国]

《宠　儿》

作者简介

托妮·莫里森(1931—　),美国黑人小说家、散文家,1993年诺贝尔文学奖得主。自第三部小说开始,她的作品一直是畅销书,并获得多项美国文学奖,如普利策小说奖(《宠儿》,1988)、全国图书批评界奖及美国艺术与文学科学院奖(《所罗门之歌》,1978)。她的书有很强的可读性。莫里森还吸收并发展了后结构主义的相关理论,在此基础上不断探索着以最佳文学结构表达出美国黑人经验,因此她的故事不但讲得深刻动人,而且还能成为当今文学批评主要理论派别的例证。她的另一个特点是提炼并发展了美国黑人英语。《宠儿》是她的长篇代表作之一,在内容及手法上都前进了一大步,充分展示了作者高超的叙事技巧,极具艺术震撼力,曾轰动美国,是莫里森的巅峰之作,奠定了她获诺贝尔奖的基石。《宠儿》是美国文学,甚至世界文学中灿烂的一页。

作品提要

"甜蜜之家"是肯塔基的一个农场,白人加纳和他的妻子是农场的主人,他们拥有六个黑人奴隶。"甜蜜之家"是与众不同的,因为加纳先生相信并信任他的黑人。五个黑人男子汉是:保罗·D.加纳,保罗·F.加纳,保罗·A.加纳,黑尔·萨格斯,还有狂人西克索,都是二十来岁,没沾过女人,在地铺上辗转反侧,磨擦着大腿等待着新来的姑娘。那是十三岁的塞丝。加纳先生允许黑尔以额外的劳作赎出母亲贝比·萨格斯,使她获得自由。于是塞丝走进"甜蜜之家"来代替她。塞丝的到来,引起了小伙子炽热的渴望,他们彻夜难眠。塞丝选中了黑尔,那个赎出母亲的小伙子。为了第一次结合,她偷偷地为自己缝了条裙子,用台布、腰带、蚊帐布缝成的裙子。加纳太太给了她一对耳环。尽管塞丝没有婚礼,但她得到了祝福。塞丝一次又一次地怀孕,她拥有了两个儿子、一个女儿,还有肚子里的一个。她的怀孕,是为了爱,而不是卖。在其他农庄里,黑人们也许会有彼此相爱的人,然而说不定某个时刻,他或她就被卖掉了,打死了,总也不长久。女人们的生育也只是为了农场主人拥有更多的黑奴。生就生了，谁还能老记挂着孩子，一眨眼就不在了。像贝比，她一共生过八个孩子，只有最小的一个——黑尔被留在了身边。

塞丝只在田里见过几次她的母亲。塞丝的母亲让她看自己身上一个圆圈和一个十字的记号，说塞丝可以凭这个记号认得她。在被吊死之后，塞丝没有在那一群人中找出她来，但她的确死了。也许是因为那少得可怜的关于母亲的记忆，塞丝才这么爱她的孩子。然而一切都在改变。

中国文学出版社1998年版封面

加纳先生死了，加纳太太也一天一天地衰弱下去。加纳先生的妹夫，外号叫"学校老师"的人被人请进了农庄。"学校老师"开了打黑奴的先例，剥夺了他们出猎的权利，夺走了他们的枪。西克索因偷吃了一只小猪而被揍了一顿。打那以后，他们再碰任何东西都被看做偷窃。无法出猎，饮食中再没有肉。他认为黑奴业余的时间也是属于他的，不再让黑尔用业余时间的劳作来偿还为赎母亲欠下的债。黑尔说："如果我所有的劳动都属于'甜蜜之家'，包括多干的，我还剩什么可以卖呢?"他对塞丝说："谁把你赎出去呢?还有我?还有她(指小女儿)?"这时候，西克索从情人"三十哩女子"那里听说了车队的事。她说她那地方有七个黑人要跟着另外两个人一道去北方，在北方，黑人已经获得了自由。那两个以前干过，认得路，其中一个是女的，会在玉米长高的时候在玉米地里等他们，并对他们发出信号。有一天上午，黑尔听到了信号并把它们唱给其他人听。这里面不包括保罗·F，他已经被加纳太太卖掉了。然后，黑尔去找塞丝。

保罗·D、西克索和"三十哩女子"一起出发了。突然，他们看到"学校老师"和几个白人向他们走来。西克索推了推"三十哩女子"，她在河床上跑远了，他和保罗·D被捆了起来。西克索唱起了歌。他们开始烧他，他大笑着，高喊"万岁，万岁"。他们开枪让他闭了嘴。"三十哩女子"带着他的种子跑了，他还有什么遗憾呢?保罗·D被套上了一具三辐轭，脚捆在一起，关进小屋。塞丝过来告诉他她刚把孩子们送到玉米地里，但没找到黑尔，她也要逃走了。这时候，"学校老师"和他的两个侄儿走过来，抓住了她，把她摁倒在地。两个侄儿一个摁住，一个吸她的奶水，"学校老师"在旁边作记录。她跑到加纳太太那里诉说他们的恶行。加纳太太已经不能说话，可她流了泪。他们知道她告了状，把她揪住，用马鞭狠狠地抽了一顿。她的背上血肉模糊，像是绽开的苦樱桃树。她一定要逃走，哪怕是一个人，挺着大肚子。在路上她看到被吊死的保罗·A。当她碰到白人姑娘爱弥时，她几乎要死掉了。爱弥，一个整天谈论寻找天鹅绒的傻姑娘，不但没有出卖她，而且帮助了她，为她揉脚，治伤。她们来到河边，爬上了一只破船。这时候，塞丝就要生产了，在爱弥的帮助下，她产下了又一个女儿。为了纪念爱弥，塞丝以她的姓给婴儿作了名字，即丹芙。

塞丝的三个孩子已经被玉米地里的人送到了他们的奶奶——贝比·萨格斯那里。贝比在获得自由之后，被加纳先生送到了辛辛那提白人鲍德温兄妹那里，他们反对甚至痛恨奴隶制。他们让贝比住进一所房子（蓝石路上灰白两色的房子，后来的124号），作为她做些杂活的报酬。贝比曾经想过，她要自由做什么呢？当她得到自由时，突然懂得了自由在世界上无可比拟。她认定，奴隶生活摧残了她的一切，但心灵除外。她可以靠心灵谋生。她成了一位不入教的牧师。每个星期六下午，她在“林间空地”布道。

塞丝来了。爱弥离开后，一个女黑人艾拉帮她包好婴儿，并把她们送到贝比那里。贝比一部分一部分地给塞丝擦身。塞丝不停地亲吻她的两个儿子。小女儿的口水滴在塞丝脸上，聪明的小女儿已经会爬楼梯了。非奴隶的生活多么快乐啊，塞丝学字母表，学针线，大家一起教她体会黎明时醒来并决定这一天干些什么的滋味。塞丝度过了二十八天的自由生活。可是危险来临了。“学校老师”和警察等人来到了这所房子跟前。塞丝认出了他们。她的脑子里像有蜂鸣，她不能让她的孩子们再回到那里。她飞奔着，四处寻找她的孩子，将他们一个个抓牢：一个扛在肩上，一个夹在腋下，一个用手抓着，另一个则被她一路吼着，进了木棚屋。当他们走进去，看见两个男孩躺在地上流血，塞丝一只手把一血淋淋的孩子搂在胸前，正在把手里抓的婴儿往墙上摔。“学校老师”走了，他不做赔本的事。贝比把两个男孩救活了，死去的只是那小女儿。由于鲍德温的努力，塞丝没有被处死，她回到了蓝石路的那所房子。那所房子开始闹鬼了，充斥着一个婴儿的怨毒。尽管塞丝在粉红色的墓石上刻上七个字母“beloved”——宠儿，意思是“亲爱的”。是塞丝太浓烈的爱杀死了她的宠儿。宠儿的鬼魂摇晃着屋子，折磨着塞丝和她的亲人。先是贝比，自从那血的一幕上演以后，她就崩溃了。她不再去“林中空地”，开始躺在床上，研究凡间无害的东西，比如蓝色、黄色。她在对颜色的研究中去世了。镜子一照就碎，蛋糕里出现了两只小手印。两个男孩子逃之夭夭了。到了1873年，塞丝和女儿丹芙成了它仅存的两名受害者。

南海出版社 2006 年版封面

保罗·D来到了这里。在他逃跑失败被抓回去之后，“学校老师”把他卖给了“白兰地酒”。保罗·D企图杀死他，于是成了犯人。一次外出抡大锤采石时，下起大雨，犯人们集体逃亡。他追随着一路向北盛开的花儿，到了特拉华，一个织女收留了他三年，直到又一次被抓。他又一次出逃。内战时期，他曾为双方卖命。而后又被抓去做了一年奴隶，又给卖去亚拉巴马服役，然后去炼铁。内战结束后，他获得了自由，四处流浪，流浪了七年，然后来到了这里。保罗·D的到来让塞丝感到，她可以把劳碌抛开，因为他接下了她的重负。当他托住她的双乳，亲吻她背上的苦樱桃树的一枝一叶时，她流泪了。保罗·D得到了他二十五年前曾经渴望过的姑娘。他搬来与他们同住了。而且，他还赶走了那个小鬼，在它摇晃屋子、把一切搞得乱七八糟时，他举起桌子，四处乱砸，大喊大叫。这都使丹芙不快乐。她十八岁了，很孤独，一直是小鬼与她为伴。保罗·D试图缓和与丹芙的矛盾。他带着塞丝、丹芙去参加狂欢节，这在她们很新奇，因为她们久已不在人群中生活，塞丝以她的高傲反抗着人们的目光。回来的路上，三个人的影子交叠在一起。

就在回家的路上，他们遇到宠儿。她说她从一个桥上过来，其他的都不知道了。塞丝收留了她，因为她好像在哮喘。丹芙起劲地照料她。宠儿十九岁左右，长得苗条，可行动起来像个苍老的人，扶着家具，用手掌托着脑袋休息，好像它对于脖子来说太沉了。宠儿爱吃甜食，就像塞丝让人们拿布浸糖水让她咂的死去的小女儿一样；她还问起耳环的事。保罗·D在跟塞丝讲话时提到他最后一次见到黑尔时，黑尔坐在搅乳机旁，不停地往脸上扔牛油，他疯了。塞丝再也等不到黑尔了。她带上丹芙和宠儿到了“林间空地”，她需要贝比的抚慰。贝比来了，她轻柔的手指抚摸着塞丝的脖子。突然，手指变化了，塞丝被掐得喘不过气来。宠儿过来救了她。但是丹芙认为正是宠儿要杀死妈妈。丹芙知道宠儿就是自己死去的姐姐，她看见了宠儿脖子上的伤痕（是妈妈用锯子锯的）。但丹芙不愿失去宠儿，为她隐瞒了一切。

宠儿采取了新的行动。她使保罗·D不愿睡在妈妈屋里，好像不明所以地不舒服，直到他睡到了屋后的棚子里。一天夜里，宠儿引诱了保罗·D。他很痛苦，觉得失去了一颗活着的红红的心。他决定告诉塞丝，但见到她后又改变了主意，说要她为他生个孩子。他们的爱已足够强大了。就在这时，保罗·D知道了塞丝杀死小女儿的事。保罗·D去问塞丝，塞丝不知道该怎么替自己解释。她吓住了保罗·D，他搬去了教堂。

塞丝认出了死去又回来的女儿——宠儿，她把一切都放下来，不必再想什么，女儿回来就足够了，女儿知道她是怎样爱她而杀她。她与母亲越来越多地相互注视，忽视丹芙。宠儿沉醉在母亲的溺爱中，提出越来越多的要求，伴随着越来越多地对母亲杀她、抛弃她的指责和塞丝对此的辩解。塞丝毫不在意丢了工作。丹芙不得不求助于外面的人。许多人在帮她。后来，丹芙去了鲍德温兄妹那里，找到一份工作。白人鲍德温先生来接她时，艾拉等三十个黑人也来到蓝石路124号，要驱鬼救塞丝。塞丝看到这一切，以为旧事重演，她冲出去刺杀鲍德温先生，丹芙救了他。宠儿消失了。保罗·D回来了，走近躺在床上的塞丝。也许会有新的生活开始。

一个悲剧，也是一个启迪。生命被践踏、毁坏，生命也被发现，被珍视。生命不仅仅是肉体。

弗吉尼亚·伍尔夫 [英国]

《黛洛卫夫人》

作者简介

弗吉尼亚·伍尔夫(1882—1941),英国现代女作家,意识流小说大师。出身于伦敦的一个书香门第,父亲是一位著名的哲学家、传记作家和出版家。1912 年与政治家伦纳德·伍尔夫结婚。1917 年夫妇俩创建了"塞加斯出版社"。1941 年,伍尔夫由于病痛的折磨,投水自尽。

伍尔夫的作品有长篇小说《雅各布的房间》(1922)、《黛洛卫夫人》(1925)、《到灯塔去》(1927)、《奥兰多》(1928)、《海浪》(1935)、《岁月》(1938)及《幕间》(1941);短篇小说有《墙上的斑点》(1919)和《邱园记事》等。伍尔夫在英国文学史上占有非常重要的地位,被称为"在黑暗中把英国语言的光辉更向前推进了一步"的作家。

作品提要

《黛洛卫夫人》是伍尔夫的成名之作。和《尤利西斯》一样,《黛洛卫夫人》也以一日为框架,详尽记述了英国上层社会中的黛洛卫夫人和一位精神病人史密斯从上午九点到午夜时分约十五个小时的生活经历。小说以细腻的笔触表现了第一次世界大战后西方人的困惑、焦虑和恐惧,具有十分鲜明的现代主义特征,其主要表现在:(1) 巧妙处理时间与空间,不留痕迹地从一种意识流进另一种意识;(2) 用蒙太奇手法表现人物的意识活动;(3) 笔调流畅,采用一种诗歌般的,具有旋律的优美语体来展示人物的精神活动。

外文出版社 1996 年版封面

女主人公克莱丽莎·黛洛卫夫人是一位上层社会的妇女,她五十岁左右,丈夫理查德·黛洛卫是国会议员。六月的一个早晨,九点钟,她正为布置晚间将要在家里举行的聚会而上街买花。户外空气清新,阳光明媚,她不禁心荡神移,浮想联翩。她想起自己十八岁情窦初开之时与旧情人彼得·沃尔什之间的恩恩怨怨；想起三年前那个宁静的早晨，自己推开布尔顿别墅的那扇法式落地长窗，室外鸟语花香，空气也像今天一样清新。此刻，她仿佛听到了推窗时窗户铰链发出的嘎吱声，甚至一字不漏地回想起当时和彼得谈话的内容。忽然，她又想起最近收到的彼得从印度的来信，随之，她追忆起彼得那双含笑的眼睛、他的脾气及他常摆弄的那把小刀。年轻时的克莱丽莎是个内向、娴静的女子，而情人彼得则情感丰富、浪漫豪放、喜欢冒险，克莱丽莎拒绝了他是因为担心她嫁给他会失去精神上的独立。最后，她选择了老成持重的黛洛卫先生，过起了一种平淡无奇、按部就班的生活。现在，黛洛卫夫人突发奇想：如果她当初作出了另一个抉择，嫁给彼得，她的这一生又将如何?她当初是否作了正确的抉择?她又想起了自己担忧的一件事，由于家庭教师从中作梗，她与女儿伊丽莎白的关系正在日益疏远。伦敦街头车声嘈杂，是一片繁荣景象；街头的声色光影和气味，全成为激发黛洛卫夫人对过去联想的媒介，但在喜气洋洋的气氛中，黛洛卫夫人又惘然若有所失。在一种莫名的疑虑和隐约的恐惧驱使下，“她有一种难以排遣的感觉，好像自己独个儿远远地、远远地步入海中。她心里总是感到，哪怕再活一天也是非常危险的”。

就在黛洛卫夫人在花店里出神时，街上的一声巨响令她吃了一惊，震惊之余她又陷入沉思。而同时，街对面的史密斯也为这声巨响大吃一惊。史密斯在第一次世界大战之前是一个腼腆、内向、单纯的小伙子。战争爆发后，他作为第一批应征入伍的战士之一被派往法国去“拯救”英国。而他对自己所要保卫或“拯救”的祖国的性质却没有清楚的认识。严酷的战争使他成为一名“硬汉子”——他失去了感情体验的能力。当他的好朋友战死疆场时，他不仅一点儿不感到悲伤，没有意识到这是宝贵友谊的终结，反而为自己“几乎没有感觉”而感到骄傲。他靠着运气和硬心肠，战后升了官。但在米兰的一家旅馆里，他发现自己不能“感觉”了，自此，这成为一个压倒一切的心理负担。并且，由于患了弹震症，他的精神已经不正常了，总感到这个疯狂的世界已经摇摇欲坠。在伦敦街头的所见所闻经常使史密斯想起已经在战场上死去的好朋友埃文斯，这位亲密战友的名字不时闪现在史密斯头脑中，引起他心灵的一次又一次的震颤。此时，他正坐在公园的椅子上胡思乱想，椅子周围没有树使他想起人类的乱砍乱伐，又想到人类不应该因仇恨而互相残杀。他听到一只麻雀在用希腊话叫他的名字，麻雀婉转悦耳的声音将他带入一个想象的没有罪恶与死亡的美妙境地，而他对面栅栏后面那堆白色的东西却又使他联想起埃文斯的

人民文学出版社 2003 年版封面

白骨。汽车回火时发出的一声巨响，在史密斯听来无异于生活的鞭子：“生活已经举起了鞭子，它将落在何处?”

接着，一架飞机出现在伦敦上空为太妃糖做广告。当史密斯望着正在空中作飞行表演的飞机和机尾的白烟拼出的英文字母时，他的思维再次产生跳跃。这些用白烟写成的字母以“百般的怜爱，万分的好心，将一个又一个的难以想象的美丽形态赠予他；这是一片美景，绝妙的美景”，他心情激动，热泪盈眶。突然，第一次世界大战中轰炸和流血的场面再次在他眼前闪现。史密斯的精神病发作，他仿佛看到“榆树倒地，树叶飞落”，“他看着这一切要发疯了，于是他闭上眼睛，不再看了”。

上海译文出版社2007年版封面

与此同时，黛洛卫夫人回到家里，问为她开门的女佣：“他们在看什么?”在城堡一般的大房子里，黛洛卫夫人三十年日复一日、年复一年地履行着贤妻良母、家庭主妇的职责。大本钟洪亮的钟声传来，钟声使黛洛卫夫人百感交集，感慨万分。经过时间的洗刷和岁月的风化，她已经两鬓花白。黛洛卫夫人不禁叹息起年华流逝、老之将至。就在这时，旧情人彼得上门来访，她发现彼得与自己之间的恋情已荡然无存，这勾起了她的无限怅惘。她虽跻身贵族阶层，富贵，高雅，但却过着一种沉闷的生活；而彼得虽浪迹天涯，却依旧热情浪漫，生活可谓是有声有色。她发觉在岁月的落叶之下，自己依然埋葬着少女时代爱慕彼得的种子，不禁暗自思忖：当初的抉择究竟是正确还是错误？面对彼得，她倍感孤单，她觉得自己仿佛是一叶孤舟，在人生的海洋中独自飘摇，逐渐消逝，死亡已经迫临。然而，同时她又觉得“要是现在就去死，那该是最幸福的事了”。

大本钟的钟声使黛洛卫夫人感慨万千，同样，它也常常触动史密斯的神经，引起他对那场可怕的战争的回忆，他回忆起炮弹，回忆起飞机的碎片，回忆起死去的战友埃文斯，联想到死亡。时间在史密斯的意识中具有神秘的色彩，它既包含了他过去在战场上骇人听闻的经历，又无情地折射出他现在的种种焦虑和恐惧。然而，史密斯对时间的流逝并不感到惋惜；相反，这进一步强化了他早日结束生命的念头，使他鼓起勇气去拥抱死亡，并借此让自己受伤的灵魂得到彻底的解脱。

小说的结束是在黛洛卫夫人家的晚会上。黛洛卫夫人干练、殷勤地款待了首相等几位要员和其他客人，但晚会还是沉闷无聊。席间，一位当医生的客人带来了史密斯自杀的消息。史密斯在死亡中实现了他的全部价值，而黛洛卫夫人将在新的时间和空间里“孤零零地面对人生的真谛”，继续在严酷的生活中探本穷源，寻求精神上的寄托。

弗吉尼亚·伍尔夫［英国］

《到灯塔去》

作者简介

作者简介见《黛洛卫夫人》一章。

作品提要

《到灯塔去》是英国意识流小说大师弗吉尼亚·伍尔夫的代表作品，同时也是一部带有自传性质的小说。全书分为三部分。第一部分里，所有活动压缩在一个晚上；在过渡性的第二部分里，十年的变迁被压缩到一夜之间；第三部分表现一个上午里发生的事情。《到灯塔去》具有浓郁的象征主义和印象主义色彩。伍尔夫在小说中以印象主义的笔触揭示了人物的主观感受和感觉经验，探索了精神世界与客观世界的联系，并且挖掘了位于表象之下的内在真实。这也正是小说的题旨所在。灯塔本身就是一种崇高精神境界的象征，到灯塔去这一行动本身平淡无奇，但它却意味蕴藉，成为一次发现自我、探索真理、超越个人和达到新的精神境界的旅行。

拉姆齐夫妇一家和几位朋友在斯开岛上他们的海边别墅里度夏。9月中旬的一天，下午六点钟左右，拉姆齐太太倚窗而立，窗外是花草树木，远处是海浪和灯塔。她凝视着海上忽明忽暗的灯塔，陷入冥想中。她的意识不时对灯塔闪烁不停的灯光作出反应；同时，周围发生的一切也没有逃开她的意识屏幕。她的小儿子詹姆斯想在第二天驾船到小岛上去看灯塔，拉姆齐先生却全然不顾儿子的热情和愿望，断言明天的天气不会好，不能去灯塔。拉姆齐太太慈爱地安慰儿子“也许明天天气好”，并说如果天气好，就到灯塔去。拉姆齐先生是一个哲学教授，他的学生们认为他是二十世纪最有名的玄学家，对他来说，理性的原则高于一切，尊

少年伍尔夫和父亲的合影

敬事实、坚持原则要比关心孩子，不让他怀着失望进入梦乡更重要。他的处世态度固执顽梗，甚至到了否定人性、压制感情的地步。作为一名哲学家，他试图凭借理性与逻辑来解释和处理世上的一切。在现实生活中，他对任何事实都顶礼膜拜，从不肯为让他人感到愉快而改变一句不中听的话。拉姆齐先生所崇拜的真理都是以生硬的事实和刻板的逻辑为基础的，这种真理往往没有永恒的价值。因为世界观受到时间的限制，他认为世界上没有永恒的事物，即使是莎士比亚的伟大著作也不例外。拉姆齐先生就这样终日思索着生存的本质和生活的基础之类的哲学问题，企图借助逻辑和理性，从混沌之中寻得规律和秩序。但由于缺乏天赋的直觉和敏锐的洞察力，他的研究始终局限于 Q 的范围，而无法进入 R 的领域。在百思不得其解的苦闷中，他经常需要拉姆齐太太的抚慰和鼓励。但他实在是个严厉的父亲，喜欢讽刺子女，因此儿女们都不喜欢他。拉姆齐太太则具有丈夫身上所缺少的那种直觉和洞察力，她是一个贤妻良母和殷勤的主妇，是一切美好品质的化身，她是从生活的混乱烦恼中发现和谐宁静的能人，是帮助各个孤立的宾客之间和疏散的家庭成员间建立起友好稳定关系的纽带。她安抚孩子，帮助客人，关心画家的婚姻，鼓励丈夫的事业，而她自己本身也凭着与生俱来的透视能力审视生活。她认为人类不该受到事实与逻辑的制约，她相信人类完全可以超越自我，同外界真理建立联系。她倚窗而望，对远处闪烁不停的灯塔赞叹不已，也从灯塔上看到了生活的光明与目标，同时也获得了一种同宇宙精神之间的联系。在她眼里，灯塔的光芒代表着“生活的胜利”，象征着“这种平静、这种安宁、这种永恒”。拉姆齐太太有时候觉得自己也变成了那灯塔的光。

在拉姆齐家做客的有这样几位客人：拉姆齐先生的学生塔斯莱先生、女画家莉莉小姐、卡尔米奇尔先生、拉姆齐家的女儿普鲁的追求者班克斯先生。莉莉小姐正在画一幅油画，她想画一座茅舍，前面站着拉姆齐太太和她的小儿子。她正不遗余力地追求协调、匀称和完美。但作画时，她又感到客观世界是如此混乱无序，现实生活是那样杂乱无章，她意识到生活中两种对抗的势力无时无

上海译文出版社 2000 年版封面

人民文学出版社 2003 年版封面

安徽文艺出版社 2004 年版封面

刻不在影响她的创作，支配着她手中的画笔，她知道，必须将两种势力结合起来，相辅相成，才能协调一致。作为一个画家，她所需要的就是丰富的创作灵感和将客观现实与精神世界融为一体的艺术才华。只有这样，她才能获得主宰时空的力量，在混乱无序的世界中创作出长存不朽的艺术作品。

一个下午慢慢过去，拉姆齐太太到村子里去看过一个病人，便在窗前打毛线袜子，准备送给灯塔看守人的小儿子。日常各种琐事一一在她心中掠过。晚上睡觉之前，风雨大作，第二天真的不能去灯塔了。

拉姆齐家离开别墅后一去十年不归。在这十年里，拉姆齐太太在一次安静的睡眠中悄然逝去；普鲁结婚后死于难产；第一次世界大战爆发，拉姆齐家的儿子安德鲁应征入伍，在法国被炸死。

光阴流逝，海滨别墅也在风雨的剥蚀下逐渐破败。战争结束后的一天，看守别墅的麦克纳布太太收到电报，要求她把房子收拾干净。拉姆齐一家、莉莉小姐和已经成为著名诗人的卡尔米奇尔先生都要来度假。

拉姆齐一家等人又回到别墅。一天上午，拉姆齐先生带着最小的两个儿女泛舟海上，向灯塔挺进。当帆船乘风破浪逐渐驶近灯塔时，拉姆齐先生想起了死去的妻子，想起了自己的软弱和对子女的冷漠，他不禁百感交集。他仰望灯塔，心中豁然开朗：人们不仅需要理性，而且更需要温情与理解。他终于明白，理性应该与情感互相结合，一个人在讲究事实与逻辑的同时还应具有直觉与灵感。此刻，拉姆齐先生希望通过到达灯塔与妻子在精神上重新团聚，建立一种和谐与完美的关系。他与子女之间的隔阂和积怨也逐渐消溶了。长期在理性王国中生活的拉姆齐先生突然获得了精神上的升华。

莉莉小姐这天没有随他们一起去灯塔，当她目送他们远去时，拉姆齐太太的形象也浮现在她心中，她突然得到了启示，于是一挥而就，完成了那十年前就因受思想的困扰而不能完成的那幅画。当她作完画放下画笔时，她的精神得到了升华。而此时，拉姆齐先生的帆船刚好抵达灯塔。

塞缪尔·贝克特［爱尔兰］

《等待戈多》

作者简介

塞缪尔·贝克特(1906—1989),1969 年诺贝尔文学奖获得者,荒诞派戏剧的代表作家。出生于爱尔兰,早年来到巴黎。第二次世界大战后,留在法国从事文艺创作。开始他主要是写小说,后来主要写剧本。1952 年他发表的《等待戈多》在 1953 年上演时获得巨大成功。从此以后,他又创作了许多剧作,主要有《最后的一局》《哑剧》《最后一盘录音带》《快乐的日子》等,这些都属于荒诞派戏剧。

作品提要

《等待戈多》表现的是一个“什么也没有发生,谁也没有来,谁也没有去”的悲剧。作品着重表现人的心态、心理活动过程以及人的心理活动障碍。作品中的人物没有鲜明的性格,作品没有连贯的故事情节。

流浪汉爱斯特拉冈和弗拉季米尔衣衫褴褛,浑身发臭,在一条乡间路上,一棵树旁,一直等待戈多。戈多是谁?他们谁也不知道。

湖南文艺出版社 2006 年版封面

一天黄昏,爱斯特拉冈先来到这条路上,坐在土墩上脱靴子,一直没脱下来。这时,弗拉季米尔来了,他并不帮忙,但很高兴看见爱斯特拉冈回来。然后,弗拉季米尔来回脱下帽子,往帽内瞧了瞧,伸手进去摸了摸,在帽顶上敲了敲,往帽里吹了吹,又戴上帽子。这时爱斯特拉冈用力脱下了靴子,他朝靴里看了看,也没发现什么。一会儿,他们两人讲起《福音书》中放贼的故事。爱斯特拉冈欣赏了面前的美景之后,提议:“咱们走吧!”弗拉季米尔说:“不行,咱们在等待戈多!你看这棵垂枝枯树挺不错,咱们就在这棵树旁边等待他!”“万一他不来呢?”“那咱们就明天、后天再来,一直等到他来了为止。”

他们就这样一直等着。弗拉季米尔说:“咱们等着的时候干什么

为了纪念 Beckett 诞辰 100 周年，爱尔兰发行了印有贝克特头像的纪念币

呢?”爱斯特拉冈想出了一个主意:“咱们上吊试试怎么样?”弗拉季米尔说:“行,你先来,你比我轻。”爱斯特拉冈想了想说:“这不行，我比你轻，吊上去树枝不断,死了;你比我重,吊上去树枝断了,死不掉。可剩下你一个人孤单单的,生活怎么过?”弗拉季米尔表示赞同。这样上吊的事做不成了,那做些什么呢?等待戈多。

等了一会儿,一声可怕的叫喊传了过来,奴隶主波卓和奴隶幸运儿过来了,幸运儿的脖子上拴了根很长的绳子。爱斯特拉冈以为是戈多来了。波卓却拿出酒菜,独自享用起来。爱斯特拉冈向波卓要了他剩下的骨头。爱斯特拉冈和弗拉季米尔看到幸运儿的脖子被绳子勒破,流着脓,发出一股臭气,他的嘴里流着口水,眼睛瞪得老大,直喘粗气,很同情他。但波卓却叫他们不要去与他讲话。爱斯特拉冈发现幸运儿大口喘着气,而手中沉重的行李总是不放下。幸运儿冷不防在爱斯特拉冈的小腿骨上踢了一脚,爱斯特拉冈痛得直叫,手帕也掉了。幸运儿捡起手帕还给波卓,走回原地,拿起行李站着。爱斯特拉冈的腿在流血,疼得不能走路了。这时幸运儿不哭了。波卓发表宏论,并赞美了暮色的魅力。波卓提议:“咱们就叫幸运儿唱歌、跳舞,或者朗诵,或者思想。你们任选一项吧!”他们决定让他先跳舞。幸运儿过去会跳圆舞、快步舞、民间舞、西班牙舞,甚至还会跳水手舞,他会快乐地跳跃。现在他最多只会一点儿了。后来,他们把帽子戴在幸运儿的头上叫幸运儿思想。幸运儿开始作长篇演说。波卓听到后跳起身来,使劲拉绳子。幸运儿拉住绳子,蹒跚着,喊着他的讲演词。他们抢走幸运儿的帽子。幸运儿倒在地上,爱斯特拉冈和弗拉季米尔把他扶起来。三个人互相说“再见”。波卓拿着鞭子和绳子,赶着幸运儿走了。爱斯特拉冈问:“咱们现在干什么呢?咱们走吧。”但弗拉季米尔说:“不能,咱们在等待戈多。”这时,一个孩子捎信说:“戈多先生要我告诉你们,他今天晚上不来啦,可是明天晚上准来。”

第二天,同一个时间,同一个地点。弗拉季米尔发疯似的走动起来,从这头走到那头,来回走着。他闻了闻爱斯特拉冈的臭靴子,小心翼翼地放回原处。他来回走动,突然刹住脚步,开始大声唱起歌来。他们聊着两人的心情。后来说道:“咱们干什么好呢?”弗拉季米尔说:“等待戈多。”

两人开始回忆昨天发生的事。两人发现幸运儿的帽子,想起一个新主意:演戏。一个演波卓,一个演幸运儿。这样,他们又重复了昨天波卓骂幸运儿,命令他跳舞、思想的动作。后来爱斯特拉冈说:“他们来了。”起先他们以为戈多来了，准备上去迎接他。他们又觉得好像被许多人包围了,要躲起来。可是他们守望了一会儿,没发现有人。两人于是又想到对骂。

《等待戈多》剧照

他们的对骂声落下不一会儿,波卓和幸运儿来了。不过此时,波卓已经成了瞎子。幸运儿像过去一样两手提着东西,并像过去一样拴着绳子，只是绳子短多了，这样波卓跟着他走就更方便。幸运儿戴着另一顶帽子。他看见弗拉季米尔和爱斯特拉冈,就停住脚步。波卓继续往前走,一下子撞在他身上。他们以为是戈多来了。他们说:“咱们不再孤独啦,等待着夜,等待着戈多,等待着……等待。咱们已经奋斗了一个晚上,没有人帮助。现在这一切都已经过去啦。咱们已经到明天啦。”幸运儿摔倒了,手里的东西全都掉在地上,连波卓也跟着他摔倒。他们一动不动。波卓大声喊着:“救命。”两人本来还想着与他讨价还价,又害怕着了幸运儿的道。波卓被他们搀扶了几次,才站稳了脚。可是他的眼睛连现在是不是晚上也看不清。接着,弗拉季米尔又请波卓命令幸运儿唱歌,或者朗诵,或者思想。波卓说:“他是哑巴,连呻吟都不会。”弗拉季米尔感到奇怪,问:“他是什么时候变成哑巴的?”波卓听到这话,勃然大怒:“你干吗老是用你那混账时间来折磨我?这是十分卑鄙的。什么时候!什么时候！有一天,难道这还不能满足你的要求?有一天,任何一天。有一天他成了哑巴,有一天我成了瞎子,有一天我们会变成聋子,有一天我们诞生,有一天我们死去,同样的一天,同样的一秒钟,难道这还不能满足你的要求?”说完,他赶着幸运儿走了。

弗拉季米尔感到很孤独。爱斯特拉冈在睡觉。一个孩子来告诉他们说:“戈多先生今天晚上不来啦。可是明天会来。”两人还问了戈多先生的情况。两人于是决定走了,但不能到离这儿远一点的地方,因为明天还得回来等待戈多。他们又商量着上吊,但身上没带绳子。两人说:“明天带一条好绳子来。明天来上吊吧。除非戈多来了。”又说,“要是戈多来了,咱们就得救了。现在咱们走吧。”可是,他们并没有走,仍然站着不动。

约瑟夫·海勒 [美国]

《第二十二条军规》

作者简介

约瑟夫·海勒(1923 — 1999),美国小说家。生于纽约州的一个俄裔犹太家庭,早年丧父。先后就读于纽约大学、哥伦比亚大学和牛津大学。第二次世界大战期间任空军中尉,曾赴意大利作战。战后任《时代》和《展望》等杂志编辑。1958 年起在耶鲁大学和宾夕法尼亚大学讲授小说和戏剧写作。他是黑色幽默文学的代表作家。长篇小说《第二十二条军规》(1961)描写的是第二次世界大战期间美国空军内部的专横残暴和人们所受到的迫害,反映了现代社会各种权势利欲的争夺,被誉为美国文学的经典名作,1970 年这部小说被拍成电影。他的其他作品还有小说《出了毛病》(1974)和《像戈德一样好》(1979),剧本《我们轰炸纽黑文》(1967)和《克莱文杰的审判》(1974)等。《第二十二条军规》是海勒对美国当代文学所作的最大贡献。

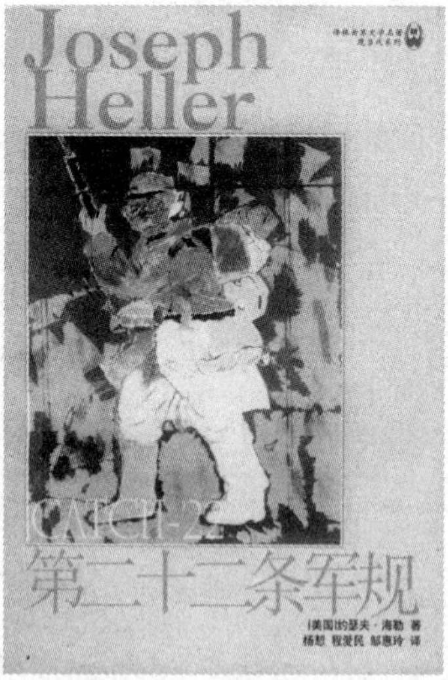

译林出版社 1999 年版封面

作品提要

第二次世界大战期间,美国空军的一支飞行大队驻守在意大利厄尔巴岛以南八英里地中海中的皮亚诺扎岛上。尤索林是这支飞行大队的一个中队的上尉轰炸手。

在皮亚诺扎这个小小的世界里,令人感到荒唐的事情每天都会发生。这里的士兵们每天都像一只只惊弓之鸟,在一片混乱、荒谬和恐怖当中,置一切权威和信条于不顾,为了保存自己的生命而进行着疯狂的努力。在这个岛上,尤索林唯一的目的就是要逃避作战飞行任务。战场和作战实在让他感到厌倦,他的精神几乎都要崩溃了,他发现人人都想置他于死地。每当他飞上天去丢炸弹时,总有他不认识的陌生人用机关炮向他射击。

一天，尤索林对克莱文杰说："谁想要毒死我，我就恨谁！""没人想要毒死你。"克莱文杰说。"他们两次在我吃的东西里放毒，有没有这回事？""他们在每个人吃的东西里都放过毒，"克莱文杰解释说，"看你疯成了这个样子！"尤索林耐着性子给克莱文杰解释，他说，有人喜欢他，也有人不喜欢他；不喜欢他的那些人便恨他，便想着办法要陷害他。克莱文杰实在不知是哭还是笑，他不知道该怎么解释才好。

广西民族出版社 2002 年版封面

尤索林从医院回到中队以后，除了奥尔和尤索林帐篷里的那具尸体之外，没有一个人在。那个死人实在令人讨厌。他和死人并无一面之交，可是对他却是十分反感。死人从早到晚一直躺在帐篷里，惹得尤索林十分烦恼。他曾经几次三番跑到中队部办事处去找陶塞军士诉说这件事，可陶塞军士说根本没有这样一个死人。尤索林自然不再去找他谈了，他决定直接向又高又瘦的梅杰少校报告，可这位中队长使他更加失望。尤索林每次闯过陶塞军士去向他述说这件事时，他就从自己办公室的窗子里跳出去。和那个死人坐在一起实在不是滋味，甚至连奥尔也感到心烦意乱，不过和奥尔同住一个帐篷也不好受。

为了逃避飞行，他想方设法搞到患病证明。不过让他恼火的是，飞行中队司令官卡思卡特总是与他作对。第二十二条军规规定，飞满三十二次的人可以不再执行任务。当尤索林飞满三十二次时，卡思卡特又把飞行任务提高到四十次甚至五十次。就这样，尤索林一次又一次地飞行，但还是不能停止飞行。第二十二条军规规定："必须让任何一个疯子停止飞行。"可是这得由本人提出申请，而一旦提出申请，却又证明他是一个正常人。因为凡是想逃避飞行的人，都算不上是个疯子。尤索林从来不掩饰他的贪生怕死，因为他清楚地意识到，如果他死了，那不是为了国家而捐躯，而是为了卡思卡特们送死。就是这个缘故，他才抓住一切机会逃避死亡。

为了稳定军心，上面不断有劳军联合服务组织的剧团来到部队中进行演出，上面鼓励大伙观看演出。可是在尤索林所属的大队里，大家都提不起这股劲。越来越多的官兵一天几次绷着脸去找陶塞军士，询问遣送他们回国的命令是否已经下达。这些官兵都已经飞满五十次任务了。这时候，飞满五十次任务的人比尤索林初住进医院时更多；他们仍在等待，人人忧心忡忡，个个束手无策。他们就像无精打采、一起消沉的年轻人，非常古怪可笑，走起路来摇摇晃晃。他们等着批准他们从驻扎在意大利的第二十七空军司令部返回自己的家园。他们正在进行的是一场竞赛，这一点他们十分清楚，因为他们都有痛苦的经历。卡思卡特上校随时都可能再增加飞行次数。大伙除了等待命令外，再没有其他的事可做，唯独亨格利·乔在完成了他的飞行任务后总有件更有趣的事可做。他做噩梦，尖声怪叫，还和赫普尔的猫进行拳击，赢得胜利。联合服务组织每次来演出，他总是带着照相机坐在前排，给女歌手拍一些半身像。这些照片一张也没有印出来。战争进行久了，人们就会变得很无聊、很可笑、很无可奈何。

卡吉尔上校身体强健，为人坚强，是佩克姆将军手下解决难题的能手。战前，他是一位机灵的营业主任，机警敏捷，颇有魄力。后来，他成了一个恶劣的销售经理，实在令人感到恐怖，他的名声很臭，这反倒帮了他的大忙，曾经有许多公司争先恐后聘请他。他的身价极高，因为失败常常也是来之不易的。在华盛顿的一些朋友也有同感。在他们看来，钱财的亏损实在不是一件好事，得花几个月的时间才能订出计划。就在他以为自己就要成功的时候，政府竟赐给他一汪湖，一片森林，于是一切又成为了泡影。卡吉尔是靠白手起家的，因而这次失败也算不上什么。

尤索林是个降了级的领队轰炸手，他被降级是因为他对于投下的炸弹是否命中目标很不在乎。他早已决定，要么永远生存，要么在求得永远生存的努力中死去。每次升空执行任务，他的唯一使命就是活着再降落到地面上来。一次，尤索林在执行任务时，和他同在一个飞机上的驾驶员被子弹打死，血喷了他一身，这使他很受刺激。从此，他就发誓不再穿衣服，甚至当他在领取光荣勋章的时候，竟然光着身子，结果引起全场的一片哗然。还有一次，他没有请假就擅自开着飞机到罗马，但是他竟然没有受到处分。然而，尤索林知道，上级这样做的目的就是要他们为之卖命。这二十二条军规实际上是一个圈套，任你怎样努力也休想逃避它的束缚。飞行指挥官卡思卡特可以擅自增加飞行次数，可是尤索林他们不能违抗他的命令，因为听从命令是军人的天职。如果尤索林不愿飞行，那么倒霉的是他自己。在了解了军规的实质以后，尤索林感到“它订得真是简单明了至极”，“各部分配合得天衣无缝”，“还具有椭圆形的精确”，这真是一个妙不可言的圈套，足以使任何人陷入无法摆脱的困境。

译林出版社 2005 年版封面

迈洛·明德宾德是飞行大队的食堂管理员。他长着一副老实巴交的面孔，看起来非常单纯，实际上却很狡猾。他以改善食堂管理和伙食为理由，手中掌握着几架飞机，飞机从各处飞回来，做着投机买卖。他还利用“正义、真理、自由和博爱”的幌子，将战争变成他个人发大财的好机会。他成立了“迈一明水果土产联合公司”，他是这个联营机构的独资老板。他还从地面部队那里弄来了卡车和坦克，作为短程运输工具。大队的官兵每个人都有一份股份，人人都可以从中获得一点好处。他还将石油高价卖给了德国，获取了高额利润；同时又和美军订立合同，如何炸掉德军防守的桥梁，让双方参加战斗，而他从中牟取暴利。在他的眼里，金钱高于一切，赚钱是他人生唯一的目的。只要能赚到钱，不管是什么事情，他都敢做。他在做棉花生意时，套购了埃及的所有棉花，结果却没有卖出去，眼看就要赔本了，于是他就找来尤索林帮他出谋划策。尤索林让他去行贿。迈洛听了后却很生气，他说：“行贿犯法，这你是知道的。可是做生意赚钱是不犯法的，对吧？”有了钱，迈洛能够畅通无阻。他的身价越来越高，后来他竟然成为西西里的一个城市的市长；他还当上了总督，走到哪里都会受到隆重的欢迎。

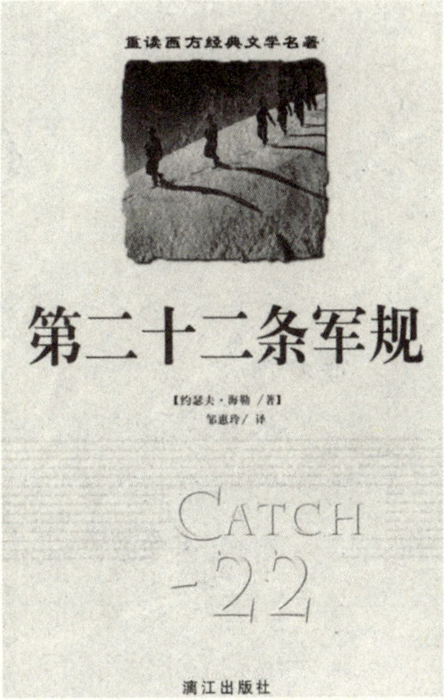

漓江出版社 2005 年版封面

卡思卡特还在继续增加飞行的次数，后来飞行的次数竟达到了七十次。尤索林的心情特别不好，对于他来说，死亡时刻都在威胁着他的生命。再也没有晴朗的天气了，再也没有轻松的飞行任务了，只有令人恼火的淫雨和令人感到窒息的战争。到了夜晚，他就会想起和他患难与共的死去的战友，想起他的父母、兄弟姐妹和友好的朋友。战争带来的死亡越来越多，每天都有死亡的消息，而德国人仍然在抵抗。尤索林暗自猜想，死是不可逆转的趋势，他觉得自己快要死了。

尤索林不愿死，他决心要逃离这个“世界”了。他装病，想在医院里度过战争余下的岁月，但是被撵了出来。“你只要飞四十次就行了。”前一等兵温特格林说。尤索林听了十分高兴，“这么说我可以回国了，对吗？我已经飞了四十八次。”“不行，你不可以回国，”温特格林纠正他说，“你疯了还是怎么啦？”“为什么不可以回国呢？”“因为有第二十二条军规。第二十二条军规规定，无论何时，你都得执行司令官命令你所做的事。”“可是第二十七空军司令部说，我飞满四十次就可以回国。”“可是他们并没有说你一定可以回国。而军规却说，你一定得服从命令。圈套就在这里嘛！”

飞行大队的怪事层出不穷，让人不可理喻，然而尤索林什么时候都不掩饰自己想要回家的愿望。不过，有了第二十二条军规的存在，也许他永远摆脱不了这种束缚。

詹姆斯·乔伊斯［爱尔兰］

《都柏林人》

作者简介

詹姆斯·乔伊斯(1882—1941),英国现代主义小说鼎盛时期的代表,意识流小说大师。他出身于爱尔兰首都都柏林的一个税务官家庭。少年时在天主教耶稣会办的学校里受过严格的古典文化与宗教教育,青年时代入都柏林大学学院专攻现代语言学课程。1904年,乔伊斯离开爱尔兰,开始流亡欧洲大陆。他先后到过奥地利、意大利、瑞士、法国,做过银行职员和英语教师,后在热心人的资助下从事文学创作。1941年,乔伊斯逝世于瑞士苏黎世。其作品有诗集《室内音乐》(1907),短篇小说集《都柏林人》(1914),长篇小说《一个青年艺术家的肖像》(1916),剧本《流亡者》(1918),长篇小说《尤利西斯》(1922),长篇小说《芬尼根守灵夜》(1939)。代表作品《尤利西斯》堪称西方现代文学史中的一部开创性巨著。

作品提要

《都柏林人》由15个短篇组成,以爱尔兰首都都柏林为背景,描绘了20世纪初都柏林形形色色的中下层市民的生活,其共同主题是弥漫于社会生活中的瘫痪状态,其创作动机是要为他的国家写一章道德史,而选择都柏林为背景是因为都柏林是瘫痪的中心。由于这种以城市为集中表现的瘫痪状态是现代西方社会的普遍气氛,因而都柏林人所面临的窘境也是伦敦人与纽约人所共同面对的命运。《都柏林人》的特点在于它不仅反映了现代社会的精神瘫痪,而且还从中引出精神上的启示。那些市民受尽挫折之后,终于在某一关键时刻豁然开朗,看清了自己的处境,从中悟出人生的本质。乔伊斯把这一时刻称为“显灵”或“精神感悟”的时刻,它往往用富有象征色彩的语言来表现,构成故事全局的高潮。

在《都柏林人》一书中,乔伊斯是根据“童年、青少年、成年和社会活动”这样四个阶段来安排故事顺序的。开头三篇由一个无名的小孩叙述故事,构成一组小小的三部曲。第一篇《姐妹》记述小孩对一位神父去世的反应。这位神父在他最后一年里行为异常,人们觉得他“死得蹊跷”。故事通过小孩的意识逐步解开这个谜,原来隐藏在神父之死背后的是一种精神上和宗教上的瘫痪。这位传播基督教义、沟通众生与上帝联系的人本身对宗教失去了信心。“牧师的圣职使他不堪忍受”——这是小孩在见过神父遗体之后得到的启示。故事叙述及含意的隐约含糊反映了小孩认识的模糊。在第二篇《路遇》中，小孩的意识似乎更趋成熟，出于对沉闷压抑的学校生活的厌倦，他与另一个同学逃学，在都柏林河边港口游荡，寻找一个“绿眼睛”的外国水手。“绿眼睛”在故事里象征一种带有异域色彩的新鲜经历和冒险精神。孩子的游荡路程象征着他的寻求和探索历程。他的寻求毫无结果。在路上，他与一个衣衫褴褛的流浪者不期而遇，流浪者的乖戾行为和谈论，表明流浪者是个性变态的人。小孩忽然惊奇地发现，这个怪人的眼睛绿得像酒瓶玻璃一样，不禁仓惶而逃。正是在这个时候，他们经历了“精神感悟”的时刻。他们一心想在都柏林沉寂的生活之外寻求新奇而令人振奋的经历，到头来却是乖戾、变态和堕落，一时间“绿眼睛”成了他们幻想破灭和探索破产的标志。第三篇《阿拉比》同样含有丰富的象征意义。在这篇故事中，这个逐渐长大起来的孩子出于朦胧的爱情，想在阿拉比市场为他心目中的姑娘买件东西。他像热锅上的蚂蚁一般盼望星期六集市的到来，却由于那天没有钱而误了时间。他对面是灯火阑珊、人影稀疏的市场，“感到自己是个受虚荣心驱使和嘲弄的可怜虫，眼睛里不禁燃烧起痛苦和愤怒”。由幻想的破灭而达到自我认识，这就是孩子在这个时刻得到的启示。阿拉比这个名称充满了阿拉伯和东方的异域色彩，他梦寐思之的心上人又是黑里俏的姑娘。孩子围绕朦胧的爱情和对异国的向往为自己构筑出一个理想的境界，然而这一切只是自己心造的幻影，他的周围只有都柏林的混沌与黑暗，现实生活中的阿拉比商场阴森森地像教堂一般沉寂。这组小小的三部曲，通过一个小孩从幼稚朦胧到逐渐成熟起来的意识来表现人们对幻想和理想的本能追求，以及在一个缺乏生气的社会环境里这种理想的幻灭，说明即使是天真无邪的孩子也无法逃脱都柏林倦怠衰朽的阴影。这些故事也标志了乔伊斯创作方法从现实主义转向象征主义的开端。

《伊夫林》一篇最直接、最生动地表现了都柏林人瘫痪的精神状态。女主人公伊夫林的父亲十分凶悍，女总管对她百般刁难，这使她的生活沉闷、单调得令人窒息。她认识了一个名叫弗兰克的外国水手，两人私下往来，弗兰克遂谋划让伊夫林随船外逃。“逃跑!她必须逃跑!弗兰克会拯救她，会给她带来新的生活，甚至还有爱情。但眼下她仍要生活。为什么她要

译林出版社 1996 年版封面

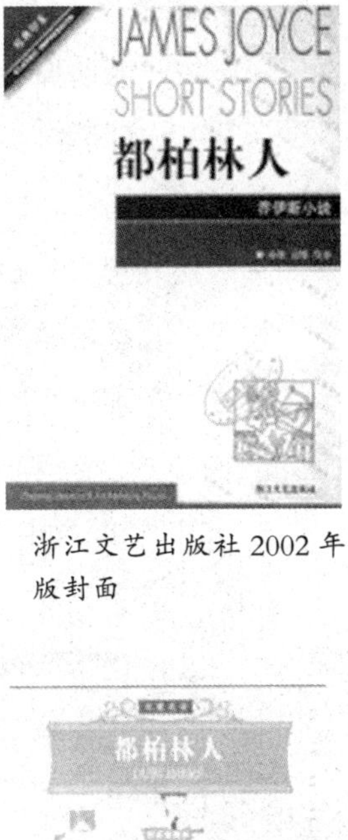

浙江文艺出版社 2002 年版封面

中国书籍出版社 2007 年版封面

备受不幸?她有权享受幸福。”但恰恰在轮船启航前的时刻，伊夫林动摇、害怕了。她发现自己没有勇气奔向她梦寐以求的自由，心灵的瘫痪使她的理想和追求流产了。伊夫林精神上的感悟是，她并没有真正被剥夺自由，只是她没有勇气和力量去把握自由。如同在乔伊斯其他故事中一样，海洋，东去的航程是逃避、探索、解放和新生的象征，但通向这个目标的途中也布满了危险和死亡的威胁。这个无力追求理想的主题也出现在《絮云》一篇中。故事的主人公在听了海外归来的旧友关于欧洲大陆和东方的一番宏论之后，不禁重温他的旧梦来。他渴望过一种新的生活，梦想成为一个诗人。当他捧着拜伦的诗集凝神遐想时，他照管的儿子突然哭喊起来。在妻子的呵责之下，他黯然神伤，为没有照顾好孩子而悔恨，更为庸碌无为的生活而哀叹、惋惜。他终于感悟到他是“生活的囚犯”，身陷罗网，万劫不复。题意“一朵小小的云”语出《圣经》，作为雨的前奏，对于荒芜枯竭的人生，云，哪怕是几朵云絮，也象征着生活的甘霖，象征着希望与生命。这两篇故事笔法简练，结构紧凑，这一点仿佛是与两位主人公贫乏的生活相呼应的。

《粘土》也用象征的手法揭示了一个孤苦的老妇人沙漠般荒芜的一生遭遇。老妇人名叫玛丽亚，在洗衣房干活，节日那天去弟弟家中聚会。聚会上一个节目是蒙目摸碟子，碟子里分别盛着祈祷书（象征宗教）、戒指（象征婚姻）、水（可能象征水路航程）和黏土（象征死亡）。参与者根据摸到的东西预卜未来的命运。玛丽亚先摸到了黏糊糊湿漉漉的泥土，大家为之哑然；重新再摸，摸到了祈祷书，暗示她可能进入修道院了却一生。后来玛丽亚给大家唱了一支“我梦见自己住在……”的古老民歌。当她应该唱关于爱情和家庭的第二段歌词时，她无意中重复唱了前一段关于华丽住宅的歌词。“谁也没有说穿她唱错的地方”，她的兄弟听了却大为感动，顿时意识到这个凄苦操劳的妇人一生没有欢乐，没有爱情，没有家庭，不禁潸然泪下。另一篇故事《痛史》也表现爱情的剥夺。故事中一位自命清高的中年银行职员只知音乐而不懂爱情，过着清教徒式的生活。在一次音乐会上，他结识了一位船长的妻子。两人往来渐密，那位深感寂寞的女人便情不自禁地向他表露了爱情，然而这种表示却遭到了清教徒式男子的拒绝。四年后，这个男子获悉船长的妻子醉后死于火车轮下，先是为自己与这个自甘沉沦的女子一刀两断而暗自庆幸；继而思之良久，不免扪心自问：当初他为什么要拒绝她爱的表示?是不是他因此而把她推上了沉沦的道路?他从女人的寂寞孤独上看到了自己的寂寞孤独，终于认识到“他被逐出了生活的欢乐”，在世上只能孤苦伶仃，孑然一身。这一点正是现代社会精神和感情上瘫痪的又一方面。

《常青藤日》的故事发生在 1902 年 10 月 6 日，即帕纳尔去世十一周年纪念日，这一天有人还佩戴常青藤纪念帕纳尔。然而藤虽常青，人们的记忆却逐渐淡薄。故事描述民族党竞选市议员的拉票活动。一群帕纳尔的"信徒"在会议室里谈话,通过他们对英国国王来访、民族党与保守党合流等的态度,表现了都柏林政治生活里的瘫痪状态,反映了帕纳尔死后政治与道德的衰落,讽刺了那些所谓的"信徒"对帕纳尔的背弃。小说以平凡的事件表现具有重大政治内容的主题,可说是该时期爱尔兰社会历史的缩影,难怪乔伊斯自己也认为《常青藤日》是他最得意的短篇小说。

《都柏林人》的压轴篇《死者》是乔伊斯早期的佳作,它既是这个短篇集子的高潮,又是全集的总结。它篇幅适中、寓意深刻,可与康拉德的《黑暗的心灵》并列为 20 世纪英国小说中最杰出的中篇。故事记述从圣诞节到新年期间的一次节日聚会,即在代表诞生与复苏的时候却谈论死的节日聚会,故题名为"死者"。这样,乔伊斯告诉我们对于这篇故事不能望文生义,而要透过它苦心经营的现实主义而寻找象征意义或比喻意义。故事的主人公加布里埃尔是大学教师,间或从事写作,与格丽塔婚后生活也算得上和谐幸福。他去姑母家参加每年一度的聚会。饭后一位客人唱了一支名叫《奥格里姆姑娘》的民歌,勾起了格丽塔对往事的回忆。宴罢回到住处,妻子向他透露了多年来隐藏在心底的秘密。原来格丽塔年轻时有个心上人,经常唱着《奥格里姆姑娘》向她求爱,患了肺结核还不顾寒冷,深夜冒雨唱歌来看她,因此病情恶化而死去。格丽塔最后泪眼汪汪地说:"他是为我而死的。"这对于向来沾沾自喜的丈夫来说,无异是当头一桶冷水。在妒忌、愤懑之余,他终于认识到,自己从来也没有对一个女人产生过那种感情,那种曾经使那个年轻人为情人而死的痴情;他多年来的爱情生活实际上是肤浅、苍白的。顷刻之间,他感到他的灵魂已接近那个住着大批死者的领域,他的自身正消逝到一个灰色的无法捉摸的世界里去。故事结尾大雪纷飞,越过平原沼泽,越过丘陵山地,飘落到所有生者与死者的身上。在这里,雪是一个含义隐晦的象征。雪是水的凝聚物,它既可代表滋养生命的养料,又可代表使一切感情或精神死灭的寒冷。雪的形象将死者、生者与虽生犹死者一并陈列在读者面前,供他们去检验、鉴别。

《都柏林人》就是由这样一连串的精神感悟所组成的,这些感悟构成了故事人物心理发展的高潮,道出了都柏林生活的真谛。《都柏林人》所导致的最终感悟是,都柏林生活的不幸在于人们只能按照日常僵化、固定的程序去生活,缺乏勇气去摆脱常规的桎梏,没有决心为美好理想而斗争;从童年、青少年、成年直至进入社会活动,都柏林人在心理上、行动上都陷于瘫痪。指出这种瘫痪状态是唤起民族精神的第一步。

作为乔伊斯 20 世纪初的处女作,《都柏林人》既具有传统的成分,又具有革新的倾向,现实主义手法和象征主义技巧交替融合。乔伊斯虽然是英国现代主义小说的大师,他的创作也还是从 19 世纪现实主义和自然主义文学中广泛汲取养料,并在此基础上开始变革的。

里尔克［奥地利］

《杜伊诺哀歌》

作者简介

里尔克(1875—1926),生于布拉格一个讲德语的家庭。曾就读于布拉格大学、慕尼黑大学和柏林大学,但都没有毕业。里尔克一生的大部分时间生活贫寒,靠贵族的恩赐生活。30岁时发表诗集《祈祷书》(1905),始饮誉文坛,其实在此之前的诗集《图像集》(1902)已显出不凡的才能。《杜伊诺哀歌》和《致奥耳甫斯的十四行诗》是里尔克的代表作,奠定了他在世界诗坛上经典诗人的地位,而这两部作品也是其宗教思想的集中体现。里尔克1912年于亚德里亚海滨的杜伊诺城动笔写《杜伊诺哀歌》,1922年完成于瑞士的慕佐城堡,历时十年。这首长诗共由十段“哀歌”组成,是印象派诗歌的代表作,中心主题是对现代世界中个体生存意义的困惑。

作品提要

辽宁教育出版社2005年版封面

哀歌之一(节选)

有谁,若是我呼唤,会从天使的班列中/听到我?而且即便是,有一位/突然把我抓到心口:我也会自他更强大的存在中/消逝。因为美无非是/那可怖者的初始,那个我们依然刚能承受的,/而我们如此惊羡它,因为它不动声色地不屑于/毁灭我们。每一位天使都是可怖的。/就这样我自持并吞咽下那黑暗的/哽咽的叫唤声。啊,我们又能够/用得上谁?天使不行,人不行,/而狡黠的动物们已经察觉,/我们在这个被给与了符号的世界上/并非是很可信赖地在自家里。或许还剩给我们/随便某一棵树在坡上,让我们天天会/再见到它;还从昨天剩给我们那条街道/以及某个习惯的那扭曲了的忠诚。①

① 节选自《杜伊诺哀歌》(刘皓明译,辽宁教育出版社2005年版),第81页。

让·保尔·萨特 [法国]

《恶　心》

作者简介

让·保尔·萨特(1905—1980),法国著名哲学家、作家,法国战后重要文学流派存在主义的倡导者。1936 年出版《想象》;1937 年发表短篇小说《墙》;1938 年发表长篇小说《恶心》;1939 年发表《情绪理论初探》,同年 9 月应征入伍;1940 年《想象物》一书出版;1945 年发表长篇小说《自由之路》第一、第二部:《理性年代》《延缓》;1949 年发表长篇小说《自由之路》第三部《心灵之死》。1955 年萨特访问中国。萨特被誉为 20 世纪陀思妥耶夫斯基再现的标志,因为《恶心》这部小说细腻地揭示了一种心理,这种心理同那位俄国作家的著作所揭示的具有惊人的相似之处。然而,对许多读者而言,萨特这部小说的优点由于其存在主义哲学论点的提出而被歪曲了。存在主义是许多人难以接受的现代法国哲学。

作品提要

小说是以主人公安托尼·洛根丁思辨日记的形式出现的。安托尼·洛根丁是一位三十岁的法国男士,是一个有可靠经济收入但飘泊不定的知识分子。他在周游中欧、北非和东方后栖身海港城镇布维尔,住在一个旅店里,以完成对德·罗尔邦侯爵的历史研究。罗尔邦是 18 世纪的欧洲政治人物,故居在布维尔,而这位侯爵在法国长期居留的文字材料大部分收藏在布维尔市立图书馆。为了重现这个贵族的一生,洛根丁在布维尔图书馆的旧纸堆里翻捡了三个年头。洛根丁把全部精力都集中于工作,除了偶然所见,他对布维尔人不认识几个。他更多地生活在为罗尔邦侯爵编织的幻想世界中,而不是在现实世界中。

在留居布维尔的第三年,1932 年冬季,洛根丁开始有了一系列令人烦恼的心理感受,他称之为“恶心”。他觉得平庸无奇的文章有了新意,甚至其手掌也似乎面貌一新,有了属于它们自己的存在。此时洛根丁的孤独感对他自己来说已成为可怕的事,因为他无法向任何人倾诉其感受。他仅有的相识是奥吉耶和弗朗索瓦兹。洛根丁为奥吉耶起的绰号是“自学者”,因为他靠阅读图书馆所有藏书来进行自我教育。“自学者”在图书馆里与他握手时,

中国友谊出版公司 1999 年版封面

他竟想到握的不完全是一只手，而是一条肥大的白毛虫。弗朗索瓦兹开了一个名为“铁路员工”的酒吧，她喜欢上了洛根丁，成了他发泄肉欲的工具，两人的交情仅此而已。他的整个生活空虚无聊，对世上的一切都感到恶心，每个星期天都在孤寂中度过。他生活在一个污秽龌龊的世界里，在这个世界中，人人都萎靡不振、浑浑噩噩、彷徨苦闷，感到生活没有意义。在孤寂中，洛根丁开始惦念安妮。她是位英国姑娘，数年前曾同他一起旅行。他爱上了她，但三年多来音信全无。最糟糕的是，“恶心”越来越频繁地出来折磨他，它穿过物体，通过双手钻入体内，他只能将它形容为一种类似略带甜意的恶心感。

一日傍晚，在“恶心”首次出现后不久，洛根丁到了酒吧，却发现弗朗索瓦兹不在。看见侍女的打扮和热情接待，洛根丁就开始觉得恶心，并且没法摆脱；接着他又看见老板娘的堂兄弟上身穿着蓝布衬衫，这又使他产生恶心的感觉。他坐在那里，听着一架破旧不堪的留声机音乐，“恶心”又一次在这灯火通明、熙来攘往的地方悄悄地爬了上来。更可怖的是，这种恶心感似乎脱离了他，进入其他物体。

说来奇怪，随着时光流逝，“自学者”竟尽力对洛根丁友好相待。一天在图书馆相遇后，“自学者”一边对洛根丁说着恭敬的话，一边又以一种崇拜的神情看着他。而洛根丁对“自学者”所读的书总是感到困惑不解，不过，很快他就明白“自学者”是按照字母的顺序来读书的。这倒使得洛根丁对他产生了一种敬意——“自学者”已经在图书馆自学七年了。得知洛根丁周游甚广后，他要求观看洛根丁收集的照片，聆听洛根丁的一些冒险经历。为达到那个明确目的，他甚至在一天晚上来到洛根丁的住处，洛根丁把一大堆明信片和照片拿出来给他看，后来，“自学者”的口袋里塞满了明信片、版画的印制品和照片，高兴地走了。然而，洛根丁惊奇地感觉到自己非常地忧郁和疲倦。陷入心理困境的洛根丁对这些友善的表示并非完全欢迎，但他默许定下时间，几天后与“自学者”共进午餐。

在约定午餐之前的那段时间里，洛根丁中断了有关德·罗尔邦侯爵的书的写作。一日，洛根丁在写到一个段落的中间时突然停下笔来，他知道再也写不下去了，尽管已为此付出了三年多辛苦。洛根丁猛然感到受了欺骗，好像他的存在在那些年中给罗尔邦侯爵窃取了，因此那位侯爵一直在代替他自己生活。这种感觉的部分起因是，洛根丁发现根本不能确定有关那位臭名昭著的侯爵的真相——他在一生中曾利用别人来实现自己的目的。

然而，在他发现再也写不下去的同时，还感到他的生命缺乏或没有目标。确实，似乎根本就没有他存在的理由。三年来，洛根丁并未对自己的存在作出反应，因为他一直在工作。眼下，他的存在出其不意地、令人焦虑地向他袭来。

一个星期三，洛根丁和“自学者”如约相会，共进午餐。就餐时，发生了一件颇为费劲的事。“自学者”企图让洛根丁相信，他应该像“自学者”一样成为人道主义者，在世界的人性中将会发现天地万物的真正理性。“自学者”的论述让洛根丁无法忍受，他认为：“人道主义哲学家，他就像一个兄长那样俯视别人，他有他的责任感；有像人类现有的样子爱人类的人道主义者，按照人类应有样子来爱人类的人道主义者；得到人们同意才拯救他们的人道主义者，不顾人们反对也要拯救人类的人道主义者；想创造新的神话的人道主义者；满足于旧的神话的人道主义者；爱人类死亡的人道主义者；爱人类生命的人道主义者；总是笑话不离口的快乐的人道主义者；尤其是在为死者守灵在夜晚出现的忧郁的人道主义者。他们全都互相仇恨，当然只是作为个人而言，而不是把对方作为人类而仇恨。”“自学者”没想到洛根丁的观点与他根本不同，还不断地向洛根丁絮絮叨叨他的看法，以致在讨论中洛根丁忽然感到“恶心”，紧接着其他的“恶心”的感觉不停地出现，洛根丁想象着用切干酪的刀插进“自学者”的眼睛里……这一切使洛根丁变得极为不安，于是便失礼地离开了餐馆。

“恶心”一直没有离开洛根丁，他感到自己的一切都是多余的，没有一点存在的理由，他在寻找自己生命的关键，“恶心”的关键，世界的所有应归结为荒谬。洛根丁认为，当人们意识到这个世界是无根据之后，就使人感到恶心。

几天前，洛根丁出乎意料地接到安妮的一封信。此信是由他在巴黎的旧住址转来的。她说她将到巴黎盘桓几日，希望见到他。洛根丁盼望着同她见面，并且对自己说，他依然全心全意地爱着她。洛根丁完全沉浸在对过去的记忆中，他希望安妮永远也不再离开自己的身边，洛根丁甚至感到现在活着的唯一理由就是重见安妮。三年中，他首次想到离开布维尔，同她一起在巴黎游览。那一天到来后，他在她的住处露面了。

安妮已今非昔比，她发胖了，但最令他烦恼的变化不是他所见到的，而是他感觉到的。两人见面话不投机，情绪低落。安妮已经完全不是过去的安妮了，洛根丁决定停止寻找一个已经消失掉的安妮了，而安妮也表示她变了，曾经充满情感地爱过他，现在也不复存在。安妮埋怨并指责他配不上她，最后将他一把推出门外。第二天，他一个人来到火车站的月台上，他看见安妮同供养她的男人上了火车，安妮看见了他，久久地毫无表情地望着他离去了。洛根丁带着麻木不仁的感觉返回布维尔。他原以为在他感到最恐怖、最恶心的时候，安妮会来挽救他的，结果安妮却夺走了他的一切希望。他虽感到孤独和自由，但这自由却有点像死亡。他认为他和安妮的生命都已超越了他们自身。其余的，他感到，只有吃和睡，一种与无生命的物体毫无二致的存在。

洛根丁在布维尔只逗留了几天。他感到愁闷和寂寞，便去找“自学者”，发现他在图书馆里。看见“自学者”后，洛根丁想与他握手告别，但他只远远地打了个招呼。不一会儿，进来两个背着书包的高中生，他们坐在“自学者”身边。洛根丁很想与他谈谈，但“自学者”在为两个男孩子朗读，洛根丁也坐下来看书，直到“自学者”读完。他根本未能与他交谈，因为在随后的几分钟里，“自学者”表明自己是个同性恋者，被馆员严厉地逐出了图书馆。洛根丁唯一想告别的另一个人是那个快活的“铁路员工”酒吧的女老板。不过，他去看她时，她只能给一会儿时间，因为另一位老主顾要占用她的时间。

此时酒吧里响起了一段洛根丁曾经很喜欢听的乐曲，这让他不觉又想到：“因为在所有那些似乎毫无联系的企图的深处，我总能找到同样的愿望；把存在驱逐出我之外，把时间里的油脂都排出，把它们拧紧，把它们弄干，使我纯洁，使我变得坚硬，以便最终发出萨克斯管那种清晰而准确的乐音。”他让侍女又重放了一遍，在音乐声中半睡半醒，想着作曲家、唱歌的黑女人，还有再也不想他的安妮……

不久，洛根丁到了火车站，等载他去巴黎的列车。他的唯一希望是能写一部书，也许是一部小说，会有一些人读这本小说，让人们想到他的生活还算得上珍贵，并带点传奇色彩，尽管他知道写作这样一部书不像为写德·罗尔邦侯爵的历史所做的尝试，不能令他摆脱讨厌的存在问题。

弗雷德里西·迪伦马特 [瑞士]

《法官和他的刽子手》

作者简介

弗雷德里西·迪伦马特(1921—1990),瑞士德语戏剧家、小说家。生于伯尔尼州的柯诸芬根。迪伦马特先后在苏黎世、伯尔尼大学攻读哲学、文学和自然科学,毕业后做过一段时间的美术和戏剧编辑,1947 年后专事写作。从 1946 年完成第一部剧本《立此存照》直到逝世,迪伦马特共创作了 30 多部戏剧、广播剧。重要作品有《罗慕洛大帝》(1949)、《天使来到巴比伦》(1953)、《老妇还乡》(1956)、《物理学家》(1962)、《流星》(1966)、《合作者·一个情节》(1973),广播剧《晚秋的傍晚时分》(1957)以及根据莎士比亚、斯特林堡、毕希纳和歌德的作品改编的戏剧。迪伦马特的戏剧都有明确的主题,题材无论是取之历史还是怪诞离奇,都有鲜明的立意和强烈的批判功能,结构严谨,有完整的情节和紧张的戏剧冲突,语言机智、幽默,富哲理性。其戏剧的主要特征是"怪诞",他认为这是一种独特的风格,有利于抓住时代的问题。他的戏剧多半是悲喜剧,即人物是悲剧性的,但情节是滑稽、怪诞的,于是一些个体看上去不合理、不可信的东西,在整体上就变得合情合理,并具有了一种现实的、批判的意义。除了戏剧之外,迪伦马特还创作了多部"犯罪小说"。他认为,现实社会中充满了罪恶,反映犯罪问题是研究现代社会的唯一有效的方法。《法官和他的刽子手》就是这些"犯罪小说"中的代表作。

作品提要

1948 年 11 月 3 日的清晨,特万镇的警察阿尔方斯·克莱宁在拉姆波因通往特万峡谷的路上发现一辆梅尔希特斯牌的汽车停在路边。他走过去想要劝车主将车开到特万镇去,当他打开车门,发现司机竟已经死了,太阳穴上中了一枪。从死者身上携带的一封信来看,死者竟是首都伯尔尼警察局的少尉警官乌尔里西·施密特。沉稳的克莱宁不事声张地驾车将施密特的尸体运到了首都。

贝尔拉赫探长接管了这桩案件。探长本是施密特的上司,已经六十多岁了,经验非常丰富。他曾长期生活在国外，一度在德国法兰克福当过警察局长，后因打了法西斯政府的一位高级官员而回到瑞士。探长希望在最初的调查阶段对外保密，但他的上司路西乌斯·路兹博士却持反对意见。探长有条不紊地开展着调查工作，他心里已经有了一个怀疑对象，不过在没有确切证据之前他并不想公开自己的猜疑，也不打算告诉喜欢高谈阔论的路兹博士。为此博士有点不快，又想找探长谈谈现代刑事学。探长已经走了，他由克莱宁和另一个警察陪同到了出事地点，在那里他捡到一颗子弹。

探长向路兹博士要来的助手钱兹来向探长报到。探长勉励钱兹向死去的施密特学习，钱兹有点不以为然。探长给钱兹看了捡来的子弹，钱兹也向探长汇报了自己掌握的情况：施密特被枪杀前两三个星期里总在星期二或星期三穿上夜礼服驱车去特万峡谷，并且每次都在日历上记下一个G字。钱兹问探长心里是否有了嫌疑犯，他得到了肯定的答复，但也没能知道探长心中的嫌疑犯是谁。

傍晚七时，钱兹来到探长家中，看到探长家中有大量的书籍，桌上有一把外形像蛇的金属刀——据探长自己讲，他曾经差一点被那把金属刀杀死。探长还有一些怪癖：从不锁门，很少带枪，等等。探长和钱兹一道去了拉姆波因，并根据施密特日历上G字的提示到了当地一位富裕人士加斯特曼的家中。在加斯特曼的房子外，探长遭到了一条猛狗的袭击，幸亏钱兹及时开枪击毙恶狗，探长才免于受伤。但枪声惊扰了房子里面欣赏音乐的人，来客之一，国会议员、律师冯·范文迪上校非常生气，他指责探长和钱兹无事生非，使得他们未能见到加斯特曼先生。而且范文迪并未就此罢休，他来到警察局，数落了路兹博士一阵，告诉他加斯特曼先生正在为政府出力，要求他们停止对加斯特曼的调查。路兹博士应允了。

群众出版社 1997 年版封面

探长去参加施密特的葬礼。加斯特曼的人居然来捣乱！回到家中，探长发现有人进来了，正坐在桌子边翻阅施密特的文件夹，来人居然是加斯特曼，他和探长认识已经有四十多年了。初次见面，加斯特曼就当着探长的面杀死过一个人，并且因为没有犯罪证据被宣判无罪释放了。四十多年来，探长和加斯特曼斗智斗勇，可是加斯特曼总是棋高一着，每次作案都成功地溜掉了。加斯特曼走了，也带走了施密特生前收集的有关他犯罪事实的材料。

探长和钱兹一道去拜访一位经常去加斯特曼家聚会的作家。他们讨论了加斯特曼的为人，认为他既可以做好事，也可以做坏事，因为他所要的就是随心所欲，因此他远比一般的罪犯可怕。钱兹非常幼稚地问作家:“是加斯特曼杀了施密特吗?”

探长看过医生后回到家里,他猛然发现屋里有人,自己处在危险之中。探长吓出了一身冷汗,但还是冷静地设法赶走了此人。他又与加斯特曼见面了,并且告诉对方这一次他将派出杀手刺杀对方——因为医生告诉探长他只有一年的寿命了。

群众出版社 2004 年版封面

钱兹几乎买下了施密特留下的所有东西,他向施密特的女友保证将抓到凶手,并得到了对方的承诺:如果自己抓到凶手,对方就要成为自己的女友。于是钱兹出发了,在与加斯特曼及其保镖的短兵相接中,钱兹受了伤,但仍将对手尽数击毙。路兹博士到现场指挥调查,发现加斯特曼保镖之一手中握的枪就是射杀施密特的那把枪。案子就此结束了。

钱兹伤愈出院,探长请钱兹到家里吃饭。探长似乎非常开心,他食欲非常地好。但万万没有想到,他在席间竟然指责钱兹是杀害施密特的凶手!他的理由非常充分:久居人下的钱兹必须杀死施密特才能出人头地,才能占据施密特的位置、汽车和女友等;探长手中握有从各方面收集的证据。最绝的是,他最初怀疑的凶手就是钱兹。在加斯特曼的房子外面,探长有意让加斯特曼的狗咬他而让钱兹开枪救助,并就此拿走了弹头,证明了钱兹就是凶手。但是探长没有马上逮捕钱兹,因为他还要对付更凶恶的罪犯。本来,施密特是他最后的希望,但施密特死了,他只有利用钱兹。为了摆脱自己的嫌疑,钱兹只有拼命指认加斯特曼为杀害施密特的凶手才行。探长巧妙地利用钱兹做刽子手,让自己扮演了“法官”的角色,将四十多年来穷追不舍的罪犯击毙。

自作聪明的钱兹被人戳穿了把戏,驱车撞火车自杀了。几乎用一生来追捕罪犯的探长喃喃自语:“还有一年,还有一年。”

约翰·斯坦贝克［美国］

《愤怒的葡萄》

作者简介

约翰·斯坦贝克(1902—1968),美国最著名的小说家之一。曾在斯坦福大学进修英国文学和海洋生物学,当过临时工,第二次世界大战期间作为战地记者去过欧洲。第一部长篇小说《金杯》(1929)取材于17世纪的海盗传奇故事。成名作小说《托蒂亚公寓》(1935)描写墨西哥血统的美国人的生活。随后发表的《胜负未决的战斗》(1930)和《人与鼠》(1937)都描写了劳动人民的悲惨境遇。名著《愤怒的葡萄》(1939)描写美国30年代大萧条时期破产农民的厄运,被誉为20世纪美国文学的经典作品,获普利策奖。其他小说有《月落》(1942)、《珍珠》(1947)、《天堂的牧师》(1932)、《罐头厂街》(1945)、《任性的公共汽车》(1947)、《伊甸园以东》(1952)、《安宁的星期四》(1954)、《我们不满的冬天》(1961)等。作品大多同情穷人的疾苦,表达对社会不公平的愤怒,笔调幽默,文字洗练。1962年获诺贝尔文学奖。1964年获美国总统自由勋章。

作品提要

俄克拉荷马的红色原野和一部分灰色原野上,最近不紧不慢地下了几场雨,但是雨水并没有冲裂结了一层硬壳的土地。风在倒伏的玉米上呜呜地悲鸣。连续的干旱把尘土扬到空中,男男女女都挤在自己的家里,出去的时候都在脸上扎了手帕盖住鼻子,还戴了风镜保护眼睛。

电影《愤怒的葡萄》剧照中的约德和父母

大路上,搭车人汤姆·约德和司机在聊天。司机告诉约德,现在离家出走的佃农们越来越多,租佃制度再也行不通了,一台拖拉机能撵走十家佃农。业主方面的人威逼佃农离开他们生活的土地。可是他们应该到什么地方去呢?约德回到家,得知业主要赶走他们，非常气愤，但又无可奈何。他们到旧汽车市场买了一辆破旧的哈得逊牌汽车，然后变卖了无法随车带走的家产，一家十三口人准备坐车向西逃荒。凯绥牧师也随约德一家的车向加利福尼亚州而去。

田野上的人家都快要搬空了，大地也就因此显得空荡荡的。人们在66号公路上川流不息地前进，有时候是单独的一辆车，有时候是一个小小的车队。奥尔把着方向盘，开得专心致志。奶奶坐在他旁边，迷迷糊糊地打着瞌睡。一家人就这样在路上颠簸着。不幸的是，还没有到达目的地，爷爷、奶奶就中途病逝了。

他们穿过一个小镇，在那里驻扎下来准备过夜。陆陆续续又来了很多流民。大家很快就成了朋友，相互之间的称呼也由“我”变成了“我们”，仿佛成了一家人似的。到了晚上，二十家便成了一家，孩子们都成了大家的孩子。丧失了老家成了大家共同的损失，西部的黄金时代成了大家共同的美梦。有人打开毯子，拿出裹在里面的六弦琴，弹奏起来——奏的都是民间歌曲，大家就在夜间唱起来了。男人唱着歌词，女人哼着曲子。这一路上，约德一家遇到了形形色色的人，他们各自有着不同的经历，各自有着自己的不同的故事。有人在这里变成了朋友，有人成了冤家；在这个世界里，有牛皮大王，有胆小鬼，有沉静的人，有老实的人，有和善的人，各色各样俱全。夜里，一个世界所具有的各种关系都建立起来了；而天一亮，大家就又像马戏班似的拆散了，各奔前程。起初，各家的人对于这种临时建成、随时又拆散的世界都感到害臊，可是这种建成世界的技能渐渐变成他们的特长了。于是领袖出现了，种种的法律制定出来了，种种的规则产生了。这种世界一面向西迁移，一面也就逐渐完备起来，因为那些建造者对于建成这种世界越来越有经验了。

约德和威尔逊两家结伴同行，慢慢地向西开进。在这个广阔无边的大地上，公路成了他们的家，移动就是他们这种流浪生活的最好表现，他们渐渐地习惯了这种新生活。约德一家经过一路颠簸终于来到了加利福尼亚。这时，全家只剩四十块钱了。然而加利福尼亚等待着他们的并不是鲜花和面包。很多男人蹲在地上，他们都是些神色坚定的人，个个都饿得很瘦，却又由于拼命在饥饿中煎熬而变得很强硬，眼睛里满含愤怒，一副咬牙切齿的神气。而肥沃的土地就在他们身边。大业主们用尽了各种手段来掠夺人们的土地。

现在大业主们和各公司又想出了一种新办法。一个大业主把一家罐头厂顶过来。等到桃子和梨子成熟了，他便把水果的价格压到成本以下。罐头厂的老板用低价收购水果，却把罐头制品的价格抬得很高，借此获取利润。于是不开罐头厂的小农户丧失了他们的农场，那些农场便由那些兼营罐头厂的大业主、银行和公司收买过来。日子久了，农场便越来越少。小农户暂时搬进城市里去，耗尽了他们的资产，他们的亲戚朋友也给拖穷了。于是他们也到公路上去流浪。路上到处都拥挤着许多人,大家都像饿狼似的、穷凶极恶地找工作。

那些银行公司也在自寻死路,但是他们自己却不知道。田野里收成很好,挨饿的人却在路上流离失所。谷仓里装满了粮食,穷人的孩子却害佝偻病,身上还生着皮肤病和脓疮。那些大公司不知道饥饿和愤怒之间的距离是很近的。本该用来付工资的钱却用来买瓦斯和枪械,用来雇特务和密探,用来按黑名单捕人,用来训练打手。公路上的人像蚂蚁一般流动着,寻找工作,寻找食物。于是愤怒开始酝酿起来了。

夜已经很深了,约德开着车子,寻找青草镇的收容所,因为他们没有其他选择了。这里的收容所比约德他们想象的要好得多。这里有管理委员会、妇女委员会,一切都安排得很有秩序,还有舞会。约德一家被安排进一顶帐篷住下。一个年轻女人正在把一大盆腌肉和焦黄的面包摆好,到处散发着香气。年轻男人告诉约德,他们已经找到活儿干,不仅有丰盛的食物,还购置了新衣服。这一切使约德感到希望仿佛就在眼前。

但是找工作并不是一件容易的事,一大家子人几乎没有谁能找到工作。约德干了五天活。钱用光了,妻子罗撒香快生孩子了,油只够再吃一天了,面粉可以吃两天,土豆够吃十天。不久,约德在牧师凯绥的帮助下,在一家厂里找到了活,但是工资却很低。

加利福尼亚的春天是美丽的。为了保持高价,一车一车的葡萄、橙子被倒到河水里,或者浇上汽油焚烧。咖啡在船上当燃料烧,玉米被用来取暖,土豆被抛进河里,还不让饥饿的人打捞。于是饥饿的人眼里闪着一股越来越强烈的怒火。愤怒的葡萄充塞着人们的心灵。凯绥牧师在大批农民破产、逃难的形势下,思想发生了变化。他口头上虽说"人人都有罪",心里却感到这是一件连"自己都弄不明白的事情"。他成了一个罢工组织者,教育新老工人团结起来,警惕资本家的分化瓦解。就在那天晚上,凯绥和约德在小溪旁的灌木丛刚刚谈完话,就被一个胖警察发现,并且还叫来了许多同伙。胖警察用粗大的木棒打死了凯绥,慌乱之中约德又打死了胖警察。约德听到了一阵阵的叫喊声,还有矮树林里嚓嚓的跑步声,他就低下身子沿着小溪跑去。他忽然把方向一转,钻进了矮树林,在野草丛里藏了起来。约德回家之后,为了不连累家人,只得外逃。

上海译文出版社 2003 年版封面

牧师被打死后,原来的罢工被破坏了,而且资本家又招来了大批新工人,工钱降为二分半了。约德妈悄悄攒了一些钱,送到约德那儿,并让他再逃远一点,或去一个大都市也可以。

但约德坚决不肯拿这些钱,他告诉妈妈:"我日日夜夜一个人藏着。你猜我心里在想着谁?凯绥!他谈过许多使我讨厌的道理,可是现在我却想到了他所说的话,他说自己的灵魂不过是一个灵魂的一小部分,如果不跟其余的灵魂在一起,变成一个整体,那就没有好处。现在我明白了,一个人离开了大伙儿,那是不中用的。"

"约德,"妈妈说,"你打算怎么办?"他沉默了好久。"我想到了官办的收容所里的情形,想到了我们在那儿大家照顾自己的事,如果发生了争吵,也由大家自己来处理;那儿没有摇晃着枪的警察,可是秩序却比有警察还好。我很纳闷,为什么我们不能到处都像那样过日子。把警察赶走就是了,因为他们不是我们自己的人。大家为了自己的事在一起工作——大家在一起种自己的地。"

不久,雨季来了。人们在那些仓棚里挤坐在一起;恐怖笼罩着他们,将有三个月找不到工作。孩子们饿得哭叫起来,大家都没有吃的东西。于是疾病发生了,有肺炎,还有麻疹,一直出到眼睛周围和耳朵背后。于是一些湿淋淋的男人从帐篷里和那些拥挤的仓棚里成群地走出来,他们的衣服又湿又破。他们淌着水到市镇上去,到乡村的铺子里去,到救济机关去,低声下气地讨食物,请求救济,或是设法偷窃和行骗。在这种祈求之下,在这种卑下的举动之下,渐渐有一股绝望中的怒火开始在心中燃烧了。

罗撒香早产了,然而却产下了一个死婴。

河水越涨越高,已经淹没了车轮子。前几天那些工人筑的堤防已经无影无踪了。急流在停放大货车的那块平地上停住了。奥尔和爸爸一起商量着怎么对付这该死的河水。

约德妈妈和罗撒香在一个被雨水泡得发黑的仓棚里发现了一个仰卧着的男人和他的孩子。那孩子告诉约德妈妈,他爸爸在棉花地上得了病,已经六天没吃东西了。他连咽面包的力气都没有了,他得喝点汤或牛奶才行。约德妈妈向罗撒香的眼睛瞟了一下,然后又收回视线望着她。于是这两个女人心心相印地彼此望了一会。

在那响着雨声的仓棚里,罗撒香呆呆地坐了一会。然后,她慢慢地走到那角落里,慢慢地在那男人身边躺下。他慢慢地摇摇头。她把裹在身上的那条绒被解开一边,露出她的乳房来。"你得吃点才行。"她说。她扭动着身子靠拢他,把他的头拉了过来。"吃吧!"她说。她伸手到他的头下,把他托着。她的指头轻轻地抚摩着他的头发。她看看上面,又看看仓棚外面,渐渐合拢嘴唇,神秘地微笑了。

克劳德·西蒙 [法国]

《弗兰德公路》

作者简介

克劳德·西蒙(1913—2005)，法国新小说派作家。当西蒙四岁时，父亲战死于世界大战的疆场上，母亲把他带回法国南部靠近西班牙的故乡读小学。毕业后西蒙被送到巴黎一所著名的中学就读，那时候超现实主义正在战后西欧青年中广为流行，这一文艺思潮的反传统观点对年轻的西蒙不无影响。中学毕业后，他到英国的牛津、剑桥大学深造，在攻读哲学与数学的同时，跟随当时有名的立体派画家安德烈·洛特学习绘画，立志当一名画家。1936年当西班牙发生内战时，二十三岁的西蒙参加了西班牙共和军和无政府主义者与佛朗哥的军队的战斗。1939年西班牙共和军被消灭后，西蒙到过苏联、印度等东欧和中东等地。第二次世界大战爆发时，西蒙应征入伍，在法国骑兵团中服役。1940年5月，西蒙参加了牟兹河战役，在法军大溃败中，他头部受了重伤，被德军俘虏。后来，他从俘虏营中逃出，回到法国参加地下抵抗运动。

西蒙回到法国后开始写作。1941年发表《作假者》，1947年出版了《钢丝绳》，1952年《居利韦尔》出版，1954年他写成了《春天的祭礼》，1957年发表了《风》，随后即出版了《草》。1960年发表的《弗兰德公路》，是西蒙在国际文坛的成名作，获得当年的“快报奖”，是一部既宏伟又复杂的自传体小说。1962年发表《豪华旅馆》。1967年出版《历史》，并获得梅迪西文学奖。1969年，继《历史》之后发表了《法尔萨勒古战场》。1970年又出版了小说《双目失明的奥利翁》。1971年发表《导体》。此后，西蒙不断发表小说或剧本、论文和散文。直至1981年，西蒙经过五年的埋头创作，写成了他的第十六部作品——《农事诗》，从此确立了西蒙成为世界文坛上一流作家的地位。1989年，已经七十六岁高龄的他又写成长篇小说《洋槐树》。

作品提要

战后的一天夜里，骑兵佐治与骑兵队长的年轻妻子科里娜在一家旅店幽会，佐治断断续续回忆着当时他们在弗兰德公路周围撤退的情景：第二次世界大战初，法国军队在北部的弗兰德地区被敌军击溃。出身于贵族之家的骑兵队长德·雷谢克，带领着他的骑兵队仅剩下的三个骑兵继续向后撤退。

四年前，骑兵队长德·雷谢克与一位比他年轻许多的女子科里娜结婚，由于这女子的一时爱好，他建造了一个赛马用的马厩，而且雇佣了一位名叫依格莱兹亚的骑师，后来德·雷谢克知道科里娜对自己并不忠实。德·雷谢克所受的传统教育和所有的道德观念，迫使他不得不隐藏自己的痛苦和烦恼。在漫长的后撤中，他表面上始终是那么的平静，脸上却毫无表情，几乎不露出一点心烦、焦躁。他骑在马上，仍然保持着笔挺的姿势，好像他们不是在全面溃退，而是在被检阅。十几天以来，他和三个骑兵都严重缺少睡眠，一直在马上没有睡过，路上到处是破烂的行李，死伤的人、牲畜，倒塌的房屋……

在危险的地方，队长一边若无其事地继续走，一边和那年轻的少尉交谈，大概是谈他在骑术方面的成就，谈赛马时用橡皮的好处。对那些埋伏在树后面等着他的敌军，他似乎根本不关心。当一阵机枪从树篱后面朝他瞄准扫射时，他随手就拔出军刀。很快，佐治看到他举起一只手臂，挥动那无用而且可笑的武器，做出一种像骑马塑像的传统的姿势，大概是他从几代的持刀作战的军人身上继承下来的，反光仅仅照出一个阴暗的身影，使他显得暗淡无色，似乎人和马一起浇铸在同一种物质、同一块灰白色金属中。一瞬间，阳光照射在拔出的刀刃上闪闪发光，接着全部——人、马和剑一起朝一侧倒下，军刀一直拿在高举的手里。自从他完全知道妻子的不忠以后，也知道了从此以后等待他的是什么。在他痛苦得不知如何结束这一切的时候，战争为他提供了机会。他可以在战争中被杀死，也就可以及时地、秘密地结束四年前不该有的婚姻。在后撤中，他不仅是直立在马上，停在大路正中间，把自己暴露无遗，而且不愿费点时间，把马驱到树下隐藏起来。他的这种做法使矮小的少尉误以为这才足以表现一位骑兵军官最漂亮、最出色、最有风度，眼看死亡在面前也感觉不到。少尉根本不知道队长心里想的究竟是什么。佐治对队长的死始终带着疑惑，他一直跟在队长的后面，亲眼看见队长倒下，而且，佐治认为队长完全可以躲开子弹。队长德·雷谢克的死亡最终是个谜。

佐治与队长有亲戚关系，佐治的母亲出身于德·雷谢克家族，所以德·雷谢克对佐治总是有点照顾。

在撤退途中，佐治曾累得听不见人们的哭喊声，也看不清满地灰尘和恶臭的污垢，他只能盯着队长那瘦骨嶙峋、挺得笔直的背影，紧紧地跟随着；队长似乎对眼前的一切毫无感觉，他似乎什么也看不见，不时跟那位矮小的少尉平静地聊着，像平常两个骑士结伴骑

漓江出版社 2001 年版封面

马外出时一样。他们就这样不停地撤退着。

一天，他们好不容易挤上了一列火车，在黑暗、拥挤的车厢里，他们几个人的身体不得不相互交错堆叠在一起，不能动弹，浑身散发出来的臭味，闷得他们几乎喘不过气来，也不知道在火车上熬过了多少时间。骑兵布吕姆在不停地埋怨、发牢骚，而佐治还在问几点钟了。他们不知不觉又陷入了回忆：他们路过的一个小酒店，它的墙壁很龌龊，后院堆积了许多空箱子，还有四处奔跑的鸡；酒店的楼上窗帘后有一个女人，看见他们这些站着喝酒并且全副武装的骑兵，她一点不感到惊奇，而佐治对她有着各种各样的幻想……当时，骑兵们一边静静地喝酒，一边拉着饮水的马，同时看着眼前的死人，还有烧坏的卡车和汽车。佐治还看见德·雷谢克正不慌不忙地从他那绿色柔软的料子裤里掏钱，并且安详地数好付给侍女。队长的这些举止让佐治联想起赛马场的情景：在阳光明媚的春天，身穿各色服装的骑师们骑在马上，听到赛马的钟声后，纷纷排队从那枝大叶茂的墨绿色的野栗子树下跑过，他们穿着各式鲜艳的绸上衣，戴着红、黄、蓝色的软帽。此时，骑师依格莱兹亚身穿粉红色的绸上衣骑马走过，而德·雷谢克的年轻妻子科里娜坐在树下的椅子上，似乎没有看见骑师经过，只是心不在焉地在听一些退休的上校们谈话。

同样是阳光灿烂，佐治他们正走在到处是死尸、炸坏的汽车、手提箱的路上。经过这十几天的撤退，佐治的感觉也随之变得迟钝、疲惫，已逐渐对周围的任何事情视若无睹，不再感到惊异了。他所看见的东西只是一些模糊的斑点，地上手提箱里散落出来的衣料，在他看来已成死人流出的肠子或是马尸的内脏……后来，佐治什么也不能想了，什么也看不见了，只能极力睁开眼睛，挺直身体坐在马上。在漆黑的夜晚里，佐治只能听见马蹄单调的声音，还有嘀嗒的雨声。在寒冷中，整个骑兵队（仅有四个人）随着马的一高一低的步伐而有点摇摆着，似乎在原地行走而没有向前推进。他们的军装被雨水慢慢浸透，冰冷地贴在身上，在黑暗中人和马都已麻木了，仿佛不知朝什么地方去，也不知哪里是目标。终于，他们在一个漆黑的谷仓里安顿下来。骑兵布吕姆已经累得脸和嘴都发灰，几乎再也站不住，顺着墙倒下就睡着了，他们裹在被雨水浸透的布毯里睡了一夜，每个人的脸上都好像戴着由疲乏、厌恶和污垢构成的面具，整个面部都肿了起来。

不管遇到什么情况，依格莱兹亚依然把德·雷谢克的鞍擦亮。依格莱兹亚曾是德·雷谢克的骑师，他比其他人要年长十几岁，由于队长的安排，现在是队长的勤务兵，他与队长的妻子科里娜的关系暧昧。在后撤途中，他俩总是一前一后地相随，走在前面的队长从来没有回过头来跟后面的勤务兵说话，除了那不可少的礼节。队长和旧日雇佣的骑师的关系以及两人之间在金钱支配和军阶上存在的巨大差别；还有两人不同的语言，在他们之间筑起一道无法消除、无法逾越的障碍。

队长德·雷谢克在途中被埋伏的敌人打死后，依格莱兹亚也受了伤，剩余的人被打散了。佐治和依格莱兹亚在奔跑中迷失了方向，他们到处寻找失散的布吕姆，他们终于在一个肮脏、拥挤的车厢中相遇，布吕姆已经病得很重，瘦得很可怕，眼睛深陷，喉节突出到像要穿出皮肤，他的声调也干瘪无肉。他们在一片逃亡大地上已无法找出后撤的方向，人们在四处逃命，他们走到哪里哪里都已被敌人占领，而且，他们身上的骑兵制服成了敌人射杀的目标。因此，他们不得不气急败坏地砸开民房，脱掉沉重的制服，翻找便衣穿上。当依格莱兹亚看见镜中的自己时，不禁被自己的形象吓住：一个瘦得皮包骨的男人，像骷髅一样……其实，他们活着的人都已瘦得没有人形了。

尽管如此，骑兵们还是极力在地图上寻找撤退的方向，结果朝着反向走去，几乎是与十几天前他们迎着敌军走去的路线平行。由于战场的方向在此时已有改动，从作战示意图上已无法找到准确的位置。因为事实上战线支离破碎、迂回曲折，有时彼此交叉、相互交错。一星期前原本是炮兵团、骑兵团、装甲兵团，而现在这一切都消失了，以致一位将军因为再也找不到继续活下去的理由，终于朝自己的脑袋开了枪。

后来，佐治他们被敌军俘虏，囚禁在一个草场里，没吃没喝，只有吃草根来充饥。在这期间，从头至尾，春天的天空是那样的明朗、洁净、透亮。当寒夜降临时，他们只有相互紧挤在一起，以保存一点热气。不知经过了多少个日夜，佐治他们终于逃脱出来了。

三年前，布吕姆病死了。在佐治的记忆中，当年在弗兰德公路撤退时，他们骑着马也许从没有停过步，他们总是不停地在雨水淋漓的黑夜里没完没了地骑马前行。队长的死因一直迷惑着佐治，他对自己看见的一切总不能确定，这是不是自己想象出来的？或是自己在做梦？

奥斯特洛夫斯基［苏联］

《钢铁是怎样炼成的》

作者简介

尼古拉·阿列克谢耶维奇·奥斯特洛夫斯基(1904—1936)，苏联著名的无产阶级革命作家。出身于乌克兰一个工人家庭。由于家境贫寒，他只念了三年书就去做工。十月革命胜利后，他积极投身于保卫苏维埃政权的斗争。因为负伤和患病，他全身瘫痪，但是他没有向厄运低头。在双目失明、全身瘫痪的情况下，他战胜了难以想象的困难，于 1933 年完成了第一部长篇小说《钢铁是怎样炼成的》。作品以作者的亲身经历为基础，塑造了第一代苏维埃青年典型、主人公保尔·柯察金为代表的无产阶级革命英雄形象。这部小说从思想内容到艺术形式都是 20 世纪 30 年代苏联无产阶级革命文学中最优秀的作品之一。小说出版后，受到国内外读者的热烈欢迎和高度赞扬，奥斯特洛夫斯基因此荣获了 1935 年度的列宁勋章。继《钢铁是怎样炼成的》之后，作家开始着手创作另一部长篇小说《暴风雨所诞生的》，原计划写三卷，但是在写完第一卷之后，作家便逝世了。

上海译文出版社 2006 年版封面

作品提要

1917 年，沙皇被推翻了。工人的儿子、十二岁的保尔·柯察金跟随母亲到车站的食堂里当了一名小伙计。除了只有一面红旗在孟什维克盘踞的市公署上飘扬以外，其他和往常并没有什么两样。保尔和其他工人们的生活毫无改变，工厂的主人仍然是原来的主人。到了雨雪交加的 11 月，从前线回来了许多士兵，他们称自己是布尔什维克。

1918 年，秀比多夫卡这个小镇发生了戏剧般的变化。首先是红军来了；然后布尔什维克撤退了，德军进入了镇里；在以后的日子里，形势日益紧迫，彼得留拉匪徒、哥萨克反动头目、白党匪徒以及波兰白匪先后占领了小镇。他们争夺政权，滥杀无

中国少年儿童新闻出版总社

辜，布尔什维克领导的红色游击队不断地与这些敌人作斗争，乌克兰笼罩在白色的恐怖气氛之中。但是，即使是在这血与火的年代里，保尔也没有失去对生活的热爱和对美好恋情的追求，初恋的花蕾在保尔的心头悄悄开放。一天，保尔在湖边钓鱼的时候认识了林务官的女儿冬妮亚。开始的时候，保尔并不想跟她往来，但是冬妮亚活泼可爱，对保尔没有一点瞧不起的举动，于是他们陷入了深深的恋情。

一天深夜，布尔什维克朱赫来为了避开彼得留拉匪徒的追捕，来到了保尔家。他在保尔家呆了八天。从朱赫来那里，保尔知道只有布尔什维克才是工人阶级的政党，是为穷苦人翻身解放而斗争的。他们在一起的时间尽管只有短短的几天，但这几天对保尔的人生影响很大。一天，保尔救了被追捕的朱赫来，自己却被人出卖了，被关进了城防司令部的监狱里。他饱受拳打脚踢，拷问的时候他什么也没供出来，一切都否认。一个星期以后，他被稀里糊涂地释放了。保尔不能回家，也不能去朋友家，他不想连累冬妮亚和家人。他还有被再抓的可能，他必须离开家乡。于是，他与哥哥阿尔青、恋人冬妮亚告别，参加了红军，成为一名科多夫斯基骑兵旅的战士。这一年，他经历了许多可怕的事情。他和几千名同他一样的战士们在一起，大家衣不遮体，但是为建立本阶级的政权而斗争的意志却像烈火永不熄灭。他大腿负过伤，还染上了高热的伤寒病。在灾难和痛苦中，他成长起来了。战斗每天都在激烈地进行，保尔已经完全忘记了自己，他已经融化在群众里面了。在一次激烈的战斗中，保尔被敌人的炮弹击中，不省人事。他昏迷了十三天，最后总算保住了性命，但是他的右眼永远失明了。保尔住院期间，冬妮亚来看过他。出院以后，保尔竭力吸引冬妮亚参加他们的事业，可是冬妮亚却用轻蔑、挑衅的目光看着保尔和他的同志们。他们之间第一次发生了冲突。两个人都意识到破裂是不可避免的。第二天，保尔在街上看到一张有着州"契卡"主席签名的布告，那个签名的人正是朱赫来。保尔立即去找朱赫来，他参加了肃反工作。保尔来到"契卡"运输特别委员会，这里的人正忙得发昏。保尔那还没有恢复的健康开始受到损害，伤痛经常发作。终于，在两天两夜得不到睡眠之后，保尔昏倒在地失去了知觉。朱赫来很关心保尔的身体健康，便介绍保尔到省共青团去工作。保尔回秀比多夫卡住了两个星期，见到了久别的母亲和哥哥。告别了亲人，他来到基辅投身新的战斗。

共青团省委派保尔到铁路总工厂去担任共青团的书记。保尔在努力工作之余还参加了辩证唯物论研究小组的学习，结识了省党委会的委员丽达。她虽然年轻，却有很高的水平和丰富的斗争经验，保尔对她十分钦佩。在共同的学习和工作中，保尔爱上了丽达。感情的冲动令保尔烦恼。保尔决定斩断尚处于萌芽状态的爱情，一头扎进工作当中去了。保尔加入到修筑铁路的队伍中去，他与战友们忍受着种种艰难困苦：淫雨泥泞，严寒缺衣，残匪的骚扰，断粮的威胁……铁路一天比一天延长。朱赫来到筑路工地看望共青团员们，他看到那忘我的工作热情不禁赞叹道："他们真是无价之宝，钢铁就是这样炼成的！"下雪了，保尔穿着露出脚趾的破皮鞋，带着自己的突击队铲除路段上的积雪。一列客车停在小站上。在下车的旅客中，保尔无意间遇到了冬妮亚和她的丈夫。现在他们之间的距离是那么遥远，以至于再也没有什么可谈的。伤寒病在筑路队中流行，每天都要夺去几十条生命。保尔也染上了此病。他的病越来越严重，领导决定由他的同乡将他送到秀比多夫卡治疗。

然而死神并没有夺走保尔的生命，他奇迹般地返回了人间。这是他第三次死里逃生。一个月以后，他已经能够勉强用两条摇摇晃晃的腿走路了。后来，保尔来到故乡的烈士公墓，那儿埋葬着他亲爱的同志和战友。面对长眠地下的先烈，保尔立下了这样的誓言：人最宝贵的东西是生命。生命属于我们只有一次。人的一生应当这样度过：当回忆往事的时候，他不因为虚度年华而悔恨，也不因为碌碌无为而羞愧；在临死的时候，他能够说，我的整个生命和全部精力都献给了世界上最壮丽的事业——为人类的解放而斗争。几天后，他又返回了基辅，到铁路工厂做一名助理电器装配工，并开展共青团工作。他的心情很激动，工作热情也很高。每天晚上保尔都到公共图书馆去看书，很晚才走。就在这段时期，保尔郑重地向组织提出了入党申请。不久，他成了一名候补党员。尽管伤痛时时侵扰着他，可是他仍然不屈不挠地工作在一线。他因健康原因离开了心爱的工厂，被分配到省军事委员会担任共青团书记和第二民兵大队政委。一年后，保尔被转为正式党员，他是一个真正的列宁主义的捍卫者了。

长江文艺出版社 2007 年版

全俄罗斯共产主义青年团第六次代表大会开幕了。出席会议的保尔在会场上意外地与丽达重逢了！巨大的喜悦撞击着他的心房。回想起三年前自己的鲁莽和幼稚，保尔感到很惭愧。丽达告诉他她已经结婚，并且有了一个小女儿。保尔心里感到非常痛苦并在内心为她深深祝福。

两年过去了，无情的时光不断地日积月累。他觉得自己不能浪费时间，要不断地充实自己，完善自己。在这两年里，他已经读完了《资本论》的第三卷。他的身体正在逐渐衰弱，甚至连他自己也不得不承认这一点。完全瘫痪的悲剧正在等候着这个顽强的年轻人。保尔终于听从医生的安排去了海滨疗养院。出院之后结识了女工达雅。达雅的朴实和她一家不幸的遭遇给保尔留下了深刻的印象。

保尔又在中央委员会书记处机要科工作。他时常发烧乏力,四肢麻木。中央委员会不得已解除了他的工作。保尔收到了抚恤金和残废证明书。保尔知道,他一生中最可怕的事情开始了——他要掉队了。就在这时，保尔收到了达雅家里的来信，他们正盼望着他的帮助。保尔立即动身来到这座港口小城。在小城的海滨公园里,保尔回顾了自己二十四年来的战斗历程。他一年一年地回顾着,像一个铁面无私的法官检查着自己的生活和工作。他觉得自己还是不错的。现在他就要掉队了,这生命还有什么价值?保尔把手枪从口袋里摸出来,枪口对准了自己的脸。但他立刻放下手枪,狠命地咒骂自己的怯懦。他要战胜这种生活,使生命重放光芒。他来到达雅的家里,把自己的想法诚恳地告诉达雅并向她求婚。达雅答应了他的请求,他们结合了。

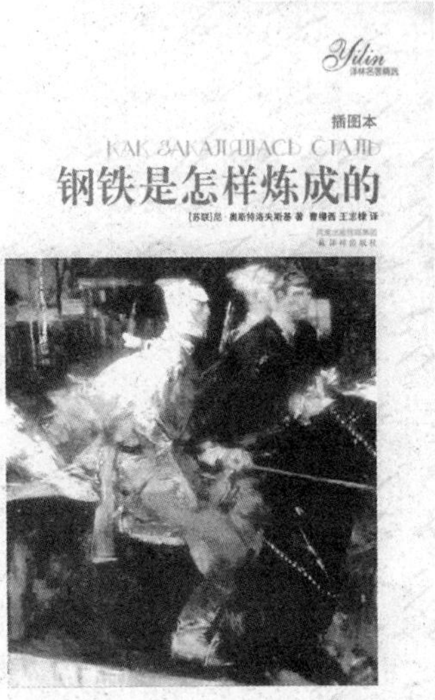

译林出版社 2008 年版封面

生活还是照旧。达雅做她的工,保尔读他的书。但他刚刚要开始新的工作,一个新的不幸又悄悄地向他袭来——他的两条腿完全瘫痪了。现在能听他使唤的只有右手了。经过长期的治疗无效之后,他知道自己永远站不起来了。达雅勇敢地掩饰着她的痛苦和由于无力帮助他而引起的痛苦。保尔提出和达雅离婚,可是她不同意,她不能离开他。而更大的不幸是他双目失明了。他异常镇静地迎接着这一连串的打击,因为他已经坚决地选择了自己的道路,他要拿起笔来写作,他要从创作的道路上回到战斗队伍中。他明白,当一个人拥有健康和青春的时候,坚强是一桩比较简单和容易的事情,但是,在生活用铁环紧紧地把你箍起来的时候,坚强才是光荣的事情。保尔开始了艰难的写作,慢慢地,一行又一行。他把全部心神贯注在创作上。他全心全意地去刻画他书中的人物,不分昼夜地连续写作。母亲、达雅和同志们给了他很多帮助和鼓励。终于,最后一章完成了。稿子寄走了,保尔怀着从未有过的焦急等待着回信。这本书的命运决定着保尔的命运,因为这是他多年紧张而顽强工作的结晶,如果原稿被退回来,就意味着他的死亡。许多天过去了,突然有一天母亲走进屋子带给他一封电报。电报纸上只有几个字:“小说大受赞赏。即将出版。祝贺成功。”

保尔的心怦怦地跳起来了。他日夜盼望的梦想已经成为现实!铁环已经被砸碎,现在他又拿起新的武器,走回队伍,并且开始了新的生活。

亚历山大·伊萨耶维奇·索尔仁尼琴 [苏联]

《古拉格群岛》

作者简介

亚历山大·伊萨耶维奇·索尔仁尼琴(1918—2008),生于北高加索的基思洛沃茨克。大学毕业后应征入伍。1942 年毕业于炮兵学校,当过炮兵连连长。1945 年 2 月,索尔仁尼琴在东普鲁士前线因政治问题被捕,在劳改营关了八年。1956 年 2 月苏共二十大后"恢复名誉",在梁赞当中学教师。1962 年因发表描写劳改营生活的小说《伊凡·杰尼索维奇的一天》而出名。同年,被吸收为苏联作家协会会员。1969 年因在国外发表"反苏"作品被开除出苏联作家协会。1970 年,瑞典文学院决定授予他 1970 年诺贝尔文学奖。1973 年 12 月末《古拉格群岛》在巴黎出版。1974 年苏联当局将其驱逐出境,几经漂泊。1976 年,索尔仁尼琴定居在美国维蒙特州的卡文迪什小镇,自此以后很少离开这里,集中精力进行创作,他称在这里生活的 18 年是自己一生中最高产的时期。

索尔仁尼琴的主要作品有《伊凡·杰尼索维奇的一天》(1962)、《第一圈》(1968)、《癌病房》(1968)、《和平与暴力》(1974)、《列宁在苏黎世》(1975)、《风中之烛》(1975)等。

1974 年,索尔仁尼琴终于拿到了四年前获得的诺贝尔文学奖

作品提要

"古拉格"是"劳动改造营管理总局"的俄文字头缩写词的拼音。这个神秘的群岛是怎样进去的呢?唯一的必经之路,就是通过逮捕。逮捕对象是从热被窝里拖出来的,他还完全处于半睡不醒的无能为力的状态中,神智是不清的。在进行夜间逮捕时,行动人员在力量上占有优势:他们是几个武装人员前来对付一个裤子都没有穿好的人;在收拾东西和进行搜查时,想必在门口不会聚集起一群遭难人的可能拥护者。按次序不慌不忙地先光临一所住宅,然后去另一家,明天再去第三家和第四家。这种夜间逮捕还有一个优

点，那就是：无论是毗邻房屋还是城市街道，都看不见一夜之间带走了多少人。这种夜间逮捕吓坏了近邻，对于远邻来说却算不了什么事件。他们好像没有发生过什么似的。夜间，“乌鸦车”（囚车）在这条柏油马路上往来奔驰；白天，年轻的一代举着旗帜和花束，唱着欢乐光明的歌曲沿着它迈步行进。我国几十年政治逮捕的一个特点，恰恰在于被抓起来的人是清白无辜的。这造成了一种谁都是在劫难逃的共同感觉。在逮捕流行病蔓延时期，人们每次上班，甚至都先向家里人告别，因为不知道晚上还能不能回来——连那个时候，他们都几乎没有人逃跑（只有少数人自杀）。这正合需要。

间谍狂是斯大林丧失理智的特征之一。在斯大林看来，他的国家里间谍成群。所有住在苏联远东的中国人都触犯了间谍罪条款58条，被关进北方的劳改营并在那里死绝。参加过国内战争的中国人，如果没有及时地溜之大吉，也都遭到了同样的命运。几十万朝鲜人全都被怀疑为间谍而被驱逐到哈萨克斯坦去。所有出过国的，在“国际旅行社”旅馆旁边放慢过脚步的，被照进有外国人面孔的相片中，或者自己拍摄过城市建筑物的苏联人——都被指控为间谍。对铁路线、对公路桥梁、对工厂烟囱瞧的时间过久，也被指控为有间谍行为。所有滞留在苏联的为数众多的外国共产党人，所有大大小小的共产国际人员，不区别个人情况，一股脑儿被指控有间谍行为。对拉脱维亚的步兵——革命初期年代最可靠的武力，在1937年把他们全部关进监狱时，也都指控为有间谍行为！斯大林好似把风骚的叶卡德琳娜的一句名言翻转过来并加以扩大了：宁可错杀九百九十九，决不能放过一个真正的间谍。

要搞这样的清洗需要有斯大林，但也需要有这样的党。今天头顶戴上了受难者光环的所有大布尔什维克，都已经充当过杀害其他布尔什维克的刽子手，也许正是需要一个1937年，才能表明他们标榜的世界观原来多么不值钱。他们依仗这种世界观把俄国搞得底朝天，摧毁它的基石，践踏它的圣物，而在他们所搞乱的俄国，他们自己却从未受到过这种惩办的威胁。

在隔离室，即著名的搜身室里面，一个衣着整洁的内务人民委员部少校坐在一张临时搬来的小桌旁边，耐心忍受无聊，这是他脸部的主要表情。他明知道这样把犯人一个个地带进带出是白白浪费时间。凑齐犯人的签字本来有快得多的方法。他指指自己桌子对面的一张凳子让我坐下，问了问姓名。拿起与我有关的一张文书，用平淡的语调快速地念了一遍（我明白了给我的是八年），马上就在背面用自来水笔写上，文本已于今日向我宣读。我的心没有多跳半下，事情的经过太平常了，难道这就是我的判决书——我一生的决定性的转折？我说是否应当自己读一下，少校懒洋洋地反对说：“难道我会骗你吗？”我不想就这么简简单单地签上名，然后不声不响地走掉，但少校已经向站在门口的看守点头示意准备带下一个，我签了名后便走了。

对犯人的刑讯手法之残酷，超出了中世纪的逼供手段。用铁环来箍紧脑门，把人放进盛有酸性液的浴槽中去，把赤身裸体绑起来的人丢给蚂蚁和臭虫去咬，用汽炉子上烧红的通条插进肛门去，称为“暗烙印”。最轻的则是整星期不让睡觉、喝水，打得血肉横飞。最可怕的是用下面的办法来对付你，扒掉你下身的衣服，仰卧在地上，两腿叉开，帮手们（可爱的军士们）坐在腿上抓住你的手，侦查员——女人也不嫌弃这种事——站到你叉开的两腿中间用自己的皮鞋尖踩住那个某个时候曾经使你成为男人的东西，逐渐地、有节制地、但越来越用力地往地上压，一面瞧着你的眼睛并让你招供。深知底细的人下结论：“招认也罢，不招认也罢，反正要判刑。”要是你死在审讯室里，他们就向亲属宣布：“判了劳改，剥夺了通信权。”让他们去找吧。

押解犯人的特制“囚犯车厢”是按照铁路行车时刻表运行的。另外在需要的时候，还发出长串的运输车队——用运牲畜的红色闷罐车皮编组的列车——从一个港口拉到另一个港口，从群岛的一端沿对角线直达另一端。很多人能记起十来个，而古拉格之子们能够毫不费力地数出半百，只不过它仍在人们的记忆中混成了一团，因为它们彼此雷同：毫无知识的押解队，昏头昏脑的根据案情的点名，在烈日下面或者在秋季的严寒中的长久的等待，更长久的脱光衣服的搜身，不讲卫生的推头，冰冷溜滑的浴室，臭气熏天的厕所，散发霉味的走廊，永远拥挤憋闷并且几乎永远黑暗潮湿的监室，地上或板铺上贴在你两边的人肉的暖气，木板钉成的枕头，夹生的、几乎是流质的面包，好像用青贮饲料煮成的菜汤。

群众出版社 1996 年版封面

在劳改营里，犯人的生活无非是劳动，劳动，劳动；无非是饥饿，寒冷，耍滑，藏奸。谁没本事推开别人而把自己安置到一个舒服的岗位上去，这个劳动对他来说就是所谓的一般劳动。“一般劳动”的工种是数不尽说不完的，推手车，抬担架，光着手卸砖，用背架驮砖。露天采石，挖煤，取土，取沙。把路基踩平，把树干放倒，把枝杈全砍光，然后将树枝拉扯到一起，集成堆烧掉（它们光冒烟，不起火），再按规定的尺寸把圆木锯断码垛，完成任务后，你的手臂已经举不动斧子，你的两条腿已经挪不动地方。劳改犯把干三个星期的伐木活叫做“干枪毙”。

干这样的活，给他们吃的是什么？一锅白水，倒进去一些不去皮的小土豆，这算是好的，否则就是黑甘蓝、糖萝卜缨子以及各种该扔进垃圾桶的东西。在缺水地区，如像卡拉干达附近的萨马尔卡劳改点，菜汤则够每人一天喝一钵，另外再发两缸子苦涩的浑水。凡好一点的东西，必定被长官们、杂役们偷去享用，虽然从库房里按一定数量领出来荤油、肉、麦片等，但能进大锅的却寥寥无几。按古拉格的定量本来就没法让一个在严寒中劳动十三小时，哪怕十小时的人吃饱。何况粮食里真正顶事的东西被偷光了，只剩下抵偿不了体力消耗的稀汤寡水。

对于妇女来说，到了劳改营，或者被摧毁，或者屈服、蜕变，以适应环境。进营的头几天就有许多女人顺从了男杂役们的要求。前景是那样残酷，希望是丝毫没有。做出这种选择的包括有夫之妇、孩子妈妈，也包括未成年的少女。正是这些被劳改营的粗鲁和野蛮压得出不了气的小姑娘们变成最无顾忌的荡妇。

怎么，不干?好，走着瞧!穿上男人的长裤和外套!像一个无定形的外表肥大而内里孱弱的生物，拖着沉重的步子到森林里去劳动吧!到时候你会爬着送上门来，会跪在地上哀求的。

在砖厂的取土场，一个地段开采完毕，就把顶板扔到那里去，过后就需要把这些又湿又沉的圆木从十至十二米深的大坑里拉上来。一个妇女作业班用两根缆绳(用缆绳的半中腰)套住圆木的两头，每一头站两排人，像纤夫似的拽(步子要走齐，免得圆木脱掉，否则一切又要从头做起)缆绳的一端，拉出圆木。然后她们二十人一拨，把这样的一根圆木扛上肩，在横眉竖眼的作业班长骂骂咧咧的号令声中把它抬到新地方，堆在那里。干这样的劳动能把一个人的身体耗空，女人身上一切女性的东西，不论是固定的还是每月一次的都不再有了。据一个妇科大夫说，妇女在伐木场上劳动几个月，一个更要紧的器官就会发生下垂和脱出。

那堵谎言之墙看来曾是建造得绝对坚固可靠、永远不会倒塌的，可是，现在它竟也裂开了一道缝，让消息冲出去了。直到昨天我们国内还是没有什么劳改营，不存在什么古拉格群岛的，而今天，全国人民和整个世界都看到：有劳改营!而且是法西斯式的! 怎么办?经营了多年的、善于颠倒是非的老手们!难道你们居然会忍受这一切?不，当然不会，这些善于歪曲事实的老手们一马当先冲向这道裂缝，企图将它遮住，填塞住，唯恐惊讶的观众透过它看到古拉格群岛本身。

那我们怎么办呢?……将来我们的后代会把我们这几代人称作窝囊废的：我们先是乖乖地让人家成百万地毒打，然后我们又关切地照料杀人犯过一个平安的晚年。那些即使是在1937年摇绞肉机把手的人，现在都已不年轻了，他们丰衣足食，舒舒服服地度过了自己一生中最好的时光——因此任何同等的回报都为时已晚，都已经不能对他们实行了。就让我们宽大为怀吧，我们不枪毙他们，不灌他们盐水，不把臭虫撒在他们身上，不上勒口做“燕子飞”，不让一星期站着不睡觉，不用皮靴踢他们，不用橡皮棍打他们，不用铁环箍脑瓜，不把他们塞进监室像行李那样摞起来——不做他们做过的任何事!然而，在我们的国家面前，在我们的子女面前，我们必须把他们统统找出来，统统加以审判!审判的与其说是他们，不如说是他们的罪行。要设法做到使他们每一个人至少大声说出:“是，我曾是刽子手和杀人犯。”

鲁迅 [中国]

《故事新编》

作者简介

作者简介见《阿 Q 正传》一章。

作品提要

《故事新编》出版于 1936 年 1 月，共收录了八篇小说。这些小说创作历时十三年，从“五四”时期到 20 世纪 30 年代，几乎贯穿了鲁迅整个创作生涯，而且它们主要取材于神话传说和历史故事，所以，这是一部有别于《呐喊》《彷徨》的具有独创性的小说集。

自这部小说集问世以来，在半个多世纪的时间里，中国现代文学研究界一直对它有着深厚的兴趣和热烈的争论。《故事新编》是鲁迅小说中争议最大的一部作品，无论是对整部小说的性质以及创作方法的认识，还是对每一篇小说具体内容的理解，自始至终都存在着截然不同的看法。人们对它的研究不像对鲁迅的其他作品《呐喊》《彷徨》《野草》那样系统、深入，应该说这和《故事新编》在 20 世纪中国文学中的特异性地位是极不相称的。

第一篇《补天》写于 1922 年，曾以“不周山”为题收入《呐喊》第一版，是根据弗洛依德“来解释创造——人和文学的——缘起”。借助女娲造人的神话，鲁迅要为中国古老民族血液中注入一种鲜活的生命力。然而女娲的创造物——只知杀戮和虚伪道德的小东西，表明了存在生命就可能意味着会出现人性的恶。《奔月》中的人物后羿、嫦娥褪去了神的光环，而神性消失后的世界却又充满了人与人之间的隔膜。《理水》《非攻》中的大禹和墨子这两个人物身上寄托了鲁迅对作为“中国的脊梁”的历史优秀人物的无限爱戴。而《出关》中的老子就像一段呆木头，他的存在不仅不能提高人的价值，相反只能是贬损。唯一以独幕剧形式写成的小说《起死》，以生动有趣的对话，讽刺了庄子“齐物论”的破产。在《故事新编》的人物谱系中，无论是女娲、大禹、眉间尺、黑色人，还是叔齐、伯夷、老子、后羿，都代表着中国文化中最具有原型意义的某些东西。在他们身上，体现了鲁迅对中国传统文化的深刻反思。这些作品虽然穿着“历史小说”的外衣，深刻反映的却是当时黑暗的现实。作者打破

人民文学出版社 2003 年版封面

文物出版社 2006 年版封面

既定的时空限制，将古今人神置于一台，将历史传说与现实生活细节巧妙结合；作者改变单一的表现模式，把小说、散文、诗歌、戏剧熔为一炉，使写实、隐喻、象征、魔幻集于一境，在诙谐戏谑中抨击嘲讽现实。让我们看其中的两篇代表作《理水》《铸剑》。

《理水》取材于大禹治水的传说。在远古帝舜时代，洪水滔天，灾荒连年，百姓处境非常困苦。有消息说，鲧大人因为治了九年水却没有效验，被充军羽山。舜又派鲧的儿子禹接着治水。然而避居在文化山上的学者们大抵是反对禹或者简直不相信世界上真有禹这个人，开始乱加诽谤。直到奇肱国的飞车第十回给他们送食粮，才证实禹确有其人，“正是鲧的儿子，也确是简放了水利大臣，三年之前，已从冀州启节，不久就要到这里了”。但是过了十几天之后，阔气的大船载来的不是禹而是两个肥胖的考察官员。他们会见学者，向学者们要了一个贡献善后方法的条陈，游览休息之后，又约见了下民的代表，向下民要了他们作为食物的叶子、树皮、青苔等，装在盒子里带回去进呈。

外出考察的大员们陆续回京了，水利局的同事为他们摆席接风。正当他们酒足饭饱，发着无聊的议论时，禹风尘仆仆地带着一大群乞丐似的随从考察归来。在治水方法是“湮”还是“导”上，禹遭到了保守官员的一致反对。但禹不为所动，力排众议说：“也有人在说我求名，图利。说就是了。我要说的是我查了山泽的情形，征了百姓的意见，已经看透实情，打定主意，无论如何，非‘导’不可！”于是他又带着随员出发去治水。以前禹娶过老婆，刚四天就走了，生了儿子阿启也不放在心上。如今为治水他三过家门而不入，成天劳苦，弄得“面貌黑瘦”，“满脚底都是栗子一般的老茧”，京都的百姓中间关于他的传说可多了，最多的是他怎样夜里化为黄熊，用嘴和爪子一拱一拱地疏通九河。

禹经过千辛万苦，终于治理了大水，又会同益与稷为民兴利，使人民有饭吃。大功告成，他回京向舜帝报告后，又说道：“做皇帝要小心，安静，对天有良心，天才会仍旧给你好处！”舜很叹服，就托他管理国家大事。后来在禹与皋陶的合力治理下，天下太平到百兽率舞、凤凰来朝的地步。

小说借夏禹这个传说中的英雄热情歌颂了“中国的脊梁”式人物的伟大，还通过对所谓水利局大员和文化山上的学者的描写，辛辣地讽刺了那些不关心人民疾苦，只知道搜刮民脂民膏的官僚阶层，讽刺了那些顽固保守、因循守旧的丑恶文人。

《铸剑》原题《眉间尺》，取材于《列异传》，在内容上“只是铺陈，没有改动”。它在整个《故事新编》中是一篇分量极重、具有重要地位的小说。

交子时，眉间尺就是十六岁了。黑暗中，母亲沉痛地对他述说了往事。原来，眉间尺的父亲生前是楚国铸剑的能工巧匠。二十年前，他奉命用王妃生下的一块纯青透明的铁给楚王铸剑。他费时三年铸成一对举世无双的雌雄宝剑。他知道残忍无道的楚王一定会杀了他，不让他活着再给别人铸剑，所以决定只献雌剑，而留下雄剑。临行前，他嘱咐妻子等肚子里的孩子长大成人以后为他报仇。果然，他一去不回，惨遭杀害。如今眉间尺终于长到十六岁了，听了母亲的话，他义愤填膺，怒火中烧，第二天便带着青色的雄剑，辞别母亲去王宫寻楚王报仇。

楚王正在游山玩水，路上接到有刺客的密报，他便扫兴而归，下令派人捉拿。眉间尺只好逃往城外。正在怨叹伤心时，遇见一黑色人，声称认识眉间尺并知道他的隐情，而且还愿意代他为父报仇，但得要眉间尺的两样东西：一是他的剑，二是他的头。眉间尺慨然应允，举剑削下自己的头，用双手捧着，连同剑交给黑色人。

这时残暴不仁的楚王正烦躁无聊，闲得想杀人。自称有异术的黑色人前来宫中献艺。他要楚王设一金鼎，注满清水，用兽炭煎熬，楚王答应了。黑色人将眉间尺的头放入鼎中。等到水沸时，这头便随波上下，跳舞百端，且发妙音，欢喜歌唱，后来便沉入鼎中不再活动了。楚王问是什么原因，黑色人禀告说：“他正在鼎底作最神奇的团聚舞，不临近是看不见的。”于是楚王便到鼎前探头观看。这时只见黑色人青剑一挥，楚王的头已落入鼎中，看到弱小的眉间尺的头斗不过楚王的头，黑色人毅然用青剑将自己的头砍落到鼎中，与眉间尺的头合力将楚王的头击败。上至王后，下至弄臣，被这场景惊骇得不知所措。等到烟消火灭，水波不兴时，武士捞上了三颗无法辨别的头骨，只得将这三颗头与楚王的身体合葬在一起，共享祭祀。

《铸剑》的重心，是宣扬复仇精神。小说塑造了沉着果决、久经锻炼的黑色人和入世不深、正在成长的眉间尺这两个复仇者的形象。通过他们对仇敌讨还血债的斗争表明，中庸决不是中华民族的传统，不消灭敌人誓不罢休的复仇精神才是中华民族精神的精粹所在。

约翰·奥古斯特·斯特林堡［瑞典］

《鬼魂奏鸣曲》

作者简介

约翰·奥古斯特·斯特林堡(1849—1912),瑞典文学史上最杰出的小说家和戏剧家。斯特林堡是瑞典自然主义文学的奠基人,欧洲表现主义和象征主义的先驱。瑞典现代文学史也以斯特林堡为开端。他的戏剧艺术对德国和美国影响很大,对电影艺术的发展起了推动作用。斯特林堡是一个博大精深而又多产的作家,一生创作了62部剧本和60多部小说,其作品包括戏剧、小说、诗歌、散文和政论杂文。62部剧本包括单场独白剧、悲剧、喜剧、神话剧、历史剧、室内剧等。各个时期的主要作品有《奥洛夫老师》《父亲》《借方与贷方》三部曲及《到大马士革去》《古斯塔夫·瓦萨》《厄里克十四》《一出梦的戏剧》《鬼魂奏鸣曲》等。在他去世后,瑞典曾出版过《斯特林堡全集》55卷,后又对他的作品加以重新整理,出版70余卷。

作品提要

在《鬼魂奏鸣曲》中,作者让死尸、亡魂和活人同时登场,对资本主义社会中人与人互相倾轧的关系做出淋漓尽致的揭露。《鬼魂奏鸣曲》里的大学生把尘世称作疯人院、妓院、停尸房、人类注定要在这里生活和耶稣被打入的地狱。剧中,斯特林堡设计了荒诞的情节结构,它通过老人亨梅尔和木乃伊的一场戏,把登场人物几十年间的恩仇一一展示出来,把物欲横流的资产阶级社会里人与人之间互相倾轧、虎视眈眈的世相刻画得淋漓尽致。在作者笔下,人间是一个罪孽深重、痛苦无穷的世界,这里找不到贞洁的姑娘,找不到体面和忠诚,这类崇高的美德只能在童话世界里寻找。人与人的关系,不是你喝干我的血,就是我掐断你的咽喉。然而这位愤世嫉俗的作家也没有让人感到万念俱灰。作者在

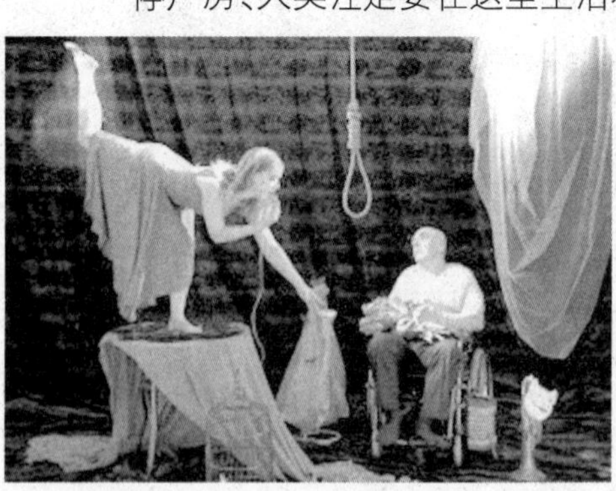

话剧《鬼魂奏鸣曲》的演出现场

戏的末了仍然祈祷在未来世界里能找到和煦的阳光、干干净净的家庭、正正派派的朋友、十全十美的爱情。

人民文学出版社 2005 年版封面

《鬼魂奏鸣曲》的成就，在于用一种与现实主义截然不同的手法，通过离奇突兀的情节穿插，彻底撕下资产阶级伪善的面纱，揭示它利欲熏心、嗜血成性的本质，使读者感到耳目一新。这种手法后来为许多表现主义者所效法。

剧中的人物有老人、大学生、挤奶姑娘（幻象）、看门人的妻子、死人（生前为领事）、黑衣妇人（死人和看门人的妻子生的女儿）、上校、木乃伊（上校的妻子）、“上校的女儿”（实际上是老人的女儿）、贵族（又叫斯堪斯戈男爵，已和看门人的女儿订婚）、约翰逊（老人的仆人）、本特森（上校的跟班）、未婚妻（白发老太太，原跟老人订过婚）、厨娘、女仆、乞丐等。剧情是这样展开的：

大学生阿肯霍兹在整晚照料因房屋坍塌事故受伤的人员后，又累又饿。他来到一所时髦住宅，向一位挤奶姑娘（幻象，她曾被老人诱骗至冰上溺死）讨水喝。在那儿他结识了此宅的主人亨梅尔（即老人）。老人亨梅尔与阿肯霍兹的父亲颇有渊源，后者称前者害得他倾家荡产，最后死于疯人院；而前者则称被后者诈去一万七千克郎的全部存款。老人自称他已活到八十岁了，一生中他做过对不起人的事，别人也做过对不起他的事，现在他已是个富豪，希望在临死之前做一件“舍己为人”的事——让大学生做他的子嗣享福，并助他结识美丽的“上校的女儿”。大学生答应了老人的请求，与上校一家同看歌剧《维尔基丽》，并由此获邀到上校家做客。

上校家的鬼宴是该剧的高潮部分，剧中人物之间错综复杂的关系得到了揭示。原来，老人亨梅尔自私自利、有仇必报，是通过各种手段敛财的家伙。他原是上校跟班本特森的佣人，吸尽本特森家的精华并将其投入监狱。后来又更名换姓，大放高利贷，由于他做坏事被挤奶姑娘发现而将她诱骗到冰上淹死。而上校也并非什么高贵出身，其军衔也是假的。上校曾拐走老人的未婚妻，于是老人以牙还牙，与上校的妻子（木乃伊）私通，并生下“上校的女儿”。老人还利用一张期票索取死人（生前为领事）的老命。当然，死人（领事）并非贤德之辈，他诈人钱物、淫人妻子……

大学生和姑娘在摆满风信子花的房间里的一幕，进一步揭示了那种社会人与人之间关系的险恶。用大学生的话说就是：“我看见了上校，实际上他并不是上校。我看见了一位高贵的恩人（老人），结果他却是个骗子，后来不得不上吊。我看见了女仆……世界上哪里有童贞的姑娘?哪里有绝代佳人?……世界上哪里有忠诚、体面?……这世界是疯人院、是妓院、是停尸场,耶稣基督要到这个世界上来……本想解救这些疯人,疯人却先把他杀死,结果倒把强盗放出来。强盗倒是照例得人同情的……"姑娘的精神崩溃了,气绝身亡。

保尔·瓦雷里［法国］

海滨墓园

作者简介

保尔·瓦雷里(1871—1945)，原是19世纪晚期象征派大师玛拉美门下的青年俊才，后来放弃写诗，一心钻研哲理。相隔20年后，于1917年发表了长诗《年轻的命运女神》，1922年又出版了新诗集《幻美集》，一举成为后期象征派大师；虽然他和其他大多数现代派诗人不一样，基本上采用古典形式。此后他主要从事学术工作和评论工作，1927年被选为法兰西学院院士。1940年法国沦陷，瓦雷里避居僻地，后来继续从事学术活动。瓦雷里于1945年7月20日病逝。

作品提要

《海滨墓园》一诗被译成世界上各大语种，作者瓦雷里也被许多人认为是20世纪法国最伟大的诗人。瓦雷里自己说，他有一阵心里老是回荡着一种六行十音节(音缀)而没有内容的节奏，后来倾注了他平生的思想与感情，联系了少年时代的活动和家乡墓园所在的地中海边的风光，通过长期的辛勤酝酿，在各节之间的意象和思路上作了种种对比和呼应，与乐曲和建筑的结构相当，最后完成了《海滨墓园》这首诗。这首诗第一节的最后两行，被刻在瓦雷里的墓碑上。

在瓦雷里的晚期诗里，不管作者自己有意还是无意，经常表现出辩证法的对立统一法则。《海滨墓园》的主旨就是建立在“绝对”的静止和人生的变易这两个题旨的对立上的，而结论是人生并无智性的纯粹，人死后并无个人的存在，因此肯定现时，肯定介入生活的风云。

瓦雷里不写私生活，而他认为最带私人性的《海滨墓园》还是像一般较有意义的抒情诗一样，以特殊的“我”代表一般的“我”。他在诗中还不止一处表现出天才、灵感出于勤奋和苦功，《石榴》和《风灵》就带有这一类含义。像一般西方现代诗人一样，瓦雷里的自我中心思想很突出。他的晚期诗里，总爱把“高傲”之类作为美德，简单地说，这就是贵族思想。《海滨墓园》这首诗，本旨原属平平，说话人(诗人)却从自我中心出发，以求达到“无我”境界，回环往复，经过了那么大的折腾。

中国文学出版社 1996 年版封面

海滨墓园（节选）

这片平静的房顶上有白鸽荡漾，/ 它透过松林和坟丛，悸动而闪亮。/ 公正的“中午”在那里用火焰织成 / 大海，大海啊永远在重新开始!/ 多好的酬劳啊，经过了一番深思，/ 终得以放眼远眺神明的宁静！/ 微沫形成的钻石多到无数，/ 消耗着精细的闪电多深的功夫，/ 多深的安静俨然在交融创造!/ 太阳休息在万丈深渊的上空，/ 为一种永恒事业的纯粹劳动，/“时光”在闪烁，“梦想”就是悟道。/ 稳定的宝库，单纯的米奈芙神殿，/ 安静像山积，矜持为目所能见，/ 目空一切的海水啊，穿水的“眼睛”/ 守望着多沉的安眠在火幕底下，/ 我的沉默啊！……灵魂深处的大厦，/ 却只见万瓦镶成的金顶、房顶！/“时间”的神殿，总括为一声长叹，/ 我攀登，我适应这个纯粹的顶点，/ 环顾大海，不出我视野的边际；/ 作为我对神祇的最高的献供，/ 茫茫里宁穆的闪光，直向高空，/ 播送出一瞥凌驾乾坤的藐视。/ 正像果实融化而成了快慰，/ 正像它把消失换成了甘美，/ 就凭它在一张嘴里的形体消亡，/ 我在此吸吮着我的未来的烟云，/ 而春天对我枯了形容的灵魂 / 歌唱着有形的涯岸变成了繁响。/ 美的天，真的天，看我多么会变!/ 经过了多大的倨傲，经过了多少年 / 离奇的闲散，尽管是精力充沛，/ 我竟然委身于这片光华的寥廓；/ 死者的住处上我的幽灵掠过，/ 驱使我随它的轻步，而踯躅，徘徊。/ 整个的灵魂暴露给夏至的火把，/ 我敢正视你，惊人的一片光华 / 放出的公正，不怕你无情的利箭！/ 我把你干干净净归还到原位，/ 你来自鉴吧！……而这样送还光辉 / 也就将玄秘招回了幽深的一半。/ 啊，为了我自己，为我所独有，/ 靠近我的心，靠近诗情的源头，/ 介乎空无所有和纯粹的行动，/ 我等待回声，来自内在的宏丽，/（苦涩，阴沉而又嘹亮的水池），/ 震响灵魂里永远是再来的空洞。/ 知道吗，你这个为枝叶虚铺的海湾，/ 实际上吞噬着这些细瘦的铁栅，/ 任我闭眼也感到奥秘刺目，/ 是什么躯体拉我看懒散的收场，/ 是什么头脑引我访埋骨的地方?/ 一星光在那里想我不在的亲故。……[1]

---

① 节选自《卞之琳文集》（卞之琳著，安徽教育出版社 2000 年版）中卷，第 228—232 页。

雅·哈谢克［捷克］

《好兵帅克历险记》

作者简介

雅·哈谢克(1883—1923),捷克斯洛伐克作家。生于布拉格一穷苦教员家庭。早年丧父,曾以乞讨为生。当过银行职员、编辑。第一次世界大战中被征入奥匈帝国军队,在俄国前线被俘。1918 年加入苏联红军。1920 年返回捷克。20 世纪初开始文学创作。早期作品有诗集《五月里的呐喊》(1903)和反映底层劳动者贫困生活的短篇小说《女仆安娜的纪念日》《得救》《巴拉顿湖畔》等。哈谢克是一位多产作家,一生写有 1200 多篇短篇小说。其代表作长篇小说《好兵帅克历险记》是一部出色的政治讽刺作品,成功地塑造了一个普通捷克士兵的形象,以犀利的笔调揭露了奥匈帝国统治者的专横和军队的腐败。这部讽刺作品被译成 50 多种文字,并被改编成剧本,拍成电影。他还写过许多小品文和政论。哈谢克被欧洲批评家与 16 世纪的拉布雷和塞万提斯相提并论。

作品提要

一天,帅克正在用药搓着他患风湿症的膝盖,女用人告诉他奥匈帝国的王位继承人斐迪南德大公在萨拉热窝被人暗杀了。帅克大吃一惊,和女用人聊了一会儿,并在想象斐迪南德是怎样挨子弹的,那凶手是怎样穿得很讲究的,等等。帅克觉得还不过瘾,就决定到"杯杯满"酒馆去溜达一趟,找个人尽兴聊聊。

人民文学出版社 1983 年版封面

"杯杯满"酒馆里坐着一位顾客,他就是警察局密探布雷特施耐德。这时,帅克走了进来,要了一杯黑啤酒。布雷特施耐德立刻和他谈起大公被刺的事来。帅克断定大公是被土耳其人杀的,他说大公之死是奥匈的一个损失。他还带着纯朴天真的笑脸向密探描绘奥国与土耳其开战的未来,可是却错把奥国的盟国说成敌人,把敌人说成盟国。密探终于忍不住向他出示了带有双头鹰的警察证，宣布他犯了叛国罪，逮捕了他。不问政治的酒馆老板也被逮捕了，因为他擅自摘下了酒馆里的被苍蝇拉上屎的奥皇像。

当他们跨进警察局里的大门时，帅克说：“不知不觉还蛮舒服地就到了这里！”帅克被关进警察局的一间牢房里，在那儿遇到了六个伙伴，几乎都是因为斐迪南德被暗杀的事而被捕的。就在这些犯人互诉冤情的时候，帅克心满意足地睡着了。警察来提帅克过堂，一个冷冰冰面带凶相的官老爷历数了帅克的叛国罪和侮蔑王室罪，又引出鼓动叛变的罪名，对这些帅克都天真地招认了，并且要求严办自己。第二次过堂后，帅克在控诉书上签字：“以上对我的控诉，证据确凿。”他还温和地问：“还有别的公文要我签吗？”回到牢房，帅克对同伴们说：“我刚招认了，斐迪南德大公兴许是我杀的。”

第二天，帅克被带到省刑事法庭一位审判官面前。经过交谈，审判官建议把帅克交给由三种学派的法医组成的神经检查委员会，他们将确定帅克的智力和他被控的罪名是否相符。帅克一见到他们就大喊：“诸位大人！弗朗茨·约瑟夫一世皇上万岁！”结果帅克给了他们压倒一切的印象，三种对立学派的专家一致认为帅克是十足的白痴，于是帅克被送到了疯人院。

疯人院的医生把帅克当成是“逃避兵役的假病号”，并且把他赶出了疯人院。帅克又来到“杯杯满”酒馆，老板娘流着泪告诉他，巴里维茨被判了十年徒刑。为了能从帅克那里探听点什么出来，密探布雷特施耐德常去找帅克买狗，可是没有成功。密探从帅克那里一共买了七条奇丑无比的杂种狗，却没能从他身上挤出一点有价值的东西。

帅克的风湿症发作得很厉害。在他得到征兵体检通知书后，他兴奋得彻夜难眠，高唱奥地利国歌。于是，在一个难忘的日子里，布拉格的街上就出现了一幅忠君报国的动人情景：一个老妇人推着一把轮椅，上面坐着一个头戴军帽、胸佩鲜花的新兵，手里不停地挥舞着一副拐杖，嘴里嚷道：“打到贝尔格莱德去！”帅克的行为被官方报纸誉为“残疾人热心爱国”的壮举。但体检委员会主席鲍兹大夫却另有高见，尽管帅克再三声明“就是粉身碎骨也要效忠皇上”，他还是

天津人民出版社 2004 年版封面

21 世纪出版社 2004 年版封面

中国妇女出版社 2006 版封面

判定帅克是装病来逃避兵役的，下令将他押送军事监狱。

帅克到了军事监狱后和那些装病逃避兵役的人住在一起。几天来，军事监狱用饥饿和洗肠的办法给帅克治病。装病逃避兵役的人都要接受不同等级的苦刑：绝对控制饮食、大量服用金鸡纳霜、洗肾、灌肠、用冷水浸过的被单裹身等。但这一切对帅克的风湿病却无能为力，面对帅克那孩子般天真的眼神，军医们气得暴跳如雷，只好把他转到拘留营。

拘留营凶狠的看守长把帅克关进了只能穿背心裤衩的十六号牢房。第二天犯人们就去教堂听随军神父卡兹布道。卡兹常把弥撒的程序弄得颠三倒四，要是他喝多了，他还会临时编造一套独家使用的祷文，犯人们都把听他讲道当做一件开心的事。今天卡兹又喝多了酒，他一边打着嗝，一边咒骂囚犯们甘愿走罪恶的荆棘之路。帅克忽然抽泣起来，周围人愉快地欣赏着。卡兹平生第一次讲道感动得人流了泪，他非常兴奋，尽管帅克事后承认他是假装的，可卡兹神父还是把他领出拘留所，做了自己的勤务兵。

卡兹嗜酒如命，经常喝得烂醉如泥。一次神父把钱喝得精光，逼着帅克向别人借钱，帅克只好以神父无钱付私生子津贴为由借了三百克郎，弄得神父哭笑不得。不久，卡兹把帅克当赌注输给了卢卡施中尉，从此帅克成了卢卡施的勤务兵。

帅克一去就被卢卡施中尉骂成是"一个天字第一号白痴"。帅克把中尉心爱的小猫和金丝雀放在一起，希望它们交朋友，结果猫一下咬掉了金丝雀的脑袋，中尉气得命令帅克把猫关三天禁闭。为了让中尉高兴，帅克答应去给他弄一条漂亮的狗来，并且在老朋友的帮助下，设计诱拐了一条漂亮的狗送给中尉。谁知这狗的主人是克劳斯上校，他正因为丢失了爱犬而大发雷霆。过了几天，中尉带着狗去与一位太太幽会，路上恰巧遇到克劳斯上校。上校认为作为下级军官的卢卡施中尉连上级在报上登的寻狗启事都不注意已属不敬，大摇大摆地带着偷来的狗在街上走就更不成体统的了！为此，上校将中尉"发配"到前线去。中尉真想把帅克这个双料的白痴撕成碎片，但一看到帅克那安详而温柔的眼睛，中尉就觉得连打他一个嘴巴的力气都没有了。中尉宣布，帅克将随自己在三天之内到布迪尤维斯的第 91 联队去，帅克高兴地答应了。

译林出版社 2006 年版封面

在由布拉格开出的列车上，帅克和一个列车员谈论刹车警铃灵不灵的问题，他俩无意间拉了一下刹车杆，列车猛地刹了车。帅克被当做肇事者带下火车，卢卡施中尉为终于甩掉了帅克而感到无比的轻松。既无身份证又无车费的帅克决定步行到第

91 联队报到。他冒着严寒，唱着军歌，开始了远征布迪尤维斯的壮举。他披星戴月地走了几天，却又回到出发时的那个小镇。当地宪兵队逮捕了身份可疑的帅克，干练的巡官善于用一种交错审讯的诱供法，逼得无辜者也承认有罪。巡官立即得出结论：帅克是一位老奸巨猾的俄国间谍，企图潜入我第 91 联队。巡官连夜写了长篇的精彩呈文，派人把帅克押往警察分局。分局长认为巡官写呈文时一定醉得天昏地暗，他一眼就看出帅克只是一个普通的逃兵，随即命令把帅克解往第 91 联队。几天后，当帅克被带到卢卡施中尉面前时，中尉怎么也没有料到再会遇上他。他把帅克关进了禁闭室。

部队进驻匈牙利，卢卡施中尉身上那种帝国军官的好色通病又发作了，他看上一位商人的太太。中尉派帅克送一封约那位妇人幽会的情书，不料信却落入了她丈夫的手中，引起一场争斗。帅克因此被拘留，报纸大量登载帝国军官与商人太太调情的丑闻。法庭审理此案时，帅克一口咬定那封信是自己写的，还趁核对笔记时冷不防抢过信吞下肚子里，负责此案的上校因帅克的义举而赦免了倒霉的中尉，并提拔帅克做连部传令兵，继续跟随调任连长的卢卡施中尉。

中尉开会的时候，帅克的任务是守电话机。不一会儿，上级来电话，电话里乱哄哄的，帅克一点也听不清楚，他的回答更是令人啼笑皆非。他把对方骂他的话也记录下来，复述给对方听。帅克还不时拿起耳机偷听别人的电话。他还记录过一些像密码一样的命令，比如“随后更加接近允许但是已经可是或者因而虽然同样等”，连卢卡施中尉看了也只好随它去。

部队再次向前线进发。在军官们的车厢里有个叫扎格纳的大尉营长，他正在给军官们讲解一套查密电码的新方法。所有军官手里都拿着一本《神父们的罪孽》，说这是解密电码的钥匙。大家都鸦雀无声地看着这本书，总是对不上密码。后来发现他们手中的是上册，而大尉拿的是下册。发给军官们的书是帅克从团部抱过来的，车一到站，卢卡施中尉第一个跳出车厢去找帅克算账。帅克说：“我想书都得从上册读起，就只领了上册。”中尉叹气说：“我骂你白痴都骂腻了，我简直找不出话来形容你。”

浙江少年儿童出版社 2006 年版封面

列车停在一个小站时，卢卡施中尉给帅克十五克郎，让他从当地老乡那里偷偷地买点酒来。帅克一下车，就被总想找他碴儿的杜布中尉盯上了。帅克从马路边一个犹太人手里买到了一瓶白兰地，转身就与等在月台上的杜布中尉相遇了。面对杜布中尉得意的追问，帅克毫不犹豫地说这瓶黄糊糊的液体是他从铁道那边的唧筒里打来的带铁质的水，并且从容不迫地一口气喝完了那瓶“水”。为了证明他的诚实，帅克把杜布中尉领到附近的一架唧筒前，抽出一股黄糊糊的水来，还向人借了一个玻璃杯。杜布中尉只好狼狈地喝下了那杯水，那水在他的嘴里留下了粪汤子的味道。帅克坚持回到车厢向卢卡施中尉报告了情况，然后就倒下呼呼大睡起来。卢卡施中尉气得大骂，不过这次他恨的是杜布中尉，而不是代他受过的帅克。

1921 年出版的英文版插图，图左为帅克

在即将到达前线的行军途中，帅克和军士万尼克奉中尉的命令去寻找宿营地。中午，他们来到了还散发着腐烂气味的旧战场。好几个营的人被机枪打死了，掩埋士兵尸首的土坑还没覆盖好。荒原上纵横都是战壕。帅克说：“打完仗，这儿的收成准错不了。他们用不着买什么骨粉了。整个团的人都在田里烂掉，对庄稼人真是好透了。什么大粪也比不上这个肥。”下午，走到一个十字路口，帅克与万尼克在战线上发生分歧，争执不下，只好各奔前程。

帅克走到一座小池塘，一个逃出来的俄国俘虏正在洗澡，他一见帅克就爬出水面，光着身子跑了。帅克很想知道自己穿上俄军制服是什么样子，就换下身上的奥国军装，穿上俄国军服在塘水上欣赏自己的尊容来。他在塘边逗留了好半天，结果被抓进了俄国俘虏营。

就这样，好兵帅克历尽千辛万苦来到前线，在他即将奔赴战场为奥皇尽忠时，竟成了奥地利军队的俘虏。一封电报救了本来要被处以绞刑的帅克，电报帮助帅克讲清楚了他的来历。

帅克他们的部队在同俄国人打仗。全营蹲在战壕里好久没换地方，难熬的日子一天一天过去，肮脏、虱子、疥疮与日俱增。帅克看到卢卡施也在抓痒痒，就主动帮助他擦点水银油。卢卡施非常感激。他走到一个箱子那儿，取出一块铜质奖章来说：“帅克，把它戴上!我现在补发你一个，表彰你的勇敢，表彰你在危险的时刻没有把你的长官抛弃掉。”

俄国人时不时地打上几枪。已经到了傍晚时分，可帅克还没有回来。有人从一个死尸身上找到了帅克的身份证，大家都认为帅克被打死了。卢卡施听到这个消息分外伤心。就在大家准备为帅克办理后事时，帅克回来了。原来他在洗澡时衣服被人偷走了，只好等到天黑以后再回来。

大约在这些事件发生一个星期之后，俄国人向奥地利的工事发动了猛烈的攻击，全营的士兵都四处逃散。帅克一个人在人流中得意自如地奔跑着，一头母牛把他顶到了地里，由哥萨克人组成的巡逻队发现了他。一个士兵给了他一个耳光，扯下了他的奖章，并把它放进自己的口袋里，随后带着帅克到司令部去了。帅克对俄军团长的问题所答非所问，气得团长骂他是“白痴、怪人”。当团长用德语问他叫什么名字时，帅克站得笔直，眼睛盯着团长的眼睛，声音大得连整个俄国都听得见：“约瑟夫·帅克，出生地点——布拉格，工作单位——战场，常去场所——‘杯杯满’酒馆!”

约瑟夫·康拉德［英国］

《黑暗的心脏》

作者简介

约瑟夫·康拉德（1857—1924），英国小说家。康拉德有二十余年的海上生涯，先后当过水手、二副、大副，最后当上船长。在此期间，他曾航行世界各地，积累了丰富的海上生活经验。1886 年加入英国籍。1889 年开始业余小说创作。他一共写了 13 部长篇小说、28 篇短篇小说和 2 篇回忆录，其中比较著名的有长篇小说《“白水仙”号上的黑鬼》（1897）、《吉姆爷》（1900）、《诺斯特罗莫》（1904）、《间谍》（1907）、《机缘》（1914）、《胜利》（1914）以及短篇小说《青春》（1902）、《黑暗的心脏》（1902）等。康拉德的作品多以海洋生活为题材，对劳动人民怀有同情，对帝国主义的海外掠夺有所不满，而且往往带有悲观神秘色彩。

《黑暗的心脏》是他所有作品中最微妙的。作品运用了象征主义，特别是色彩象征和物体象征，展现了英国殖民制度的腐败和残酷以及人身上固有的恶。

作品提要

内利号巡航艇牢牢地泊定了。船上公司的董事，既是我们的船长，又是我们的东家，站在船头向着海上眺望。其他四个人都热切地朝着他的背影望着。海洋生活这条纽带，将他们彼此维系在一起。这种海上的生活经历，不但能使他们于阔别之后依然心心相印，而且还能使他们彼此滔滔不绝地信口胡诌一些故事。马洛是我们中唯一的一个“随海生活”的人。在他看来，一个故事的含义，并不像果仁那样藏在外壳之中，而是在故事本身之外，围在故事的外层。马洛开始讲起自己的故事。“我并不想向你们过多地絮叨个人的遭遇。”他开始讲起来，“然而你要理解这件事对我的影响，就必须知道我是怎么到那里去的，我看到了些什么，我又是怎么溯流而上，到达了第一次遇到那个可怜的家伙的地方。那是我航程中的最远点，也是我经历中的最高潮。”

“那时我航行了一大圈之后刚刚回到伦敦。回家之后，过了一段时间，便感到闲得无聊了，于是，我开始寻找出海船。小时候我就有到地图上某一个吸引我的地方冒险的愿望，这一次我被在地图上如蛇般的一条大河给缠住了。于是我开始麻烦我在大陆上的亲友们，后来在一位姨母的帮助下，得到了内河船长的头衔。我像发疯似的到处奔波进行准备，两天之内渡过海峡去向我的老板报到并签署了合同。几小时之后，我到达了一座城市，轻而易举地找到了这个公司的办事处。一位秘书又可怜又同情地让我签了一份文件。还剩下一项，需要去看看医生。那位老医生试了试我的脉，还量了量我的头。'为了科学，我总是请求那些准备到那里去的人让我量一量他们的头盖骨。'他说。我便问：'他们回来时你也给量量吗？''我从来没有再见到过他们，'他说，'再说，里面起了变化，不是吗？'我与姨母告了别。"

"我乘一只法国汽艇离开了英国，每到一个港口，船就停靠下来。这样做的主要目的是为了把士兵和海关人员送上岸。将一些海关人员送上去，到那看来像被上帝遗弃了的荒野中去征税，那里只不过有一间用铁皮搭成的小棚子和一杆旗，在荒野中要找到它们不啻大海捞针；又抛下更多的士兵到岸上去——也许是为了保护那些海关人员吧。我听说其中一些已经淹死在那片白色的波浪中了；不过至于淹死没淹死，似乎谁也不会特别关心这码事。途中经过了许多海岸，看起来都是一个样，仿佛我们根本没有动；实际上我们已经走过许多地方——贸易地点。途中遇上一艘在海上抛锚的军舰。虽然岸上连个小棚子也没有，可这条军舰却朝着那里的丛林炮轰不停。船上有人煞有介事地告诉我，说什么岛上确有一处敌人的营地——他管土人叫敌人！他们藏在某个看不见的地方。"

"过了三十多天，我才看到那条大河的河口。我们在公司机构所在地附近抛了锚。不过，我的工作需再走二百英里才能开始，所以我竭尽全力出发，向上游三十英里的一个地方赶去。我乘一艘小海轮，驶进一处开阔的河道。迎面出现了一处悬崖峭壁，岩石嶙峋的山坡上的三间像军营似的木头房子是公司的一个站。我向山上走去，看到一些用铁链锁住的一伙黑人，头上顶着装满泥土的小筐，正一步步吃力地沿着山路向上登。最后，我斜着向山下走去，一直走向先前看见的那片森林。树林中有一些黑色的物体。他们是撤下来等死的，他们在慢慢死去。我急匆匆地朝站上赶去，快到那片房屋时，在路上遇到了一个白人，此人打扮得意想不到的讲究。他是公司的账房总管，从他的口中我第一次听到了库尔茨的名字。他说库尔茨是个第一流的公司代理人。'他是一个了不起的实干家。他眼下负责一个贸易站，设在真正的象牙产地。他送回来的象牙，数量赶得上其他站送来的总和。'"

"我在站上等了十天。后来，我跟随着一个六十人组成的商队开始了二百英里的行程。一天到晚不停地走，总算来到了总站。总站设在一处死水边，四周都是杂树丛和森林，它的一边是臭气熏天的烂泥边界，另外三面用灌木拼凑成的篱笆围着。它唯一的大门就是一道无人修理的缺口。我得知准备要我管的那条船已经沉入河底了。我与经理第一次见面了。

那天早上，我步行了二十英里走到那里，他连坐都没让我坐一下。他的肤色、相貌、神态、声音都异常平庸，个子也不算高，身材很一般，有一双常见的那种蓝眼睛，不过内中带有一种明显的冷冰冰的眼神。他是一个普普通通的生意人，从年轻时起就被雇佣在这一带干事——如此而已。他要别人服从他，可是他既不能引起别人的爱戴，也引不起别人的惧怕，甚至连尊敬也得不到，他只能引起人的不安。他没有组织天才，也没有创造天才，甚至连发号施令的天才也没有。他没有学问，也没有才能，他能熬到这个地位——凭什么?也许是因为他从来不生病吧。从他随意的言谈中可以听出来，这家伙对什么事情都没有创见，他只是能够应付平时的工作常规罢了——那便是他的全部能耐。不过你得承认他了不起，那就是谁也说不出什么东西能控制这样一个人。他一见到我就讲起来，说我在路上耽搁的时间太长，他实在不能等了，只好没等到我就开始干起来。河上游的站急需供应接济物资，但由于一而再再而三地延误，他不知道谁已经死了谁还活着，以及他们的情况如何等等。那里的局势非常严重，谣传很多，据说有一个相当重要的站处在危险之中，而且那个站上的头头库尔茨先生也病了。我问修船需要多少时间，他说在三个月内完成。"

"第二天，我开始去干我的工作，也就是说我离开了那个站。一天傍晚，一间草棚子突然起了大火。经理和一个代理人、经理的密探在谈着话。他们提到库尔茨的名字，后来我听到这样一句话：'利用这场大火，好好做做文章。'这个站上到处弥漫着一种搞阴谋的气氛。他们用极其笨拙的方法在背后互相诽谤，互相耍阴谋。在这里，唯一真实的意愿是希望被委派担当一个贸易站的负责人，只要这个差使捞到手，便可以得到象牙，并且可以按比例分红。他们之所以背后互相攻击，互相诽谤，互相怨恨，问题的核心就是为了争夺这个差使。代理人一直在谋划着，要在这位经理的手下慢慢爬上副经理的位置。库尔茨的到来，使他们两人大大地乱了阵脚。修船所需要的钉一直没有运来，来的却是骚扰、混乱和视察。"

"又过了两个月，我到达库尔茨下面的河岸。沿着那条河溯流而上，仿佛回到最原始的世界里去作一次旅行。一天接近傍晚的时候，我们估计距离库尔茨的站大约还有八英里，我本想继续向前赶，不过经理对我说，向上这段航行非常危险，何况太阳眼看就要落山，就地停航等第二天再开才是明智的。尽管经理假装要求开船，说假若在我们到达之前库尔茨那里出了什么事，他都会伤透了心。其实他知道这时开船是不可能

山东文艺出版社 1984 年版封面

译林出版社 2001 年版封面

的。他们预计不会受到进攻。大雾消失两小时之后，情况发生了变化。我们将船贴着岸开，挣扎着一点点地朝前移动。这时，我们受到箭雨的攻击。我们冲开一条路，穿过高悬在头上的丛莽的枝条，缓缓地朝前开，撞得枝叶纷飞。我想，库尔茨先生这会儿恐怕已经死掉了。我有一种极端失望的感觉。老早就有人用嫉妒和崇拜的各种不同语调告诉过我，说他收集、交换、骗取或偷窃的象牙比所有的代理人搞到的加在一起还多。事情的实质是，他是一个极有才能的人，而他的众多才能中最为突出的，同时让人感到带有一种真正的存在意味的，是他讲话的口才。生前的库尔茨曾经在英国受过教育。后来我渐渐了解到，肃清野蛮习俗国际社会组织，曾特地委托他起草一份报告，好作为该社未来工作的指南。这份报告可谓文笔优美，才华横溢，扣人心弦。不过，我觉得措辞稍嫌偏激。他开宗明义说道：'我们白人，按照我们已经达到的发展水平，我们必须以一种神的身份出现在他们的面前——我们和他们接触，要显示出如同上帝所具有的那种伟大。'等等。在这篇向所有利他主义的情感发出激动人心的呼吁的文章末尾，写道：'把这些畜生统统消灭掉！'我们继续用中速顺着河的正中间向上行驶。我听见他们在议论。他们已经抛弃了库尔茨，他们也已抛弃了那个贸易站；库尔茨已经死了，那个贸易站也已经被烧掉等等。这时，我看见远处河边有一块空地，隐隐约约有一些房子的轮廓。'那是什么？'我问道。他把手一拍惊叫起来：'是那个站！'我立即向河边掉过头去，仍用半速前进。我想方设法傍岸行驶。经理在那些外来移民的陪同下，走到那所房子里去了。一个穿着满身补丁的衣服的年轻人向我们讲述着这一切。

"这个年轻人对这片荒野是一无所求，一种绝对纯洁、毫无算计、完全不切合实际的冒险精神控制了这个人。他对库尔茨忠心耿耿。他与库尔茨的交往时常中断。库尔茨先生生过两次大病，全靠他照顾才得以治愈的。不过，在通常情况下，库尔茨总是独自一人到处闯荡，进入到森林腹地很深的地方。他远征的目的大都是为了找象牙。'不过，那时他已经没有什么货物去换象牙了。'他实际上是在抢象牙。有一次，他还想用枪打死我，因为我有一点象牙。每逢有机会，我总是求他在来得及的时候设法离开这儿，我甚至表示愿意随他一起回去。他总是答应着，不过还是留下来，然后又出发去找象牙了。那些残存下来的柱子上有些象征物，是一些人头。这里已经有好几个月没有一滴药水或者可让病人吃的食物了。

他被人可耻地抛弃了。就在这时,我听见库尔茨低沉的声音从帘子后边传出来:‘救救我!’他压低了声音轻轻告诉我,是库尔茨下命令对那艘汽艇进行攻击的。他有时对别人想把他弄走感到十分痛恨。他以为那样会把你们吓走——而且你们可能会不再继续向前进,认为他已经死了。我在一条小径上碰见了库尔茨。对一个人来说,天下没有任何言语能和他发自肺腑的临终之言那样,对人类的信仰给予了如此彻底的毁灭性打击。他跟自己也进行过斗争。我看到了一个肆无忌惮、毫无信仰、天不怕地不怕,然而却盲目地跟自己做斗争的、令人难以置信的神秘灵魂。”

“第二天中午时分,我们启航离开了那儿。我们早已把库尔茨抬到驾驶室里。褐色的河水从黑暗的心脏中快速地流出来,以向上行驶时的两倍速度载着我们向海口驶下去,库尔茨的生命也在快速地流逝。我们的船坏了,不得不在一个小岛的前面停下来进行修理。这次耽搁是使库尔茨的信心发生动摇的第一件事。有一天早上,他给我一包文件和一张照片——用一根鞋带捆成了一束。‘替我保管一下。’一天晚上,我拿着一支蜡烛走进驾驶室内,听到他用稍微颤抖的声音说了一句话,这不免使我大吃一惊,只听他说道:‘我正躺在这黑暗中等死。’在他那象牙般的脸上,我看见一种由忧郁的傲慢、无情的权势、怯懦的恐怖——一种强烈的无可奈何的绝望所构成的复杂表情。他是不是在这种大彻大悟的关键时刻,细细地重温过去那种充满了欲望、诱惑和失败的生活?他耳语般地对着什么影像,对着什么幻影叫喊——他共叫了两次,那叫声像游丝一般微弱:‘真可怕啊!真可怕啊!’我一直保存着库尔茨托付给我的那捆信件。后来公司的人、经理和自称是他表兄的人都来索取信件,最后一位急于了解他‘亲爱的同事’的命运的记者也来了。我手头就剩下一小捆书信和那姑娘的照片了。我决定亲自到库尔茨的未婚妻那里。她仍然生活在他的阴影下,她要求我说出他最后的几句话,她需要有点东西伴随着她活下去。我告诉她,他最后的话是她的名字。”

马洛停下来,静静地像一尊正在打坐的菩萨。一时间,谁也没有动一动。“退潮早就开始了,别错过了机会。”船长忽然说。我抬起头来,远处的海面上横亘着一朵乌云,这条通向世界尽头的平静大河,在黑云笼罩的天穹下,阴沉沉地流动着——仿佛要流入那无限黑暗的心脏处。

索尔·贝娄 [美国]

《洪堡的礼物》

作者简介

索尔·贝娄(1915—2005),继福克纳和海明威之后美国最主要的小说家。三次获美国全国图书奖,一次获普利策奖;1976 年以“对当代文化富于人性的理解和精妙的分析”获诺贝尔文学奖。

索尔·贝娄是犹太人,生于加拿大魁北克。九岁时移居美国芝加哥,毕业于芝加哥大学和西北大学。早期两部小说是《挂起来的人》(1944)和《受害者》(1947)。成名作长篇小说《奥吉·马奇历险记》(1953)是美国文学中描写自我意识和个人自由的典型,被称为后现代主义作品,获全国图书奖。长篇小说《赫尔索格》(1964)反映美国中产阶级知识分子在 20 世纪 60 年代社会动乱中的苦恼与迷惘,获全国图书奖和国际文学奖。其他长篇小说如《塞姆勒先生的星球》(1970)获全国图书奖,《洪堡的礼物》(1975)获普利策奖,《哀伤更致命》(1987)被《纽约时报书评》评为当年最佳长篇小说之一。其他作品还有中篇小说《只争朝夕》(1956),长篇小说《雨王汉德森》(1959)、《教授的冬天》(1982),短篇小说集《莫斯比的回忆》(1968)和游记《耶路撒冷去来》(1976)等。

作品提要

冯·洪堡·弗莱谢尔是一个先锋派作家,新一代的奠基者。他的歌谣集在 20 世纪 30 年代问世,曾经名噪一时。他漂亮、白皙,身材高大,严肃而诙谐,是个博学的人。这家伙真是走了运,所有的报纸都对他的作品大加赞扬,没有任何贬责。当时我是威斯康星大学的学生,整天向往着文学事业。我还给洪堡写了一封表示崇敬的长信。我一直非常崇拜他。

洪堡的声望大约持续了十多年之久,到 40 年代末就开始衰落了。到了 50 年代初,我名声渐起,还赚了一大笔钱。我并不喜欢金钱,想做好事想得要命,可是潦倒了的洪堡则以钱为借口来攻击我,说我没有什么了不起。他的一些话听起来很刺耳,但想起来还是有一点道理的。

到了晚年，在洪堡还没有被关进疯人院的时候，他仍在纽约四处奔走，攻击我和我那“百万家产”。“就拿查理·西特杜来说吧，他从威斯康星州投到我的门下，现在他居然搞到百万家产，什么样的作家，什么样的知识分子才能赚那种钱呢?”洪堡说，“娶上个俄国芭蕾舞演员，钱就随之而来。”“不过，那家伙总是有些反常。赚了那么多钱后，为什么又躲到芝加哥那个小地方去了呢?他一定是怕露相。”

洪堡从来就没有成为他的时代的光辉中心。他的父亲是匈牙利犹太移民，母亲像个斐济人，而他自己则是个抑郁症患者，总感到日常生活是一部精神病理学。他自己病愁潦倒，对我却毫不宽容，他一个劲儿地强调瑰丽的纱幕和巨额金钱之间的矛盾。要当一个美国诗人的崇高思想，有时使洪堡觉得自己是个可笑的角色，像个孩子，像个小丑，像个傻瓜。我们都像流浪汉和毕了业的学生们一样，在浑浑噩噩地打发日子。那些文学的葬送者已经不再需要过时的洪堡了，或许说美国不再需要艺术和内在的奇迹，因为它外在的奇迹已经足够了。

美国本身是一宗大投机买卖，很大。它掠夺的越多，我们剩下的也就越少。因此，洪堡的所作所为势必成为离奇滑稽的笑料。国际舞台的风云把洪堡刮得像断了线的风筝，他变得惶惶不可终日，失去了安全感。一度崇尚马克思、列宁的激进派洪堡，变成了一个“反斯大林主义者”。希特勒对犹太人的大屠杀，以及战后美国的种族歧视和法西斯恐怖活动，使洪堡充满了恐惧，他拒绝去德国讲学，自己隐居到偏僻的农村。即便这样，他还是怕三K党党徒把十字架烧在他院子里，或者朝他开枪。他常做噩梦，梦见他的邻居烧了他的房子，同他械斗，给他上私刑，抢走他的妻子……然而，洪堡并不甘于寂寞，仍然狂热地苦思冥想。有一天，他对我说，斯蒂文森可能成为总统，那时我们就会看到开明社会里艺术的前途。遗憾的是，艾森豪威尔大获全胜，这对洪堡来说是一次灾难。他满怀绝望，彻夜不眠，企图使自己摆脱这个美国世界。我发现，洪堡在苦苦思索着，如何在过去与现在、生与死之间周旋，才能使某些重大问题得到完满的回答。然而，苦思冥想并没有使他的头脑清醒。他策划暴动，企图开车压死凯斯琳，因恐吓他人被警察关了一夜；他还从银行里提走了我近七千元钱；他吃药、喝酒。最后形成的局面是洪堡与疯狂斗争，而疯狂完全占上风。

河北教育出版社2002年版封面

可怜的洪堡，抑郁症死死地纠缠着他。从《滑稽歌谣》成

上海译文出版社 2006 年版封面

名，过了三十年，洪堡便因心脏病死在通往鲍里街的一条横街——西四十路的一家下等客栈里。我早就知道洪堡死了。那天我正好去参加一个政治午餐会，洪堡拿着饼子在啃。我躲在汽车后面，没有上前。我是芝加哥一个运动俱乐部的成员，怎么能跟他搭腔呢？我是在飞行途中看《时报》时，才知道了洪堡的死讯。

去年感恩节，我在芝加哥逃脱了一次暴徒的袭击。当时我敏捷地躲闪过歹徒，一个箭步冲到大街中央。小时候，我跑起来并不快。而今五十五岁了，却能一鼓作气飞速脱身，这到底是怎么回事呢？晚上，我和莱娜达躺在床上，她抚摸着我赤裸的身体，我向她吹嘘我的腿力。她对我的体形、风度大加赞赏了一番，说得我心里很舒服。这样的女郎是多么温存啊。这时，我的伙伴洪堡却已经归天了。也许他的尸骨已在公墓里腐烂，所剩只有几团油烟了。然而，我却在芝加哥的大街上，甩掉了猖狂的暴徒后，躺在一个妖艳的女人身旁。我搂起酥胸隆起的莱娜达，她脉脉含情地注视着我，我贪婪地呼吸着她的温馨气息，整个身心陶醉在美国文明的喜悦之中。

洪堡的死对我来说意义很大，我和他原是联系在一起的。尽管我们曾经疏远了多年，然而，我毕竟继承了他的遗产。我经常梦见洪堡，每次都十分感动。洪堡二十二岁时出版了他的第一部歌集，受到热烈的欢迎。我呢，借了三十块钱到纽约去与他攀谈。我是他的门徒，也是他的好朋友。

不久以前，我的奔驰车被砸得粉碎，我痛不欲生。这时，莱娜达打来越洋电话，说她在马德里等我。等我到了马德里才发现她并不在。莱娜达准是做了下流事。果然，她与弗朗萨里在米兰偷偷结了婚，现在已跑到西西里度他们的蜜月去了。

丹妮丝通常以“大奶头娼妇”称莱娜达。丹妮丝和我的财富一样，都与贝拉斯科剧院分不开。在那里上演《冯·特伦克》时，特伦克是由莫非·弗维吉扮演的。这位明星有一些随从，丹妮丝替他做排练场记，并与他同居在一个旅馆里。她来问我问题时，把剧本贴在胸口上，跟我说话的神采，就像剧中人出于剧情转折时那样。她的声音似乎使她的头发竖了起来，使她那惊人的眼睛睁得更大了。十年后我和丹妮丝成了夫妻。我们还应肯尼迪总统和夫人的邀请，去白宫参加文艺晚会。丹妮丝非常聪明，在美容院里也要钻研国内和国际大事。宴会后，她拦住了总统，同他进行私下交谈。我看她把总统给难住了。肯尼迪是喜欢漂亮女人的，假如能够设法把她在早上十一点钟以前叫醒，她可以给总统当一名出色的国务卿。她反对我与洪堡交往。她比洪堡更好诉讼。洪堡主要靠咋唬。可是自从离婚后，我一直被纠缠在无休无止的灾难性的诉讼之中。世上再没有像丹妮丝那样死不饶人而狡猾的原告。丹妮丝与我不和，主要是因为我没有让她过上豪华而有权势的生活。

洪堡死时留下一个很大的信封，信封上洪堡用他那紧凑而潦草的字体写着我的名字，里面有给我的一封很长的亲笔信。

我开始读这封长信——《洪堡的礼物》的序言。当我读着他的思想、感情、期望时，我哭了起来。“你还记得不，我们在普林斯顿怎样为一个电影剧本而洋洋自得?那本子写的是阿蒙森、诺比尔和食人者考多夫雷多。我一直认为它会成为不朽之作。我留下一份副本，你会在这些文稿中找到的。”“但这并不是我给你的礼物，它毕竟是我们合作的，把它称做礼物，那未免显得我太卑鄙了。我已经虚构了另外一个故事，我相信它值一大笔钱。下一页我将开始我的‘情节提纲’了。”“查尔斯，这就是我给你的礼物。这比我兑取的你的支票要值钱百倍。这样一部电影将会捞几百万，三号马路上将在整整一年之内挤满排队的人群。”“你可以按照这个提纲写出一个剧本，如果你能记住我，就像我在拟定这个提纲时记着你一样的话。你拿走了我的人格，在写《特伦克》时利用了它。我也将借助于你创造出这个科科伦来。不要让漫画手法从你手上溜掉。”

多年来我挥金如土，再加上同丹妮丝离婚时付给她许多钱，如今我已经是穷困潦倒了。我不时地翻阅着洪堡给我的礼物，感到阵阵凄凉。

几个星期下来，我远离了尘世，站在相当的高度上，十分陌生地打量着人寰。突然有一天，纳尔多·坎特拜尔跑来告诉我：“你知道吗，一部轰动的电影出来了，它是今年最成功的片子。三号路上买票的队伍排得足有三个街段长。伦敦、巴黎也不例外。你知道片子的名字吗?《考多夫雷多》，是根据你和洪堡写的电影剧本拍的。它一定会卖几百万。”这是我和洪堡的东西，那些狗东西们偷了它。就这样，我飞往巴黎去看电影。“是我们的！”影片的第二部分完全是我的。第二天我就同那些狗东西开始了无休止的谈判。

真是时来运转。一场官司下来，制片人付出了八万，又付了五千块钱来读洪堡的电影脚本，最后还买下了选择权，第二个剧本也卖出了五万块钱的好价钱。从此，我从破产中挣脱出来。

在温暖的四月里，我和洪堡的舅舅等人把洪堡和他的母亲并排安葬在瓦哈拉公墓的两个新坟地里。洪堡没有埋在义冢地，而是埋在远远的新泽西州“死者之城”里，那是一片新开辟的宽广的墓地。于是，洪堡被挖了出来，装殓在另外一具棺材里，运过了乔治·华盛顿桥。我抓住棺材的把手，里头好像没有多少分量。当然，我不再相信人的命运同那遗骸联系在一起。洪堡当初的魔力、神韵、热情和疯狂早已不复存在。在这温暖的日子里，万物看起来却显得死气沉沉。我心里难过极了。

T. S. 艾略特 [英国]

《荒　原》

作者简介

T. S. 艾略特(1888—1965),当代被议论最多,也是对诗坛影响最大的诗人。1948年,他因《四个四重奏》获诺贝尔文学奖,其获奖评语是"因为他对当代诗歌作出的卓越贡献和所发挥的先锋作用"。

他的第一本诗集《普鲁弗洛克及其他的考察》出版于1917年,以现代手法展示了对现代文明的反抗。此后运用浪漫性反讽手法写了些诗作与戏剧,直到1922年出版了《荒原》之后,艾略特才声名大噪。《荒原》被誉为20世纪西方文学的一部划时代的作品,现代派诗歌的里程碑。

艾略特1925年出版了《空心人》,其绝望情绪更为明显。而1930年出版的《灰星期三》则令读者产生很大的反响。

1933年,艾略特意欲寻求超越,写于1935年至1943年间的《四个四重奏》就实现了他所期望的超越,就像贝多芬晚期作品要超越音乐一样,《四个四重奏》被公认为是艾略特的登峰造极之作,为他奠定了欧洲文学史上的地位。

艾略特很早就表现出对戏剧创作的兴趣,他把未完成的剧作《斗士斯威尼》称为"阿里斯托芬通俗剧的片断",诗作《荒原》中部分章节也有强烈的戏剧气氛。艾略特认为,诗歌最好的出路是将诗在舞台上表现出来,戏剧是诗的最佳媒介,是使诗在社会上产生"实用效果"的最有效方法。艾略特最著名的诗剧是《大教堂凶杀案》(1935),是为

艾略特1948年获得诺贝尔文学奖,图为作者正在领奖

坎特伯雷大教堂节日活动而作的。《全家重聚》则是他戏剧中最有争议的一部，该剧写于1939年，用现代题材写犯罪的恶果是使家庭破裂，剧本渲染了罪犯的赎罪心理。艾略特打破了19世纪写实主义的戏剧形式，试图创新伊丽莎白时代的悲剧形式，这些贡献使得艾略特在当代文学史上永远占有一席之地。

艾略特的评论文章观点独到，从不人云亦云，他对历代著名诗人的评价独具特色。艾略特认为莎士比亚不值得推崇，弥尔顿诗的技巧对后人的影响很坏，雪莱过于概念化，而拜伦只是供上层人物娱乐的。在《传统与个人才能》中，他表示作家不能脱离传统创作，但能使传统注入新的生命，这要靠作家的才能。艾略特学识渊博、见解精辟，就连其反对派也无法否认这一点。

作品提要

《荒原》最初出现在《日晷》杂志，并获当年该杂志的诗作奖，此后于1922年发行单行本。全诗分为五章，在第一章《死者葬仪》里，诗人把荒原象征为战后的欧洲文明，需要春天、生命和水的滋润，然而现实则充满了庸俗和低级的欲念，不生不死，没有生机。第二章《对弈》中，把上流社会妇女和酒吧间里下层男女市民的生活作了对照，同样写的是低级而无意义的现实生活。第三章《火诫》中，重点写了情欲导致的庸俗猥亵和空虚无趣的爱情。第四章《水里的死亡》暗示死亡的不可避免，人们渴望的生命之水拯救不了人类。第五章《雷霆的话》，回到欧洲那一片荒漠中，表现了对革命浪潮的恐惧，宣扬了"给予、同情、克制"等。

北京燕山出版社 2006 年版封面

这是一部结构严谨，思想与情调一致的完整诗篇，原稿中一部分被删掉，但未影响全篇。全诗极少用韵，大多是节奏感分明的自由体诗，语言变化多端。然而这又是一部晦涩难读的作品，许多评论家围绕它炮制了无数的理论，但这只能使人感到越来越神秘。以后，艾略特增加了许多注解，才使一部分人勉强读懂。通篇表达了虚无和绝望的情绪。

《荒原》在美国文学界引起的一种骚动，真正可以说是罕见的。对许多读者来说，这首诗是一个蓄意的欺骗愚弄，有人甚至认为这首诗是故弄玄虚，其目的是使大众不知其中的奥妙何在。他们认为，这位诗人本可以用比较浅出的方法来写的，却故意把他的作品搞得十分难读，令他的读者望而却步。本身仅有四百三十行的诗作，竟附载了厚达十一页的注释，使得这一作品更加难懂。当时的读者还没有能力来接受艾略特的特有风格，尽管其时诗的创作形式已有很大的革新，但诗的韵律格式并未有重大改变。也就是说，当时大部分诗作纵然其形式有所改变，其意义却不难明白。但艾略特受到英国形而上诗人与法国象征派诗人的影响，大胆抛弃 19 世纪诗作的形式，采用了一种虽然很难读懂但却真正新的风格。

这首诗先描绘这个现代世界的景象，用的是聊天的零碎片断。这是个荒芜的文明，它什么也长不出来，而在那些不真实的大都市里，凡是活的东西似乎都已死了。接着出现的，就是过去与现在之间的尖锐对照：诗人用刻意的富丽描述（也许是描写文艺复兴时代，笔意呼应莎士比亚的《安东尼与克利欧佩特拉》）来对应一个酒肆中的平庸景象。第三部分也运用同一个技巧："小房地产经纪所办事员"引诱打字员的鄙俗行为（现代世界里的爱情已经沦为一种毫无意义的机械行为了），对衬伊丽莎白与赖施特在斯宾塞笔下的"甜美的泰晤士河"上的游船。艾略特称，目睹这一切的泰瑞西厄士是这首诗里最重要的人物，因为他经验过一个男人与一个女人的生命，所以能够结合所有的人物。换句话说，世俗社会分崩离析，只有那位愿意牺牲自己来使他的国土复苏的国王才能拯救这个社会，也就是说，只有为他的人民死亡又复活的基督才能为他们带来一个新生命。这首诗于是在一个深沉的宗教调子上结束。

尽管这首诗的每一行、每一段落都各有许多不同的诠释，但"荒原"显然是现代大城市，对于其中的居民，现代生活只提供一堆破碎的意象与一抔尘土的恐惧。这是一种因精神的干旱而垂死的文明。这首诗极其复杂难懂，要求读者用很高的注意力来读，同时因其重要题旨与卓越技巧而地位突出，是现代最重要的文学作品之一。

艾略特在《荒原》中使用不寻常的技巧：省略的文体之间夹杂着外交的片语、引句和回声式的用词，产生出召唤的效果。但是他的引经据典对大多数读者来说，实在晦涩难解。所幸读者很快便了解了它所处理的重要的主题——现代生活的枯燥无味，缺少精神生活的文明社会的恐慌——这些主题以一种崭新的、深刻的、诗的形式表达了出来。这首诗成为"失落的一代"的"圣经"。

赫尔曼·黑塞［德国］

《荒原狼》

作者简介

作者简介见《玻璃珠游戏》一章。

作品提要

姑母有一套整齐干净而又普通实惠的房子，现在，她对新近租住了她的顶楼的房客哈里·哈勒尔发生了兴趣。可是，她的侄子却对哈勒尔起了疑心。从这位新房客要求他们别把他的住处报告警察时，侄子就开始怀疑了；房客解释说，他特别讨厌与当官的打交道。他的房里总是凌乱不堪，烟头、烟灰、葡萄酒、白兰地、图片，还有书，扔得到处都是。

哈勒尔大约五十岁，他有各种病，主要是风湿痛，行走很困难，有时身体很坏，吃止痛药上了瘾。每天他很晚起床，只是到了夜间才变得活跃起来。他不论对谁总是很有礼貌，但却很冷淡。有一次，侄子发现他坐在靠近平台的楼梯上。哈勒尔说，平台散发出南洋杉、蜡和松节油的气味，摆放着干净水灵的花草，这一切对他而言就像是中产阶级生活秩序的集中体现。哈勒尔曾说自己是一只荒原狼，侄子听了觉得很吃惊，后来也渐渐感觉到，哈勒尔好像真是“一只迷了路来到我们城里，来到家畜群中的荒原狼”。偶尔会有个漂亮的女孩子来看望哈勒尔，坐上一会儿；哈勒尔和她手拉着手在街上边走边说笑；但在一次痛苦的吵架后，她就不再来了。

有一天，哈勒尔仔细地付清了他的房钱后就不见了。他留下了一份在他居住期间写的手稿，里面讲了一个荒原狼的故事。侄子认为哈勒尔并没有死，于是就把这份手稿公开发表了。

哈勒尔年近五十岁，遭受过一系列的打击。他的妻子疯了，把他从家里赶了出来。职业的大门也对他关闭了。由于独居生活，他的人格分裂了：一方面，他是一个整洁、安静的中产阶级一分子；另一方面，他是一只来自荒原的狼。当他的行为举止斯文有礼时，那蛮横孤独的自我便对他的这种体面可敬的行为倍加嘲讽；当他龇牙咆哮并逃避人类社会时，那体面的自我便惊恐不已，这时，他看上去就像是一只真正的荒原狼。

漓江出版社 1997 年版封面

在一次孤独的夜游中，他觉得自己从一堵旧墙的哥特式大门的上方看见了一块电灯招牌。他勉强认出了那上面的字，说是专门给疯子看的魔剧。不久，他又看见一个小贩拿着同样的标牌。他急不可耐地从这个小贩手中买了一份关于荒原狼的论著，贪婪地读了起来。这篇文章简述了有个名叫哈里，又称荒原狼的人，由于不幸或走火入魔形成的半狼半人的一般概念。但这一概念实在是过于简单了，每个人并非仅由两个自我所构成，而是包含着多个自我，大部分人经过市民阶级的绵羊式刻板生活的驯化仅保持着一个自我，但偶尔也有少数人，表面上顺从这种生活方式，实际上却与之格格不入。他们的举止像孤僻的荒原狼，他们是各领域的杰出人物。哈勒尔沉浸在对这一哲学的沉思默想之中，他对自己的本性了解得更清楚了一点，但他还是无法想象自身就包含着多个自我。

有一天，他在路上遇见了一位年轻的教授，是个老熟人，教授朝他迎过来，兴奋地提起自己的成功和收获有很多地方要归功于哈勒尔的启发；教授常常想念他……而此时的哈勒尔听着教授喋喋的话语，一方面他的内心已开始了人与狼两性的争执，另一方面糊里糊涂接受了教授请他去吃晚饭的邀请。于是，哈勒尔一路往回走，此时他开始后悔、恼火，为什么要接受邀请?这样就不能任随自己的意志在家里看书……尽管如此，哈勒尔还是换上了干净的衣服按时赴约。一路上哈勒尔都在想：人们与他一样，年复一年、日复一日地被迫违心做事，违心行动。在反反复复的思绪中他来到了教授的家。这顿饭吃得并不愉快。教授和他的妻子有些天真的侵略主义思想，他们谈起一份有军国主义和主战派倾向的报纸，并极力赞同报纸对一个名叫哈勒尔的政论家的恶意攻击，因为这个哈勒尔写了篇文章，说德国应该承担 1914—1918 年战争的罪责。当然教授夫妻两人没有想到该文的作者就是他们眼前的客人，因为哈勒尔这个名字太普通了。晚饭的气氛让人不舒服，哈勒尔强作笑脸，勉强说些无关痛痒的话题，教授夫妻看来也不是十分高兴。饭后喝咖啡时，哈勒尔还是忍不住嘲笑了一幅歌德的画像。谁知教授妻子听后哭丧着脸走出了房间，因为她恰恰非常欣赏这幅画像。哈勒尔严辞指出教授今天已经大大地伤了他的心，居然接受反动侵略性报纸的意见，这与教授学者的身份太不相称；他告诉教授他所说的“不爱国的哈勒尔”就是自己。

哈勒尔愤愤走出教授家，回想一天的不愉快，他感到绝望，甚至想自杀。他觉得自己是在两个哈勒尔之间发生了一场激烈的争斗。他感到失望，感到人生的失败，需要向道德世界、学识世界、市民世界告别，成为荒原狼。他觉得狼性现已主宰了他，虽然厌恶、痛苦和绝望充满了他整个身心，但死亡对哈勒尔来说有一种不可名状的恐怖感。于是，他在街上逛到深夜，便泡进了黑老鹰酒馆，那儿洋溢着一片狂乱的欢乐景象。在这个酒吧里，他碰上了一个极富同情心的漂亮姑娘。在她的安慰和照顾下，哈勒尔给她讲了自己那长长的悲惨故事：在教授家一起吃饭；疯了的妻子；情人，他们很长时间才见一次，两人不太合得来，哈勒尔还和她吵了架。漂亮姑娘没有说出自己的名字，当知道他连舞都不会跳时，姑娘并无恶意地嘲笑了他对莫扎特和印度神话的偏爱。她就像母亲似的关心他，看见哈勒尔疲倦不堪的样子，劝他先吃点东西、睡一会儿。睡眠很差的哈勒尔真的在各种嘈杂的声音中睡着了，梦见了歌德、莫扎特的《魔笛》。当他从酒馆的餐桌上醒来，看见眼前的漂亮姑娘劝他回家时，他承认害怕回到住处，她就为他要了一间客房，让人送他上楼去睡觉。在他们分手之前，哈勒尔约她下次一起吃饭。

由于即将与姑娘见面，哈勒尔内心充满了希望，仿佛自己是一个如梦初醒的人。再次见到姑娘时，姑娘说她的名字叫赫尔米娜，她打算改变哈勒尔。她要出于友谊来帮助他，她将会使哈勒尔疯狂地爱上她，甚至会为此杀了她。哈勒尔自己已经想到了死，事实上，他正认真地盘算着在五十岁生日那天自杀。也许正因为如此，他才对赫尔米娜的奇怪计划不在意。

赫尔米娜开始行动了。首先，她带他去买留声机，在他那拥挤杂乱的屋子里耐心地教他跳舞，第一次没有学会。不过第二次，正如赫尔米娜所说，他还是学会了狐步舞。后来，她领他去一个饭店跳舞，在那里经赫尔米娜介绍认识了萨克斯管演奏师帕勃罗。看见这位先生与赫尔米娜很熟、很友好，哈勒尔不禁有点嫉妒他们之间的友谊。此时，一个非常漂亮的姑娘在跳舞，在赫尔米娜的鼓励下，他邀请这个最漂亮的姑娘玛丽亚当他的舞伴。出乎他的意料，她接受了邀请，而且他们一起跳得很不错。赫尔米娜对他的进步大加赞赏。

上海译文出版社 2008 年版封面

一天夜里很晚了，当哈勒尔满怀苦恼和悲伤，静悄悄地回到他的卧室时，惊奇地看到玛丽亚正躺在他的床上，一想到自己对玛丽亚来说年岁太大时，哈勒尔犹豫起来，但玛丽亚对他甚表同情，于是他不再迟疑，也不再责怪赫尔米娜把房门钥匙给了玛丽亚，甚至非常感激赫尔米娜为他安排了这一切。赫尔米娜关注着他在爱情上的进展。哈勒尔从玛丽亚那里学到很多东西，那些是在他所在的世界里见不到的。不久，他在附近租了间房子，和玛丽亚频繁会面。为了哈勒尔和她一起去参加下一次化装舞会，赫尔米娜仍然是按时来教他跳舞。过了一段时间，哈勒尔明白了，赫尔米娜如此深入地了解玛丽亚的技巧，只有同性恋的关系才能达到。

哈勒尔新结识的朋友是帕勃罗，他是个彬彬有礼的、随和的萨克斯管演奏者。他对哈勒尔批评现代爵士乐以及偏爱莫扎特总是表示同意。但对帕勃罗来说，音乐不是什么被评论的东西，它是一种享受，跳舞的人喜爱他的音乐。帕勃罗名气不小的另一个原因是，他能为使人筋疲力尽的纵欲作乐提供兴奋剂，他也常常劝哈勒尔服用一点。一天晚上，帕勃罗邀请哈勒尔和玛丽亚到他房里去，还建议三人一起做爱。哈勒尔断然拒绝了，可玛丽亚却乐于接受。

赫尔米娜有好几次暗示，她比哈勒尔更不快活，交际花的生活并不是她曾经的梦想，她也一度很绝望。哈勒尔现正体验另一种生活，而她却只知道感官享乐。她希望哈勒尔爱上她，因为在下次的化装舞会，她将最后一次指导他。在这一盛大的舞会上，赫尔米娜化装成一个男士，目的是要哈勒尔记起他的朋友赫尔曼。他们和许多女人跳了舞。当最后赫尔米娜换上了女人的服装时，哈勒尔意识到自己爱上了她。

舞会后，帕勃罗带他们上去看西洋景。那儿有一个镶了镜子的大厅，哈勒尔从中看到了许多个自我。在许多隔开的小间里，哈勒尔又有了多重生活的体验。在其中一个小隔间，他不管不顾地杀死了几个汽车司机。在另一间，他见到了所有他爱过的姑娘。到最后，他和莫扎特一起，这是个笑逐颜开的、鲁莽的莫扎特，他在电台演奏亨德尔的作品。

这种眩晕、混乱快结束了。在最后一小间里，他看见赫尔米娜和帕勃罗赤裸裸地躺在地毯上，他们带着对性爱的满足睡着了。哈勒尔在赫尔米娜的乳房下戳了一刀。在法庭上，莫扎特是他的朋友，当法官判他永生不死时，给了他以安慰；他在嘲笑声中被逐出法庭。莫扎特变成了帕勃罗，他抱起赫尔米娜的身体，把她缩到像个小雕像那么大，然后放进了衣兜。

王小波[中国]

《黄金时代》

作者简介

王小波(1952—1997),我国当代著名作家,生于北京。1968 年到云南插队。1978 年考入中国人民大学学习商业管理。1984 年至 1988 年在美国匹兹堡大学学习。曾在北京大学和中国人民大学任教。后辞职专事写作。1997 年病逝。主要作品有长篇小说《时代三部曲》(《黄金时代》《白银时代》《青铜时代》)。

作品提要

我二十一岁时,在云南插队。因为借北京同乡罗小四的汽枪打仓库里的耗子时恰巧队长家的狗的左眼被打伤,队长怀疑是我打瞎了他的狗而对我怀恨在心。农忙时,队长尽管知道我的腰有伤不能长期弯腰,仍让我下田插秧。我腰病复发,找到邻近生产队的队医——原北医大毕业生陈清扬看病,故事因此而起。

花城出版社 1999 年版封面

陈清扬二十六岁,其夫进监狱已有一年,因为身材苗条、面貌姣好而为许多男人所垂涎,这些人没有得逞,便造谣、诬蔑陈清扬是破鞋。她对此极为委屈,找我让我证明她的无辜。我告诉她,别人不会因为你的无辜而停止造谣;你不能证明自己的无辜,但可以证明自己不无辜,陈清扬对我与众不同的说法无可奈何,又羞又恼但又确信无疑。

二十一岁生日那天早上,我在河边放牛。自然界的景象充分诱发了男子身体深处对生命的热爱与渴望。我对生活充满信心。因约了陈清扬当晚来吃鱼、聊天,我下午去捉鱼,鱼围坝没有打牢,鱼尽数逃跑。但陈清扬还是和我作了一次倾心长谈。我对她大讲《水浒传》中的伟大友谊,即义气,并向陈清扬表示,自己想与她结成这种伟大友谊,陈清扬欣然接受。之后,我和陈清扬在后山上初试云雨，陈清扬成为真正的“破鞋”，不再无辜。我自认为自己交到了一个真正的朋友。早晨起雾以后，我们才分手。我直接去了牛圈。

我把牛圈打开以后，一个叫三闷儿的小伙子正拉一头大白牛，我告诉他牛被毒蛇咬了，不能干活，三闷儿不听，引起争端，几乎造成当地青年与知识青年的冲突。当晚，队长借题发挥，开了我的斗争会。我在台上不检讨，只是骂，不提防被三闷娘用凳子打在腰伤处，当场晕了过去。陈清扬闻讯赶来，当着众人的面说如果我瘫了，她要照顾我一辈子。众皆愕然。之后，我被送到总场医院。一个星期后，我看过一次陈清扬后，就到生产队后面的荒山里造了一间草房，逃进了大自然。

过了些日子，一个北京知青慰问团要来云南调查知青在下面的情况，尤其是有无被打现象。为证明知青在当地待遇之差，罗小四等人到处找我；问队长，队长因怕我的存在给他惹麻烦，不承认有我这个人；罗小四问到陈清扬，陈清扬表示对我的去向一无所知；罗小四去医院，医院却没有听说过我；到后来罗小四等只好接受我不存在这个事实了。陈清扬自己都对这个结论感到迷惑了。根据经验，大家认定有的东西，一定是没有的；大家认定是没有的东西，则一定是有的。她曾经怀疑过我是否在荒山里，受这种想法的撩拨，她进山来找了我。我们在荒无人烟的大自然里结合。

陈清扬告诉我生产队里的一些事，说医院、队长、罗小四等皆认为我这个人不存在。我对此甚为不满，认为自己的存在是一个不争的事实。为验证此事实，我在慰问团来生产队的那天奔下山，给队长一个很大的难堪。从此，队长更加恨我，不仅派我去喂猪——累且无法偷懒的活儿，而且带人处处捉我和陈清扬的奸情。我第一次悟到了凡事认真的苦头。

在艰苦的生活中，我与陈清扬在男欢女爱中寻到欢乐与慰藉。过了一段时间，我们生产队里的知青全部调走了，唯独剩下我。后来我才知道，是农场军代表曾调戏陈清扬未得逞，这次趁机整我与陈清扬。军代表整天在我面前趾高气扬，要我和陈清扬写交待材

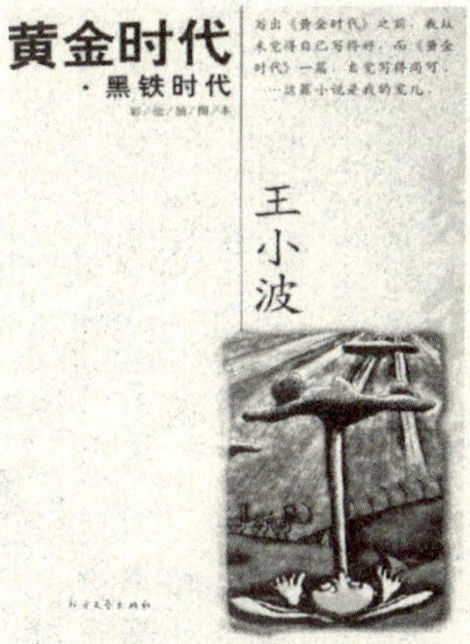

北方文艺出版社 2006 年版封面

上海文艺出版总社 2008 年版封面

上海三联书店 2008 年版封面

花城出版社 2008 年版封面

料。一天晚上，我偷偷跑出去看陈清扬，她给我二百块钱。我用这钱在街上买了一支双筒猎枪。军代表看到猎枪，大为不悦，喋喋不休地说我是坏分子，需要思想改造；说他又有了更好的办法整我和陈清扬。盛怒之下，我当夜携陈清扬再次逃走，我们露营于野外，天气湿冷。我们做爱，激情的火花驱散了夜的寒冷。最后，我与陈清扬在麻风病人刘大爹看护的一片荒地边住下种地，并帮刘大爹治病。日出而作，日落而息，我与陈清扬在这世外桃源般的地方劳动、娱乐、做爱，过着真实的人的生活。

这样的日子持续了半年，当我在集市上听说整人的军代表已经复员回家，便带着陈清扬下山，回到各自生产队。紧接着一阵运动兴起，我们又被人保组揪出来，理由是偷越国境，通敌卖国。子虚乌有的东西自然是调查不出来，也交待不出来的，人保组又把点子打到男女问题上，让我们写关于“思想淫乱，作风腐化”的自我揭发材料，屡次修改却一直被要求要有具体细节，待到写出的材料确实是做爱过程的具体回顾，才得到领导们的首肯和赞赏。人保组开斗争大会，我与陈清扬作为搞“破鞋”的典型，和历史反革命、贼、走资派一起被批斗。这种批斗在农忙时节也是一种乡民的娱乐，女人在批斗会上纷纷惊叹于陈清扬的美，男人则情欲蠢动。我和陈清扬参加斗争会后回到人保组，夜里做爱快感如潮，而窗外却总有人偷听，我写了很长时间的交待材料都被领导认为交待得不彻底。后来，陈清扬的一篇短短的材料使人保组的领导和干事们无言以对，那材料里说，她爱我。

二十年后，在上海某医院当副院长的陈清扬与在北京某高校任生物教师的我相遇，两人共同忆起了在云南插队的岁月，我们的黄金时代。

北岛 [中国]

《回　答》

作者简介

北岛(1949—　),我国当代著名诗人。原名赵振开,原籍浙江,生于北京。当过六年混凝土工,五年铁匠,在两家杂志社当过五年编辑后辞职。1978年底与人创办文学杂志《今天》(1978—1981),并开始发表作品。其诗作以意象的奇诡组合造成反常的氛围,字面简练而含义复杂。因其现代主义色彩而受到一些评论家和读者赞许,也因此引起争议,被认为是朦胧诗的主要代表者。

《北岛诗选》获中国作协全国第三届新诗诗集奖。北岛在美国、瑞典分别出版有诗集《太阳城札记》《北岛·顾城诗选》(合著),还著有小说集《归来的陌生人》。1981年发表中篇小说《波动》,以现代派的写法描述"文革"中的畸形世态和心态,因被认为表现出存在主义思潮的影响受到批评。译有《北欧现代诗选》等。1989年在美国与人发起"逃亡者协会"。

北岛被认为是"朦胧诗"派的诗人,其诗作以深沉、冷峻、凝重显示了自己的独特风貌。其诗集所表现出的是那一代人所特有的悲愤和沉思,集中体现了朦胧诗人深沉而冷峻的理性批判精神。其诗色调给人的感觉是黑色的,且质地坚硬,展现了在特定历史时期争取觉醒的青年对不合理的社会环境的批评,也展现了个人为身心血液的更新所进行的自我冲突。

在经历了那一严峻的历史时期以后,北岛诗的感情和表现形态从紧张、冷峻逐渐趋向放松,有时还呈现一种嘲讽的色调,语言、节奏也变得平淡。象征是他的诗运用得最多的方法。超现实主义的艺术表现手段也为北岛所喜爱。他诗中的象征意象,包含更多的个人生活体验的内容。蕴含不同,甚至对立的感情和价值方向的象征性意象密集并列、对举和由此产生的撞击,是他用来表现人的内心世界、人与环境的冲突的重要方法之一。北岛的主要作品还有《日子》《一束》《红帆船》《迷途》《界限》《古寺》《是的,昨天》《峭壁上的窗户》等。

2007年秋，北岛与女儿及美国诗人斯耐德合影

作品提要

《回答》

卑鄙是卑鄙者的通行证，/高尚是高尚者的墓志铭。/看吧，在镀金的天空中，/飘满了死者弯曲的倒影。/冰川纪已过去了，/为什么到处都是冰凌？/好望角发现了，/为什么死海里千帆相竞?/我来到这个世界上，/只带着纸，绳索和身影。/为了在审判之前，/宣读那些被判决的声音：/告诉你吧，世界，/我——不——相——信！/如果你脚下有一千名挑战者，/那就把我算作第一千零一名。/我不相信天是蓝的；/我不相信雷的回声；/我不相信梦是假的；/我不相信死无报应。/如果海洋注定要决堤，/就让所有苦水都注入我心中，/如果陆地注定要上升，/就让人类重新选择生存的顶峰。/新的转机和闪闪的星斗，/正在缀满没有遮拦的天空。/那是五千年的象形文字，/那是未来人们凝视的眼睛。①

这首诗是北岛公开发表的第一首诗，写于1976年“天安门事件”之后，载于1979年3月号《诗刊》。该诗高度浓缩地表述了经历“文革”的一部分年轻人的复杂经验和反省：他们被愚弄、伤害的遭际和沉痛，他们从生活底层目击现实苦难而来的严峻沉思，他们浓重的失落感和执着的追寻。诗以极为奇异、反常、佯谬的否定句式，对悖谬的时代提出怀疑和指控，张扬出强悍的意志和热切的愤怒，进而抒写出对民族转机的预感和期待。该诗曾对当时一部分青年诗人产生较大影响。

《回答》这首诗所包含的感受是相当复杂的。但就主要的而言，诗中包含着一种好人不长寿、坏人却横行的感慨。从诗的第一节可以看到这种信息。还有，历史的潮流是无法阻挡的，过去的“挑战者”创造了历史的文明，那么现在的和“未来”的人们也一定能创造更新的文明。“尔曹身与名俱灭，不废江河万古流”，诗的最后一段透着这种信息。诗人的回答就是：我不相信世界是真的死亡谷，要做第一千零一名挑战者，这就是该诗的主旨。这显然是感于十年浩劫而发。所以诗中也预示着一个新时代的到来。这首诗不但有着格言式的句子，而且气魄宏大。远距离的感情的跳跃，暗示的手法，都使诗带上了朦胧的色彩。

---

①《北岛诗歌集》(北岛著，南海出版公司2003年版)，第7—8页。

加西亚·马尔克斯 [哥伦比亚]

《霍乱时期的爱情》

作者简介

作者简介见《百年孤独》一章。

作品提要

加西亚·马尔克斯的创作特点在于将现实与幻想相结合，从独特的视角审视人生，反映社会生活，其故事情节往往似真似假。阿根廷著名文学家科塔萨尔称：加西亚·马尔克斯的非凡想象力“以锐不可挡之势闯入南美洲小说领域，并使其摆脱了令人乏味的叙事状物的呆板陈旧模式”。加西亚·马尔克斯是公认的魔幻现实主义大师之一。1972 年他获得委内瑞拉列戈斯文学奖；1982 年，他获得了诺贝尔文学奖，获奖的原因是在他“创造的这个天地里，可能死神是最重要的幕后导演”，但是，他通过“作品所流露的伤感情绪，在令人毛骨悚然并且感到生动与真实的同时，却表现出一种生命力”。同年，他被授予哥伦比亚语言科学院名誉院士称号。

黑龙江人民出版社 1987 年版封面

《霍乱时期的爱情》由六个部分组成。背景是南美的一个地方，内战连绵，霍乱肆虐。故事发展的时间跨度是从 19 世纪末到 20 世纪 30 年代。故事非直线式地描述了三位主要人物的情感世界，他们是弗洛伦蒂诺·阿里萨、费尔米娜·达萨和乌尔维纳医生，反映了 19 世纪末 20 世纪初哥伦比亚社会在爱情、婚姻、老人等方面的问题，揭示了老化、死亡和衰变等方面的主题。

阿里萨是电话接线员，机缘使他得以与有钱人的女儿达萨邂逅相遇，并开始了初恋。阿里萨表达爱情的方式是轰轰烈烈的，不仅情书如潮，而且小夜曲久唱不厌。达萨的父亲对女儿的这段罗曼史十分不满，不同意女儿与阿里萨接触，便带女儿长时间外出旅行。旅行结束后，由于达萨未成熟，把握不住自己的感情，对阿里萨兴趣锐减，后负气嫁给富有而且声名显赫的乌尔维纳医生。达萨结婚后，阿里萨虽企图用其他女人来填补心中的空白，但他对那一段真诚的爱情始终难以忘怀；达萨虽与乌尔维纳生下一子一女，但婚姻生活并不和谐。阿里萨坚信终将得到达萨的爱情，所以一直不娶，耐心默默地等了五十一年九个月零四天，直到乌尔维纳八十一岁死去。在为乌尔维纳守灵之夜，年已七十六岁的阿里萨和七十二岁的达萨得以重叙旧情。

《霍乱时期的爱情》通过跳跃式的描写，巧妙地反映了普通生活中感情充沛的具体事件和整个地区的宏观历史，将社会现实主义与言情文学以及"肥皂剧"的要素融合起来。例如，评论家认为乌尔维纳医生实为通俗浪漫小说中"理想男人"的化身。《霍乱时期的爱情》里充满机智的警句，而且别出心裁地将人的气恼和爱情等强烈情感与霍乱间歇打摆子相提并论，同时也对人的行为动机解释做了些探讨，这一切都强化了作品的艺术性。

罗宾德拉纳特·泰戈尔 [印度]

《吉檀迦利》

作者简介

罗宾德拉纳特·泰戈尔(1861—1941),印度著名诗人。泰戈尔一生写了50多部诗集、12部中长篇小说、100多篇短篇小说、20多部戏剧,还有大量有关文学、哲学、政治方面的论著,创作了1500多幅画,并谱写了很多歌曲。其丰硕的创作成果已成为世界文学宝库中的珍贵遗产。著名的诗集《吉檀迦利》由英国诗人叶芝作序,受到英国文学界极大的推崇,使他成为1913年诺贝尔文学奖得主。访英归来,泰戈尔进入另一个创作高潮时期,发表了诗集《歌之花环》(1914)、《颂歌》(1914)、《白鸽》(1916)、《逃避》(1918)。其中《颂歌》可视作《吉檀迦利》的续篇,进一步探讨生命的本质,对理想的追求更为执着和坚定,诗中充满乐观情绪。

作品提要

1912年,泰戈尔根据若干孟加拉国文诗集选译成的英文诗集《吉檀迦利》出版,并于次年获得了诺贝尔文学奖,成为第一个获此殊荣的东方作家。《吉檀迦利》是诗人从自己的孟加拉文诗集《吉檀迦利》《渡口集》《献祭集》等中的诗篇选译成英文的一部抒情哲理诗集,共收诗103首。1913年瑞典科学院授予泰戈尔诺贝尔文学奖,以表彰他这部诗集技巧完美、“含义深远、清新而美丽”。其获奖评语是:“由于他那至为敏锐、清新与优美的诗篇,这些诗不但具有高超的技巧,并且由他自己用英文表达出来,便使他那充满诗意的思想成为西方文学的一部分。”“吉檀迦利”是孟加拉国的译音,意思是“奉献”,即献给诗人崇敬的神的诗。用作者自己的话来说,是“献给那给他肉体、光明和诗之神的”。这个神不是某一个具体的偶像,它活动于一切自然中,无处不在,无所不包,是理

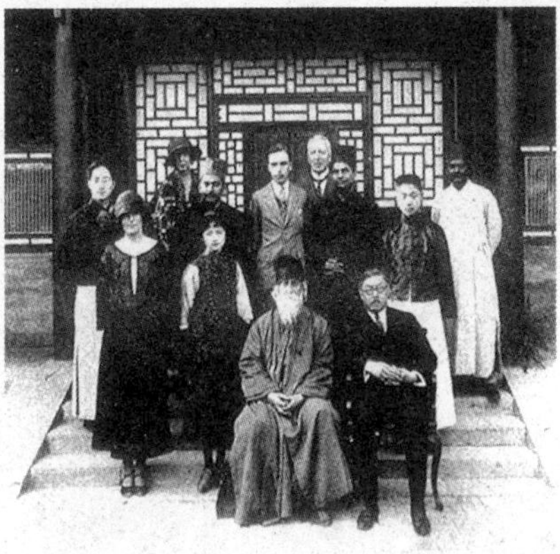

泰戈尔热爱中国,曾不止一次访问中国

想、希望和光明的化身。泰戈尔是一位泛神主义者，容易接受欧洲资产阶级“自由、平等、博爱”的思想和人道主义主张。泛神和泛爱思想的结合，就构成了《吉檀迦利》诗歌的神秘主义特色。通过神秘主义的描写，反映了诗人对现实生活的希望——探求——绝望三者不断反复的矛盾心情。诗歌主要表现三个方面的思想：一是表现诗人日夜盼望与神相会、结合，以达到合二为一的理想境界的迫切心情，如第一〇三首；二是表现诗人难以达到理想境界的无限痛苦，如第十三、二十六、四十三、五十、五十一首；三是表现诗人经过顽强追求，终于达到与神合二而一的理想境界后的无限欢乐，如第六十五、六十七、六十九首。

哈尔滨出版社 2004 年版封面

泰戈尔主张在现实生活中追求与神结合的境界。正因为如此，《吉檀迦利》包含着合理的思想因素和积极的思想因素，即肯定现实生活、热爱现实世界。作者始终关注祖国命运，关怀人民生活，积极热情地投入艺术创作活动；他对神的理想境界的追求，是与他对人的理想社会的追求密切相关的。主要表现在三个方面：一是当他歌唱他那看来虚无缥缈的理想境界时，他并没有忘掉他的祖国，他情不自禁地表达出对祖国未来的热切希望（如第三十五首）；二是他心目中的神并不远离人世，高高在上，而是存在于现实社会之中，甚至生活在最贫贱最失所的人群之间（如第十首）；三是他主张执着于现实生活，反对寻求什么超脱（如第十一首）。

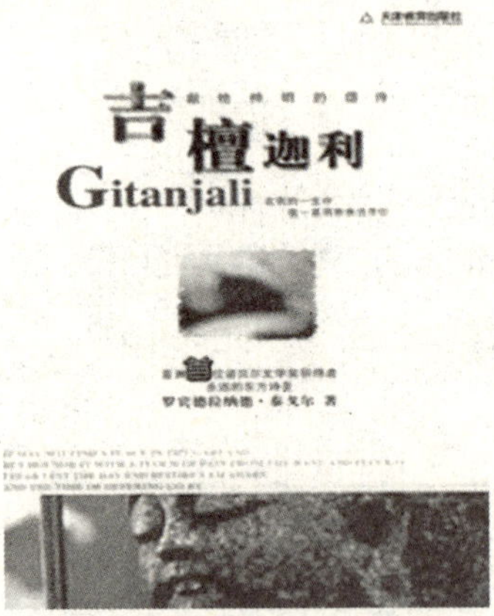

天津教育出版社 2006 年版封面

《吉檀迦利》之所以能够获得世界声誉，还与诗人卓越的艺术表现力有关。首先，诗人善于使自己的思想和感情插上想象的翅膀，自由驰骋，构成栩栩如生、色彩斑斓的图画，显得丰富多彩，优美动人。其次，诗人还善于使自己的思想和感情化为具体的形象，显得生动活泼，富有魅力。本来是幻想中的神，又在幻想中与神结合，但他却能把这一切形象化，给人以真实的感受。例如，用女丐等候情人来到、秋云期待太阳触摸等比喻诗人对神的向往。本来是比较抽象的道理，他也能通过具体的形象表现出来，并不使人觉得难以理解。

湖南文艺出版社 2006 年版封面

《吉檀迦利》所表现出的思想倾向和诗人复杂的内心矛盾主要表现为：首先，从诗人所信奉尊敬的神的去留之处来看，他的神是有着鲜明爱憎，是带有倾向性的。诗歌中一再出现的神（我的神、天父、上帝、我的国王、我们的主等），他们不是在虚无飘渺的仙界、在名山大川和玉宇琼楼之中，而往往是同被压迫者和劳动群众在一起，感受他们的欢乐和痛苦。其次，泰戈尔献神颂神的目的是通过对神的赞美和颂扬，寄托自己美好的生活理想和愿望。在诗人看来，神的意志实现了，国家就会变成乐园，人民就会过上自由、幸福的生活。再次，诗集中的许多抒情描写，也反映出诗人为寻求出路而产生的那种矛盾复杂的心情。诗人在不少诗中都表现出对祖国前途和命运的关注，对被压迫者的怜悯和同情，但他为解决自己感受到的社会问题而开的“处方”——神和爱却是虚无飘渺、不着边际的，也就是脱离印度的现实的。正因为诗人的理想和希望是渺茫的，难以实现的，所以在探求出路的过程中就不免时时流露出淡淡的哀愁。最后，诗集展现诗人为寻求出路而不得的苦恼心境的同时，也反映了诗人作为资产阶级作家的软弱性和妥协性，正因如此，诗集中既多方面地表现了他追求光明和理想的愿望，又揭示出他不能与自己身上旧的思想传统和宗教观念决裂的矛盾心情。

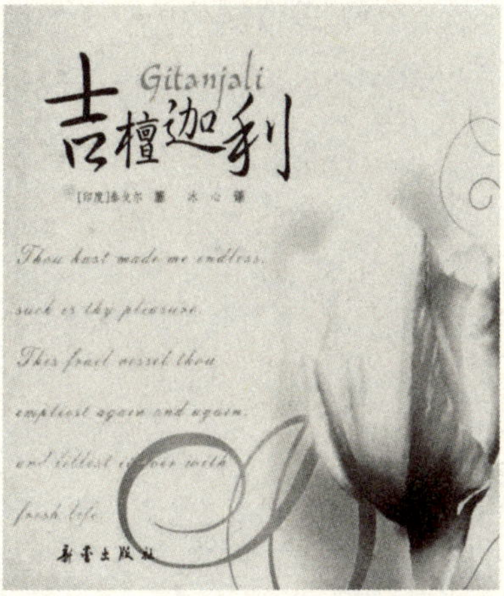

新蕾出版社2006年版封面

《吉檀迦利》中的诗歌尽管由于复杂的主客观原因而充满神秘主义色彩，但并不是不可理解的。概括起来说，这些诗歌直接或间接地、明显或隐晦地反映了泰戈尔一贯的爱国主义思想、深厚的人道主义精神，也曲折地表现了他的反殖民主义倾向。当然，由于诗中充满了神秘主义色彩，要想把诗中所有诗句读懂是比较困难的，只能从作者总的思想感情上去理解。该作问世后，受到欧洲一些评论家和作家的赏识，给泰戈尔带来了世界荣誉。

《吉檀迦利》在艺术上独具特色。首先，这部诗集融哲理性与抒情性、抽象性与形象性于一体。诗人对理想的执着追求、对人生道路的不懈探索都是通过具体化的内心感受表达出来的，所以诗歌虽表现了一种宗教热情，却没有神秘、玄想的虚幻色彩，而呈现着清晰可辨、具体可感的魅力。例如，生命被想象为沿河而下的漫长旅程，它将人从一个充满欢乐和痛苦的国度带入一座远离欲念的动机的宫殿；死亡则被比作一群思乡的鹤鸟，飞回它们的山巢。其次，风格朴实无华。诗歌充分展现了印度人民的日常生活画面：妇女的提灯顶罐，农民的辛勤耕作，孩子们的游戏，母亲们的爱抚等，处处散发出淳朴的生活气息。第三，优美的散文诗韵律。孟加拉国文原作是有韵的格律诗，译成英文则采用了散文诗的形式。在表现情绪较为平静的篇章中，诗人采用了稍带韵律意味的普通散文，随着感情的涌动，韵律逐渐接近格律诗。诗集既具有格律诗所特有的反复和字数相等的特点，又表现了只有韵律散文中才能看到的多变、广阔和互异的特点。正是凭借这种东方式的深邃的思想性和独具的艺术魅力，《吉檀迦利》才得以征服西方和全世界的读者。

巴金 [中国]

《家》

作者简介

巴金(1904—2005),原名李芾甘,又名李尧棠。1904 年出身于四川成都一个官僚地主家庭。他早年在成都外语学校就读,1923 年他从封建家庭出走,在上海、南京等地求学,并在南京的东南大学附中念过书。1927 年留学法国,在那里接触到了各种社会思想潮流。

巴金的创作生涯开始于 1927 年的旅法期间。两年后回国住在上海,开始专业作家的生活。1929 年初,他的第一篇小说《灭亡》发表于《小说月报》上。此后还发表了《新生》《死去的太阳》《爱情三部曲》(《雾》《雨》《电》)。在写作《爱情三部曲》的同一个时期里,巴金曾于 1931 年冬到一个矿区生活了一段时间,两年后利用所得的素材写成《萌芽》(《雪》)。巴金还有《复仇》《光明》《将军》等短篇小说集,从更多的方面反映了动荡不安的社会生活。这个时期里,他还有《忆》《短简》《旅途随笔》《生之忏悔》等散文集,其中大部分是谈自己的生活、思想和创作的。抗战期间巴金写了长篇小说《火》,共分三部,其中第三部写于 1943 年。抗战后期国民党统治区的政治情况给巴金带来了阴郁失望的情绪,1944 年以后他又写了几部作品,如长篇小说《憩园》《第四病室》《寒夜》和短篇集《小人小事》。

巴金的代表作是《激流三部曲》,它包括 1933 年出版的《家》、1938 年出版的《春》、1940 年出版的《秋》三部。这三部的内容主要是通过一个大家庭的衰落和分化来描述封建宗法制度的崩溃和革命潮流在青年一代中的激荡。作者深刻地批判了封建势力和旧社会吃人礼教的制度,歌颂了青年一代的知识分子与之斗争、与之反抗的思想觉悟。巴金先生所做的一切为中国现代文学的发展作出了巨大的贡献。

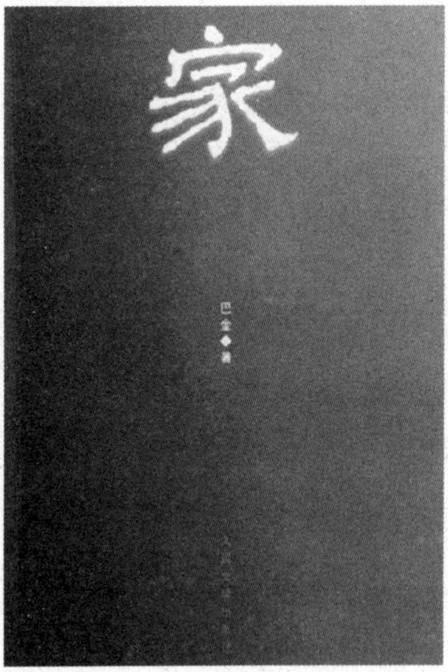

人民文学出版社 1981 年版封面

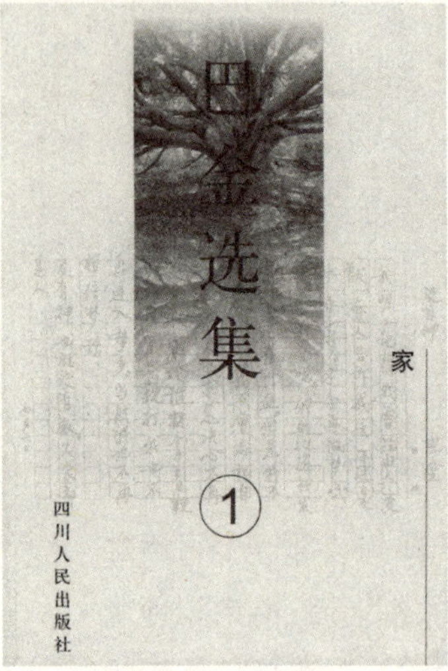

四川人民出版社 1996 年版封面

作品提要

《家》的故事发生在成都一家姓高的大公馆里。高觉新是这个大家庭的长孙，就是因为这个缘故，他被剥夺了学业与爱情。他本是一个成绩优良的学生，却在中学毕业那天被父亲指定了一门亲事。他并不赞成，因为他有一个自己所爱的人，那就是能够了解他、安慰他的钱家表妹。他不敢反抗，也想不到反抗，顺从了父亲的意志，跟那位指定的姑娘结了婚。此后不久，他父亲也离开了他们，那年他只有十九岁。

觉新的二弟觉民和三弟觉慧就不同了，他们受西方文化知识的熏陶，有着先进的思想、昂扬的斗志，是新时代的新青年。觉新也跟他俩一起接受新思想，但是他依旧还是“作揖主义”和“无抵抗主义”的拥护者。

觉新在西蜀实业公司事务所上班，那是他父亲生前为他找好的位置。差不多每个星期日下午，觉慧和觉民都要到哥哥的办公室里来。一日，他们跟往常一样，买了几本新书，来到觉新的办公室里，这时张太太和琴小姐来了。琴是高家亲戚里面最美丽、最活泼的姑娘，也是一个有着理想、有着抱负的勇敢的新青年。她给大家带来了一个不寻常的消息：钱家大姨妈回省城来了，梅表姐嫁了不到一年就守了寡，现在变得有点憔悴。这个梅表姐就是大哥觉新所挚爱的钱家表妹，而这时觉新正陪着张太太买衣料，他并没有听到这个消息。

觉慧和觉民离开了觉新的事务所，觉民去了琴的家里，而觉慧在去看他的朋友的路上遇见了跑得气喘吁吁的同学张惠如，觉慧拦住了他，并从他口中了解到当兵的打了学生。觉慧义愤填膺地和一些学生们参加了向总督示威游行的队伍。祖父高老太爷很快知道了他游行的事，训斥了他一顿，还让觉新管着他，不放他出去。觉慧觉得自己应该反抗，但也不得不呆在家里。这时的他觉得不仅祖父和大哥是矛盾的，自己也是矛盾的。觉慧被囚禁在家里，他忍受不住寂寞，在家呆了几天，终于跑了出去，而高老太爷早已把这事忘了。

旧历新年快来了，高公馆这个绅士家庭也忙着准备过新年。除夕的前一天下午，觉慧买了一本小说《前夜》读给他的两个哥哥听，书里的内容激起了觉慧的热情，也唤起了觉新痛苦的回忆，他向两兄弟述说了自己身为长孙承担的重任，自己为了家族的人，牺牲了自己的幸福……觉慧想着：我是青年，我不是畸人，我不是愚人，我要自己把幸福争过来。他又为不是大哥的自己十分庆幸。天黑了，高家四世同堂聚集在一起，互相庆贺着吃年夜饭，高老太爷看见自己子孙满堂，想着再过一两代，他们高家不知道会变成一个怎样繁盛的大家庭，心里非常高兴。

旧历年的最后一天，觉新告诉觉慧他遇见梅表妹了，痛苦和悔恨涌上心头。觉慧责备觉新当初为什么不反抗，落到这地步，是罪有应得，觉新苦笑着说现实的环境不允许他这样做，觉慧突然感觉自己在思想上跟他的大哥是离得愈来愈远了。

高家又开始摆牌局了。觉民觉得无聊，惦记着琴，便拉觉慧去了姑妈家。在姑妈家他们惊喜地见到了久别重逢的梅表姐。她依旧那么漂亮，只是额上的皱纹深了些，脑后的辫子改成了发髻。她很虚弱，也很悲观，觉得自己已没有明天了，她还说她看见觉新了，只是没有勇气去和他说话。

觉慧偶尔听到鸣凤和婉儿的谈话，在婉儿被叫走后，觉慧追问鸣凤是什么事，原来丫头们传闻，冯乐山要讨姨太太，准备在大房同三房的丫头中挑一个去。鸣凤向觉慧发誓她绝对不会跟别人。鸣凤是高公馆里的丫头，她既聪慧又漂亮，很喜欢觉慧，而觉慧只有在回到他那寂寞无聊的家里时，才会不为思念鸣凤而苦恼。

元宵节的夜晚，他们几个年轻人接到了消息：督军下令讨伐张军长，前线已经开火。仗终于打起来了，高公馆上下都沉浸在一片恐怖、绝望之中，此时琴也正在高家，她没有地方可去，只能呆在这里。她从前还相信自己是一个勇敢的女性，而这时她发现自己还是一个脆弱的女子，没有能力反抗，也只能等待别人来宰割。

恐怖的时期终于过去了，和平的统治又恢复了，高公馆又热闹起来。觉民弟兄的几个同学创办了《黎明周报》，刊载新文化运动的消息，介绍新的思想，批评、攻击不合理的旧制度和旧思想。觉慧热心地参加《周报》的工作，经常在《周报》上发表文章。至于觉民，他白天忙着功课，晚上按时去琴那里教书，对于《周报》并不像觉慧那样热心。

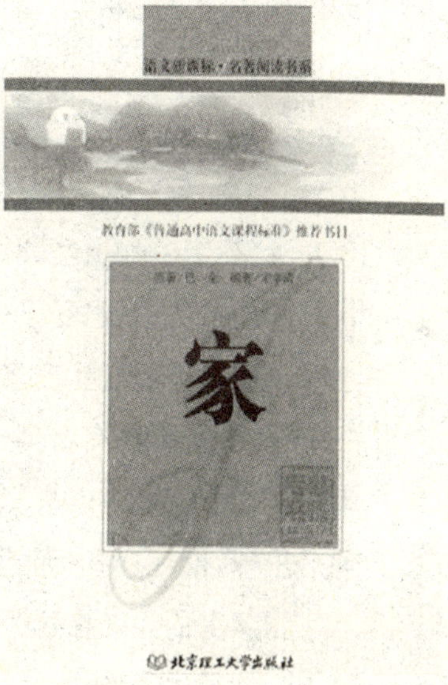

北京理工大学出版社 2008 年版封面

琴因为她的好朋友情如把长辫剪了，她也想这么做，便征求母亲的意见，遭到母亲的反对，并要把她嫁出去。琴心里爱的是觉民，她不要走那条任人宰割的路，不要去做男人的玩物。就在琴伤心痛苦的晚上，鸣凤也同样伤心至极。原来高老太爷要她做冯老头子的姨太太，而且就在三天之后。她伤心痛哭着，这是高老太爷的命令，谁也违背不了，谁也反抗不了。她没有办法，觉慧是她唯一的希望了，而此时的觉慧正忙着写他

中国对外翻译出版公司(汉英对照)2008年版封面

的文章,无暇顾及鸣凤,待她要说时,觉民的到来使得她不得不走了。鸣凤彻底地绝望了,她记得她曾说过宁死也不会去,她带着对觉慧深深的爱和对这世上的不公平的恨跳进了湖里。

鸣凤的死很快被这大公馆里的人忘记,而觉慧却不能忘,因为他的自私,他没有把他心爱的人留住。他这时才发现,平常老是训斥大哥和觉民没有胆量,其实他自己跟他们一样,也是一个没有胆量的人。他对现在的生活已厌倦了,有了远离这个家庭的想法。

在庆祝高老太爷六十六岁诞辰的日子里,冯乐山向高老太爷为觉民提亲。觉民爱的是琴,他立即表示要自己的事自己作主,但祖父坚决要求他答应这门亲事,他便在觉慧的鼓励和帮助下逃离了公馆,他们等待高老太爷的回心转意。高老太爷很倔强,他说,到月底觉民还不回家的话,就登报不承认他是高家的子弟,而叫觉慧来代替这门亲事。这时传来了梅小姐去世的消息。觉慧的五爸在外头讨了妓女做姨太,认识了许多坏朋友,还打着老太爷的招牌借了许多债,老太爷为此一病不起,他已清楚高家在走下坡路了,最后的结局是可以想得到的。他做了多年的"四世同堂"的好梦,现在得到的却是一个何等空虚的感觉。老太爷临死前把觉民召了回来,答应冯家的亲事不提了,便离开了人世。

觉新的妻子瑞珏生产的日子近了,但公馆的太太们却要她迁到城外生产,因为她们迷信什么"血光之灾":长辈的灵柩停在家里,家里有人生产,那么产妇的血光就会冲犯到死者身上,死者的身上会冒出很多的血。唯一的办法就是把产妇迁到城外。懦弱的觉新没有说一句反抗的话,忍受了一切,把瑞珏送到了城外。

瑞珏几天后就生产了,她痛苦地为觉新生下了一个儿子,自己却死了。而瑞珏死后的"三七",觉新都没有看到她一眼。是整个制度、整个礼教、整个迷信夺去了他的青春、他的幸福、他的前途,也夺去了他最爱的两个女人。他意识到了这一点,觉得这个负担太重了,他想甩掉,他在挣扎,而他又不能够抵抗这一切,他只有绝望,只有痛苦。

觉慧真的无法在这个家中呆下去了,他终于逃离了这个家,到上海去一面求学一面从事进步的革命工作。

米哈伊尔·亚历山大罗维奇·肖洛霍夫 [苏联]

《静静的顿河》

作者简介

米哈伊尔·亚历山大罗维奇·肖洛霍夫(1905—1984),苏联作家。出身于顿河畔一农民家庭。参加过国内战争,担任过办事员、征粮员。1923 年加入"青年近卫军"文学团体。1939 年当选为苏联科学院院士。卫国战争期间在前线担任军事记者。1923 年开始发表文学作品。代表作《静静的顿河》(四卷,1928—1940)以 1912—1922 年间的历史事件为背景,描绘顿河哥萨克的动荡生活和曲折经历,场面宏伟,刻画细腻,广泛反映了哥萨克的风土习俗,获斯大林奖金。长篇小说《被开垦的处女地》(二卷,1932—1960)描写个体农民转向集体经济的复杂过程,获列宁奖。短篇小说《一个人的遭遇》(1957)和长篇小说《他们为祖国而战》(1943—1944)等也产生过很大的影响。1965 年获诺贝尔文学奖,1967 年获"社会主义劳动英雄"称号。

作品提要

麦列霍夫一家生活在顿河流域的鞑靼村里。村里居民大多是哥萨克人。麦列霍夫家现在的当家人叫潘捷莱。潘捷莱脾气暴躁,发起火来不要命,这使他的妻子伊莉尼奇娜过早地衰老了。他有两个儿子,一个女儿。大儿子叫彼得罗,已经成婚,有一个孩子,妻子名叫妲丽娅;小儿子叫葛利高里;小女儿叫杜尼娅,正是桃李年华,一副无忧无虑的神情,是父亲的掌上明珠。这就是麦列霍夫家的所有成员。这一家人辛勤劳动,生活富裕。

1955 年肖诺霍夫获得诺贝尔文学奖

麦列霍夫家的邻居司捷潘·阿司塔霍夫是另一户哥萨克。司捷潘父亲死得早,只有妈妈,从小娇生惯养,长大后不务正业,经常酗酒,乱搞女人,后来娶了一个叫阿克西尼亚的女人。阿克西尼亚生得漂亮,感情丰富,精力充沛。她和丈夫过着没有爱情的

人民文学出版社 1997 年版封面

生活。当她得到年轻的葛利高里热情真挚的爱情之后，感到温暖而幸福，爱上了葛利高里。米伦·柯尔叔诺夫是鞑靼村的首富。他的儿子米佳性格放荡不羁，糟蹋过不少姑娘，是村里有名的花花公子。米伦有一个女儿叫娜塔莉娅，已经长成大姑娘了，性格恬静，不喜欢说话，但心里悄悄地喜欢上了葛利高里。

葛利高里和阿克西尼亚趁司捷潘离家集训的机会互通私情。潘捷莱想尽各种办法阻止葛利高里和阿克西尼亚接触，都没有奏效。在这种情况下，他决定给小儿子娶亲，安排小儿子和娜塔莉娅结了婚。婚后葛利高里仍与阿克西尼亚往来。葛利高里的父亲感到非常难堪，痛打了儿子一顿。葛利高里一怒之下离家出走，和阿克西尼亚私奔到附近一个地主家里当雇工。不久，阿克西尼亚怀孕，生下一个女儿。潘捷莱宽恕了葛利高里，葛利高里感到很高兴。这时，第一次世界大战爆发了，葛利高里应征入伍。他骑上父亲送来的马，告别了孩子和阿克西尼亚，上了前线。

战争刚开始，葛利高里怀着一种荣誉感。他年轻英勇，表现出色，获得了十字勋章。但第一次杀人之后,他内心十分痛苦。志愿兵彭楚克是布尔什维克，他向葛利高里宣传真理，揭穿沙皇政府的欺骗宣传。在他的影响下，葛利高里觉得自己心明眼亮，开始怀疑战争的神圣性了。

葛利高里第一次回来休假，发现阿克西尼亚和地主家的少爷尤金勾搭成奸，女儿也不幸死去。葛利高里气愤万分，狠狠地鞭打了尤金。然后他回到自己的家中，请求娜塔莉娅的原谅，两人重归于好。休假结束时，娜塔莉娅怀了孕，不久便生了一男一女双胞胎。葛利高里重返前线。在部队中他遇见了情敌司捷潘。司捷潘几次想加害葛利高里，但无法下手。葛利高里反而在一次战斗中救了他一命，两人之间的恩怨抵消了。

战争打到了第三个年头，给国家带来了巨大的灾难，工厂倒闭，大批工人失业，流落街头，农村一片萧条景象，顿河很多哥萨克农户破产了。鞑靼村也不例外。革命势力随着不满情绪的增长迅速发展。政府调集大批军队到顿河地区反对革命。彭楚克也在这支部队里，他们在士兵中开展革命活动，揭露敌人的阴谋。广大工人也纷纷站起来响应。敌人的阴谋被彻底粉碎。

1917 年秋天，列宁领导的伟大的十月社会主义革命取得了胜利，士兵们欢呼革命的胜利，他们自觉地放弃阵地，退出帝国主义战争。列宁在彼得堡接见哥萨克代表，指出只有打败反革命才有出路。彭楚克组织工人、士兵、妇女同反革命白军作战。安娜是他手下的队员，在频繁的工作接触中，他同安娜之间产生了深挚的爱情。后来，彭楚克调到执法队担任队长。执法队的工作使这位革命者痛苦不堪，甚至丧失了性能力。他无法胜任“杀人”的工作。他曾经痛苦地对安娜说：“消灭人类中的败类——是件肮脏的工作。”后来他病倒了，在安娜的照料下，身体渐渐恢复过来。安娜在一次激战中不幸中弹身亡。安娜对彭楚克来说就是一切，他失去了生的愿望。后来他被敌人逮捕，从容就义，平静安详，仿佛到另一个世界里去会见安娜。

葛利高里屡立战功，被沙皇军队提升为少尉排长。后来，他参加了红军，任连长，英勇地同白军作战。一次战斗后，俘获了一批白军，葛利高里希望保留其中一名军官的性命，但他还是被杀害了。葛利高里对红军越来越失望，他曾向往布尔什维克，这时又犹豫了，心冷了。他在战斗中负伤，便趁这个机会离开红军，回家看看。1918 年春天，顿河地区发生叛乱，各村相继推翻苏维埃政权。反革命叛乱蔓延到鞑靼村，米伦出任村长，彼得罗任哥萨克头目，指挥同红军作战。

1918 年 4 月，克拉斯诺夫在南方搞“拯救顿河大会”，准备成立“顿河-高 加索自治共和国”。鞑靼村的米伦、潘捷莱都参加了反革命活动，稍后，葛利高里也加入进来同红军作战。这时，村里的哥萨克百姓分化为互相对立的两个阵营，一些人倒向红军，另一些人倒向白军；同一个家里也是这个样子。这一年年底，革命与反革命势均力敌，双方都在争取哥萨克。鞑靼村的革命力量暂时占优势。村里成立了苏维埃，不久，新生的苏维埃政权的某些领导犯了“左”的错误，引发了哥萨克的叛乱。米伦等几个老头子被逮捕，不久就被枪决了。葛利高里也上了逮捕黑名单，逃到远方亲戚家躲起来了。1919 年 3 月，哥萨克的暴动开始了。葛利高里听到暴动的消息，欢欣鼓舞，很快参加了暴动军。

彼得罗率领的叛军与红军部队遭遇，彼得罗被打死，麦列霍夫一家沉浸在悲痛中。葛利高里从此更加痛恨红军，发誓要为哥哥复仇。他毫不留情地砍杀红军，他手下几乎没有活着的俘虏。在一次战斗中，他冲入红军阵地，疯狂地砍杀了八名红军水兵。他一方面勇猛地与红军冲杀，另一方面又为自己的疯狂行为而后悔。他还没有丧失人类的良心，常常感到迷惑。作为叛军团长，他率领三千人马，望着眼前浩浩荡荡开过去的队伍，心中不禁犹豫了：我率领他们去反对谁呢？去反对人民吗？他很痛苦。于是他经常酗酒，玩女人，企图麻醉自己，以此来逃避现实。

葛利高里升为叛军师长，但白军头目对他并不放心，因为他曾经参加过红军。他变得残酷无情，杀人如麻，但对老弱病残从不滥杀。哥萨克在战斗中大肆抢劫，但葛利高里憎恨

中国致公出版社2003年版封面

抢劫行为。葛利高里因为没有下令枪杀和剥光俘虏而被革了职。妲丽娅开枪打死了杀害丈夫的科特里亚洛夫，为丈夫报了仇。葛利高里回家休假，嫂子妲丽娅试图与他调情被他拒绝。葛利高里已经对打仗和纵欲厌倦了，但他仍怀念着阿克西尼亚。娜塔莉娅对他也渐渐冷淡下来。他决定返回部队，走之前，他在顿河边上遇到了阿克西尼亚，两人相视很久，又燃起了爱情的火花。

由于红军不断加强攻势，白军节节败退，并很快就被打垮了。葛利高里原想逃到海外，但因为阿克西尼亚生病而未能成行。她后来自己返回了鞑靼村。葛利高里加入了红军，在与波兰人的战斗中表现非常勇敢，但是他得不到信任，因为他当过暴动军的师长。

现在的麦列霍夫一家已经不再是以前的样子了。葛利高里和阿克西尼亚继续来往，这使娜塔莉娅非常痛苦。她曾经去求过阿克西尼亚，要她把葛利高里还给她，但遭到阿克西尼亚的拒绝。娜塔莉娅生活越来越痛苦，不想活下去了，用镰刀割颈自杀，但没有成功，后来她的脖子上就留下了耻辱的伤疤。她在打胎时因流血过多而身亡。临死前她把儿子叫到床前，宽恕了自己的丈夫。妲丽娅自从彼得罗死后，越来越傲慢，经常整夜不归，不久就染上了性病。她在游泳时自杀了。潘捷莱在逃难途中也染病死亡。伊莉尼奇娜日夜盼望葛利高里回来，思念成疾，不久亡故。当葛利高里返回家里时，杜尼娅和现在已是村苏维埃主席的珂晒沃依结了婚。

不久，葛利高里在到镇上去的路上，顺便去地主李斯特尼茨基的庄园。老地主已死，尤金兵败后自杀，昔日繁盛的庄园一片萧瑟破落景象。葛利高里回顾自己走过的道路，觉得自己走过一条弯路。在镇里登记完毕出来，葛利高里听信残匪佛明的谣言，怕遭逮捕，就又带着阿克西尼亚跑了。但广大哥萨克已不像1917年那样愿意离家叛乱了。

佛明匪帮完全垮台了。葛利高里带着阿克西尼亚潜逃时，途中遭遇红军巡逻队，阿克西尼亚不幸中弹身亡。葛利高里肝胆俱裂，伤心到了极点。埋葬了阿克西尼亚以后，葛利高里把武器扔进开始解冻的顿河里，独自回鞑靼村了。他终于在自己家门口的石阶上看到了儿子。现在他所拥有的只有自己的儿子，他不愿再失去这个世界上唯一的亲人了。

阿尔贝·加缪［法国］

《局外人》

作者简介

阿尔贝·加缪(1913—1960)，法国小说家、戏剧家、评论家。第二次世界大战期间参加抵抗运动，主编地下出版的《战斗报》。初期作品有随笔集《反面和正面》(1937)、散文集《婚礼》(1938)。成名作《局外人》(1942)揭露客观世界的荒谬，表现对一切都漠然的极端荒诞的情感。他的剧本《误会》和《卡利古拉》成为荒诞派戏剧的两个里程碑。代表作长篇哲理小说《鼠疫》(1947)以鼠疫比喻法西斯的肆虐，宣称人类应向荒谬的世界开战，获批评家文学奖。哲学随笔《反抗者》(1951)宣扬“纯粹的反抗”，反对流血的革命和革命成功后建立的“暴政”，发表后曾引起存在主义流派内部的论争。其他作品有《堕落》(1956)、《戒严》(1948)、《正义者》(1949)等。1957年获诺贝尔文学奖。

作品提要

母亲今天死了。也许是昨天死的，我不清楚。我收到养老院一封电报，说：“母死。明日葬。专此通知。”这说明不了什么。可能是昨天死的。养老院距离阿尔及尔八十多公里远。我向老板请了两天假，准备去守灵。这样的理由他是不会不批准的。现在，就好像母亲还没有死似的。

我乘两点钟的长途汽车赶到养老院。天气很热。一路上，又热又累，我几乎都在睡觉。到了养老院，院长接待了我，带我到了小停尸所，让我在那儿守灵并告诉我明日十点下葬。和我一起守灵的还有母亲在养老院的生前好友。我又累又困，迷迷糊糊，抽了几支烟，喝了两杯牛奶咖啡。咖啡真好喝。我和这些老人始终未说一句话，只是在他们来去时点点头。有一个女的是我母亲的生前好友，不停地哭。我真希望她不要哭。不过我不敢这样说。

第二天，我随院长等人去给母亲举行葬礼。天很热，我穿着一身深色衣服，感到压力很大，迷迷糊糊的。血红色的土，还有和土混在一起的雪白的树根，撒在母亲的棺木上。贝莱兹，一个老头儿，母亲的好友，这里的老人们经常拿他们两人开玩笑，因为心里急，又因为难过，大颗大颗的泪珠在他粗糙的脸上形成了一层水幕。当车子开进万家灯火的阿尔及尔以后，我想到要上床睡他个十二个钟头时我感到了无比的喜悦。

昨天一天我累得够呛，腰都有点直不起来。我决定去游泳。在浴场的水中，我看见了玛丽·卡多娜。她是我从前写字间的打字员，那时我就想把她弄到手。游完泳，晚上我请她看了一部喜剧电影。电影挺滑稽。她的腿挨着我的腿，我摸了她的乳房，并吻了她。然后，又带她到我家。我起来时，她已经走了。于是，我到阳台上，去看行人，一根接一根地吸烟。母亲已经下葬，我马上又要恢复工作，无论如何，总算没有变化。

今天，我在办公室有一大堆提单要处理。还好，老板很和气。回家后，碰上我的邻居，雷蒙·辛台斯。他邀请我到他家里喝酒，并给我讲了他和他的情妇的故事，又让我给她写了一封信。尽管信写得很随便，但他很满意。临走时，他说，我们已经是朋友了。我倒无所谓。

这一星期，我工作得很好。星期六下午，玛丽来了，约我去游泳。然后，两人来不及等公共汽车，回家就往床上钻。第二天早晨，玛丽问我爱不爱她。我回答说这种话毫无意义，我说好像不爱。她好像很难过。这时，听见雷蒙屋里一阵打闹和女人的哭骂声。警察也来了。不知怎么回事，我突然想起了母亲。可是明天我还需要早起。我一点也不饿，于是没吃晚饭就睡了。

雷蒙往办公室给我打来电话，约我到海滨木屋过星期天，而且可以带上玛丽。过了一会儿，老板派人来叫我，说他要在巴黎设一个办事处，问我是否愿意去巴黎工作。我说愿意，但也无所谓。晚上，玛丽来找我，她问我是否愿意跟她结婚。我说怎么样都行，假使她一定要结婚，我们就结。她想知道我爱不爱她，这个问题毫无意思，如果她一定要知道，那大概我不爱她。

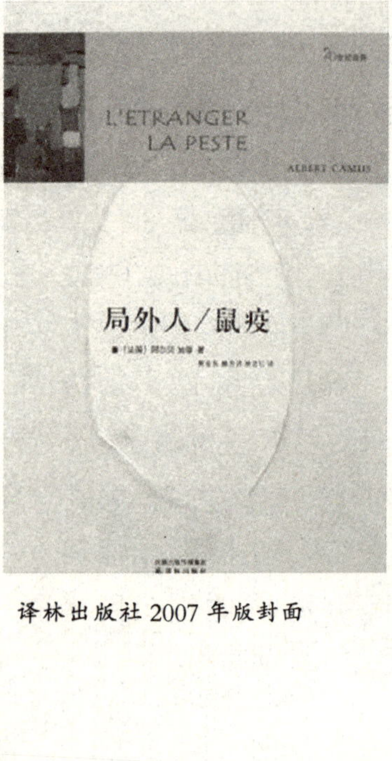

译林出版社 2007 年版封面

雷蒙的朋友住在海滩尽头的一座小木屋里。我和玛丽、雷蒙来到他的家，受到热情接待。聊了一会天后我们去游泳。水是凉的，我游得很高兴。我和玛丽在动作上和愉快心情上都是协调一致的。游完泳后开始吃午饭，我们猛吃猛喝。之后，我和雷蒙、雷蒙的朋友三人出去散步，碰上两个阿拉伯人，就是在我们来的路上，用眼睛紧紧盯住我们的那两个人，他们可能是雷蒙的仇人。当走近以后，雷蒙和他的朋友跟阿拉伯人交起手来。阿拉伯人掏出了刀子，把雷蒙的胳膊和嘴都划破了。我们回去，雷蒙带来了手枪，又把手枪交给了我。两个阿拉伯人退走了。在返回的路上，看见其中一个阿拉伯人却拔出刀来，迎着阳光对准了我。我全身都绷紧了，手紧紧握着枪。枪机扳动了。我知道我打破了这一天的平衡。我对准那个尸体一连又开了四枪，子弹打进他的身体，也看不出有什么特别。然而，那却好像是我在苦难之门上短促地敲了四下。

我被捕以后，很快就被审讯了好几次，不过都是问姓名、籍贯之类的事情，而且还给我指定了律师。我不知道是否一定要请一个。此后，他们又问我，为什么喜欢离群索居、是否喜欢自己的母亲、信不信上帝等诸如此类的问题。我和犯人有什么不同呢?可是，我没有办法使我相信我自己也是犯人。这样的日子，我过了 11 个月。玛丽到监狱来看过我一次，说了几句话，并告诉我她以后不能再来了，家人反对她这样做，因为她不是我的妻子。从那以后，她只来过一次信。在监狱里，我逐渐适应下来，日子过得很快，也很慢。

我的案子是在 6 月份开庭审理的。玛丽、雷蒙等人都被带来作证。开庭以后，进行了法庭辩论。我迷迷糊糊，只记得其中一部分。我被指控：为了逃避对风化案件担负责任，就随随便便地去杀人。在回来的路上，在黑暗的车中，我分辨得出过去给我带来幸福的每一种声音。可现在不同了，要熬到明天，只有走回自己的牢房。

坐在被告席上，听见大家都在谈说自己也是开心的。然后又是激烈的法庭辩论。我迷迷糊糊。最后，电话又响了，我的门被打开，法庭上鸦雀无声，我有一种特殊的感觉，庭长奇怪的样子已经在宣布以法兰西民族的名义要在一个广场上把我斩首示众。庭长问我还有什么要说的，我想了想，说：“没有了。”

神甫几次来接见我，都被我拒绝了。我幻想着大赦，逃脱死亡。一想到死，我就瑟瑟发抖。神甫最后一次进来为我祈祷。他把手放在我的肩膀上，说道：“我的儿子，我是你的父亲。只是你不能明白，因为你的心是糊涂的。我为你祈祷。”他还让我看因痛苦而冒汗的黑色石头和石头上浮现出来的幻象。我也不知道是怎么回事，仿佛有什么东西在我身上爆炸似的。我扯着喉咙大叫，大骂。既然我自己只有这种命运在等待着我，既然每个人迟早注定要死，怎么样都无所谓啦。神甫满含着眼泪走了。

我平静下来，感到累极了。很久以来我第一次想起了母亲，终于明白了为什么母亲临死反而开始活动起来，开始玩起了“重新再来”的游戏，开始想重新再过一次生活。谁有权利哭她，我现在的情形也一样。面对着满天星斗的夜，为了一个好的结束，我第一次向这个世界敞开了心扉。我体验到了这个世界如此像我，如此友善，为了避免感觉自己太孤单，我还希望处决我的那一天有很多人来观看，希望他们对我报之以仇恨的喊叫声。如果是这样，我就不会感到孤单了。

厄尼斯特·海明威[美国]

《老人与海》

作者简介

厄尼斯特·海明威(1899—1961),美国著名小说家。出身于医生家庭。第一次世界大战时任红十字会救护车司机,在意大利前线受伤。后作为《多伦多明星日报》驻外记者赴法国,开始在报刊上发表作品。第一部短篇小说集《在我们的时代里》于1925年出版。20世纪40年代出版成名作《太阳照样升起》,描写战后一批流落欧洲的青年的迷惘、彷徨和幻灭感,小说被称为"迷惘的一代"代表作。短篇小说集《没有女人的男人》(1927)和《胜者无所得》(1933)塑造了临危不惧、视死如归的"硬汉性格",确立了他短篇小说大师的地位。长篇小说《永别了,武器》(1929),以他在意大利战场的经历为背景,描写一对恋人的幸福被战争摧毁的悲剧;《丧钟为谁而鸣》(1940)以反法西斯主义为主题,赞扬一名美国志愿兵在西班牙内战中的英勇牺牲精神。这两部反战小说被誉为现代世界文学名著。中篇小说《老人与海》(1952) 描写一个古巴渔民面对失败时的顽强拼搏精神, 此书获得普利策奖。其他作品还有《死在午后》(1932)、《非洲的青山》(1935)、《有的和没有的》(1937)、《过河入林》(1950)等。

海明威的作品具有独特的风格,不仅文体简洁,而且语言生动明快,对美国文学界产生了很大影响。1954年,海明威获诺贝尔文学奖。

作品提要

桑提亚哥是个独自在海湾里一只小船上打鱼的老汉,他连续出海八十四天,可是一条鱼也没有捕到。头四十天还有个男孩曼诺林跟他一块儿。孩子的父母看桑提亚哥过了四十天还没钓着一条鱼,就让曼诺林跟了另外的船出海打鱼。曼诺林看着桑提亚哥每天摇着空船回来,心里很难受。是桑提亚哥教会了他怎样捕鱼,所以孩子很喜欢他,总要帮老汉收拾东西,干这干那,还陪桑提亚哥聊天。晚上,桑提亚哥梦见他少年时代的非洲,梦见那些绵延很长的金色海滩,以及海滩上的狮子。第八十五天,桑提亚哥看出是个好天,决定去得远远的，到远海去打鱼。曼诺林帮他准备了新鲜鱼食，送他出海。

桑提亚哥在黑暗中把船划出港口，虽然看不到其他船，却能听得到桨叶落水和划动的声音。他们一出港口就分散开来，每一个人直向他希望的那一块海面驶去。桑提亚哥知道自己已经越走越远了。他来到一处突然下陷七百英尺的深渊，海流碰到海底峭壁形成漩涡，各种鱼都聚集在那儿。

天还没有大亮的时候，他就抛出了鱼食，让船随着海流漂去。四个鱼食投在水下不同深度的地方。太阳出来了，在海面上反射出奇异光彩。桑提亚哥把钓丝垂得比什么都直，这样，在暗流的每一层上，都会有一个鱼食刚好在他所希望的地方等待着游到那儿的鱼来吃。中午，一条金枪鱼忽然跃到半空中去，一转身头朝下掉进水里。紧接着，一条又一条的金枪鱼冒上来，纷纷往四下里跳去。桑提亚哥用钓到的金枪鱼做鱼食。这一次果然奏效，水下一百多米深的鱼食钩住了一条大鱼。桑提亚哥凭着感觉知道这一定是一条非常罕见的大鱼。他把鱼绳抖开，让鱼绳顺溜溜地往下放。他猜想那条大鱼嘴里正在横叼着金枪鱼在黑暗里游开去。鱼只顾在海底慢慢游，老汉哪怕要把它往上提一英寸也做不到。大鱼不慌不忙地游着，鱼、船和人在平静无波的水上慢慢地漂流。天黑了，为了全力对付这条大鱼，桑提亚哥砍断了另外几处鱼绳。折腾了一夜，桑提亚哥的脊背也僵了，手上也出了血。遥远的大海上，桑提亚哥独自一人与这条一直没露面的大鱼较量着。他的眼光向上扫过去，才知道他现在多么孤单。但他看见深水里那根一直向前伸去的鱼绳，看着渐渐堆高的云彩，看着蓝天下飞过的野鸭、海鸟，他明白了，一个人在大海上绝没有孤单的时候。

鱼绳不停地慢慢往上，船前方的海面跟着凸起，鱼开始露头了。桑提亚哥一辈子见过很多大鱼，很多一千多磅重的，可从来没有自己一个人捉过。如今一个人，又在无边无际的茫茫大海上，他却把他从来没见过也没听说过的那么大的一条鱼拴在一根绳子上。桑提亚哥想，我得让它服了我。为了增强自己的信心，他回忆起当年他在卡萨布兰卡的酒馆，跟那个身体最棒的码头工、黑人大汉掰手腕的事。

1958 年电影《老人与海》剧照

译林出版社 2003 年版封面

上海译文出版社 2006 年版封面

中国致公出版社 2008 年版封面

比赛从星期天早上开始，到星期一早上才结束。尽管形势不断变化，最终还是桑提亚哥战胜了黑人大汉。从那以后他认定，只要他真的想胜利，不管是谁他都能打败。晚上，大鱼像炸开海面似的跳了起来，马上又扑通一声落下去。接着，鱼又一再跳起，拖走了好多绳子。飞跑的绳子把两手刮得生疼，这时他就想，要是孩子在这儿，他会把那堆绳子泼湿的，可惜孩子没来。

自他出海以来，太阳第三次冉冉升起的时候，鱼开始转圈儿了。桑提亚哥尽力把绳子往回拉。两个小时以后，他已经汗水淋漓，累得骨头都要散架了。有个把钟头，他眼前总是发黑，汗水浸透了他的眼睛，浸透了额头上一个伤口。不过鱼转的圈小多了，慢慢地，鱼露出了它的真面目，他简直不能相信鱼会有那么大。桑提亚哥打起精神，把鱼往船边拉。他试了几次，差点成功，但是鱼又扳正了方向，慢慢游开了。桑提亚哥差点昏倒，两手已经磨烂，眼睛也只是间或才能看清东西。他的一切痛苦，他的残余体力，他早已丧失的自尊心，这回都被调动起来，来对付大鱼临死前的猛力挣扎。鱼游到了船边，桑提亚哥尽量往高处举起鱼叉，插进鱼的侧面，然后用全身重量顶了进去。终于，鱼仰翻了过来，银亮的肚子朝了天。

桑提亚哥喝了点水，把大鱼和船并排绑好。鱼那么大，像是在小船边绑了一条大得多的船。随后他竖起桅杆，打满补丁的布帆随风兜满，带着他往西南方向航行。天上高高堆着积云，再往上面是好些云卷，桑提亚哥因此知道今夜会有好风向。

桑提亚哥的船和那条大鱼走得挺好，但大鱼的鲜血在海里散开后，闻到血腥气的鲨鱼就穷追不舍地跟踪过来。正当鲨鱼扑向船尾、啃大鱼尾部的肉时，桑提亚哥举起铁叉扎进鲨鱼的脑子正中。鲨鱼带着鱼叉沉到了海底。桑提亚哥知道大鱼被咬以后又在出血，别的鲨鱼还会来，但他鱼叉也没有了，艰难的时候眼看就要来了。“人可不是生来就要给打败的，你尽可以消灭他，就是打不败他。”桑提亚哥说。小船走了两个钟头，两条鲨鱼又扑了上来，拼命啃着大鱼的肉，桑提亚哥拿起绑着刀的那只桨，把这两条鲨鱼杀死。

太阳快要落下了，鲨鱼再次袭来。桑提亚哥取来木棒，打跑了两条鲨鱼，可也不想再看大鱼，因为鱼被糟蹋得太厉害了。晚上，大约十来点钟，他看见了哈瓦那城里电灯映在天上的反光。到了半夜，成群的鲨鱼袭来，木棒打掉了，桑提亚哥又拔下舵把子再打再劈，把最后一条鲨鱼打走，鱼也被啃得只剩下骨头架子了。桑提亚哥这一下几乎累得喘不过气来。他什么都不想，什么感觉也没有，驾船驶向家乡的港口。夜里，又有鲨鱼袭击大鱼的残体，桑提亚哥根本不理会它们，除了掌舵，什么都不注意，他只感觉到大海，想到那儿有我们的朋友，也有我们的敌人。

当他驶进小港湾的时候，四周静悄悄的，海滨旅店的灯火已经熄灭。海风现在更加猖狂了。没有一个人帮忙。他下了船，托起桅杆上岸，费了九牛二虎之力才到达他的窝棚。第二天上午，桑提亚哥睡得正香的时候，曼诺林来了。他看到桑提亚哥正在呼呼地睡着，又看见桑提亚哥的那双手，放声大哭起来。他不声不响地走了出去，去给桑提亚哥弄点咖啡来。

很多渔民围在桑提亚哥的小船边，其中一个在量鱼骨架子。他告诉曼诺林，从鱼鼻子尖到尾巴有 18 英尺长。曼诺林给桑提亚哥端来了热咖啡，又告诉桑提亚哥他要和桑提亚哥一起出海打鱼了，因为他还有好些东西要学。

那天下午，海滨旅馆来了一群旅行家，其中一位女人在望海水的时候看见了一根又粗又长的雪白的脊骨，最后面有一条非常大的尾巴，那条尾巴随着海水一上一下地晃来晃去。她并没有认出那是什么。

在路那头的茅棚里，桑提亚哥又睡着了。他依旧脸朝下睡着，孩子坐在一旁守护着他。桑提亚哥正在梦见那些狮子。

曹禺［中国］

《雷　雨》

作者简介

曹禺(1910—1996)，原名万家宝，是一个不断探索、不断自我突破的杰出戏剧家。他出身在天津一户地主官僚家庭，在文坛上彗星式的出现极富戏剧性。1934 年，曹禺还是个年仅 23 岁的大学生，在清华大学西方文学系学习，《雷雨》作为他的处女作，也作为他的成名作，产生了极大的反响。随后，他又陆续创作了《日出》《原野》《北京人》等著名剧本。这些作品成为我国现代白话文的典范，奠定了话剧文学样式在现代文学史上的地位。曹禺戏剧的特点是通过深入描绘人物的灵魂，以及以人与人的性格冲突，表现时代的重大主题，并把过去内容单薄的短剧发展成能反映复杂社会生活的多幕大剧，为我们提供了一系列光彩夺目的人物形象。他的戏剧作品标志着中国话剧的成熟。《雷雨》在戏剧舞台上多次公演，还多次被拍成电视连续剧。

作品提要

第一幕

一个灰暗郁闷的夏天的上午，周公馆内。周公馆里上上下下都在忙着，只有美丽阴鸷的太太繁漪无事可做。老爷周朴园从矿上回来两天了，由于不久前矿警开枪打死了三十多个工人，矿上最近一直在闹罢工。身为煤矿公司的董事长，他正忙着同警察局长商讨对付工人的办法。

周家的女仆四凤刚煎好药，太太繁漪下楼来了，她向四凤打听昨天大少爷周萍是什么时候回家的。四凤心里非常紧张，因为刚才从她爹鲁贵那里得知，周萍和他继母繁漪之间原来有段私情，而且四凤的母亲侍萍今天才从济南回来，太太立刻就要她来府上谈话，不知道葫芦里卖的是什么药。四凤把老爷让太太喝的药端上来，繁漪勉强喝了一口，因为嫌苦，让四凤倒了。

这时繁漪的亲生儿子，周家的二少爷周冲欢跳着进屋向母亲请安。他只有十七岁，但他告诉母亲自己爱上了年轻美丽的四凤，并希望父亲能把他的教育费分一半给四凤上学。繁漪很吃惊，但她见周冲连父亲的反对也不怕，反而觉得欣慰了许多。她想起了自己的负心人周萍由于害怕父亲而厌弃自己，不禁悲从中来。

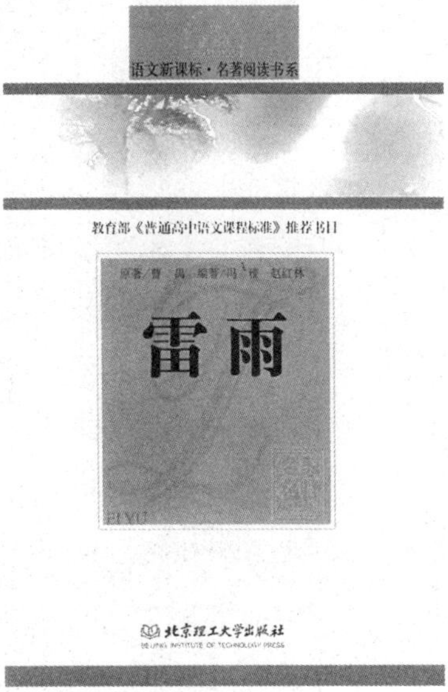

北京理工大学出版社2005年版封面

周萍进屋找父亲有点事，他只和弟弟打了招呼，对繁漪十分冷淡。周冲不知二人有瓜葛，善意地问哥哥："你不知道母亲病了吗？"不等周萍回答，繁漪便醋意十足地说："你哥哥怎会把我的身体放在心上。"周萍找到周朴园，请父亲允许他明天就到矿上去，周朴园考虑了一下，答应了。他对周萍说，繁漪有点精神失常，要请德国的克大夫替她看病。周朴园处理完公务，踱进屋来，他看到繁漪没有喝药，便强迫繁漪喝下去。

暴雨将临，屋里闷得透不过气来，可窗户却紧闭着。因为这房子里的家具及摆设都是三十年前的老样子，周朴园不许别人移动，柜子上还放着一张年轻女人的照片。这个女人就是三十年前周朴园的第一个妻子，她叫梅侍萍，跟少爷周朴园发生了非同寻常的关系以后，她生下两个儿子。在第二个儿子刚刚出世三天时，周朴园为了娶一位"有钱有门第的小姐"，便在大年三十寒冷的雪夜将侍萍和病危的婴儿一同赶出家门。走投无路的侍萍在绝望中投河自杀。

繁漪是一个热情倔强、要求自由、向往真正爱情的女性。十八年前她和周朴园结婚后，生下了周冲。从威严专横的周朴园那里，她得不到丝毫的温情和爱情，早已心如死灰。忽然三年前周朴园的长子周萍（周朴园与侍萍所生）从乡下来到这里，只比周萍大七岁的繁漪病态地、疯狂地爱上了他。他们的幽会被用人鲁贵发现了。懦弱苍白的周萍十分后悔，他开始紧紧抓住美丽纯朴的四凤，以逃避这乱伦式的畸形之恋。繁漪知道四凤和周萍有了秘密之后，非常嫉恨。繁漪今天特意叫来鲁妈，就是要赶走四凤，重新得到周萍。

第二幕

午饭后，天气更加阴沉闷热，周公馆内。四凤听说她热恋的对象周萍要去矿上，心里很不安。她告诉周萍，太太有可能要辞退她，要周萍带她一起走。周萍没有答应，两人约好晚上十一点在四凤房中相会。听说周萍要走，繁漪更是焦急。她向周萍诉说自己来到周家十八年来精神上所受的折磨，责备周萍不该当初引诱她而如今却想一走了之，希望周萍能留下来，但遭到周萍冷酷的拒绝。这实在伤透了她的心。

鲁贵带鲁妈来见繁漪。鲁妈看着屋里的家具摆设以及那关着的窗户，觉得分外眼熟，她疑惑了；当看到放在柜子上的照片竟是年轻时的自己时，她惊呆了：这里竟是周公馆！原来，鲁妈就是侍萍。侍萍还活在人世，她投河遇救，后来嫁给了鲁贵，还生了一个女儿叫四凤。两年前鲁妈到济南的一所学校做工。她走后，丈夫鲁贵恰恰做了周公馆的仆人，并且违背鲁妈的嘱咐，把女儿四凤也带进周公馆当侍女。繁漪来了，她告诉鲁妈，自己的儿子周冲对四凤有了感情。鲁妈害怕女儿重犯自己年轻时的错误，决定立刻带四凤离开。

这时周朴园进来，命令繁漪去克大夫那里看病。繁漪走后，周朴园发现侍萍，才意识到当年的梅小姐并没有死，面前的这个女人便是她！周朴园为了表示忏悔，递给侍萍一张五千元的支票。侍萍拒绝了周朴园的钱，她提出见周萍的要求，周朴园答应了。

这时外面传来争吵声，这次罢工运动的领袖鲁大海要见周朴园。鲁大海正是周朴园曾经抛弃的儿子。周朴园告诉他：其他三位代表已回矿上，工人已经复工，而他被开除了。鲁大海知道这次工人罢工是被周朴园破坏的，怒不可遏地扑向他。站在一边的周萍气愤地打了鲁大海两记耳光。侍萍看到父子、兄弟势不两立的惨剧，悲恸欲绝。周朴园辞退了鲁贵和四凤。周萍决定晚上去四凤家，繁漪劝周萍不要去，她说：“不要把一个失望的女人逼得太狠了，她是什么事都做得出来的！”周萍不听。这时窗外雷声大作，暴风雨就要来了。

第三幕

当天晚上，四凤家中。一阵暴雨仍然驱不走天气的闷热，空中时而打着闪电。侍萍决定明天带四凤去济南，因此和大海一起出去找保人变卖家具。外面忽然有人敲门，原来是周冲。年轻单纯的周冲很不满意白天父亲对工人鲁大海的态度，当他得知鲁大海是四凤的哥哥时，便来侍萍家，送来一百元钱。四凤坚决不要，贪财的鲁贵却抢先收下了。大海正好这时回来，他见周家人就怒火中烧，他恨自己的妹妹不争气，还在勾引周家少爷。他误解了周冲的善意，从鲁贵手里拿过钱还给周冲。侍萍回家，正好撞见四凤送周冲出门，她联系事情的前后经过，疑窦顿生，赶紧问四凤到底和周家少爷发生了什么事情。四凤心乱如麻，一天之中发生的变故是她承受不了的，但她始终没有说出自己和周萍的关系。侍萍要四凤起誓：从今以后再也不见周家的人。

《雷雨》1938年在上海中央大戏院演出时的海报

深夜，周萍悄悄地冒雨来到鲁家见四凤。他翻窗跳入四凤的房间，两人哭作一团。窗外下着倾盆大雨，黑暗中隐隐传来女人的哭声。原来繁漪也在暗中尾随周萍来到鲁家屋外，目睹自己的至爱投入别人的怀抱，想想自己被人遗弃的不幸，怨恨愤怒之情顿生。天幕中划过的闪电照亮了繁漪怨毒而惨白的脸，她从外面紧紧封死了四凤房间的窗户。这时，侍萍和大海进四凤的屋里来了，惊慌失措的四凤和周萍想逃跑，可哪有退路。大海见了周萍就打，幸而被侍萍死命拦住，周萍才得以逃脱。和周萍的私情暴露了，四凤羞愧万分，哭号着冲出家门。侍萍和大海也赶紧追出门去，他们担心四凤想不开。

第四幕

午夜约摸两点钟光景，周公馆客厅内。周朴园正看着报，突然想起花园藤萝架那根漏电的电线，便向仆人查问。仆人说，刚才大少爷的狗碰到那根电线被电死了，可是天下雨，明天才能修。这时繁漪进来，浑身湿淋淋的。周朴园问她到哪儿去了，她报复地说："我有神经病，在花园里赏雨。"正说着，周萍走来，对父亲说他准备马上乘两点半的夜车去矿上，周朴园同意了，并递给他一把手枪做防身之用，自己回房休息。周萍正准备走，却被繁漪叫住。繁漪期望用最后的力气挽救她和周萍的关系。她也是个脆弱的女人，渴求周萍把她从这个地狱似的家救出去。但她的苦苦哀求已打动不了周萍的铁石心肠，绝望之下的繁漪完全失去了理智和母性。

四凤找到周萍商量出走的事，侍萍和大海也为找四凤来到周公馆。侍萍坚决不同意四凤和周萍私奔。但是，可怜的侍萍怎知她再也没办法拆散这对情人了，因为四凤终于说出自己已经怀上了周萍的孩子，周萍也满怀希望地对侍萍说，他将和四凤一起创建美好的生活。面对两兄妹盈满希望和憧憬的眼睛，侍萍只好隐瞒真相，痛苦地答应了。

这时繁漪拉着周冲进来，她本想让周冲从他哥哥手中抢回四凤，但周冲却说他对四凤的感情算不上爱情。可怜的周冲目睹了他原本崇敬的母亲那罕见的蛮劲和野性，他的母亲当众公开了自己和周萍的关系，痛快淋漓地声称自己已不是母亲，不是妻子，她只是被周萍激活的女人，一个闷死过去又活过来的女人，最后她又喊来周朴园来见他的"儿媳妇"。被繁漪弄得一头雾水的周朴园以为繁漪已经知道侍萍的身份，便命周萍跪下认他的生母。血缘关系彻底被揭穿。这犹如晴天霹雳，震惊了在场的每一个人。在可怕的事实面前，四凤狂奔而出触电身亡，赶去救护的周冲也跟着毙命。悔恨交集的周萍开枪自杀，干了他人生中仅有的一件强者所干的事。侍萍呆了，繁漪疯了，黑夜中电闪雷鸣。

杨炼［中国］

《礼　魂》

作者简介

杨炼（1955—　），当代诗人。1955 年 2 月生于父母出使的瑞士伯尔尼。1974 年到北京昌平插队。1977 年返城，考入中国广播艺术团创作室。插队时开始写诗。1977 年起发表诗作。著有诗集《太阳，每天都是新的》《礼魂》《荒魂》等。其诗的思想感情大致经历的过程是：个人意绪的直接宣泄——现实心理的投影——某种具体历史文化实体的想象性再现——超越时空之上的自足存在的重构。其诗华采铺排，由各自自足而又相互整合的密集意象构成人与自然、历史、现实的宏大文化关系空间，体验、张扬深层经验和生命强力。

杨炼曾为朦胧诗派代表之一，但其诗风体现了一种朝气蓬勃的气象。在早期的诗作中有一些热情洋溢的诗句，如：“早晨在迸溅，——我站起来 / 美丽、灼热、年轻……”（《铸》）。20 世纪 80 年代以后，杨炼陆续写出了《大雁塔》《诺日朗》《半坡》《敦煌》等组诗，风格开始转向对民族传统和生命起源的“寻根”。他将注意力放在原始、远古和民族的文化遗址之上，体验远古先民的情感冲动，探寻生命力与历史的奥秘，再现被遗忘了的历史，他的诗作显示了东方史诗的辉煌景观。

集中体现杨炼创作风格的是其 20 世纪 80 年代初期的创作。《诺日朗》《半坡》《敦煌》等组诗标志着他对古朴雄浑的史诗风格的追求和贴近，显示了他卓尔不群的特性，奠定了他在当代诗坛的地位。这些诗作在语言上注意意象的剪接、组合、跳跃、转换等，尤其注重诗的古朴内涵与外在的史诗形式的融合。杨炼认为“诗通过空间归纳自然本能、现实感受、历史意义与文化结构，使之融为一体”。杨炼的组诗建立在此四度经纬构成的宏阔空间之上，使人们从中感到世界的寥廓与深邃，以及生命力度的无限延伸。《大雁塔》《诺日朗》表现出一股躁动不安的原始生命力，《半坡》《敦煌》等则更注重从深邃的东方哲学意识中探寻生命的价值。这些诗中贯穿着一条鲜明的“生命—哲学”的思维轨迹，使诗充满着浓郁苍茫的人生体味，显示出深邃的洪荒宇宙观念，表现了一种复归自然、复归原始的意向。他的组诗兼有东方文化中的古朴浑厚和原始生命的深沉力度，形成了雄浑寥廓的史诗品格。

杨炼的诗以对东方文化的深沉思考和对史诗品格的建树为当代诗歌作出了独特的贡献，对后来的新生代特别是“新传统主义”诗歌群体产生了直接影响。但其诗作有过分执着于古老哲学中“永恒”与“宁静”的奥义之处。

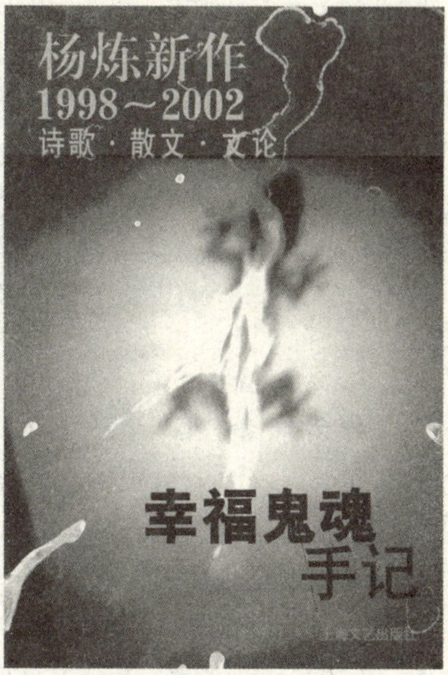

上海文艺出版社 2003 年版封面

作品提要

《礼魂》为“中国当代青年诗人丛书”之一。共十首。前九首分别选自组诗《屈原》《半坡》和《敦煌》，末一首是曾引起争议的《诺日朗》。“礼魂”原是楚辞《九歌》终曲标题，用作集名，表明诗作特定的文化构成：复合现代观念与远古智慧，总体展示一个古老民族生命力的强韧、稳固和封闭、迟滞，以及相互纽结、冲突的全部生存经验。《天问》致力于神话的重新诠释，以期获取民族生命力隐秘的启示。《神话》《陶罐》《墓地》《祭祀》由先民遗址遥想、揣摩、体验民族精神性格的深层素质，即智慧、生生不息的坚韧、对生死的疑惑及其达观。《朝圣》《高原》《飞天》《颂歌》表明浮嚣、躁动的灵魂，在三危山的静谧里，在高原的豁然辽阔间，在飞天的凝于静止中，对东方千古哲理的领悟。意象与具象，在彼此超越因果和时序关系的断裂中，叠合成纷繁、混沌而又自足、和谐的整体，现实和历史缠绕、糅合。语言具有巫术咒语的性状，从激情通向思辨，充满神秘的骚动和孤傲，对第三代诗人中的“整体主义”和“新传统主义”流派产生过较大影响。

F. S. 菲茨杰拉德 [美国]

《了不起的盖茨比》

作者简介

F. S. 菲茨杰拉德(1896—1940),美国小说家。他是20世纪20年代“爵士乐时代”的发言人和“迷惘的一代”的代表作家。他生于明尼苏达州一商人家庭,就读于普林斯顿大学。他的第一部小说《人间天堂》(1920)的问世,奠定了他作为“爵士乐时代”魁首的地位。他的主要作品有《了不起的盖茨比》(1925)、《夜色温柔》(1934)、《最后的一个巨头》(1934)等。《了不起的盖茨比》是他所有小说中最优秀的作品。小说以“我”——尼克为整个故事的目击者,用第一人称的叙事方法和精彩而深刻的比喻把美国20年代贩酒暴发户盖茨比对“美国梦”的追求描写得淋漓尽致。这本书被人们公认为20世纪美国现实主义文学创作中的杰出代表。

作品提要

尼克从耶鲁大学毕业后竭力去做债券生意，他在东部纽约市正东一个叫西卵的半岛上和别人合租了一间房。就这样,偶然地成了一个叫盖茨比的百万富翁的邻居。由此引出的故事是从尼克开车到黛西表妹家吃饭开始的。黛西的丈夫汤姆是尼克大学时期的朋友,住在附近一个更为时髦的岛上——东卵岛。汤姆也是位刚刚从中西部来到东部的富有的年轻人。他们住在一座红白两色的乔治王殖民时代式的大厦里。汤姆正在阳台上等他。随后他俩走进铺着绛色地毯的屋子时,正坐在一张庞大的长沙发椅上的黛西高兴地拉着他的手问候,并把躺在一边做平衡的贝克小姐介绍给他。黛西是个忧郁而美丽的女人,有一双明亮的眼睛,一张同样明媚而热情的嘴。她的声音里有种激动人心的特质,那是为她倾倒过的男人都觉得难以忘怀的。

安徽文艺出版社2004年版封面

尼克告诉她，自己在做债券生意，贝克小姐告诉他，认得他在西卵的邻居盖茨比。黛西刚要追问，用人就宣布开饭了。四个人正在饭桌上谈论时，管家叫汤姆接电话，黛西随后也突然进屋，屋里传来一阵压低了的交谈声。贝克解释说电话一定是汤姆的情妇打来的。正说着，黛西夫妇回来了，刚谈了没有几句话，屋里的电话又响了，所有的话题化为乌有。汤姆没有再接电话，但大家已无心吃饭。尼克看得出黛西心绪不宁，于是就把话题转到她的小女儿身上。不料，黛西却告诉他，在她生小女儿不到一个小时后，汤姆就不在身边了。黛西似乎深信不疑地认为自己生活得糟透了。她似乎热衷于把贝克小姐介绍给尼克。那晚，尼克第一次见到了他的邻居盖茨比，他正站在自家的草坪上极目远眺港湾对岸的景色，他是那样全神贯注，尼克没去打扰他。

人民文学出版社 2004 年版封面

一个星期天的下午，尼克和汤姆一起乘车去纽约时，汤姆却说要去看自己的情妇。两人在威尔逊汽车铺里见到了老板和他的妻子莱特尔。趁威尔逊走开那会儿，汤姆对胖胖的莱特尔说："我要见你。"于是汤姆带他们来到了在纽约的公寓，在那儿，尼克还见到了莱特尔的妹妹凯瑟琳及楼下的房东。凯瑟琳得知他住在西卵，无意中又提到他那有钱的邻居盖茨比，甚至说盖茨比可能还是威廉皇帝的侄子。

随后的整个夏天夜晚，尼克都听到邻居家传来的音乐声，看到男男女女像飞蛾一样在笑语、香槟和繁星中间来来往往。至少每两周一次，大批包办筵席的人从城里下来，带来好几百英尺的帆布帐篷和无数的彩灯，足以将盖茨比的花园布置得像一棵圣诞树。尼克有天早上接到了邀请，请柬是个穿绿蓝色制服的司机送来的。尼克在宴会上和乔丹·贝克小姐再度相逢，并开始和她谈情说爱。同时，他发现盖茨比对所有的客人来说都是个神秘莫测的人物，离奇的流言蜚语充满整个宴会。当尼克和贝克小姐坐到一张桌子上时，一个和他年纪差不多的男人问他："战争期间您不是在第一师吗？"他就是盖茨比。尼克看到盖茨比心领神会地一笑，那种笑让贝克小姐感到那是种含有永久善意的表情，让人很难忘却。当乐队的音乐奏响的时候，尼克注意到盖茨比正独自站在大理石台阶上，用满意的目光看着花园中的人群。有用人悄悄请走了贝克小姐，贝克小姐回来后只出神地说了句："这事……太惊人。"晚会结束，尼克回头看盖茨比的别墅时，原先的欢声笑语已经从那个巨大的花园里消失了，一股突然的空虚此刻好像从那些窗户和巨大的门里流出来。

尼克觉得那些到盖茨比家里来的人，其实对主人一无所知。他和盖茨比就这样熟识起来了。盖茨比带尼克开车去纽约，并谈了他的过去，他宣称自己是牛津大学的毕业生，多年来一直浪迹世界各地，为的是忘却他生活中所遭受的失恋，尼克对此并不相信。当盖茨比得知尼克约了贝克小姐下午喝茶时，要求尼克能帮他一次。他俩边说边来到了一家地下餐厅去吃饭，结账时遇到了黛西的丈夫汤姆，大家作介绍时，尼克看到了盖茨比露出了一种不自然的窘迫表情。

那天下午，贝克告诉了尼克事情的原委。原来，尼克的表妹黛西曾经钟情于盖茨比，两人关系密切。那时，黛西十八岁，盖茨比是个中尉军官。可是后来因为家里人的反对，黛西就在第二年嫁给了汤姆。婚礼极其豪华而铺张。婚礼举行前一小时，黛西喝醉了，甚至扬言要改变主意。婚后不久，黛西发现汤姆有外心，一年后，她生下了女儿，夫妻回到芝加哥定居后又来到了东部。当贝克那天无意中提起尼克认识西卵的盖茨比时，敏感的黛西立刻想起初恋的情人盖茨比。贝克还告诉尼克，盖茨比一直爱着黛西，他在西卵岛上买下房子，就是为了能和她靠近些。这时，尼克才知道，原来盖茨比要他帮忙的事，只是希望以尼克的名义同时邀他和黛西喝茶。

约好的那天下午，盖茨比心绪不宁，很失态，早早地就在尼克的家里等候。终于，黛西来了，她那悠扬的嗓音在午后的雨中听得使人陶醉。盖茨比却面如死灰，神色仓惶，差点把手靠着的一只大台钟弄倒。但随着时间的推移，盖茨比和黛西之间的距离再次拉近，重逢的旧情使盖茨比容光焕发，他甚至邀请他们去自己豪华的别墅。果然，那栋中世纪城堡让黛西赞不绝口，当他拿出一捆衬衫给他们看的时候，黛西号啕大哭起来，她说她一生都未见过这么多漂亮的衬衫。就在他们远眺窗外时，黛西突然用胳膊挽住了盖茨比。他们旧情复燃。

光明日报出版社 2007 年版封面

后来尼克才了解到，盖茨比原名杰姆斯·盖茨，是普通农民的儿子。一天，在苏必利尔湖偶尔遇到当时的百万富翁丹·科迪的游艇，丹·科迪发现他聪明伶俐而且雄心不小，于是就让他到手下干活。五年后，科迪死了，盖茨比得到了两万两千美元的遗赠，就这样他成为了阔佬。

又过了好几个星期，尼克看见黛西和她的丈夫来到了盖茨比的晚宴上，盖茨比一直陪同着他们，这事让汤姆很疑心，并称要了解他的底细。盖茨比却直截了当地告诉尼克，他希望与黛西旧梦重圆。从此以后，盖茨比的别墅不再车水马龙、宾客如云，甚至连仆人也辞退了不少，原因是黛西在乎常有客来，怕人说闲话。一天，盖茨比突然打电话给尼克，说黛西请他们去吃午饭。饭桌上还有贝克小姐，黛西明目张胆地表示她爱盖茨比，她甚至要汤姆带尼克和贝克坐小车，她和盖茨比两人另坐一辆小车。这事让汤姆很震惊，尽管他对盖茨比的情形已略有所知。不料，就在他们集体进城避暑时，汽车修理铺的威尔逊也找上了汤姆，似乎他了解汤姆染指了他妻子，并声称要带莱特尔到西部去。这两件事搅在一起让汤姆十分恼火。他和盖茨比之间终于引发了“战争”，唇枪舌剑之中，盖茨比失口说出，黛西从未爱过汤姆，而黛西纠正说，不能说她从来没有爱过汤姆。汤姆让黛西她们先回家，自己则和尼克、贝克小姐留下，开了一瓶威士忌。

天津人民出版社 2005 年版封面

在汤姆他们开车回家的路上，正巧撞见莱特尔被车撞死。汤姆痛苦得泪流满面，他从威尔逊嘴里知道那是盖茨比和黛西开的那辆车，但汤姆却不知道闯祸的是黛西。这件事盖茨比告诉了尼克，并且在沮丧和焦虑下告诉了尼克他和黛西之间的故事。当他还是一个一文不名的青年男人时，只是利用了自己的时间，占有了黛西，事后却发现自己真的爱上了她。随后盖茨比被派往海外参加战争，黛西在难熬的寂寞之下嫁给了汤姆。

妻子的死使威尔逊陷入了一种无法自拔的境地，等安抚他的人走完之后，他开始去找仇人为他妻子报仇。他说他“有办法查出那辆黄色汽车”。他独自沿路向人打听撞死莱特尔的黄色车子，一直追到西卵。他像一个“疯癫的傻瓜”，走路很缓慢，一路上只喝了一杯咖啡。下午两点钟，盖茨比穿好游泳衣，开始游泳。几小时后，盖茨比的司机听到了一声枪声。尼克下班回来，发现盖茨比死在游泳池里，园丁在草丛里发现了威尔逊的尸体。尼克接过了处理盖茨比事件的任务，他试着找了盖茨比几个过去的朋友，但收不到唁电和慰问信，他的熟人都抛弃了他。汤姆夫妇离开了这个城市，生意上的同事借口太忙无暇顾及，那些食客也无影无踪了。三天后，盖茨比的父亲来了，他说他还是从芝加哥的报纸上看到了消息。

盖茨比以前的朋友都找出各种借口拒绝参加他的葬礼。出殡的那天，只有尼克、盖茨比的父亲和一个牧师。在墓前，尼克还发现了那个戴老猫头鹰眼镜的人，尼克曾在盖茨比的图书室里见到过他。他把眼镜摘下来，里里外外都擦了一遍，说了句“这家伙真他妈的可怜”。

几个月之后，尼克又遇到了汤姆，这使他意识到是汤姆告诉威尔逊在哪儿可以找到盖茨比的。尼克真想告诉汤姆，开车的其实是黛西。他从这件事感到汤姆夫妇就好像是粗心大意的人，他们在砸碎东西、毁掉人的生命之后便安然地退缩回去，重新回到金钱堆里，过起无忧无虑的生活，只要有什么东西能够把他们的兴趣吸引到一起就行，而他们毁坏的一切却要留给别人去清理。盖茨比的别墅一直到尼克离开的时候还是空着的——那草坪上的草长得杂乱无章。在最后的那个晚上，尼克再次坐在盖茨比大别墅的海滩边，他看到对岸的那盏绿灯时感到惊喜。他肯定感到他的梦就在眼前，只可惜他来不及而且也没有机会抓住那个梦了。盖茨比信仰那盏绿灯，把希望寄托在那一年一年离人们远去的未来。虽然过去人们曾让希望从身边溜掉，但这算不了什么——明天人们会加快步伐，把手臂伸的更远……总会在一个美丽的早晨……

皮兰德娄 [意大利]

《六个寻找作者的剧中人》

作者简介

皮兰德娄(1867—1936),意大利出色的现代小说家和剧作家,世界上最有独创性的剧作家之一。皮兰德娄生于意大利西西里岛阿格里琴托城郊一个具有爱国传统的资产阶级家庭,他在这里度过了愉快的童年时代。皮兰德娄中学时便开始写诗,但因没有特色,未能获得好评。在真实主义理论家卡普安那的建议之下,他开始写小说,1894 年出版了第一本短篇小说集,开始步入文坛。他的主要作品有长篇小说《被抛弃的女人》《已故的巴斯加尔》《老人与青年》等。

真正给皮兰德娄带来世界声誉的是戏剧创作。他的主要剧本有《想一想,贾科米诺》《六个寻找作者的剧中人》和《亨利四世》等。1934 年瑞典皇家学院"因为他果敢而灵巧地复兴了戏剧艺术和舞台艺术"而授予他诺贝尔文学奖。

作品提要

一家剧院的排演场里,导演正在指挥演员和舞台工作人员排练意大利剧作家皮兰德娄编写的话剧《各尽其职》。由于总是莫名其妙地出错,导演和演员们都显得有些气急败坏。这时剧场传达穿过观众席的甬道走到舞台前面,对导演说:"对不起,先生,有几位先生找您。"

导演和演员们都转过脸从台上向台下望去,发现有几个白色的幽灵似的人已经走到台边的小梯子旁,导演顾不得向剧场传达发火,向走上来的人问道:"诸位先生是什么人?有什么事情?"一个五十岁左右的男人走向前,他的两鬓花白而稀少,但还不是秃顶,须发呈棕褐色,浓密的胡子之中露出一张仍然红润的嘴,隐约地浮现出自负的微笑。他脸色苍白,宽阔的前额尤为明显,蓝色的圆眼睛目光明亮而锐利,身穿一件深色的上衣和一条浅色的裤子。他举止文雅,说:"我们到这里来找一个剧作家。"导演又惊又气:"一个剧作家?这里没有剧作家,因为我们不是在排演新写的剧本。"

一个十八九岁的长得很美的姑娘从那个男人的身后冒冒失失地走上前来，她穿着丧服，却雅致得引人注目，脸上没有悲伤的表情。她欣喜地对导演说："那更好，那更好。先生!我们就可以作您的新剧本。"演员和舞台工作人员们都哄笑起来。导演非常生气，要他们离开。那个男人低声下气地说："先生，我们带来的是一出痛苦的戏。您要知道，人生充满了无数的荒谬：这些荒谬甚至毫不害臊也不需要真实的外表，因为它们本身就是真实的。"

导演以为他们是在否认演员的才能和表演的艺术，立刻愤慨地反驳道："请您相信，亲爱的先生。演员是非常高尚的职业!虽然目前初出茅庐的剧作家先生们给我们的是蹩脚剧本，让我们演的是一些木偶而不是活生生的人。您可知道，值得我们骄傲的是我们曾经在这里，在这舞台上给许多不配的作品以生命!"

演员们都满意而赞赏地为导演鼓起掌来。那个男人迫不及待地插话道："对!说得对极了，作品是有生命力的东西。它们比呼吸空气、穿着衣服的人更有生命力!也许不太现实，可是更真实，我们的看法完全一致!导演先生。"

这番话大大出乎导演和演员们的意料之外，他们惊奇地面面相觑，不明白这个似人似鬼的男人到底想做什么。那个男人这时候把他身后的另外五个人带到台上，自我介绍说他是这一家人的父亲，又拉过一位畏缩乏力、穿着简朴的黑衣服、戴着寡妇厚面纱的妇人说这是母亲，也是他的太太；还有一个二十多岁的青年是他的儿子；那个美丽而轻佻的女子是他的继女；还有一个面色苍白的十四岁男孩，也穿着丧服，一副又伤心又害怕、几乎魂不附体的模样，一个四岁的女孩，穿着白色衣裙，腰里系一条黑带子，是他的继子和继女。

山东文艺出版社2000年版封面

父亲向导演解释说，他们六个不幸的人原来是一位剧作家一部戏剧里的角色，但是后来那位剧作家不愿意，或者是没有能力使他们成为艺术世界里的真实，所以他们遭到了废弃，失去了归宿。他们想获得舞台生命，他们赶了来，是想请求导演充当作者，把他们的戏记录下来并且给予上演的机会。这时候，那个美丽轻佻的大女儿在舞台上卖弄风骚，且唱且跳。她的风流妖娆获得了年轻演员们的一致喝彩，并且他们被她独特的魅力所征服。父亲的高谈阔论和女儿的舞姿及这一家人的装束和神态，激起了人们的好奇心，导演同意他们讲出自己的故事。

于是，这些"剧中人"追述起自己的经历，也就是废弃的剧本的情节，讲到得意处就表演起来。他们的遭遇渐渐吸引住导演，他吩咐提词员把“剧中人”的对话记录下来，并同父亲一起商量整理成剧本。导演考虑舞台条件限制，对原有的场景作了一些改动，引起了“剧中人”的不满。在“剧中人”表演的过程中，导演让演员们模仿“剧中人”的表演，结果总是大相径庭，受到“剧中人”的讥笑。演员们生气了，不肯演下去，于是“剧中人”便完全占据了舞台，表演起来。

这是一个悲剧故事。原来这六个人在戏中是一对离异的夫妻和四个同母异父的兄弟姐妹。父亲是一个自以为是的小官吏，母亲出身低微，淳朴谦逊，而且温顺柔和，但她的思想感情却与丈夫格格不入。二十年前他们结婚后生下了大儿子。当时，父亲手下有一个为人忠厚诚恳的秘书，他善解人意，能够理解母亲的全部见解和意图，他们趣味相投，但是并没有暧昧不清的关系，因为他们都是一样老实可靠的人，他们不仅不会做出有悖道德的事，甚至想都不敢想。这个秘书时常到他们家来，父亲发现自己的妻子与秘书言语投机，关系融洽，时不时彼此交换眼神，这样的举动惹得他怒不可遏。于是，父亲把这位秘书辞退了。

但是，当官吏回到家里面对妻子时，却感到妻子是那样的郁郁寡欢，神情忧郁悲戚、孤独寂寞，如同一个被人好心收养的无主的牲畜。这使得这位一向追求无懈可击的道德上的健全的人心中非常苦闷，他很担忧他的妻子。为了让她从他的束缚中解放出来，他又找回了那个秘书，把妻子好好地交给秘书并让他带走了，然后把儿子送到了乡下寄养。他解脱了妻子也解放了自己，只是他没有想到他的这番好心在二十年后却酿出了一场大悲剧。

这位父亲在妻子和秘书离开后，仍怀着善良无私的心关注着他们的新家庭，他对这个由他一手促成的新家庭怀着无比的亲切感。他经常到学校门口去看他原来的妻子和秘书所生的大女儿。有一天，女孩好奇地把这一切告诉了母亲，母亲立刻就猜出了他是谁，有好几天她不让女孩上学。但当女孩再去上学时，便又在校门口看见了他。他走近她，抚摸她，并从纸包里拿出一顶漂亮的佛罗伦萨大草帽——那上面还有一个用五朵小玫瑰编成的花环——送给她。

后来，大概为了摆脱他，秘书带着自己的一家人迁居到另一个城市。这样，这位父亲便和他们失去了联系。年深月久，他对他们的挂念也就淡泊了。他把儿子从乡下接回家，不知为什么，儿子好像不是他的儿子似的，和他没有一点感情。他重新陷入孤苦寂寞的生活之中不能自拔。

母亲和秘书共生了两女一男。后来，秘书病故了，一家人生活无依无靠，母亲带着孩子们回到了原籍，以替人缝补为生。她在一个以裁缝为掩护实际上是一个拉皮条的妓院老板娘帕奇太太那里领取活计。这位母亲不知道帕奇夫人是个怎样的人物，帕奇太太之所以给她活计做，只是因为看中了她漂亮而年轻的大女儿，她做梦也没想到她把女儿推进了火坑。她让女儿把做好的活计送去时，帕奇夫人就故意让女儿看她妈妈做坏的地方，并索要高价赔偿。他们自然是赔偿不起的，结果，女儿只得听从帕奇夫人的摆布，当了一名娼妓。而那个可怜的母亲每天缝补帕奇夫人的那些东西直到深更半夜，还以为自己是在为她的三个孩子受苦受累呢！殊不知，她缝补得越多，她那美丽的女儿所欠的债务也越多，在那个泥坑里也就陷得越深。直到有一天，她撞见了她的女儿竟然和她的前夫在一起，她才知道……

再说那位父亲，生活在寂寞而无聊空虚的世界里，他仍不时地、不由自主地被那仍旧还有的肉欲的苦恼所驱使。对于像他这样一个不愿意有不正当关系的男子来说，他是既不太老，又不很年轻，而且他还怀着深深的恐惧，害怕没有女人肯爱他了，他便花钱到帕奇夫人那里寻求生理上和心理上的安慰。

这天，他来到帕奇夫人的服装店，帕奇夫人热情地欢迎他。这是一个身体肥胖、相貌丑陋的老太婆，脸上涂满脂粉，穿着鲜艳俗气。她淫荡地微笑着，怪腔怪调地告诉这位父亲，她为他找了一位美丽动人的少女，只是他必须要出一笔不小的价钱。他犹豫了一下，就点头答应了。

这位父亲用陌生的语气说了声："您好，小姐。"少女低着头，强忍住心中的厌恶，说了声："您好。"父亲从少女那顶差不多遮住脸的帽子下面打量了她一眼，发现她确实很年轻又很美丽，真是又喜又忧，几乎惊叫起来。少女无奈地走到屏风后面，羞愧和厌恶使她的手指发抖，她解开胸衣，脱下衣服，带着两个月来积压在心头的满腔悲痛，用双臂抱住赤裸的身体。当那位父亲走进来时，少女便走近他，把头靠在他的胸前，手臂搭在他的脖子上。为了减少厌恶之感，她便闭上眼睛，把头埋进他的怀里……他们紧紧地拥抱在一起……这时，前来寻找女儿的母亲闯了进来，当她看见自己的女儿和自己的前夫在一起时，她惊呆了，几乎晕倒，她沉痛而悲伤，几乎要发狂，她控制不住自己，狂乱地惊叫起来。

时代文艺出版社 2006 年版封面

母亲阻止了一场可悲的乱伦的发生。

这位父亲这时已认出了自己的前妻，同时也知道了眼前这位已沦为娼妓的少女正是多年前他经常去学校门口看望的那个女孩。他十分震惊,他没有想到妻子的处境如此凄惨悲哀,他原以为让她和情投意合的人结合是一桩善举;他更没有想到会在这种情景下夫妻重逢,羞愧、内疚和懊悔使他无地自容。现在,这位父亲才发觉是自己一手制造了母亲的悲剧,痛定思痛,他决心赎补自己的罪过,同时他在饱尝孤独的苦味之后,也渴望重新得到家庭的温暖。他将母亲一家都接回了家,希望建立一个和美的家庭。但是,时间造成的裂痕难以弥合,重聚的一家人充满了矛盾。他们互相怨恨。

大女儿因为几乎发生的罪恶,对继父印象恶劣,她对继父嬉笑怒骂,随意羞辱,毫不顾忌,全然不把他当长辈看待;而大儿子一直认为是父母抛弃了自己,因此怀恨在心,他把母亲一家的归来当做是和父亲串通一气来平白无故地欺负他。大女儿无法忍受大儿子的这种态度,他们争吵打架,最后,大女儿愤然离家出走。母亲带回的小男孩在家庭的变故中变得畏畏缩缩,恐惧不安,养成了抑郁孤僻的性格。他终日缄默无言,寸步不离他的母亲,没有半点少年人的活泼可爱,比任何人都敏感。四岁的小女孩虽然天真可爱,却很难从家庭中得到一丝温暖,她喜欢走出阴冷的房屋,独自在花园的草地上玩耍。

可怜的母亲疼爱所有的孩子,但孩子们个个令她伤心。大女儿沦落风尘后变得尖酸刻薄,玩世不恭。母亲曾想尽一切办法来平息大女儿的怒气,劝她不要恨她的哥哥,但这样大儿子反而对她愈加疏远冷淡,变成了铁石心肠。母亲愁苦不堪,成天唉声叹气,以泪洗面。父亲面对着四分五裂的家庭,束手无策,焦急忧虑。

在这个重聚的家庭里,人人都生活得异常痛苦和压抑,没有一丝乐趣和生气。

有一天,母亲走进大儿子的房间,想找他倾诉苦衷,想对他表示亲近和关心,但是还没等她开口,大儿子就一言不发地冲出房门,跑到花园里,母亲也急忙随后追赶而来。这时候,那个四岁的小女孩从阴暗的大房间里走到花园中,在花园里欢蹦乱跳,兴高采烈。她追逐着一只花蝴蝶来到水池边,一些漂亮的鸭子在上面戏水,她想捉住一只。而几乎就在同时,那个脸色苍白、呆若白痴的男孩正躲在一棵大树下,紧紧攥着衣兜里的什么东西,神情古怪而神秘。谁也不知道他在想什么,他的眼睛睁得大大的,望着他的小妹妹。大儿子跑进花园,突然他看见小女孩掉进了水池中,正在挣扎,他跑过去,跳下去打捞她。但是,他忽然浑身瘫软了,因为在柏树后面有一件事情令他毛骨悚然:那个小男孩直挺挺地站在那里,两眼发疯地瞪着淹死在水池里的小妹妹,然后慢慢地从衣兜里掏出一支枪,对准自己的脑袋,扣动了扳机,把自己打死了……此时,舞台上响起了真的枪声,小男孩真的死去了。人们用白布盖好男孩,抓住他的头脚把他抬走了。

导演和演员们难辨真假,疑惑不解。六个"剧中人"随之从舞台上消失。原来他们的戏演完了，生命也就结束了。导演命人打开灯光，霎时间，台上台下灯光通明，光线强烈耀眼。导演和演员们像是刚从地狱里走出来一样，如释重负地透了口气。导演自言自语道："我从来没有遇到过这样的事情!他们浪费了我一整天的时间。"他抬腕看了看手表，"时间不早了，今天的排演就到这里吧，你们都回去吧，咱们明天再见！"

金庸［中国］

《鹿鼎记》

作者简介

金庸（1924—　），本名查良镛，原籍浙江海宁，出身书香门第，受过良好的古典文化教育。在家乡度过童年时代并完成小学教育。1941 年于杭州中学毕业，正值太平洋战争爆发，离开家乡来到重庆，考入政治大学学习国际法。抗战胜利后，返回杭州成为《东南日报》记者。几个月后入上海东吴大学读国际法。1948 年毕业后跻身报界，在《大公报》工作。20 世纪 50 年代脱离《大公报》后，曾在《新晚报》做编辑。其时，梁羽生开辟了“新派武侠小说”，金庸便于 1955 年写作第一部武侠小说《书剑恩仇录》，其后至 70 年代先后共写了 14 部长、短篇小说，分别为《书剑恩仇录》《碧血剑》《雪山飞狐》《射雕英雄传》《神雕侠侣》《飞狐外传》《白马啸西风》《鸳鸯刀》《连城诀》《倚天屠龙记》《天龙八部》《侠客行》《笑傲江湖》《鹿鼎记》等。在此期间，创办《明报》，成为报业巨子，后又活跃于政坛，是一名政治活动家。

作品提要

清康熙初年，权臣鳌拜把持大权，残害汉人，大兴文字狱，致使民不聊生、怨声载道，天地会等组织积极活动，意图反清复明。

韦小宝是扬州一个十二三岁的少年，母亲是丽春院的妓女。小宝自幼混迹于扬州青楼，生性刁钻机警、油嘴滑舌，却颇讲义气，不失大义。一日，小宝于无意间救出了与盐枭斗殴的江湖豪客茅十八，与其结下了深厚友情。茅十八欲赴京与号称“满洲第一勇士”的鳌拜比武，小宝央求其带自己同去，随之来到京城。二人在京城酒店遇到一老一少两个太监，小宝挑唆茅十八与几个满洲人打架，老太监突然出手，将二人制服并带入宫中。原来，这老太监乃是先帝顺治的心腹海大富，身怀惊人武功，但由于练功走火入魔，身患重病，靠药物维持生命。在宫中，小宝杀了海大富身边的小太监小桂子，并将海公公的双眼毒瞎，但一时无法脱身，只得冒充小桂子呆在宫中。其实老太监早已察觉这一切，但他不露声色，企图利用

广州出版社 2002 年版封面

小宝帮其到上书房盗取《四十二章经》。小宝凭借其机智，倒也在宫中混得不错，并在偶然间与少年皇帝康熙交上了朋友。

鳌拜自恃功高，把小皇帝康熙不放在眼里，康熙少年老成、沉稳干练，与小宝用计制服了鳌拜。从此，小宝成为皇帝心腹，青云直上。在查抄鳌拜家产时，小宝得到了一把削铁如泥的匕首和一件刀枪不入的护身宝衣，并得知太后也要《四十二章经》。小宝为海大富追杀，幸有宝衣护体得以不死，在太后宫中无意中听到海大富与太后的交谈，得知宫中的重大秘密。原来顺治皇帝并没有死，而是由于其爱妃董鄂妃之死，心灰意冷之下去了五台山清凉寺出家，并命海大富查清董鄂妃的死因。而太后竟身怀武功，董鄂妃等人皆是死在她手下。小宝帮太后将海大富杀死，而太后疑心小宝得知自己秘密，视其为心腹大患。皇帝派小宝去杀鳌拜，不料巧遇天地会中人也去杀鳌拜，混乱之中，小宝用匕首刺死了鳌拜，自己却被天地会掳去。机缘巧合，小宝竟被天地会立为青木堂堂主，并被总舵主陈近南收为徒弟。刚当上堂主的小宝不久便遇到了麻烦，堂中弟子与反清同道云南沐王府的人因大明正统之争发生纠纷，一死一伤。小宝手下遂掳走了沐王府的小郡主沐剑屏，并为保险起见送入了宫中小宝房中。

平西王吴三桂在云南坐镇一方，连朝廷也奈何他不了。这一日，他派儿子吴应熊进京。康亲王在王府中设宴款待，小宝亦被请去。在王府中，小宝发现王府高手之中竟有一人盗取了王府中的《四十二章经》，不禁纳罕："这部《四十二章经》到底为什么这样值钱，海大富、皇太后、鳌拜、康亲王，个个都当它无价之宝。"好奇心起，索性将其据为己有。太后欲杀小宝灭口，却正遇有刺客进宫行刺皇上。原来，刺客乃是沐王府中人，此番行刺乃是想栽赃于吴三桂父子。刺客之中，有一女子叫方怡，即小郡主的师姊，被小宝救入自己房中，朝夕相处，方怡竟对小宝暗生情愫。

太后自己行刺不成，又几次派人去捉小宝，小宝机智应付，化险为夷。他在太后宫中发现三部《四十二章经》，令他更为惊讶的是，太后身边竟然藏着一个男人。原来，他们都是神龙教的人，潜入宫中就是想偷取全部八部《四十二章经》。小宝从宫女处得知，这八部经书与大清国脉和一个大宝藏有关。小宝将太后与海大富的谈话以及自己冒充小桂子之事告诉了康熙，小皇帝得知顺治未死，便命小宝赴五台山请顺治回宫。小宝与方怡、小郡主等人途中遭遇神龙教的人，小宝幸被庄家三少奶奶所救，但方、沐二位姑娘却被神龙教中人掳走。原来，庄家被鳌拜所害，家中男人都被杀，只剩一帮寡妇。庄家感谢小宝杀了鳌拜为他们报了仇，将一名叫双儿的丫鬟送给了小宝。

在五台山，小宝与双儿二人寻找顺治不着，正着急时，有一大伙西藏喇嘛也来找老皇爷。危急之时，小宝与双儿突施援手，解寺院于危难。顺治拒不随小宝回宫，只是将一本《四十二章经》交与小宝，让其带给皇上。下山途中，二人遭遇神龙教高手胖头陀，幸被少林僧人所救。刚到北京，方怡突然出现，对小宝百般温柔体贴，小宝不知是计，被其骗到神龙岛上，原来方、沐二人都已经入了神龙教。神龙教教主对其部下极其残忍，终导致教中内乱。关键时刻，小宝帮助教主平息了叛乱，遂被封为白龙使，并被教主派到宫中去盗《四十二章经》。

小宝进京见到康熙，诉说此次到五台山的经过，而自己被神龙教所擒之事却只字不提。康熙之妹建宁公主，性情刁蛮怪异，让小宝吃尽苦头。不久，皇上命小宝统率骁骑营赴少林寺，路遇一名叫曾柔的女子。康熙让小宝在少林寺出家，小宝叫苦不迭。一日，小宝在寺外遇到两名女子，对其中一名叫阿珂的美貌女子情有独钟，百般亲近却屡遭冷遇。转眼间小宝在少林寺已呆了半年多。一日圣旨到，命小宝率少林僧去主持五台山清凉寺，方知这是康熙的妙计，欲保护顺治且掩人耳目。忽一日顺治出家的清凉寺被三千喇嘛包围，情势危急，小宝使出“金蝉脱壳”之计，率众人安然脱险。康熙率兵来救，当下对小宝保驾之功大大赞赏。不料，在清凉寺有一白衣女尼刺杀康熙，小宝挺身救驾，替康熙挡了一剑，自己却被白衣尼掳走。原来，此武功高强的九难尼姑乃是前明崇祯帝之女长平公主。小宝花言巧语，骗得了九难的信任。二人夜探皇宫，进入太后宫中，发现太后竟是假的，真太后被藏在暗室之中。

小宝日思夜想的阿珂竟是九难之徒，令小宝气恼的是，阿珂已经有了心上人，而她的意中人竟是台湾郑成功之孙郑克塽。小宝为和阿珂在一起，拜九难为师。师徒三人与郑克塽等人一路上被几名西藏高手追杀，多亏小宝机智，护得大家安全。小宝使出种种手段捉弄陷害郑克塽，但阿珂仍旧对其倾心。小宝见二人卿卿我我，不禁气愤难平，发誓要将阿珂弄到手。

康熙欲将吴三桂父子稳住，把建宁公主下嫁吴应熊。这时小宝才将太后其实是别人假扮之事告诉康熙，二人夜闯太后宫，正撞见假太后与其奸夫，救出了被藏匿多年的太后。郑

广州出版社2007年版封面

广州出版社 2008 年版封面

克塽与其兄争位，天地会也受到牵连，陈近南被诬陷谋反，处境堪忧。康熙命小宝护送公主赴云南完婚，一路上二人胡天胡地，俨然一对露水夫妻。

一到云南，吴三桂父子盛情款待公主与小宝一行人，但小宝私下调查得知，吴三桂正欲联合蒙古、西藏和罗刹国一起不利于大清。闻知此消息，小宝大吃一惊，遂故意以言相激，但吴三桂老谋深算，并不上当。吴三桂遇刺，竟是阿珂所为。原来阿珂乃是陈圆圆与李自成之女，自幼被九难掳去，授以武功，欲刺杀吴三桂。在陈圆圆的房中，小宝对她的遭遇大发感慨，为其鸣不平，陈圆圆大为感动，把他引为知己。吴三桂带兵追杀，在陈圆圆处，李自成与吴三桂这对仇人展开殊死决斗。

小宝既得全部八部《四十二章经》，便将其中地图取出并记在心中。康熙派洋人督造火炮，另派小宝带兵攻打神龙教。小宝炮轰神龙岛，自己却被教主擒住，全仗一张三寸不烂之舌与其周旋，后又得忠诚的双儿帮助，才得以逃出魔掌。二人在满洲严寒之地经过几月的流浪，到达了藏宝之处鹿鼎山，却惊奇地发现罗刹鬼已在此扎营。二人潜入营中，遇到了罗刹国索非亚公主。公主喜欢小宝的机灵可爱，决定带小宝回莫斯科。在莫斯科，依仗小宝从中国戏曲和说书中学到的计谋，公主发动政变成功，当上了摄政王，遂与大清修好。韦小宝又立大功，加官晋级。

康熙赐小宝回扬州省亲。在扬州丽春院，小宝遇到暗算，落入死对头西藏喇嘛桑结、蒙古葛尔丹王子等人手中，眼看死路一条。小宝却又凭着机智，以挑拨离间、拍马、利诱三种功夫，说得桑结等人相信了他并与其结拜为兄弟。这样，吴三桂发动叛乱的几个盟友顷刻间被小宝散去。回北京途中，小宝遇到武功高强的侠客“神拳无敌”归辛树夫妇和他们的儿子。原来这三人是要上京刺杀康熙。小宝念及小皇帝对自己的好处，不忍心他被人暗杀，就用计引开了刺客，三人刺杀不成全部丧身宫中。小宝做梦也没想到，天地会中竟有康熙的耳目，自己的所作所为尽在皇上的眼中。康熙不杀小宝，却设计欲一举歼灭陈近南等天地会众人。小宝被皇上扣在宫中，危急之中又一次使出“金蝉脱壳”之计，将消息报知了天地会兄弟们，而自己因抗旨也只好逃命了。逃命途中，神龙教洪教主擒住了小宝，意欲杀之。不料情形突变，洪教主几个手下反叛，与他自相残杀，而教主夫人苏荃则已怀上了小宝的孩子。结果洪教主惨死，苏荃跟了小宝。小宝与苏、方、沐、曾、建宁公主等众夫人逃到一荒岛之上躲避。一日，陈近南、郑克塽等为清兵所追杀，也逃到了岛上。在岛上，陈近南被郑克塽暗害身死。小宝在岛上之时，康熙平息了吴三桂、郑克塽等叛乱。小宝虽寸功未立，却也同样加官进爵，成为通吃侯。

罗刹国侵掠满洲，威胁大清疆土，康熙后方无忧，决心与其较量一番，遂召小宝回京带兵出征。小宝不负圣恩，打了几个胜仗，又与俄人斗智斗蛮，终于签得于大清有利的《尼布楚条约》。

康熙要小宝剿灭天地会，小宝身处天地会与皇帝之间，忠义难两全，遂“告老还乡”，携夫人们隐迹江湖。

马里奥·巴尔加斯·略萨 [秘鲁]

《绿房子》

作者简介

马里奥·巴尔加斯·略萨(1936—　),当代秘鲁作家。1936年3月28日生于秘鲁第二大城市阿列基帕。早在出生前父母即已离异,出生后一年随母去玻利维亚的柯恰潘帕,与外祖父住在一起。1945年其父母重归于好,他随母返回秘鲁,在皮乌拉定居。1946年全家迁居利马。1950年迫于父亲之命入莱昂修·普腊多军事学校,对军队中的黑暗深恶痛绝。1957毕业于利马圣马可大学文学系。1959年到法国深造。在巴黎,他一方面工作,一方面开始进行写作,并大量阅读和研究法国文学,深受福楼拜和萨特以及骑士小说的影响。在巴黎期间,他还结识了许多拉美作家,如科塔萨尔、卡彭铁尔等,并承认自己在创作中也受到这些作家的影响。他的成名作《城市与狗》发表于1963年,该作品获得西班牙“小丛书”奖和“批评”奖。《绿房子》是他的代表作,发表于1966年,当年获“批评奖”,次年获“罗慕洛·加列戈斯国际文学奖”。此后他连续发表的长篇小说有《酒吧长谈》(1969)、《潘达雷昂上尉与劳军女郎》(1973)、《胡莉娅姨妈和作家》(1977)、《世界末日之战》(1981)、《迈塔的故事》(1984)、《谁是杀人犯?》(1986)、《后母的奖赏》(1988)。此外,他还著有短篇小说集《首领们》(1959)、《小崽子》(1967),剧本《塔克纳城的小姐》(1981)、《凯蒂与河马》(1983)和《琼加》(1986),论文集《加西亚·马尔克斯——弑神者的故事》(1957)、《永恒的狂欢:福楼拜和包法利夫人》(1975)和《逆风顶浪》(1983)。由于他在文学上的成就,于1976年当选为国际笔会的主席。此外,他还担任秘鲁语言科学院院士、伊比利亚世界合作学会理事会理事,并多次应邀到世界许多著名大学任客座教授。

云南人民出版社1983年版封面

略萨的创作以结构的新颖见长,被称之为“结构现实主义”代表作家,创造艺术独具风格。他追求艺术的真实性,极力缩短作者、人物与读者之间的距离，改变传统小说的结构，多采用现代意识流手法，打破时间与空间顺序，充分调动读者的想象力，对话生动活泼，交叉性对话尤为突出，擅长细腻自然的心理描写，重视作家非理性、潜意识和本能冲动的功能表现。在思想性上，略萨抓住现实生活中的丑恶现象予以揭露和抨击，深刻地揭露社会现实的本质，提出“人是腐朽社会的牺牲品”这一主题，从拉丁美洲许多国家的悲剧现实的描绘中，对不合理社会制度的种种矛盾进行较为全面的分析和批判，反映了作者对反动统治的斗争精神。

作品提要

荒凉的皮乌拉城来了一个身份不明的外乡人堂安塞尔莫。此人能言健谈，慷慨大方，弹得一手好三角琴，很快就赢得了当地人的好感。他定居下来并了解了当地的风俗习惯后，就在城郊曼加切利亚区盖了一幢外表刷成绿色的房子，这就是该城的第一座妓院。于是，城里的年轻人，甚至老年人开始了荒唐的生活。

富商基罗加夫妇在一次旅行中被土匪杀害，其养女安冬妮亚由洗衣妇胡安娜·保拉收留抚养。光阴似箭，安冬妮亚长大成人后，一次在广场上被堂安塞尔莫诱骗至绿房子。不久安冬妮亚怀了孕，生下琼加后死去。堂安塞尔莫受到良心谴责，将此事告诉了保拉。消息传开后，群情激愤，加亚亚神父率众烧了绿房子。从此堂安塞尔莫一蹶不振，带着私生女琼加在曼加切利亚的各色酒店中游荡。洗衣妇保拉出于同情收养了琼加。

皮乌拉城不断发展，日益现代化，高楼大厦盖起来了，柏油马路铺起来了，而且有了四个妓院。此时琼加也发迹了，开了个妓院，亦称“绿房子”。堂安塞尔莫同另外两个人——年轻人阿历抗德罗和汽车司机“圆球”组成了一个乐队，就在琼加的妓院舞厅里伴奏。巴西籍日本人伏屋抱着“穷人胆小就一辈子也富不起来”的人生哲学，从巴西越狱，来到亚马孙河流域的秘鲁境内，在依基托斯市认识了商人列阿德基，一同做走私橡胶生意。他们往来于土著部落之间，贱买贵卖，从土著手中搞到橡胶、皮毛转手卖给美国人。琼丘族印第安人的一个村社首领胡姆就是由于反抗这种掠夺和剥削，想组织合作社直接进城贩卖橡胶，而遭到列阿德基（当时是圣玛丽亚·德·聂瓦镇镇长）等商人和警察的镇压。走私活动引起了政府的注意，走私犯和商人

云南人民出版社 1996 年版封面

遭到政府的追捕，但列阿德基与官府有勾结，几次都安然无恙，而伏屋却不得不东躲西藏。伏屋带着从依基托斯诱拐来的情妇拉丽达来到一个岛上，占岛为王，杀人越货，无所不为。他以此岛为据点，在其左右手潘达恰和阿基里诺的帮助下干着烧杀掠淫的勾当。一日，他和情妇拉丽达搭救了一个遭土著居民袭击而跳水逃脱的士兵聂威斯。备受伏屋虐待的拉丽达同聂威斯发生了爱情，在伏屋患了麻风病，不得不接受阿基里诺的劝告而去某地接受隔离治疗的前夕，二人双双私奔。拉丽达随聂威斯来到圣玛利亚·德·聂瓦镇定居下来，生儿育女，日子过得倒也挺不错。

这个镇上有个西班牙修女办的传教所，修女们为了“开化”土著居民，开办了一个女子学校，土著居民不愿把女儿送来学习，她们就请警察帮助四处搜捕学龄女童。女童入学后，学习西班牙文，学习文化和教义，两三年后，由于同家人失去联系，就只能被当地军官及过路的橡胶商人和工程师带去做女佣人。一天，孤女鲍妮法西娅出于同情，打开传教所的后门，放走了思念故乡的小姑娘们，而她本人则因此被驱逐出传教所。聂威斯和拉丽达收留了她，并有意安排让她认识了当地警长利杜马。利杜马非常爱她，最后同她结为夫妇，婚后，二人迁回利杜马的老家皮乌拉城。在此之前，利杜马曾受命率领四名警察去逮捕被认作是开小差和伏屋帮凶的聂威斯。由于二人是要好朋友，利杜马有意放掉他，于是命手下警察包围聂威斯的住处，自己则借口打探虚实进去通知聂威斯逃跑，正在此时，警察们破门而入，聂威斯逃跑未成，被捕入狱。出狱后，聂威斯去了巴西。拉丽达则同一名外号叫讨厌鬼的警察结婚，一起去故乡依基托斯与自己同伏屋生的儿子住在一起，有了归宿。

利杜马偕鲍妮法西娅回到皮乌拉，仍然当警察，也继续同以前的老朋友猴子、何塞、何塞费诺混在一起，这四个人本来就是能把全城闹得鸡犬不宁的二流子。一天，利杜马同当地庄园主塞米纳里奥发生口角，最后二人赌起俄式决斗左轮枪，塞米纳里奥对自己脑袋开了一枪，恰中子弹。利杜马因此而被捕，被押往利马坐牢。鲍妮法西娅则落入何塞费诺手中，成了他的情妇，并被他送进琼加的妓院“绿房子”当了妓女，艺名为“塞尔瓦蒂卡”（意为“丛林中的女人”）。利杜马被释回来后，得知此事大发雷霆，但无可奈何，只得满足于靠塞尔瓦蒂卡生活，终日鬼混游荡。堂安塞尔莫活了八十岁，一日在演奏时死去，为之守灵的有其私生女琼加、利杜马等四个二流子、抢救过安冬妮亚的当地医生塞瓦约、塞尔瓦蒂卡，还有曾经率众烧掉第一所绿房子的神父加西亚。

弗拉基米尔·纳波科夫 [美国]

《洛丽塔》

作者简介

弗拉基米尔·纳波科夫(1899—1977),享有盛名的苏联流亡作家之一。他的作品有《艾达》《黑暗中的笑声》《纳波科夫故事集》《普宁》《斩首的邀请》《塞巴斯蒂安骑士记》《玛丽》《苍白的火》《透明》《一位俄罗斯美人及其他故事》《回忆》《眼睛》《国王、王后与杰克》《瞧瞧哈雷斯金》《日落时分》等。1955 年他最负盛名的小说《洛丽塔》在法国奥林匹亚书局出版,1958 年美国普特南书局也出版了该书,并立即成为畅销书,1959 年 1 月排在《纽约时报》畅销书第一位。这本书被人视为“淫书”,后被改编成电影。此外,纳波科夫还翻译出版过普希金、莱蒙托夫的诗和一部《果戈理论文集》。1973 年,他荣获美国文学奖章。

作品提要

《洛丽塔》写的是一个中年男子对一个十二岁女孩的恋情故事。主人公亨伯特教授对发育不完全(九至十四岁)的“性感少女”有着特殊的癖好,在他将拐走洛丽塔的男子杀死后,在监牢里写下了他的忏悔录——

洛丽塔,照亮我生命的光,点燃我情欲的火,我的罪恶,我的灵魂。

我 1910 年生在巴黎。我父亲天性温和,无忧无虑,母亲在我三岁时就死了。我长大了,健康活泼,周围是一片光明的世界。大家都喜欢我,人人都宠爱我。我在一座离家几里路的英语学校走读。在学校里我打网球和手球,学习成绩优秀,和同学、老师都相处得挺好。我想得起来的性事件是在我十三岁生日之前发生的(那是在我第一次见到我的小安娜贝尔之前)。

1997 年电影《洛丽塔》海报

二十四年之后,我在另一个人身上实现了我的安娜贝尔之梦以后,才摆脱了她的魅惑。青年时代,在欧洲度过的那段

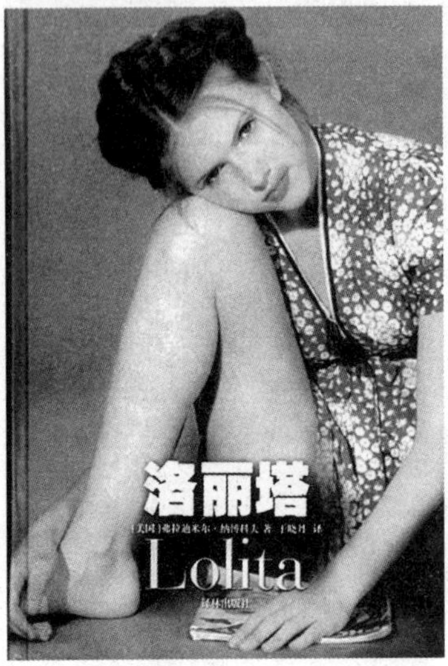

译林出版社 2003 年版封面

成人时期表明我具有畸形的两重性。从外表上看，我与一些所谓世俗的女子有着正常的关系。这些女人乳房不像南瓜就像桃子，而内心里，我却对每一个从身边经过的快进入青春期的小姑娘欲火中烧。哦，那是一股地狱里的火啊。我是一个遵纪守法的胆小鬼，对这些小姑娘我从来不敢碰一碰。我接触的女人只不过是对我欲火的缓和剂。

在一个灰蒙蒙的春日下午，我沿着一条生气勃勃的街道走着。一个个子不高但还苗条的姑娘从我旁边经过，高跟鞋，步履轻快。我们同时回头一望。她停住脚，我陪着她。她还不到我胸毛那么高，生着一张法国姑娘常有的带酒窝的小圆脸。我喜欢她的长睫毛，她那裹在裁剪得体的、紧身的珍珠灰色衣裳里的身体。我要她开个价，她那动听的声音立刻回答说："一百法郎。"我想还价，她睫毛一闪："算了吧。"说完，她领我走上那地方常见的陡楼梯，摇摇铃，为一位"先生"开路，免得他上楼时碰到另一位"先生"，到了那满目凄凉、只有床和马桶的房间。和通常情况一样，她立刻就向我要给她的"小礼物"。她衣服脱得真快，令人神魂颠倒。在与我有过来往的八十个不正经的女人中，她才是唯一真正给我极大快感的人。

1939 年夏天，我美国的叔叔死了，留下几千美元的年金，条件是我移居美国。我办理了离婚手续后终于来到了美国。在房东太太那儿，突然而至的一股蓝色海浪打我心底翻上来，在阳光下的垫子上，一个半裸的、跪在那儿的小姑娘转过身来，哦，我的里维埃拉心肝正从墨镜上方凝视着我。对洛丽塔的发现是我逝去了残酷的"海边王国"的不幸结果。哦，如果我是个画家，可以让洛丽塔在明亮的灯光下摆出一个全裸的姿势就好了。令人魂不守舍的是这个性感少女的双重性格——也许每个性感少女都如此，在洛丽塔身上，温柔如梦的孩子气和古怪的粗俗兼备。这个洛丽塔，我的洛丽塔，唤醒了我深埋已久的性欲，于是高于万物之上的是——洛丽塔。

为了洛丽塔，我决定和她的妈妈夏洛特结婚。新娘以极大的热情开始"美化家庭"，而我坐在椅子上，脑子里勾画着洛丽塔的活动路线图。对夏洛特来说，我唯一的王牌就是她丝毫也不知道我疯狂地爱着她的洛。因为洛喜欢我，她曾被惹恼过，但对我的感情她并未察觉。去小湖湾游泳，我想乘机淹死夏洛特，可就是下不了这个手！后来夏洛特还是死于一场车祸。于是我极其自然地以一个自由父亲的身份，重新进入这座房子。先接连灌下早先调好的那两杯威士忌加苏打，然后再加上一两品脱我的"小东西"，躲进厕所，避开邻居和朋友。心里当时只有一个念头——从现在起几个小时之后，那个温暖的、棕发的、我的、我的、我的洛丽塔就要在“爸爸的”怀抱里了。她痛哭流涕，我则吻去她的泪水，她的泪流得多快，我就吻得多快。

我决定去夏令营找洛丽塔，说她母亲只是生病住院。我给她买了漂亮的新衣服。眼前的洛丽塔比过去瘦了些，高了些。有一瞬间似乎觉得她的脸没以前漂亮了，不像已珍藏在自己记忆深处一个多月的那张脸了。面孔消瘦，雀斑太多，尽管脸晒得又黑又红，这头一眼的印象明白无误地告诉我，现在要做的一切，想要做的一切，愿意做的一切，就是给这个面带倦容、眼带黑圈的小孤女提供良好的教育，快乐健康的少女时代，干净舒适的家，有教养的同龄女伴，如果命运想报答我的话，我会在这些女伴中找到一个能满足我亨伯特博士的可爱小家伙。

离开夏令营后，在洛丽塔睡觉时，我萌发了占有她的欲望，而在早晨六点一刻，她却诱奸了我。她认为偷偷摸摸的性行为不过是年轻人生活中不可缺少的组成部分，而成年人则对这种偷偷摸摸一无所知。成年人为繁殖后代而做的事情与她根本不相干。我的生命被小小的洛丽塔完全支配了。她急于以那些粗野男孩子的方式给我留下深刻印象，没有考虑到孩子与成年人之间的差异而做好充分的思想准备。而我则处于一种难言的困境，只能装作非常愚蠢地由她任性胡为，至少在尚能忍受的情况下。我发现我不是洛丽塔的第一个情人，她早在一年前的另一个夏令营就被“一个不负责任的家伙”给干了，这家伙的性欲如同一只生胡萝卜。现在她举目无亲，无家可归，是个可怜的孤儿，十足的流浪儿。跟她，我这个四肢发达、浑身汗臭的成年男人这天早上一连疯狂地做爱三次!无论一场终生的美梦是否已经实现，是否远远胜过了原来的预想，这事在某种意义上说太过分了，已变成一场噩梦。

从那时起，我们开始在全美各地旅行。很快我就宁可选择住汽车旅馆，而不去其他为旅行者们提供的宿处了。汽车旅馆干净整洁、隐蔽安全，是睡觉、争吵、和解、偷情的理想之地。我让洛丽塔去学表演，可她却学会了欺骗。校长普拉特对洛丽塔在学校的表现很不满：“她是个可爱的孩子，可是性成熟将至，似乎给她带来些麻烦。”

我觉得洛丽塔变了，我让她停止这一切，她与我争吵起来。“嗯，”她叫道，“悠着点儿。”“你先给我上楼去。”我也叫

外语教学与研究出版社 2005 年版封面

上海译文出版社2006年版封面

道，同时揪着她的衣服把她拖了起来。从那一刻起我就没法控制自己的声音了，而后你来我往地大呼小叫起来。她骂出了不能写下来的话，说讨厌我，还朝我扮鬼脸，鼓起腮帮子，发出恶魔一般噗噗的声音，骂我和她妈妈同床的时候就几次企图强奸她，说她敢肯定她妈是被我谋害的，威胁要和碰上的第一个要她的人睡觉而我别想干涉。我说她必须立刻上楼去，指出她所有藏钱的地方。这是一场刺耳的讨厌的闹剧。我抓住她骨节突出的手腕，她不停地扭来扭去，妄图钻个空子趁机脱身，可我抓得很紧，把她弄得很疼，对这点本人深感遗憾。她自始至终目不转睛地怒视着我，挣扎在冰凉的愤怒与滚烫的泪水之间。

洛丽塔病倒了，发烧四十多度，住进附近的医院。因为医院规定严格，我只好仍回汽车旅馆住宿。没过几天，我自己也被传染了，躺在汽车旅馆里爬不起来。几天之后烧终于退下来了。这时医生打来电话说，洛丽塔的病已经好了，她的一位叔叔为她结了账，将她接走了。

洛丽塔失踪了。三年中，我不停地寻找她，可是一无所获。1952年9月23日，我收到了洛丽塔的来信，称她已结婚，而且怀孕，丈夫在外地找到一份工作，但他们没有钱还债，去不了那地方。我又上路了，开着那辆蓝色的破车，又是孤独一人。我找到了洛丽塔，她长高了，挺着大肚子。我见到了她现在的丈夫，是一个陌生的黑头发年轻人，显然不是那个我要找的人。我要求洛丽塔说出接她走的人的名字。在我的一再坚持下，她告诉我是她们家邻居的侄子或堂弟，洛丽塔排演过的戏剧的作者奎尔蒂。奎尔蒂将洛丽塔接走后，曾将她带到一座牧场，在那里拍性变态的电影。后来，经过一番准备，我找到了奎尔蒂，开枪打死了他。

老舍［中国］

《骆驼祥子》

作者简介

作者简介见《茶馆》一章。

作品提要

《骆驼祥子》开篇首先为书名作了清楚的交代，说明这里所要介绍的不是骆驼，而是人力车夫祥子，因为祥子曾经用三匹骆驼换了几十块钱，因而落下了“骆驼”这样一个外号。祥子是这部小说的主人公，整部小说是以祥子的生活遭遇作为描写的重点和结构中心的。小说以 20 世纪 20 年代末期北京市民生活为背景，叙述了人力车夫祥子的奋斗和堕落过程，真实地描写了人力车夫祥子的悲惨命运，控诉了吃人的旧社会，指出了企图走个人奋斗来解放自己的道路是注定要失败的。祥子来自农村，靠租车、拉车、卖力气来讨生活，立志要靠自己的劳动攒钱，买一辆真正属于自己的车，做一个自食其力的独立劳动者。他年轻力壮，老实本分，坚韧耐劳，不善言谈，为了实现自己的理想，他饭里茶里省，风里雨里挣；一滴汗，两滴汗，不知道流下了多少万滴汗；一年，两年，三年，整整三年，他省吃俭用，出力流汗，终于实现了自己的梦想——有了自己的车，他感到了生活的自在和惬意。但是没有多久，他却在拉车途中不明不白地被抓进军队当苦力，他的车也被军阀的乱兵抢走了，自食其力的理想第一次破灭了。但是他没灰心，他善良纯朴，热爱劳动，对生活具有积极和坚韧的精神，他要靠自己的劳动求得一种独立自主的生活，他要奋斗，“买上自己的车”是他奋斗的全部动力，也是他生活在这个世界上的唯一目的。从军营逃出来时，他顺手牵了三匹骆驼，他安慰自己，因为自己的车子是被军阀无理抢去的，因此偷骆驼也是应该的。慌乱中他把骆驼贱卖了三十五块钱，他要再买车，回到北京以后，仍然卖力拉车。尽管他有着改善自己生活地位的迫切愿望，但由于他是一个没有觉悟的个体劳动者，不懂得解放自己的正确道路是什么，也不知道应该和所有的劳动者团结起来共同抗争，他只是幻想着凭借自己的吃苦耐劳，靠着自己的努力去实现自己的目标，他的人生理想是狭小的，他

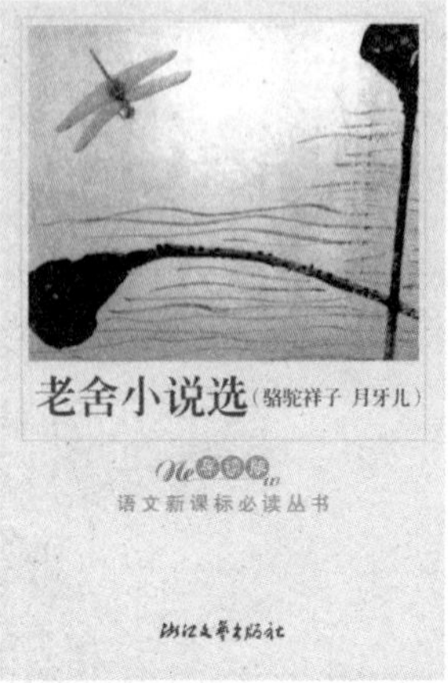

浙江文艺出版社 2000 年版封面

天津人民出版社 2005 年版封面

北京燕山出版社(插图本)2006 年版封面

的奋斗方式也是错误的。他拉散座,甚至硬抢别人的生意,结果,朋友们都离他远去,他孤独无援,这也导致了他无力抗拒任何打击。他在杨宅拉车,在进步教授曹先生家拉包月,仍然省吃俭用,仍然一点一滴地攒钱,但不久反动政府的侦探借口曹先生参加了地下活动,在搜查曹先生的住宅时,又把他省吃俭用攒起来的积蓄全部掠去,而曹先生为躲避特务的追踪又使他丢掉了比较安定的工作,他追求独立自主生活的理想又一次破灭了。租车厂的老板刘四爷看祥子老实、本分、勤快,信任他,让他长期住在车厂。可刘四爷那又老又丑又凶的女儿虎妞又找上了他。虎妞是一个大胆泼辣、多少有点变态心理的三十多岁的老姑娘。她的青春被父亲刘四耽误了,她长期和她父亲一起与车夫打交道,性格中既有许多令人讨厌的剥削者的特点,如贪图享乐、好吃懒做、自私鄙俗,也有深切的内心苦闷和追求幸福的强烈愿望。她喜欢祥子,但祥子并不爱她,为达到占有祥子的目的,她不择手段,甚至用欺骗的方法来诱惑样子,使祥子和她做了出格的事。事后,祥子对自己的做法感到羞耻,想摆脱虎妞,但虎妞不放过他,假装说自己怀孕了,死死地纠缠着他,这对祥子来说,无疑又是他个人奋斗过程中的一个新的打击,他希望能重新过上自己纯真生活的愿望又破灭了。面对着一个又一个的打击,他挣扎过,他顽强地想用自己的努力,靠自己的奋斗来实现其梦寐以求的生活愿望,但一切徒然。万般无奈,他只好极不情愿地和虎妞结了婚,然而刘四爷却怀疑祥子是因为贪图他的钱财而娶虎妞的,两人因此而闹翻,祥子和虎妞搬到了贫民窟。祥子恼恨被虎妞骗着结了婚,于是就越发卖力地拉车,仍然想靠自己的劳动来独立生活,他不愿向刘四爷低头,也不贪图刘四爷的六十辆车,不愿听虎妞的话去做小买卖,更不愿听高妈的话用放高利贷的办法来积攒买车的钱。他只想拉他的车,他执拗地认为“有了自己的车就有了一切”。但是虎妞却不断地嘲讽他,说他为争得独立做人的权利而所受的辛苦是愚不可及的,这使他更加痛苦。他爱上了一个叫做小福子的邻居女孩,但小福子为养活她的酒鬼父亲和两个弟弟,在生活的重压下已沦为娼妓。虎妞用自己的私房钱给他买了一辆新车,可是不久,虎妞在难产中死去了,他又不得不卖掉这辆车来料理虎妞的丧事。企望着能有一辆真正属于自己的车的这个愿望，就像个鬼影，永远抓不牢，而空受那些辛苦与委屈，一次又一次的挫折，使他那想靠自己的劳动来求得一种独立自主生活的愿望，终于完全破灭。他所喜爱的小福子的自杀惨死，则使他心中的最后一点希望也破灭了。他丧失了对生活的任何企求和信心，失去了勇往直前的毅力，由上进好强而沦为了自甘堕落。他开始抽烟喝酒，和那些以前自己认为不屑为伍的一些吊儿郎当的车夫交往，甚至还从女人的身上传染上了淋病。他自暴自弃，偷东西，出卖朋友，一天一天地变得越来越懒散肮脏，最后成了一个无所事事的无业游民，在北京为了填饱肚子而人前人后地为别人的婚礼或丧礼打打旗子。祥子这个勤俭要强的人终于变成了一个头等的“刺头”，他完全堕落了。他由一个充满生命活力的奋斗者和劳动者，变成了干枯的躯壳。善良正直、吃苦耐劳的祥子要做一个自食其力的劳动者的愿望，被生活的现实碾成了粉末。黑暗的旧社会把人变成了鬼。

张丰毅（饰祥子）、斯琴高娃（饰虎妞）主演的电影《骆驼祥子》剧照

J. D. 塞林格 [美国]

《麦田里的守望者》

作者简介

J. D. 塞林格(1919—2010),美国小说家,出身于纽约一犹太人家庭。参加过第二次世界大战。21 岁时发表处女作短篇小说《年轻人》(1940)。成名作长篇小说《麦田里的守望者》(1951)是他的第一部长篇小说。作者用讽刺笔法描写美国富裕家庭出身的青少年精神上的空虚与苦闷。作品运用学生习语,生动而幽默,主题严肃,在青年中引起了很大轰动。《麦田里的守望者》奠定了塞林格在美国文坛上的地位,他新颖独特的文学风格引起了文学界的骚动。这本书始终畅销不衰,影响了几代美国青年。短篇小说集《九个故事》(1953)描写各种不合时宜的男女青年,赞美单纯、诚实的儿童,讽刺美国现代社会中的伪善。他还著有中篇小说集《弗兰妮与卓埃》(1961)、《木匠们,把屋梁升高!》(1959)、《西摩,初次介绍》(1963)等。

作品提要

你一定想知道我倒霉的童年是怎样度过的,我无意告诉你这些,因为一谈起这些我就感到十分腻烦,我的童年是在痛苦和不安中度过的。我的家庭并没有给我多少温暖。父母脾气很糟糕,常常发火,特别是当我谈及他们的个人私事时,他们就会对我大发雷霆。不过,他们的为人倒是挺好的。我的哥哥 D. B. 是一位作家,写过一本了不起的短篇小说,带给他不少钱。他现在在好莱坞工作,因为我最最讨厌电影,所以和他来往不是很多。

我打算从我离开潘西中学那天讲起。潘西在教育界声誉很高,我因为有四门功课不及格而被学校开除了,这是我第四次被踢出学校。老师和父母都劝我好好学习,可我总是不听,于是就被开除了。我来到老斯宾塞家,去和他道别。他身体不太好,不过,他是一个挺不错的人,的确想给我一些帮助,但是我俩相距太远了。他因为我考试考得不好而训斥了我一顿。我们谈了很长一段时间的话,他对我也很关心。当我走出他家时,心里挺难受的。

离开老斯宾塞家回到我自己的宿舍,我倒有一种舒服感。我戴上花一块钱买的帽子,开始阅读《非洲见闻》这本书。只看了三页，隔壁的阿克莱就闯了进来。他是一个下流的坏家伙，我不喜欢他。他进来后问这问那，我实在不愿理他。就在这时，我的室友斯特拉德莱塔冒了进来，他要我代他写一篇作文，他说他和琼·迦拉格有个约会。他这么一说，我差一点倒在地上死去，琼是我的邻居，我对她太熟悉了。我不想让他跟她接触。阿克莱就在我面前大谈他今夏的风流韵事，我实在听不进去，就把他赶了出去，借口是我要替斯特拉德莱塔写作文。他不情愿地走了。对于这篇作文我实在没有什么可写的，只好把我那患白血病死去的弟弟的垒球手套作为素材写了一篇。斯特拉德莱塔看完作文后，骂我写的内容不对。我气极了，一下子就把作文从他手里夺回来，撕得粉碎。他告诉我他今晚一直与琼呆在一辆汽车里，过得很销魂。听了他的话后，我的血直往头上涌，实在无法控制自己的情绪，朝着他的脑袋就砸了下去。我们俩打了起来。

北方文艺出版社2000年版封面

我的心里烦透了，一想到琼和斯特拉德莱塔坐在一起就直冒火，决定今晚就到纽约找一家便宜的旅馆，在那里玩几天。我估计父母大概会在星期二三才能接到我被开除的通知。我开始迅速捡东西，看到母亲送给我的冰鞋时我感到有些难过。我拎着箱子站在楼梯口几乎哭了出来。

我一直走到火车站，天气很冷，有位太太坐在我身边，她竟然是我的同学的母亲。我对她讲了很多假话，跟她瞎吹了一通。

下车后，我来到了近郊一家叫爱德蒙的旅馆。住在这里的尽是一些心理变态的人，于是我也想尝试一下。我性欲上来了，就给一个我并不相识的舞女打了电话，她说今晚没空。我甚至都想给我那最漂亮的小妹妹菲辛挂个电话，但又怕来接电话的是父母，所以还是忍住了。时间还早，我稍微做了洗漱后，来到旅馆里叫紫丁香厅的夜总会。我要了一杯可乐，因为我的年龄买不到酒。我请邻桌三个丑女人跳舞，她们全都在不断地张望，希望能有大明星的光临，这差点让我笑死。不过我对那个金发的女人还是比较感兴趣的，还跟她抛起媚眼来。酒吧关门后，我坐在休息室里，又想起了琼和斯特拉德莱塔在汽车里干过的事，心里很难过。于是又坐出租车来到我哥哥曾带我去过的欧尼夜总会。尽管时间这么晚了，老“欧尼”还是拥挤不堪，绝大多数是大学预科和大学里一些粗俗不堪的家伙。我坐了一会儿，哥哥以前的女友跟我打招呼，想了解哥哥的情况。我对她说我还有个约会，呆了一会儿，我就离开了。

我徒步回到旅馆。开电梯的给我介绍妓女，我烦闷得要命，不假思索就答应了，谈好价格是五块钱。我进房间后还打扮、收拾了一下。那妓女进房后马上脱下大衣，我想先跟她认识一下，多跟她聊聊天，而她只想尽快干完那事就走。我觉得十分沮丧，只好撒谎说自己刚动完手术，只想跟她聊聊而且照付她的钱。她却发火了。我给了她五块钱请她走，但她非要十块，我坚持没给。刚在床上躺下不久，开电梯的又陪那妓女来敲我的门，他用强硬的手段从我那里又拿走了五块钱。我很害怕，一下子哭了起来。

上午十点光景，我饿醒了，便给萨利·海斯打了个电话，我认识她已好几年了。我们约好一起去看演出。在小饭馆碰到了两个修女，我们聊得很开心。早饭后我在一家店里给菲辛买了两张唱片，接着到公园去找她，因为菲辛常在这里玩。但一直找到博物馆也没看见她。萨利来迟了十分钟，她看上去漂亮极了。戏还算不错，但我周围的人让我讨厌，都是些伪君子，他们就会假模假样。看完戏后我们去了溜冰场，萨利请我圣诞节前夕帮她修剪圣诞树。我突然有了个主意，让她随我去森林中生活，她却说我异想天开。我们争执起来，她简直气疯了。后来我虽然一个劲地道歉，她还是不肯原谅我。离开了萨利后，我给卡尔·路斯打了电话，他是我在胡敦念书时认识的。他要我十点钟在维格酒吧等他，维格酒吧是个十分浮华的场所。路斯来后说，他只能呆几分钟，他对性问题颇有研究，特别是性变态之类。我问起他的性生活，他说自己喜欢成熟的女人，并让我去找精神分析家。从酒吧出来时我已经醉得很厉害了。

译林出版社2008年版封面

我无处可去，就信步往中央公园走去，也许可以到小湖边去看看那些鸭子到底在干什么。就在进公园时，发生了一件可怕的事情，我把给菲辛买的那两张唱片掉在地上，跌得粉碎。我难过得要命，差点哭出来。这些碎片是没有用了，可我不舍得把它们扔掉。公园里很黑，连一只鸭子也看不到。我坐在一把长椅上，冻得发抖，生怕自己会得肺炎死去。想到万一自己死了，菲辛一定会很难过，我决定偷偷溜回家去看她一次。因此，我就走出公园回家了。

我悄悄用钥匙把门打开，小心地走进房间，轻得一点声音都没有，因为我母亲的耳朵尖得就像只混账猎狗。在D. B. 的房间里我找到了熟睡的菲辛，她放在桌上的笔记本真是让我百看不厌。我把她叫醒后，她高兴得两臂搂住我的脖子，我赶紧让她轻点声。她告诉我父母都去参加晚会了，要很迟才能回来。我把唱片的事跟她说了，她一点也没怪我，让我把碎片给她。她真是讨人喜欢。菲辛还告诉我 D．B．正在好莱坞写电影剧本。她搞不清楚我怎么现在就回家了，我骗她说是学校提前放假。她不信，并敢肯定我是被开除了，说爸爸知道了会要我的命。我告诉她那是个糟糕的学校，全是一些伪君子和卑鄙的家伙。她想让我将来当个科学家或者和爸爸一样的律师，但都不合我的胃口。我忽然想起了《你要是在麦田里遇到了我》那首歌。

菲辛仍旧说爸爸会要我的命，我说要我的命就让他要好了，我才不在乎呢。接着，我给以前的老师安多里尼先生打了个电话，他说随时欢迎我去。挂完电话，我请菲辛随着收音机里的舞曲跳起舞来。突然，她用耳语对我说父母回来了。我急忙躲进壁橱，听见妈妈进房来，等她与菲辛道完晚安离开后，我摸黑穿好鞋，问菲辛是否还有钱，她把过圣诞的钱都找出来给了我。我情不自禁地哭了。最后，我把那顶猎人帽送给了她，溜出了家门。

安多里尼夫妇住在广场一个十分阔气的公寓里，里面还有个酒吧间。安多里尼太太比她丈夫大约大 60 岁，可他们在一起似乎过得不错，她有的是钱。他们夫妇俩都很有学问。见了我他们很高兴，热情地接待了我。安多里尼先生告诉我近期曾见到我父亲，说我父亲非常关心我，对我不用功却很伤心。谈了一会儿，他在一张纸上写上某个精神分析家说的一句话"一个不成熟男人的标志是他愿意为某种事业英勇地死去，一个成熟男人的标志是他愿意为某种事业卑鄙地活着"送给我。我突然觉得很困，便在一张床上睡下。刚刚睡着不久，却被他在黑暗中抚摸我脑袋的一只手惊醒了，这种性变态行为惊得我跳了足有一千英尺高。我非常紧张，不顾他的再三解释，穿上衣服就逃了出来。没地方可去，只好到中央大街车站候车室呆了一晚。

今天离圣诞节已经很近，我打定主意远走高飞，到西部随便找个工作，过一种又聋又哑的生活。走之前我还想看一眼菲辛，我便跑到她的学校，给她留了一张纸条，约她中午在博物馆见面。十二点多一点，菲辛来了，让我差点晕倒的是她竟带了个大手提箱，说是要跟我一起走。怎么劝也没有用，我只好表示自己也不走了，今天就回家去。但她仍然不肯离开我，我便同意她下午不去上学，一块儿去动物园。天气不好，动物园里人不多，看过海狮和熊后，我们来到了木马转台前，菲辛总算跟我和好了。我给她买了票，让她去骑木马，我坐在一条长椅上看。雨越来越大了，我身上都湿透了，像只落汤鸡。可是我不在乎，看着菲辛那么高兴地转个不停，我心里快乐极了，我不知道是什么缘故。她穿着那件蓝大衣，老是转个不停，看上去真是好看极了。我要跟你谈的就是这些。我本来还可以告诉你我回家以后干了些什么，可我实在没有那心情。

许多人，特别是他们请来的那个精神分析家，不停地问我回学校念书时是否打算好好用功了。这个话问得真傻。不到你开始做的时候，你怎么知道自己打算这样做？没法知道。D．B．倒不像其他人那么混账，可他也不住地问我许多问题。老实说，我真不知道该如何回答这些问题。你千万别跟任何人谈任何事情。你只要一谈起，我就会想念起所谈到的每一个人来。

巴勃罗·聂鲁达［智利］

《漫　歌》

作者简介

巴勃罗·聂鲁达(1904—1973),智利著名诗人,20世纪拉丁美洲现实主义文学的杰出代表。聂鲁达一生诗作颇丰,主要作品有《节日之歌》(1921)、《晚霞》(1923)、《二十首情诗和一支绝望的歌》(1924)、《奇男子的引力》(1925)、《居民及其希望》(1926)、《戒指》(1933)、《热情的投石手》(1933)、《地球上的居所》(1933)、《愤怒与痛苦》(1939)、《漫歌》(1950)、《元素的歌》(1954)、《葡萄和风》(1954)、《元素的新颂歌》(1956)、《十四行情诗一百首》(1957)、《出海与返航》(1959)、《本岛纪事》(1964)等。因为"他的诗作具有自然力般的作用,复苏了一个大陆的命运和梦想",聂鲁达获1971年诺贝尔文学奖。

作品提要

《漫歌》是聂鲁达的代表作品,它标志着聂鲁达诗歌创作的顶峰。《漫歌》由十五首诗歌组成,它气势磅礴,雄浑悲壮,是聂鲁达献给智利,也是献给整个拉丁美洲的一部史诗。从内容上看,《漫歌》可分为三部分:第一部分(前六章)作者歌颂了美洲的大地及对拉丁美洲历史的看法;第二部分(第七至九章:《智利漫歌》《这土地的名字叫胡安》《让那劈木工醒来吧》)作者表达了自己对劳动人民和故土的热爱及对自由的渴望;第三部分(第十到十五章:《逃亡者》《普尼塔基的鲜花》《歌的河》《献给黑暗中的祖国的新年大合唱》《大洋》《我自己》)作者记述了个人的经历。《漫歌》的大部分诗作具有结构严谨、文字凝练、意境清新、视野开阔的特点。读者可以在下面的节选中细加欣赏。

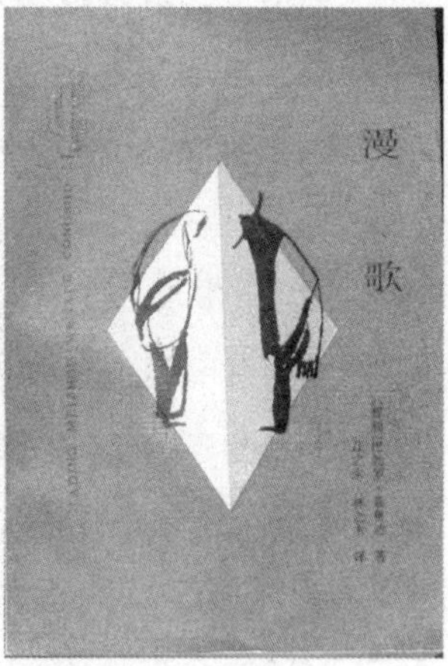

云南人民出版社1995年版封面

《玛丘·碧丘之巅》是全书的精华,是大史诗中的小史诗,它综合反映了全诗的高度思想性和艺术表现。正如马丽亚·爱德梅·阿尔瓦

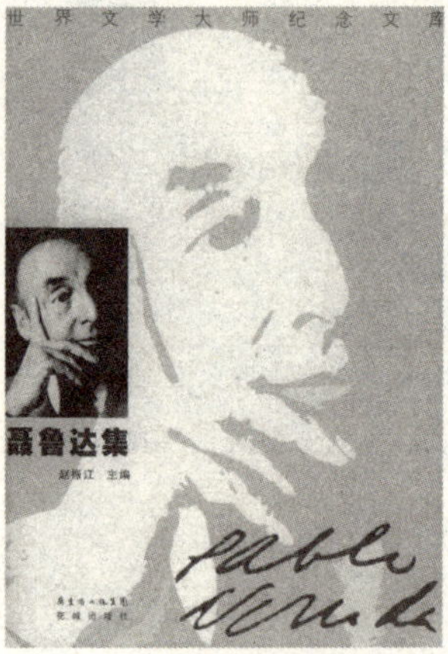

花城出版社2008年版封面

勒斯所说:“《玛丘·碧丘之巅》作为聂鲁达诗歌形式美,表现美的代表,也阐明了全书的内容。”

玛丘·碧丘之巅(节选)

I

宛似张空网,我在空中飘荡,/身旁是街道和大气,到达后又别离/入秋时节树叶展开的金币,/还有那最伟大的爱在春天与麦穗之间,/宛似在一只落下的手套里,/像长长的月亮一样献给我们的东西。/(在裸露的躯体熠熠闪光的岁月里:/钢铁变成了酸的沉寂,/黑夜被撕毁,直至最后的微粒:/新婚祖国的雄蕊遭到了袭击。)/曾在提琴中间等我的人/找到一个世界宛如被鲁莽的塔,/将它的螺旋体沉到/所有硫磺色的树叶下:/再往下,在地下的黄金里面,/我将激越而又温柔的手/深入到大地生殖力最强的部分,/像一把风吹雨淋的剑。/我将前额垂入深深的波涛,/像一滴水落进硫磺的平静,/如同一个盲人/回到人类耗尽了的春天的茉莉花丛。①

X

石头在石头上,人,曾在何方?/空气在空气上,人,曾在何方?/时间在时间上,人,曾在何方?/难道你也是未做成的人?/空洞的鹰的碎片/沿着今天的街道,沿着足迹,/沿着秋天枯萎的落叶,/将灵魂摧残,直至进入墓地?/可怜的手、脚,可怜的生命……/失去光泽的岁月在你身上/宛似雨水落在节日的小旗,/可曾一瓣一瓣地将黑色的食物/送进你空空的嘴里?/饥饿,人的珊瑚,/饥饿,神秘的植物,砍柴人的根,/饥饿,你成排的礁石/是否升到了这些巍峨残塔的高度?/我问你,路上的盐粒,/建筑啊,让我看看那把羹匙,/让我用木棍儿啃咬石头的花蕊,/让我登上空气所有的阶梯直抵太虚,/搜索内脏直至触摸到人类。/玛丘·碧丘,你曾将岩石/放在岩石上面,地基却是破烂的布片?/将煤放在煤上,底部却是泪水?/将火放在黄金上,其中却颤动着/殷红的血滴?/请还给我你所迸葬的奴隶!/请从地上摇落穷苦人坚硬的面包/并将奴隶的衣服和窗户拿给我瞧。/告诉我,当他的梦是不是带着酣声,/半张着口,犹如疲劳在墙上挖掘的黑坑?/墙,墙!每层岩石是不是压着他的梦,/他倒在梦乡,上面压着岩石,是不是像压着月亮!②

① 节选自《漫歌》(聂鲁达著,张广森、赵振江译,云南人民出版社1995年版),第28页。

② 同上,第556页。

翁贝尔托·艾柯［意大利］

《玫瑰的名字》

作者简介

翁贝尔托·艾柯(1932—　),意大利著名教授及作家。1959年开始学者生涯。他对符号的研究和教学最精深、最有创见。1975年,发表了学术著作《符号学理论》。1980年,长篇小说《玫瑰的名字》问世,顿时蜚声海外。

作品提要

1327年,英格兰的威廉修士前往意大利的一个修道院,参加教派的首脑会晤。我作为威廉的随从一同前往。威廉和我踏着薄雪,登上了山巅。在这片平坦的高地,耸立着一座宏伟的修道院,院中有一处神秘的藏书馆——“塔楼”的藏书馆,呈八角形,高耸入云,直刺苍穹。

修道院院长迈克尔热情迎接了我们。稍事休息,院长向威廉措辞谨慎地披露了一件令人痛心的事情:精于装饰书稿的年轻修士阿德尔摩,被人发现陈尸悬崖脚下,尸体皮开肉绽。院长说,他对威廉披露这件事,是因为威廉稔知人之灵魂与恶魔之诡计;由此,希望他的客人能抽出一点时间,将这个可怕的不解之谜弄个水落石出。“我能在修道院内随便走动吗?”威廉问道,“我很想参观您的藏书馆,这也是我在此逗留的一个主要理由。”院长面色紧张,近乎惊怕地站起了身:“你可在修道院内自由走动,但千万别走进塔楼顶层的藏书馆。藏书馆的自我防卫像它庇护的真理那样深不可测,也像它留存的谬误那样真伪难辨,是一座圣教的迷宫,你或许能入内,但你可能无法出来。跟你讲了这一点,我请你遵守修道院的规矩。”说完,他便起身告辞。

下午三时许,威廉和我在修道院内散步,见到了草药师塞韦里努斯,他乐意做向导,带我们参观塔楼。我们爬上楼梯顶层,来到缮写室。在他的引见下,威廉和我认识了藏书馆员马拉吉、希腊语和阿拉伯文的翻译家——韦南休斯、研究修辞学的修士本诺等人。威廉赞扬缮写室里的美观与勤劳,询问马拉吉工作程序的有关知识。当威廉将话题涉及阿德尔摩时，马拉吉狐疑地看着他说："阿德尔摩有非常活跃的想象，能从已知事物创造出未知或惊奇事物。他的书本在那儿，尚无人动过他的桌子。"威廉肃然起敬，又忍俊不禁，因为那些插图无疑会引人发笑，尽管它们是为《圣经》故事配画。马拉吉又拿出更为离奇的画像，众人又一阵开怀大笑。这时一个严厉的声音从背后传来："此地不宜胡诌无用的废话和笑话!"说话的人是一位年迈的修士，被岁月的沉重压弯了腰，全身雪白，双目失明，但仍然有着威严的声音和有力的双腿。他怒视着众人，威廉感到他的行动、说话都好像仍然具备视觉能力，而他的声调则像一个具有预言天才的先知。"他们见到的这位年高德劭的老者，"马拉吉指着来人对威廉说，"是乔尔戈，修道院里除了阿林纳多，他年事最高。"他转向那位老者，说，"站在您面前的是威廉修士，我们的客人。"

第二日黎明，唱诗堂与猪圈之间的空地上，有一口猪血缸，一个人被头朝下投了进去。院长命令把尸体拖出来，冲洗干净，原来是韦南休斯，那位希腊学者。院长走过来，恳求威廉快些行动。草药师塞韦里努斯和威廉一起俯身观察尸体。尸体面部没有浮肿，显然不是溺水而亡，也就是说，在有人把他投进缸内之前，他就死了。这起恐怖事件打乱了修道院的生活规律，院长命令修士们去唱诗堂为死者的灵魂祈祷。修士们的声音杂乱无章，威廉和我坐下来，观察修士们的表情。"本诺很紧张，贝伦加很恐惧。"威廉想着，心里打定了主意。

缮写室内一片肃静，修士们已伏案写作。不幸的韦南休斯的桌子背对着大壁炉，桌子上堆放着散乱的稿页，其间有几部希腊文书，其中一本打开着。我们在回廊上散步，见到了年迈的阿林纳多，威廉向他问好，老人兴致勃勃地同我们聊起来，我们了解到进入塔楼的另一条通道，从藏骨堂进去。夜课完毕，威廉和我按照阿林纳多的指点，顺利地进入塔楼，来到缮写室。那本希腊文书不见了，拿书的人动作仓促，一页书落在地板上。威廉拿起这张羊皮纸举到眼前，极力辨认上面的字迹。我持灯站在一旁，身体一晃动，火苗碰到了纸的背面。威廉一惊，猛然发现字迹变清晰了，显示出一些符号，两人一阵兴奋……此时，威廉听到有声响，一个黑影一闪而过。我们立刻意识到还有其他的暗道，决心把事情搞个水落石出。我们走上东楼堡的楼梯，登上那层禁地。当我们置身于一间七面墙壁、没有窗子的宽大房间内，没见到可怕的情景，只感到强烈的霉味，巨大的书架上整齐地放满了书籍。每个房间形状不等，有七边形的、五边形的、四边形的。房间门数也不一样，有的一扇，有的两扇，每扇门的上方都用拉丁文写着一首诗，威廉悟出它们选自《约翰启示录》。在一间装有镜子的房间，我被前方隐约的灯光吸引，想看个究竟，却被灯内燃烧的药物熏得昏倒，幸被威廉及时救起。为了走出迷宫，我们每走一个房间都做上记号，经过迂回曲折，终于找到通向外面的楼梯，离开了迷宫。

回到寄宿房，院长正站在门口，目光严厉地望着我们："我找了你俩一夜。"他接着又缓慢而严肃地说，"贝伦加也不在唱诗堂内。"威廉显得极为兴奋，他已猜出在缮写室中发现的那个人影是谁了。刻不容缓，威廉全心研究韦南休斯留下的黄道符号，终于破译了它的内容：幻想似乎在四字的第一和第七……但威廉尚未明白它的确切含义。此刻，夜幕降临，威廉带着我围着塔楼从远而近观察，记录它的方位、外部布局，再试着画一张平面图。经过计算、推测、研究，最终弄清了迷宫的布局设计。威廉要我画一幅大的地图，以便再次观察藏书馆时，用笔记下穿过的房间门和墙以及窗子的位置，还有所出现的诗篇的第一个字母，因为它们加起来可能组成某种秘诀，以便弄清修士们议论中提到的"非洲之端"——藏书馆中最高禁地之谜，威廉这样想。

次日清晨，在浴盆里发现了贝伦加的尸体。他面孔肿胀，有一张真正溺死人的脸。威廉和塞韦里努斯看到贝伦加右手的两个指尖是黑的，同韦南休斯的一样，在第三个手指尖上也有黑色痕迹。继而，他们又发现其舌苔呈黑色。之后，他们谈及烈性毒药，草药师告诉威廉，在很久以前，诊所木架上存放着一瓶烈性毒药，在一次暴风雨袭击后就消失了。吃过晚饭，威廉和我又进入迷宫。当到达一间装着大镜子的房间时，我查看路线图，从逻辑上的严格对称考虑，这里应当有一间七角形房间，可是没见到，威廉很快判断这里很可能是通向"非洲之端"的地方。

第二天在门厅走廊上，塞韦里努斯悄悄告诉威廉，贝伦加去浴室前来过医务所，他走后，在诊室发现一本奇怪的书，他无法带来，只好请威廉去看看。正说着，乔尔戈在一位修士的搀扶下走来，草药师遵嘱回了诊所。不久，嘈杂声四起，威廉意识到不妙，心急如焚地同我赶到诊所，见到草药师趴在一汪污血中，脑袋开了瓢，屋内遭到了洗劫，零乱不堪。威廉要求院长下令让所有人离开房间，他要仔细地查看一下现场。我们一本一本翻着诊所内的书，结果一无所获……

作家出版社2001年版封面

贝伦加死后，由马拉吉提议，经院长批准，本诺担任助理藏书馆员。当夜诵《圣经》时，赞美诗的吟唱声刚起，威廉就发现在乔尔戈旁的座位是空的，这是马拉吉的位子。老盲人也不停地用手摸索身旁的座位。在吟唱最后一首诗时，他终于来了，像往常一样坐到他的位置上。合唱慢下来，声音消失了。马拉吉沉重地向前倒去，用微弱的声音说了一句"他对我说……没错，它有一千个蝎子的毒力……"便死了。死者右手的前三个指头呈黑色。谋杀案接连发生,下一位又轮到谁了呢？威廉思索。这时,新上任的食品监管尼古拉斯请威廉到珍宝室,因为在那里谈话方便。听了尼古拉斯关于修道院几十年来人事变动和人事关系的一席话,威廉茅塞顿开。

晚餐后,威廉和我没回寄宿房,看到院长从膳房进了塔楼,一直没出来。威廉倍感焦急,因为事情渐渐明朗,但仍不知怎样进入"非洲之端"。我无聊地数着身旁马厩里的马匹,并说拉丁文"Fertius equi"不是指第三匹马,而是指马的第三。这一句闲话像一粒火星点燃了威廉的智慧,他立刻意识到韦南休斯写的那句拉丁文不是四的第一和第七,而是四"quatuor"这个字的第一和第七,即是那间神秘房间镜子上头雕刻的字。钥匙找到了!我们立刻向塔楼奔去,驾轻就熟,我们来到有镜子的房间,威廉举灯照着镜框上的诗文:Superthronos riginti quatuor……胸有成竹地按下q和r,随着两声清脆的金属声,镜子启开,成为一扇门,我俩一闪而进。

手持煤油灯,我们进入一间昏暗的大房间里,看到正中的桌子后一动不动地坐着一个人,好像在黑暗中等着我们。"晚上好,尊敬的乔尔戈。你在等我吗?"威廉高声道。"是你吗,威廉?"他问道,"我知道你会来的。""还有院长吧?"威廉问。乔尔戈犹豫片刻说:"他被关在另一条暗道里,通道从两头都堵死了。威廉,现在谈谈你了解的情况吧。""四十年来你一直是修道院的真正主人。当你意识到就要双目失明、无法继续控制藏书馆的时候,便采用狡猾的手段,设法安排你所信任的人迈克尔为院长,再让他任命听你使唤的罗伯特为藏书馆员。后来,你又选定马拉吉接替罗伯特的职务。"威廉指着乔尔戈面前的一部书说,"阿德尔摩从贝伦加处得知这部书的秘密,不幸被你发现了,你利用他与贝伦加的丑闻使他在你面前不断忏悔,最终自杀。韦南休斯利用了贝伦加,夜里私闯迷宫,得到了书,却也丧了命。贝伦加拿回了放在韦南休斯书桌上的这部书,也因贪读中毒而死。当你听到塞韦里努斯说有本怪书时,你便找到马拉吉,对他说贝伦加与塞韦里努斯关系暧昧,作为报答,塞韦里努斯交给他一部'非洲之端'的藏书。你使马拉吉嫉妒得发狂,杀死了塞韦里努斯。他没时间搜寻那部你对他谈到的书,但本诺交还了,马拉吉没听你的忠告,打开书翻阅,结果与韦南休斯、贝伦加一样,中毒而死!"乔尔戈点点头,说:"那么,你究竟想要什么?""我想看一看亚里士多德《诗学》的第二卷,那部人人都认为已经失传或者从未写出的书。你把持着唯一的一本。"

乔尔戈拿出面前的那部书,递给威廉。威廉戴上手套,开始阅读,因为他知道书上沾满那瓶丢失的剧毒毒液。乔尔戈失算了。但威廉尚不明白为什么乔尔戈誓死隐藏这部书?"因为它是那位哲人写的。这家伙写的每一部书都将多少世纪以来基督教世界所积累的学识毁掉一部分。他在这本书里赞美笑声,为人们指出一个新目标,就是通过超越恐惧而战胜死亡。没有了恐惧感,我们这些罪孽深重的人类会变成什么样呢?”说完,乔尔戈伸出颤抖的双手,把那部书撕成碎片,送入口中,吞咽下去。威廉醒悟过来,起身夺书,但乔尔戈以惊人的速度将油灯捂灭,在一片漆黑中,威廉和我只能听到撕纸片的响声。油灯再次点燃,火苗烧着书籍,书稿顷刻间化为灰烬。四周已燃起大火,威廉和我仓惶逃出。

修道院烧了三天三夜,那座宏伟的建筑群只剩下零散的废墟。

弗兰茨·卡夫卡［奥地利］

《美　国》

作者简介

作者简介见《变形记》一章。

作品提要

《美国》又名《生死不明的人》，是卡夫卡的第一部长篇小说，也是他仅有的三部长篇小说中情节比较完整的一部。

十六岁的少年卡尔·罗斯曼是德国一个有钱的体面人家的孩子，他天真、纯朴，为他家的一个中年女佣人所喜爱，终于被她引诱和她生了一个孩子。这件败坏家风、辱没门庭的丑事引起他父母的愤怒，只有通过严厉的责罚才能挽回名誉，于是卡尔被放逐到遥远的他乡——美国。

安徽文艺出版社 1997 年版封面

卡尔乘的轮船抵达纽约码头时，一个偶然机会使他认识了船上的一个司炉，是他的同胞。两人一谈就投机。卡尔很羡慕他的职业，而司炉却正想离开这个地方，原来司炉正受一个外国血统的总机械师的欺侮。卡尔为他打抱不平，替他向上司告状，但毫无结果。当他正要卷入这场纠纷之际，突然出现"救星"：一个名叫雅考伯的高雅绅士，声称是他的舅舅，刚接到来自原籍的一个侍女的信，获悉卡尔的遭遇，特来接他回家。雅考伯是百万富翁，美国国会议员，他对卡尔关怀备至，又是请人教他学钢琴，又是送他去骑术学校学骑马。和他一起去练骑术的还有一个叫玛克的青年，是另一个百万富翁的公子哥儿，十分骄纵，和卡尔形成鲜明的对照。但"舅舅"对卡尔的"培养"是很严格的，规定他每天四点半就得起床。

卡尔在新的生活环境里很快就习惯了，但好景不长。一次

中国书籍出版社 2007 年版封面

舅舅和大银行家波隆德洽谈生意时，后者对卡尔表示好感，并当即邀请卡尔去他的别墅与克拉拉小姐相识。这对青年一见就互相投合。克拉拉欢天喜地领着卡尔参观。在互相逗乐中，克拉拉不觉倒在卡尔的怀里，卡尔即随手把她抱住，但克拉拉却出人意料地叫唤起来，卡尔莫名其妙地问：我并未使劲搂你，为什么叫唤？便松开了手。克拉拉把他撇在一边就走了。但卡尔陷在这座迷宫里怎么也走不出去，他在茫然失措中见一长髯老翁，是这家的一个仆人。卡尔从他口中得知，克拉拉就是那个纨绔子弟玛克的未婚妻。卡尔要求老人领他出去，途中撞见克拉拉的父亲波隆德，扫兴不已的卡尔要求立即回舅舅家去，波隆德见挽留不住，只好答应。临走时，波隆德要卡尔与克拉拉告别一下。克拉拉见到卡尔却要求他弹一回钢琴再走，时已晚上十一点半，仆人们都来欣赏。弹到十一点三刻时，卡尔要走，大家请他再弹一回。当钟鸣十二响时，卡尔急着要回去。这时一个名叫格林的人当众宣读了雅考伯舅舅给卡尔的信，信中责备卡尔没有按照他的嘱咐当天回去，因而违犯了他的家教和家规，宣布不再收容他。于是卡尔走上了流浪的道路。

卡尔在路上认识了两个流浪汉，一个是爱尔兰人，叫罗宾逊；一个是法国人，叫德拉马什。他们准备领卡尔到一个叫布特福德的地方去。路上他们遇见了卡尔舅舅家的运输车，有人叫他们上去，卡尔不肯上，他怕见到舅舅。不久，他们又遇到建筑工人大罢工。原来这是玛克父亲企业里的工人，这时卡尔才知道玛克是当地最大的建筑大老板的儿子。当天晚上，卡尔去一家旅店给罗宾逊和德拉马什送去一篮饭菜和啤酒时，发现他的箱子已被他俩翻得乱七八糟，钱包也被他们搜过。这些卡尔都不在乎，但当他看到母亲的相片受到他们的玷辱时，他才生气了，并因此同他们分了手。

天无绝人之路。由于同胞关系，卡尔很快受到西方饭店一个女厨师长的垂怜，在该饭店找到了一个开电梯的差事。他当晚就认识了饭店里名叫苔莱丝的打字员。她向卡尔介绍了这个大饭店的职工们的艰苦劳动和非人待遇，有的人常劳累得昏了过去，后来苔莱丝还向卡尔倾诉了自己的悲惨身世：她是个私生子，母亲在纽约街头一个风雪交加的夜晚，因饥寒交迫、走投无路而惨死在一个脚手架的乱砖之下。这一对青年相互同情，相互倾慕，尽管每天要劳动十二小时，业余时间他们仍经常出去游玩……

但那两个流氓却不甘心就此罢休，德拉马什托人来打听卡尔，卡尔不愿再跟这号人保持联系，苔莱丝也劝他不要见他们。但卡尔自己动摇不定，说必要时还得见见他们。不久，罗宾逊这家伙找来了，说他跟德拉马什正与一个“女歌唱家”（其实是妓女）住在一起，要卡尔一起同住。卡尔拒绝了，罗宾逊就向他勒索。夜间，罗宾逊在宿舍里喝得酩酊大醉，胡言乱语，惊动了许多职员。但罗宾逊却付不起酒钱，这时卡尔不得不暂时离开岗位，带着一元钱小费前来搭救罗宾逊。想不到这一行动却构成了“擅离职守”的罪名，饭店老板把他撵了出来，只是由于女厨师长出面相保，卡尔才没受其他处分。

卡尔租了一辆汽车，来到纽约郊区的一个小镇，偶然瞥见德拉马什，他想躲开这个家伙，但德拉马什哪里肯放过他。这时警察要卡尔出示证件，他拿不出，警察要拘捕他。德拉马什替他打了掩护，使他得以脱身，但因此却落入两个流氓之手，他们非要卡尔当他们的佣人，卡尔不从，罗宾逊就把他打翻在地。这时，只听外边有大群人由远而近，吹吹打打，好不热闹。卡尔想出去观看，他们哪里允许？等他们回卧室休息时，卡尔想乘机逃跑，但大门锁上了！他就找了两把刀子，把门扉挖了两个洞孔，不幸被德拉马什看到了，就又被他打了一顿。这时来了一位住在本楼的大学生，他给卡尔介绍了当地竞选运动的政治背景。他也痛恨德拉马什其人，但他却劝卡尔在这里呆下去……

小说写到这里为止。

艾里亚斯·卡内蒂［奥地利］

《迷　惘》

作者简介

艾里亚斯·卡内蒂(1905—1994),英国著名德语作家。生于保加利亚。八岁丧父,随母迁至维也纳,先后在苏黎世、法兰克福等地求学,1924 年至 1929 年毕业于维也纳大学并获哲学博士学位。由于从小就酷爱艺术,对犹太教、商业活动深感厌恶,卡内蒂潜心研究文学、历史,并开始写作。1938 年,德国法西斯侵占奥地利,卡内蒂流亡法国,辗转至英国,定居在伦敦并加入英国国籍,但他一直用德语写作。

卡内蒂发表了二十部著作,散文最多,戏剧次之,其中最有影响的是长篇小说《迷惘》(1935)、政论著作《群众与权力》(1960)以及戏剧《虚荣的喜剧》(1950)、《婚礼》(1964),自传体三部曲《得救之舌》(1977)、《耳中火炬》(1980)、《眼的游戏》(1986)等。1981 年,他在获得卡夫卡奖金的同时,以“作品具有宽广的视野、丰富的思想和艺术力量”获得诺贝尔文学奖。

卡内蒂与卡夫卡过从甚密,早年又攻读过自然科学,这些都给他的创作以一定的影响。他喜好以冷峻的态度表现精神与现实的冲突,特别喜好分析那些无足轻重的“边缘人物”,如异乡客、怪人以及精神反常的各种小人物。他善于从文化史的角度洞察社会与人生,以怪诞的手法表现人在现代社会的异化现象,作品具有内省、深邃的象征内蕴。

作品提要

彼得·基恩是维也纳著名的汉学家,在他忙忙碌碌的清教徒式的生活中,唯一的乐趣就是藏书。凡是书籍,不管有多破旧,都很容易诱惑他买下来。他掌握十几种东方语言,能用各种格言警句思考,论文独具匠心,但他从不沽名钓誉。十多年来,他固执地回避各种庆贺与宴请,因为唯有与世隔绝,才能接近真理。

基恩的二万五千册书收藏在四个大房间里,由一个女管家照管。女管家不懂书的价值,以为藏书是搞投机买卖,基恩把她辞退了。新的广告招来了新管家,她叫苔莱泽,据她自己说是四十八岁正正经经的老处女。这位女管家长相奇丑,总穿着一条浆过的蓝裙子,因为蓝色标志着忠诚。她是那样“喜欢”书，“爱护”书。经过多年的观察，基恩确信自己遇上了知音。四十岁时，他毅然决定和五十六岁的苔莱泽结婚，但他根本不懂男女之事。新婚之夜，基恩为了讨好新娘，在新婚床上摆了一层漂亮的书。新娘扭动着肥胖的身躯蹒跚走来，粗壮的左臂一挥，那些书籍便像死尸般横七竖八地躺了满地。她脱下衬裙，上了床，伸手招呼基恩过来。基恩却冲出房门，冲进厕所，坐在马桶上，像小孩似的哭泣起来。

苔莱泽露出了庐山真面目，整日唠叨不休，疯狂地购买家具，几间藏书室很快被家具挤得满满的。苦恼万状的基恩无法可想，只好闭上眼睛过日子。从前他曾嘲笑并蔑视过盲人，奇怪他们有了这种残疾还能生活下去，如今，他终于认识到盲目自有盲目的好处，何况宇宙占统治地位的法则本来就是“盲目”的，人们的存在也包含着很大的“盲目”性。对生活中的一切恼人的因素都应该闭目塞听，感觉到的便存在，感觉不到的就不存在，岂不正是人们自我保护的法宝吗?那些眼睁睁地看着这一切，但却无能为力的庸人是多么可悲!

一天，趁苔莱泽外出购买家具之机，基恩求看门人把家具全部搬到走廊。他的四个书房又变成了大一统的天下。为此，他要举行一次隆重的庆典活动。他爬到梯子上，头顶着天棚，对他的朋友——书籍，发表了长篇演说。他陈述了书籍的受难史，特别列举了中国秦始皇焚书坑儒的史实。他想不通那种骇人听闻的事件怎么会在人人称羡的文明古国里发生。他忧心忡忡的是，历史式悲剧是否还会重演?他本想号召他的朋友——书籍和他团结起来，进行一场神圣的战争，但由于情绪过分激动和紧张，他从高高的梯子上摔了下来。昏迷中他似乎看见一些朋友为他鼓掌，表示赞同，还有一些朋友拒绝和他合作。二十年前，基恩曾把释迦牟尼的沉默定为自己生活的最高准则，然而这是一个思想贫乏的神，一个坐着不动，变得越来越胖的神，每当人们想到佛陀，除了想到他的肥胖，还能想到什么呢?叔本华宣布了他的生活意志，事后却又亟欲获得全世界最恶之物——死；虽然费希特英勇地喊出了“自我”，尼采慷慨激昂地宣称“上帝死了”，但如今这些思想家和哲人竟都无力和这个既老又丑的女用人较量，这使他恼怒、疲倦和沮丧。

五十六岁的苔莱泽自觉自己徐娘半老，风韵犹存，何况一个家具店的小伙计亲口对她说过，她看起来还不超过三十岁，很美，尤其是屁股……这些奉承话实在令人心醉，汉学博士夫人立即决定请小伙计下饭馆，并答应帮他弄一笔钱，开办一个像样的家具店，条件是这位“意中人”每天必须按时来家中与其幽会。

苔莱泽回到家里，发现基恩直挺挺地躺在地上，身上压着比他还长一截的梯子，漂亮的地毯也染上了斑斑血迹。她以为基恩已死了，好不得意，忙着寻找遗嘱。如今这里的一切都属于她的了，只差一份遗嘱。然而，基恩又活了过来。

基恩在床上整整躺了六个月，受尽妻子的虐待。他刚刚好转，妻子就逼着他立遗嘱，要他说出存款的银行，还假惺惺地掉了几滴泪。教授以为这一切都是出于爱情，为了摆脱妻子的纠缠，他写了一份遗嘱。苔莱泽怀疑教授藏了心眼，把钱留给了弟弟。她趁遗嘱还没送到公证人那里，偷偷在钱数后边多加了两个“0”。基恩误以为这多100倍的巨款是妻子的财产，高兴极了，他可以购买更多的书了。苔莱泽看丈夫冥顽不化，不肯说出遗产的实数，就又大打出手。这位孔孟之徒像一尊石像一般，任凭打骂也无动于衷。他想起《聊斋志异》中的《画皮》故事，那个极可怕的妖怪在行为上似乎也比这个婆娘还要高尚些。他巴望“现在”快快过去，一切痛苦都根于“现在”；他渴望“未来”，世界的不幸在于很少生活在“未来”之中；“过去”是美好的，上帝就意味着过去……他的思想在几千年的历史里上下求索，想在时间里找到一个避难所，然而，辉煌的文明竟如此不堪一击，在野蛮的强盗——头脑顽固的愚人面前，它像沙滩上的楼阁一样很快就崩塌了。汉学博士的孔孟之道被老婆的拳头击得粉碎，最后竟被扫地出门，他的大衣、帽子、公文包都被扔了出来。所幸银行的存折恰恰在公文包里，这样基恩教授仍有钱买书，支付旅馆费用。

一天，基恩在理想天堂咖啡馆里认识了驼背矮子菲舍尔勒，他甘愿当汉学博士的仆人。这个驼背侏儒靠老婆当婊子维持生活。他是个象棋迷，在棋盘边度过了半辈子，凡是赢不了的棋手，都送到老婆那里捞回本钱。他打定主意从书呆子基恩那里弄一笔钱，到美国参加象棋大赛。为此，他不得不陪这位白痴跑书店，整理可憎的图书。

汉学博士基恩把侏儒看做志同道合的朋友，他要对他施加教育，使他获得一些人性。然而侏儒最高兴的事莫过于躺在钱山上抓着钞票玩，同时悠然自得地下棋。大人物都是这样做买卖的，一面用右手移动棋子，一面用钞票擦去左手上的污垢。一天，驼背看见基恩教授在当铺前拦住一个卖书的大学生，给他一笔钱，告戒他：“书比人还贵重呢！”并收下了大学生的书。侏儒心生一计，雇佣他的狐朋狗友每人包一包廉价书，假装去当铺卖。汉学教授不知内情，陶醉在充满诗意的善行义举中，不知不觉被侏儒掏空了腰包。侏儒又佯言苔莱泽死了，教授听后欣喜若狂。神情恍惚中，他仿佛看见苔莱泽被他关在藏书室中，活活饿死。是他判处了她的死刑，饥饿和她贪婪的本性则执行了这一判决。对于自己的“谋杀”行为，汉学博士毫不后悔，甚至不惜第二次用这种方式干掉她。基恩教授度过了令人激动的下午，第二天一早，又赶到当铺继续拯救书籍。未曾料到，他拦住的是一个穿着硬邦邦

漓江出版社 1986 年版封面

的蓝裙子的苔莱泽，旁边还有看门人，他们每人扛着一大包书。

苔莱泽并没有死。自从把丈夫赶出家门以后，她在屋里搜查了个遍。一个星期后，她确定存折不藏在家里，不过房子和值钱的书都属于她的了。她想起了意中人，那个小伙计真聪明，竟然知道她的屁股漂亮，她禁不住春心荡漾，在镜子面前端详起屁股来。然后，她兴高采烈地跑到家具店，解开裙带，连喊着“屁股、屁股”，扑倒在意中人的怀里说：“我现在已经无牵无挂了。”她的“壮举”轰动了整条街道，人们争先恐后地围观着，前呼后拥，使得这位幸福的女神更加想入非非。她感到今天事事如意，连自称“雄猫”的看门人普法夫也转变了态度，大骂基恩，还不断地捏她的大腿表示爱慕，她终于成了用这种求爱方式征服男人的第一个女人……从此，苔莱泽对“雄猫”普法夫言听计从，他们每隔三四天便带着一大批书去当铺出售。

苔莱泽和普法夫偷书卖撞见基恩，却贼喊捉贼，一口咬定教授是小偷。围观的群众见基恩衣服破烂，也断定他口袋里的钱是偷的。基恩被警察逮捕了，所有的人都按照苔莱泽的意志办事，她俨然成了全权指挥。在警察局，汉学博士用呆滞的目光死死地盯着苔莱泽，用手仔细地捏了又捏她那硬邦邦的蓝裙子，请求道：“请诸位帮助我，证明她已经死了！”他不相信苔莱泽仍然活在世上，但眼前的这个蓝裙子使他困惑。“我被这幻想弄得神魂颠倒了。”他喘息着说，眼里噙满了泪水。他想象着周围这些庸人倘若产生幻觉会是什么情景，这帮可怜虫始终生活在幻觉之中，同他们在一起，就像呆在疯人院里一样。这些人没有胆量杀死苔莱泽，相反，会一个个让她折磨死。为了论证苔莱泽已死，他发表了长篇大论，苔莱泽越听越怕，以为基恩真的杀死了一个和她一样穿蓝裙子的女人，那一定是他的第一个妻子，看来这个骨瘦如柴的家伙不仅是个小偷，还是个杀人犯。想到这，她不禁心惊胆战起来，她可不想现在就死，她还要为意中人活八十岁呢。这时，基恩突然挥臂高呼：“死亡万岁！”警察把他看做疯子赶了出去。

侏儒菲舍尔勒骗了钱，想到美国去当他的世界象棋冠军。为了弄到一份假护照，他来到与理想天堂咖啡馆毗邻的狒狒咖啡馆，这里的顾客三教九流无所不有。他们任命菲舍尔勒为狒狒咖啡馆的名誉成员，还给他炮制了一份假护照和博士头衔。他又做了一套合身的西装，巧妙地掩盖了他的驼背。然后他偷偷溜回家，打算带走必要的东西。不想触怒了正和老婆鬼混的瞎子，于是脑袋被打开了花，一命呜呼。

基恩被看门人“收留”了。看门人普法夫是个退休警察，妻子被他虐待致死以后，女儿便成了他的小囚犯。为了报效国家，他决心把女儿训练成一个优秀的警察。他让女儿每天跪在离地面五十厘米高的窥视孔前观察来往行人，还经常拿女儿做实验，三拳两脚把女儿当坏蛋打趴在地。女儿受尽凌辱，终于患病死去。如今普法夫令基恩教授顶替其女儿的位置，他和苔莱泽串通一气，合伙折磨汉学博士。基恩每天跪在窥视孔前观察行人，看到的只是千篇一律的裤子世界。久而久之，教授失去了理智。

基恩教授的弟弟乔治是著名的精神病医生，在巴黎一家疯人院行医。和他的哥哥相反，他是个身材魁梧的美男子，谁见了他都会想起米开朗琪罗画上的亚当，再加上他渊博的学识、才能和热情，不少女人对他着了迷。院长夫人疯狂地爱上了他，狠心地毒死了自己的丈夫，让乔治担任了院长。乔治出于感激和她结婚，对于谋杀，他一无所知。一天，乔治接到基恩的电报："我完全疯了，你的哥哥。"他立即乘快车赶到维也纳，他们已十二年没见面了。

译林出版社 2001 年版封面

乔治听了苔莱泽编造的瞎话，如坠入云雾之中，他担心哥哥的丑闻影响自己的前程，他要尽快弄清事情的真相。看门人普法夫自称是基恩最好的朋友，带着乔治去见基恩。乔治为哥哥的遭遇感到难过，决心帮助哥哥恢复宁静的学者生活。他运用精神分析方法寻找基恩的病根。基恩感慨道："上帝创造亚当时，一时心血来潮，创造了夏娃，从而成了亚当永远也无法摆脱的厄运。"他谈古论今，引经据典，论证女人在人类历史上的种种罪过，他自认是真理的化身，不幸的根源就在于对真理的爱。乔治从哥哥的滔滔不绝的话语中明白了病因，但听说哥哥已穷得一文不名时，他几乎昏了过去。父亲原本留下一大笔遗产，一半让哥哥花在没有生命的书本上，另一半花在他的疯人院上，到底哪一半花得更有价值呢?他必须尽快想办法让哥哥这条快要干死的鱼回到他所喜欢的环境中去。他先是找到苔莱泽，对她甜言蜜语，百般奉承，哄得苔莱泽虽不是条母狗，却把耳朵竖了起来，嘴里流出了口水。她掏出当书的全部票据，还表示愿为爱情奉献出存折。乔治又去找看门人算账，假称自己是警察局长，吓得普法夫跪地求饶。乔治不动声色地把这对狗男女赶出家门，把哥哥送回藏书室。

基恩的精神已完全失常了。乔治走后，他在藏书室里上了三道锁，仍然排除不掉外在世界对他的心爱的书的威胁。他确信自己杀死了苔莱泽，便划了无数根火柴寻找地毯上的血迹，不想点燃了地毯。精神恍惚中，他仿佛看见谋杀与纵火案充斥着报纸的版面，污染着这个国家和人们的头脑，人们正大肆渲染他的罪行，似乎光有谋杀没有纵火他们就会不舒服，恨不得自己去放一把火。这个世界已经成了匪窟，不但吃人而且抢书。人人都想捞点什么，而且都等得不耐烦了。他要用书筑起一道坚固的防线，要用火刑向所有的敌人复仇，当大火蔓延到他的身上时，他纵声大笑，仿佛他有生以来就没笑过似的。

托马斯·曼［德国］

《魔　山》

作者简介

作者简介见《布登勃洛克一家》一章。

作品提要

才智与兴味都很平常的富商之子汉斯·卡斯托普，被送到达伏斯疗养院进行疗养，一呆就是七年的时间。这本书的主要内容，就是描述他在这七年期间——瑞士阿尔卑斯山的纯净空气中如何使他的人生境界得到扩展，以及如何经过人际的接触与个人的反应使自己在体格、德行、理智以及性灵方面都得到发展的情形。

故事的模式是由多种多样的思想和经验之线加以巧妙的纺织而成。汉斯·卡斯托普其人也许代表某一种类的“人人先生”，这本书的广泛含意也就随着故事的开展而变得逐渐明显了。不少人指出：本书可从几个不同的层次来看，可作为一部出色的长篇小说来看，也可以作为一部辩证作品或一篇寓言故事来看。

与汉斯·卡斯托普同在那里疗养的是他的表兄约亚，因此当其他的患者一上场之后，汉斯便目睹了疾病的赤裸现实。作者不但毫不留情地让他的主角面对肺结核病人所呈现的种种可厌的细节，对于读者也一样。赤裸的现实主义宰杀了一切，尤其是前面几章，汉斯看出他的病友当中有一个名叫“半肺俱乐部”的精英组织。

在女性患者中，有一个名叫克拉芙黛亚·乔契特的俄国女人具有特别的吸引力，故事开始不久她就吸引住了汉斯的眼睛。她在某夜两度出现在他的梦中之后，不但使他爱上了她，而且在几乎半部书的篇幅当中占据着他的意念。在《华尔普古斯之夜》那一章中，他有了一个向她求爱的机会，但当他鼓起勇气向她表达他的爱慕之情时，作者却来了一个讽刺笔触：她将于次日离开那座疗养院。

汉斯暗暗打起精神，指望克拉芙黛亚会返回。但是，终日坐谈抽象话题的结果使他渴望来上一次突破。他打算抛开这些，好使他自己有个反省的机会，为他本人好好想一下——哪怕只是一阵子也好。他买来雪橇，加以练习，终于精熟到敢于上山一试的程度。汉斯登上了那终年冰封的沉寂高原，体验到了纳甫泰和塞坦布林尼无法用语言形容的那种自由和自在，这对汉斯固然是一种突破，对于我们读者又何尝不是？他漫不经心地继续滑，这不仅是一种现实，同时也是一种冒险，因为，他碰上了一场突如其来的暴风雪，被迫退到一栋锁住的小屋后面。他在那里陷入了一种梦境或昏迷状态，他的心灵受到从他来到达伏斯直至目前为止所得到的混杂印象的迫害。他在一个回音的语句中清醒过来，那语句说："为了善，为了爱，人当不容死亡降临他的思绪。"那时天气已经晴朗，他得以安全地返回达伏斯，但此梦在他的心中却无法消失。

此时来了一个多彩多姿的人物，一个强而有力的角色明尼尔·彼埃特·皮勃康，他在这个舞台上面主导了一段时间。他的上台是一个颇富戏剧性的意外，因为他是携同克拉芙黛亚·乔契特一道而来：他俩从车站同坐一辆雪车而来；他俩同饮水同食宿，其亲密的关系不言可知。

一直满怀希望静候克拉芙黛亚到来的汉斯，对此自然始料未及。这是作者喜欢来上一笔讽刺的又一例证。不过，也许是由于独自在雪山冒险的关系吧，此时的汉斯不但已经有了足以应付此种震惊的定力，甚至还对他的得胜情敌燃起一种友谊之情。他在百无聊赖的时候与其他病友一同按种种不同的兴趣和爱好，进行摄影、集邮、笔戏等，无所不包。说好听一点，那也只是一种无益的活动而已。有人给病人提供了一架留声机，使得汉斯有一段时间从音乐方面得到满足，听那些唱片集可以"享受一点安静的清福"。他爱上了"阿伊达""卡门""牧神的午后"以及由古诺作曲的"浮士德"等类的名曲，从它们里面吸取了一些东西。

在这种浮游状态之中，他随时随地掌握任何一丝的体验。娄克罗科斯基医师把研究原野从精神分析术扩展而至催眠术、传心术以及招魂术之时，汉斯便对这类秘术产生了一时的兴趣，而其结果则是受到他的好友塞坦布林尼的指责，教育他应尊重自己的人性。不久，汉斯就对这些失望了，而原有的不安也随之而来。他并不是唯一

中国书籍出版社 2006 年版封面

北京燕山出版社 2006 年版封面

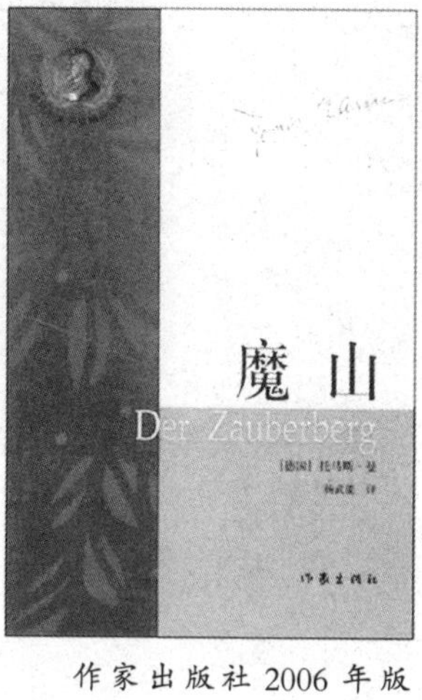

作家出版社 2006 年版封面

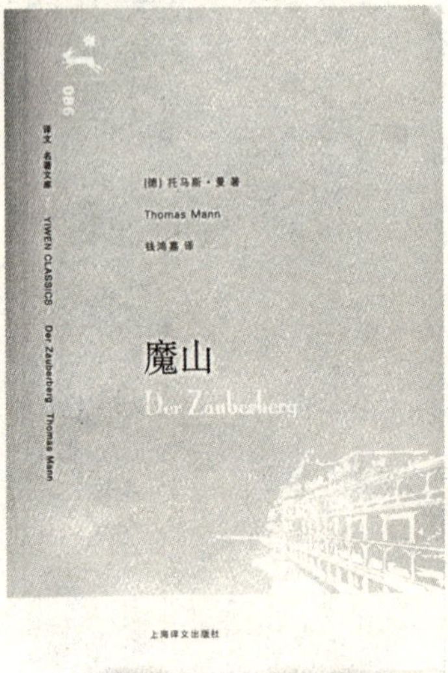

上海译文出版社 2007 年版封面

受到影响的人。心绪的不安在这个与世隔离的疗养所里可以说非常普遍。第一次世界大战迫近了，对此的争论颇多，人们逐渐激动起来，而纳甫泰与塞坦布林尼之间的长期较劲，在此种气氛之下的一次公开吵架之中达到顶点。

“我妨碍你，你妨碍我。”纳甫泰在剧烈的争吵之后叫道，“我们要把解决差异的办法转移到一个适当的角度……到时候你会听到我的消息。”“你会找到一个听众的，先生!”这位意大利人颇富戏剧意味地回答道。汉斯试图阻止这种可怕的决斗，可徒劳无功。手枪准备妥当，两人准时到场。鼓不起杀人勇气的塞坦布林尼对空放了一枪，纳甫泰愤怒地催他重新开枪，而当塞坦布林尼断然拒绝之时，纳甫泰便把枪口对准了自己的脑袋。这场内心的悲剧落幕之后，随之而来的是另一场范围更广的枪杀——到萨拉耶佛行刺奥国王子佛兰西斯·费迪南德。在战争扩及整个欧洲时，已经恢复健康的汉斯也就决定返回他的故乡去扮演仓惶角色了。此时作者让读者一瞥在猛攻西线的一场战斗中出现的汉斯，而后以一篇独白作为结语：

“再见了，正直的汉斯·卡斯托普。生命是脆弱的儿童！你的故事已经说完了……

“再见了，不论你是活是死!你的前途不佳，使你的运气陷入其中的这场绝望之舞，到了结束的时候我们将不在乎你对生命投下的巨大的赌注。我们甚至承认：不太在乎摊开空虚问题。肉体与心灵的历险，虽可强化你的权力，但也让你明白你在肉体上难以办到的事情。在逸出死亡与肉体反抗的时刻，在你反躬自省的当儿，你做了一个爱的梦……”

接着，也许是为了呼应主角在雪地梦醒之后的清醒意境，作者做了如下的结语：过了这种普遍性的死亡节庆，过了这种极端的狂热疾病，把雨后的暮空燃成一种浓烈的光焰，爱也许会有登场的一天吧?

穆旦［中国］

《穆旦诗全集》

作者简介

穆旦（1918—1977），我国现当代著名诗人、翻译家。原名查良铮，曾用笔名梁真。浙江海宁人，出生于天津，少年时期在南开中学读书时便对文学有浓厚兴趣，开始写诗。1935年考入北平清华大学外文系，抗日战争爆发后，随学校辗转于长沙、昆明等地，并在香港《大公报》副刊和昆明《文聚》上发表大量诗作，成为有名的青年诗人。1940年在西南联大毕业后留校任教。1949年赴美国留学，入芝加哥大学英国文学系学习。1952年获文学硕士学位。1953年回国后，任南开大学外文系副教授。1977年因心脏病突发去世。

穆旦于20世纪40年代出版了《探险者》《穆旦诗集（1939—1945）》《旗》三部诗集，将西欧现代主义和中国诗歌传统结合起来，诗风富于象征寓意和心灵思辨，是“九叶诗派”的代表诗人。

50年代起，穆旦开始从事外国诗歌的翻译，主要译作有俄国普希金的作品《波尔塔瓦》《青铜骑士》《普希金抒情诗集》《普希金抒情诗二集》《欧根·奥涅金》《高加索的俘虏》《加甫利颂》，英国雪莱的作品《云雀》《雪莱抒情诗选》，英国拜伦的作品《唐璜》《拜伦抒情诗选》《拜伦诗选》，以及英国诗人作品《布莱克诗选》《济慈诗选》。所译的文艺理论著作有苏联季摩菲耶夫的《文学概论》（《文学原理》第一部）《文学原理》（文学的科学基础）《文学发展过程》《怎样分析文学作品》和《别林斯基论文学》，这些译本均有较大影响，享誉译界。

作品提要

新中国成立之前，穆旦是“国统区”较有名气的诗人。其诗作注意抒写20世纪40年代人民的苦难、斗争以及渴望光明的心情。在表现手法上，继承了中国古典诗歌的优秀传统，受到新诗发展的启迪，吸收了西方后期象征主义和现代主义诗人的某些表现手段，注重情绪和意象，丰富了新诗的表现力。40年代初，穆旦在《赞美》一诗中，以深沉的感情赞美祖国，激动地欢呼着“一个民族已经起来”：

我要以荒凉的沙漠，坎坷的小路，骡子车，/ 我要以槽子船，漫山的野花，阴雨的天气，/ 我要以一切拥抱你，你，/我到处看见的人民呵，/ 在耻辱里生活的人民，佝偻的人民，/ 我要以带血的手和你们一一拥抱。①

这最后一句在后面各节又一再重复，显得沉雄而有力。他看到在田野中劳作的农民，想到多少朝代在他身边升起又降下；如今这个农民在抗日的号召下投入了军队，“溶进了大众的爱”，“看着自己溶进死亡里”②，因为战争总是会有伤亡的。诗人沉痛地说：“他是不能够流泪的，/ 他没有流泪，因为一个民族已经起来。”这种悲痛、幸福与自觉、负疚交织在一起的复杂心情，使穆旦的诗显出了深度和厚度。他对祖国的赞歌，不是轻飘飘的，而是伴随着深沉的痛苦的，是“带血”的歌。穆旦的诗作厚重、深沉，颇能反映出当时穷苦大众的生活面貌。在《在寒冷的腊月的夜里》(1941 年 2 月)，诗人写道：

在寒冷的腊月的夜里，风扫着北方的平原，/ 北方的田野是枯干的，大麦和谷子已经推进了村庄，/ 岁月尽竭了，牲口憩息了，村外的小河冻结了，/ 在古老的路上，在田野的纵横里闪着一盏灯光，/ 一副厚重的、多纹的脸，/ 他想什么?他做什么?/ 在这亲切的，为吱哑的轮子压死的路上。/ 风向东吹，风向南吹，风在低矮的小街上回旋，/ 木格的窗纸堆着沙土，我们在泥草的屋顶下安眠，/ 谁家的儿郎吓哭了，哇——呜——呜——从屋顶传过屋顶，/ 他就要长大了，渐渐和我们一样地躺下，一样地打鼾，/ 从屋顶传过屋顶，风 / 这样大，岁月这样悠久，/ 我们不能够听见，我们不能够听见。/ 火熄了么?红的炭火拨灭了么?一个声音说，/ 我们的祖先是已经睡了，睡在离我们不远的地方，/ 所有的故事已经讲完了，只剩下灰烬的遗留，/ 在我们没有安慰的梦里，在他们走来又走去以后，/ 在门口，那些用旧了的镰刀，/ 锄头，牛轭，石磨，大车，/ 静静地，正承接着雪花的飘落。③

中国文学出版社 1996 年版封面

诗人以白描手法将 40 年代中国北方农村荒凉、凋敝的景象展现在读者面前。诗中“吱哑的轮子声”、孩童的啼哭

---

①《穆旦诗全集》(穆旦著，中国文学出版社 1996 年版)，第 134 页。

② 同上，第 135 页。

③ 同上，第 95—96 页。

声，将这种荒凉的气氛烘托得分外真切。诗人的心中充满着希冀，渴望新时代的到来。在《春》(1942)中，诗人写道：

绿色的火焰在草上摇曳，/他渴求着拥抱你，花朵。/反抗着土地，花朵伸出来，/当暖风吹来烦恼，或者欢乐。/如果你是醒了，推开窗子，/看这满园的欲望多么美丽。/蓝天下，为永远的谜蛊惑着的/是我们二十岁的紧闭的肉体，/一如那泥土做成的鸟的歌，/你们被点燃，卷曲又卷曲，却无处归依。/呵，光，影，声，色，都已经赤裸，/痛苦着，等待伸入新的组合。①

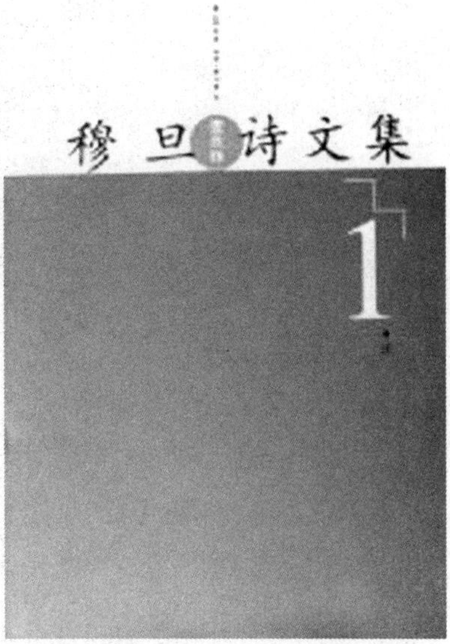

人民文学出版社 2006 年版封面

年轻的诗人深知，新时代的到来必将经历"痛苦的"重新组合这一过程。整个诗集笔调深沉、凝重，其一以贯之的思想主线是作者忧时伤世，向往自由，希望祖国能够强大起来，人民能够过上幸福的生活。例如《自然的梦》(1942 年 11 月)：

我曾经迷误在自然的梦中，/我的身体由白云和花草做成，/我是吹过林木的叹息，早晨的颜色，/当太阳染给我刹那的年青，/那不常在的是我们拥抱的情怀，/它让我甜甜的睡：一个少女的热情，/使我这样骄傲，又这样的柔顺。/我们谈话，自然的朦胧的呓语，/美丽的呓语把它自己说醒，/而将我暴露在密密的人群中，/我知道它醒了正无端地哭泣，/鸟的歌，水的歌，正绵绵地回忆，/因为我曾年青得一无所有，/施与者领向人世的智慧皈依，/而过多的忧思现在才显露出来，/我是有过蓝色的血，星球的世系。②

在《赠别》(1944)中，诗人写道：

多少人的青春在这里迷醉，/然后走上熙攘的路程，/朦胧的是你的怠倦，云光，和水，/他们的自己丢失了随着就遗忘；/多少次了你的园门开启，/你的美繁复，你的心变冷，/尽管四季的歌喉唱得多好，/当无翼而来的夜露凝重——/等你老了，独自对着炉火，/就会知道有一个灵魂也静静的，/他曾经爱过你的变化无尽，/旅梦碎了，他爱你的愁绪纷纷。③

---

①《穆旦诗全集》(穆旦著，中国文学出版社 1996 年版)，第 145 页。

② 同上，第 154 页。

③ 同上，第 167 页。

H. 伯尔［德国］

《女士及众生相》

作者简介

H. 伯尔(1917—1985)，德国作家，1972 年诺贝尔文学奖得主。他出身于莱茵河畔一个艺术雕刻家家庭。童年受天主教影响很大。第二次世界大战时应征入伍，受过伤，战争结束时在战俘营短期逗留后返回科隆。他是“四七社”成员，是“废墟文学”的重要代表。他的最初作品主要描写他及他这一代人在战争中和战后的经历，以真实的体验和观察描写战争的残酷，着重表现被法西斯欺骗蒙蔽的一代人的痛苦、迷惘、孤寂和严重的失落感，作品对战争进行了强烈的控诉。这一时期的代表作有短篇小说《过路人，你到斯巴……》(1950)，中篇小说《列车正点到达》(1951)、《亚当，你在哪里?》(1951)等。这些作品的主人公多为以第一人称出现的返乡兵。在阿登纳执政出现经济奇迹的 20 世纪 50 年代，伯尔是富有代表性的“阿登纳德国的批评家”。《一声不吭》(1953)是他第一部引起广泛重视的长篇小说，作品描写战后物质匮乏的情形，特别是房荒和基督教婚姻所面临的信仰危机。《无主之家》反映了战争中失去亲人的孤儿寡妇和生活无着的知识分子的心态。揭露军国主义的《九点半钟打台球》，是针对 50 年代军国主义复活和法西斯势力猖獗的社会批判小说。60 年代的作品集中表现了小人物在“自由”“民主”的联邦德国社会中所受到的压抑和迫害，抨击了天主教会的伪善。《女士及众生相》出版于 1971 年，是他文学生涯的巅峰之作，次年获得诺贝尔文学奖。70 年代他还出版了《丧失名誉的卡塔琳娜·勃罗姆》(1974)和《监护》(1979)等。遗作《河流风光前的女士们》于 1985 年出版。

漓江出版社 1991 年版封面

作品提要

《女士及众生相》像一份档案，其撰写方式如同情报机构或党派斗争所用的调查材料，以掌握某一名人的思想动态为目的，详尽地对日常生活中人的心理活动进行探究，犹如荣格式的性格研究。

人民文学出版社 1996 年版封面

在小说的开始，叙述者先详细地介绍了主人公莱妮·普法伊费尔，她是一位居住在柏林的四十八岁德国妇女，她有着一对时而深蓝时而黝黑的眼睛，一头略显花白的浓密金发。如此这般，莱妮的详情无遮无掩地袒露在读者面前，尤其重要的是，叙述者发现莱妮陷在经济困境之中。叙述者对莱妮的情况了如指掌，并不是想当告密者，而是暗恋上了莱妮，尽管他只见过莱妮三次。

叙述者对莱妮生活的调查尤其注意事实，而且他的叙述试图包含所有的细节，其结果便如编辑粗糙的文稿。一方面是莱妮生活情况的细节，一方面又有叙述者自传性的情况介入，而且叙述者与向他提供情报的一位女士颇有浪漫关系，与其他几位的合谋也颇为成功，渐渐地，莱妮的情况与叙述者融合为一，难解难分。

莱妮的生活可以分为许多阶段，她的童年生活条件优越，父亲是白手起家的实业家，在第三帝国初期颇有名气。她在学校的学习没什么可以赞扬的，但她遇到了拉埃尔修女。校方不准许这个修女开课，她只有资格干女学生称之为走廊修女才干的那种所谓下贱活，其社会地位相当于一名根本谈不上高贵的那种所谓下贱人。但正是这位修女，不乏“圣贤”之质，从她的谈吐可以认为，她的学问包括三个方面：医学、生物学、哲学。三者都带有来源完全不明的神秘的神学色彩。另外，拉埃尔还插手不属她职责范围内的事情：向女学生们建议如何进行美容、做头发和穿衣戴帽等。这一切都对莱妮产生了巨大的影响。莱妮日益频繁地托病请假，甚至躲在拉埃尔的小房间里抽香烟，但一天抽多少香烟，她却严格听从拉埃尔的戒律，她现今已四十八岁，仍然不曾破戒。

莱妮渐渐长成半大姑娘，她交了两个终生的朋友，一个是玛格丽特，另一个是洛特。她对男女之间的事情懂得更多了。到 1943 年，灾变一件接一件，她失去了温暖的家庭，她的哥哥亨利希以及她的堂兄(也是她的第一个恋人)被征入伍，没过多久便以叛变罪名被处决了。她母亲去世了，父亲因经济上的行为而被判有罪，进了劳改营。

莱妮现在已经长成漂亮的大姑娘，进了一家工厂做花圈。在工厂里，莱妮遇上了工友鲍里斯。鲍里斯是一名俄罗斯囚犯。两人在白昼躲避空袭的时候，在一个小地窖里相遇并相爱了。战争接近尾声，莱妮和朋友们躲在墓室里。在这里，她和鲍里斯的孩子出世了。

战后，莱妮和鲍里斯以及莱妮的朋友们一起住进了莱妮的寓所，后来莱妮的父亲也回来了。战争结束了，他们本来应当尽享欢乐和幸福，但事实却相反，对于莱妮来说，痛苦似乎更大，灾难似乎更多。全然出于误会，鲍里斯身穿德军军服，且持有伪造的证件，美国人将其逮捕并交给了法国人。鲍里斯被带到了法国的一个劳改营挖煤，在一次煤矿事故中丧生。莱妮的父亲也莫名其妙地死于一场事故。莱妮生活的精神支柱只剩下她的儿子了。她以自己的信条教养儿子，儿子长大后成了收垃圾的，用自己挣到的钱来养活莱妮。莱妮将自己寓所的空房子租给外国来的工人，并与其中一位同居。这样一来，邻居们大为不悦。莱妮欠其中一位邻居的钱，这位邻居便想将莱妮赶走。恰在此时，莱妮的儿子被判刑，她的经济状况到了崩溃的边缘。叙述者就是在此时介入其间并对莱妮进行调查的。

作者签名

鲁迅［中国］

《彷　徨》

作者简介

作者简介见《阿 Q 正传》一章。

作品提要

《彷徨》从《祝福》开始到《离婚》结束，收录了鲁迅 1924 年至 1925 年间的 11 篇小说。当时《新青年》内部产生分化，有很多战友中途变节，鲁迅先生的处境是“两间余一卒，荷戟独彷徨”，他自己也承认《彷徨》中的小说“技术虽然比先前好一些，思路也似乎较无拘束，而战斗的意气却冷得不少”。但他仍真诚地看取“人生”，摒弃了传统文学中的“瞒”和“骗”，深入大胆地表现了“上流社会的堕落和下层社会的不幸”。尤其是他敏锐地感悟到了文化启蒙者与国民之间无法沟通的新的历史悲剧以及新文化运动的一些参与者未能走出历史怪圈的自身悲哀。

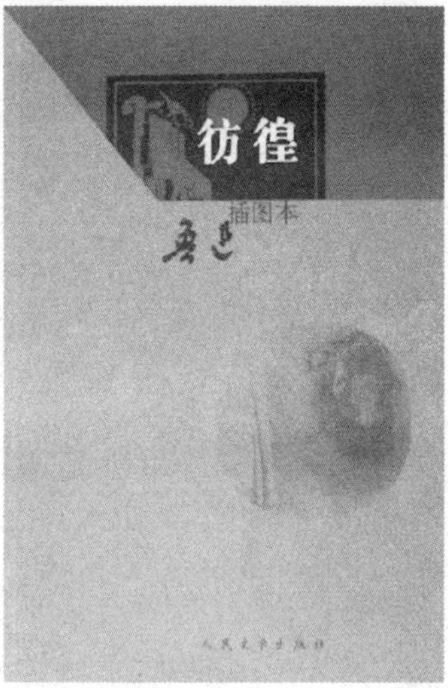

人民文学出版社 1979 年版封面

在鲁迅之前，中国小说史上还没有真正塑造农民形象的作品。鲁迅的最真情始终倾注在农民身上，但他更重于挖掘旧中国农民的精神残疾和国民性格中的奴性。这在《彷徨》中也有深刻的体现。首篇《祝福》以绍兴农村除夕迎神“祝福”为背景，描写了善良勤劳的劳动妇女祥林嫂的人生悲剧。

在旧历的年底，鲁镇人正欢乐地忙着“祝福”的时候，祥林嫂却寂寞地死在街头的雪地里。

说起来，祥林嫂本不是鲁镇人，她年轻时嫁给比自己小十岁的丈夫。死了丈夫后，由卫老婆子介绍来到鲁镇，在鲁四老爷家当女工。那时她二十六七的年纪，家里还有严厉的婆婆和十多岁的小叔子。她是偷着逃出来的。不久，婆家就派人查得她的下落，乘她淘米时把她抢了回去，转卖到深山里。婆婆要用她再嫁换得的

漓江出版社 1999 年版封面

百花文艺出版社 2005 年出版

外文出版社(汉英对照)2002 年版封面

钱给小叔子娶亲。祥林嫂执意不从，甚至在拜天地时用头猛撞香案，但求死不得。后来，她生了一个取名“阿毛”的胖小子。可好景不长，她的第二个丈夫贺老六得伤寒死了，儿子又在门外剥豆时遭了狼，于是大伯把她赶出家去，走投无路的祥林嫂只得又回到老主人家。鲁四老爷嫌她伤风败俗，不吉利，所以特地嘱咐四婶在祭祀时不让祥林嫂动手。镇上的闲人不但不同情她的遭遇，反而拿她的痛苦当笑柄。和祥林嫂一块帮工的柳妈对祥林嫂说，因为她嫁过两个男人，死后到阴司里阎王只好将她的身子锯开平分给两个死鬼男人，这使祥林嫂非常害怕。她听信柳妈的劝告，虔诚地用一年的工钱到土地庙捐了一条“千人踏，万人跨”的门槛为自己赎罪。此后，她满以为可以消除人们对她的歧视，摆脱精神上的折磨，谁知道，封建礼教仍容不得她，给了她新的致命的打击。“你放着罢，祥林嫂。”祭祖时节，四婶仍不让她插手。这次祥林嫂的变化非常大，她彻底绝望，一蹶不振，仿佛变成一个木偶人，不到半年，头发花白，干活也远不如从前了，于是被鲁四老爷打发走，沦为乞丐。她虽然百无聊赖，只差一死，但心理上的矛盾依然折磨着她：她既希望人死之后有灵魂，好与儿子团聚，又怕真有地狱，自己死后也不得安宁。为此，她向人们询问灵魂和地狱的有无，得不到确切的答案，她只得带着这种既希望又恐惧的矛盾心理无声无息地死在别人的“祝福”声中。

末篇《离婚》里的农村妇女爱姑具有和祥林嫂不同的性格。她倔强泼辣，富有反抗精神，丈夫姘上小寡妇要离弃她，她就整整闹了三年，最后婆家不得不请出“和知县大老爷换帖”的七大人来调停。爱姑以为欺压她的只是丈夫“小畜生”和公公“老畜生”，却不知她真正的对头是封建势力。作品着重描写了七大人会见爱姑的场面，从周围气氛和爱姑的心理感受中，刻画了七大人这个矫揉造作的地主形象。七大人玩“屁塞”，吸鼻烟，使爱姑感到高深莫测。在不可言状的精神压力下，爱姑由优势转到劣势，由充满幻想、讨个说法转到孤立无援、完全屈服。

《祝福》中的祥林嫂，《离婚》中的爱姑，原来都曾有光辉的人格，但经过重重打击，终于变成奴隶中的一员。在她们生命沉沦的悲剧背后汹涌澎湃的是作者对造成这种现象的封建统治的强烈悲愤和无情批判。同时，作者还着眼于对农民麻痹守旧、愚昧落后的严峻剖析，“哀其不幸，怒其不争”，作品呈现一种冷峻的风格。

除了农民，鲁迅对知识分子了解最深切。在《彷徨》中，他着力描写了两种类型的知识分子形象。一类是灵魂腐朽的新老国粹派分子，如虚伪冷酷的鲁四老爷(《祝福》)，不理解新文化的四铭先生(《肥皂》)，以及标榜为新艺术改名而骨子里依然陈旧的高尔础(《高老夫子》)。另一类是在歧路和穷途中徘徊的知识分子，典型作品有《在酒楼上》《孤独者》《伤逝》等。

《孤独者》的主人公魏连殳，幼年失母丧父，老祖母抚养他长大、念书。但当祖母染疾去世之后，村里的族人强迫魏连殳用旧式习俗殡葬祖母，同时有人又开始打祖母身后那点可怜的财产的主意。世态的炎凉与人情的虚伪使魏连殳深受刺激，他唯有沉默，并以沉默作为武器同他憎恶的世界、人世相对抗。在丧葬仪式上，“他却只是默默地，遇见怎么挑剔便怎么改，神色也不动”。魏连殳在享有这“孤独”的优越感的同时，也在体味着这“孤独”的痛苦。“忽然他流下泪来，接着就失声，立刻又变成长嚎，像一匹受伤的狼，当深夜在旷野中嗥叫，惨伤里夹杂着愤怒和悲哀。”这是怎样的一种悲痛!其实他原本心地善良、尊老爱幼，但一直郁郁不得志。他“出外游学”，回到S城后却只能到中学当历史教员。他是“吃洋教”的新党，他所接受的现代教育使他的言行思想都不合圣经贤传，他的“古怪”的行为，“没有顾忌的议论”，在村人看来“确是一个异类”。就连街上一个小孩都拿了一片芦叶指着他道:“杀!”于是，他便亲自造了“独头茧”，把自己与世人隔绝开来。可是他又不能真正与社会隔绝。因为他常写文章针砭时弊，卫道士们便用流言小报攻击他，后来他供职的学校又解聘了他。社会之大，却没有魏连殳的谋生之路。由于不堪生活和心理上孤独的重负，他“最终躬行于自己先前所憎恶、所反对的一切”，当了军阀部队中一个师长的顾问，每天与一些守旧分子和酒肉朋友吃喝玩乐，吟诗作赋，以此作为自己的“胜利”！周围的人们趋奉他，颂扬他，但“交运之后”的魏连殳不曾“阔”多久，便背负着心灵的创伤寂寞地离开人世。入棺的“魏大人一双黄皮鞋，一顶金边的草帽”，“腰边放着一柄纸糊的指挥刀”，而且从“骨瘦如柴的灰黑的脸色”判断，大约始终不曾真的“阔”过!“他在这不妥帖的衣冠中，安静地躺着，合了眼，闭着嘴，口角间仿佛含着冰冷的微笑，冷笑这可笑的死尸”，至死，他仍是那样一副玩世不恭、冷嘲世界的“尊容”!这种抛弃理想走向“实际”的做法还能算一种胜利吗?也许这只是一种表面的胜利，是失败者变态心理支配下的一种畸形的反抗。

《伤逝》是鲁迅用诗歌的手法写的唯一的一部爱情小说。当时多数小说都是描写青年男女怎样争取婚姻自由，而鲁迅却以此为起点，写男女主人公在幸福结合以后发生的悲剧，写他们战败的悲剧。涓生和子君都是“五四”时代的知识青年，起初他们在北京求学，涓生住在会馆里，子君寄居在她叔父家。两人为了争取恋爱自由的权利，大胆冲破礼教和家

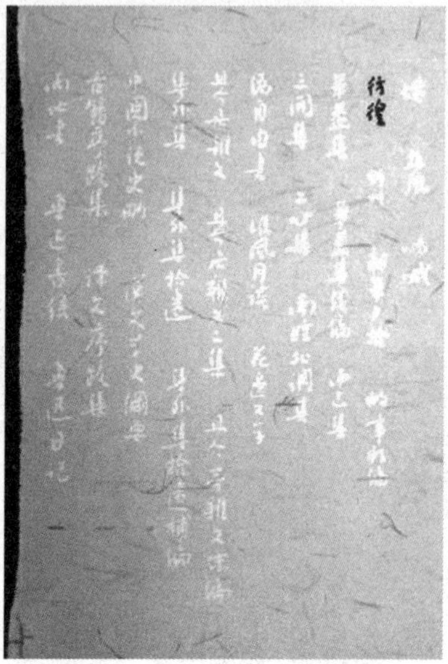

人民文学出版社 2006 年版封面

庭的束缚，勇敢地结合在一起。为此他们经受了种种打击和诬蔑：子君的叔父将她赶出家门，跟她断绝关系；社会上的闲人对他们讥笑和非议，甚至在他们新婚之初，没人愿意租给他们住房。这一切，都没把他们难倒，尤其是子君，她决然地说："我是我自己的，他们谁也没有干涉我的权利!"她卖掉了自己仅有的一点首饰资助涓生，在吉兆胡同建立了他们的小家庭。从此，涓生每天到局里去做事，子君则在家料理家务。暮春，他们过了一段幸福安宁的日子。

但是这种宁静的幸福是短暂的，新的打击很快又来了。双十节前夜，涓生被局里解聘，这使他们失去了唯一的经济来源。涓生一边登广告寻找工作，一边替人抄写、译书，以维持生计。但收入无几，生活渐渐困窘到几乎断炊的地步。与此同时，涓生面对着一个发生很大变化的子君。婚后，子君得到了生命的依托，感到十分满足。"她胖了，脸色也红润起来"，而且沉湎在日常生活琐事里，成了一个不折不扣的贤妻良母。涓生希望找一个屋子安静地写书，而子君却养巴儿狗和油鸡。涓生希望和子君谈理想、谈文学，而子君生活的全部意义只是为了"吃了筹钱，筹了吃饭"。平庸怯懦的子君使困窘中的涓生感到平淡和幻灭，两人心灵产生了隔阂。涓生对子君虽不无怜悯，但又觉得对她已无爱可言，为了保持自己的人格、个性，冬夏之交的一天，涓生终于说出要和子君分别的话。涓生的这种做法是为了追求更远的理想，他面对自己说："我用真实换来我空虚的存在。"但这却使子君失去了最后的希望，她终于出走，在父亲烈日般的严威和旁人赛过冰霜的冷眼下，她带着无爱的凄凉死去；涓生则在空虚中写下悔恨和悲哀，用"遗忘"给子君送葬。这个带着深刻精神创伤的悲剧究竟是什么因素酿成的呢?是因为他们没有把对个性解放的追求和对社会解放的追求结合起来，没有将人生的意义和个人的爱情结合起来，还是因为经济的拮据、性格的冲突、因袭的重担?这是作者留给我们的思考。

小说的成功之处在于塑造了两个典型的艺术形象。子君像是灰暗氛围中一株破土而出的嫩芽，给人一种清新、充满生气的感觉。从子君身上，我们看到争取女性解放的曙光以及她是怎样悲惨地走向那没有墓碑的坟墓的。涓生是梦醒之后无路可走但又在探索道路的知识分子代表，特别是他在心灵上展现的痛苦和矛盾，具有深刻的哲理意义。在艺术上，鲁迅借助第一人称和复沓回旋的表现手法，创造了富有悲剧色彩的氛围，使整个作品一直回荡在低沉、悔恨的格调之中。

玛格丽特·米切尔［美国］

《飘》

作者简介

玛格丽特·米切尔(1900—1949),美国现代著名女作家。她生于美国亚特兰大市,曾获文学博士学位,担任过《亚特兰大新闻报》的记者。1937 年她获得普利策奖。1939 年获纽约南方协会金质奖章。1949 年,她不幸被车撞死。她短暂的一生并未留下太多的作品,但只一部《飘》,就足以奠定她在世界文学史上不可动摇的地位。

《飘》是一部描写爱情的小说。作者站在同情农奴主的立场上,描写美国南北战争和战后重建的情况,情节生动、笔调幽默,具有南方浪漫传奇小说传统。米切尔以她女性特有的细腻,精确地把握住了青年女子在追求爱情过程中的复杂心理活动,成功地塑造了郝思嘉这一复杂的人物形象。《飘》出版后,立刻畅销全国,再版 70 多次,并被译成 40 多种文字。根据小说拍摄的电影(又译《乱世佳人》)获 1940 年奥斯卡金像奖,被称为电影史上经典名篇之首。

作品提要

电影《乱世佳人》DVD 版封面

郝思嘉小姐长得并不太美,可是却极富有魅力。她继承了具有法兰西贵族血统的母亲的娇柔和具有爱尔兰血统的父亲的好斗;她的皮肤白净而细腻,迷人的脸蛋上长着一双淡绿色的大眼睛,眼角微微上翘,睫毛又弯又黑,男人们见了她往往都要着迷。她的周围不乏一些追求她、爱慕她的阔少爷。

1861 年 4 月的一天下午,美国南北战争前期。在佐治亚州,靠黑奴种植棉花而致富的种植园主人们都在谈论战争,只有郝思嘉不关心这些。她正陪着汤家那一对双胞胎兄弟聊天。这对双胞胎一个叫汤司徒,一个叫张伯伦,他们生长在富裕殷实的大户人家,家里生活条件优越。郝思嘉经常到这儿来跟他们兄弟调情。在谈天过程中，郝思嘉得知她的意中人卫希礼即将和媚兰结婚，感到受到了很大的打击。因为在她心中，卫希礼就是她的偶像，她心中早就暗恋着他，每天都在等待着他的求婚。而她生来就有这样一个脾气，那就是决不能容忍人家爱别的女人而不爱她。这次卫希礼要跟媚兰结婚，让她这好胜的脾气怎么能受得了呢?卫希礼曾经去过欧洲三年，不但人长得英俊，而且温文尔雅，性格沉稳，内涵很深，对书本、音乐、诗歌都有很深的造诣，浑身透露着高雅的贵族气息。郝思嘉本以为自己是当地的第一美女，而且舞姿绰约，没有人能够比得上她，觉得卫希礼应该是爱她的。她认为事情还不太晚，因为有的人竟在结婚的时候带上情人从教堂逃走！况且卫希礼连订婚还没有宣布，时间还多得很!她决定在明天卫希礼家举行的宴会上大展身手，把所有青年男子都迷得如醉如痴，使卫希礼改变态度，向她求婚。

第二天早晨，郝思嘉没有像往常那样将双臂放在宽阔的窗台上欣赏着窗外的美景。她没有闲心去看太阳和天空，她只关心今天该穿哪一件衣服才能够吸引卫希礼。她把所有的衣服都试穿了一遍，最后还是穿上最显眼的露臂袒胸的绿色花布衫，坐着马车向住在十二棵橡树的卫希礼家奔去。她的计划是晚上趁着月光，同卫希礼到外地找个牧师举行婚礼后一同私奔。

卫家的宴会很讲究，郝思嘉爱十二棵橡树庄园胜过爱自己居住的陶乐庄园。宴会来了很多人，包括当地有权有势的汤家兄弟、高家和孟家的孩子们。当她一进走廊的时候，随即有十几个声音跟她打招呼，大家都在称赞她的衣服、她的美丽，她成了众星捧月的中心人物。她假装不以为然的样子朝周围望去，用眼光搜寻着卫希礼，却发现一个像海盗一样的男人一直在注视着她。这个人至少有三十五岁，个子很高，身体很强壮。他就是军火投机商白瑞德。

后来，她终于看到了卫希礼和媚兰。媚兰是一个纤小脆弱的女人，脸蛋长得并不漂亮，但举止落落大方，显得老成持重。郝思嘉恨不得媚兰马上离开卫希礼，而卫希礼对媚兰却特别温柔，一直在她的身边陪她说话和跳舞，这使郝思嘉感到很嫉妒，但她表面却装作不以为然。玩了一阵子之后，郝思嘉等到大家都睡下后就跑到楼下去找卫希礼表明自己的心声。郝思嘉本以为卫希礼会高兴地接受她的求婚，没想到卫希礼却拒绝了她的求婚。这使她感到很没有面子，于是她干脆放下架子，几乎是求他跟她结婚，可是卫希礼还是拒绝了她的要求。她恼羞成怒，自尊心和虚荣心受到了极大的损伤，于是就顺手拿起身边的陶瓷花瓶朝卫希礼砸去，并狠狠地打了他一个耳光。这个秘密被躲在沙发后面的白瑞德听到了，白瑞德不痛不痒地嘲笑了她一番，她很难为情。

郝思嘉一气之下就任性挑逗媚兰的弟弟查理。查理被她的风姿吸引，立即向她求婚，郝思嘉马上答应下来，但是她并不爱他。南北战争爆发了，恋人们赶在男人入伍之前结婚，郝思嘉与查理、卫希礼与媚兰分别举行了婚礼。婚后一周，卫希礼、查理入伍上了前线。不到两个月，查理就患肺炎死去，郝思嘉成了寡妇。她的生活受到了限制，每天穿着孝服，手腕上戴着黑纱，身上没有一丝儿花边和一件首饰，她为此心绪不佳。她渴望男人的爱抚，希望成为人们注目的明星。为了散心，郝思嘉来到亚特兰大，和查理的姑妈还有媚兰住在一起。有一次她实在不甘寂寞，去参加了一次义卖会。在义卖会上，米医生提出一个建议，就是让人们发起募捐，把钱捐给在前线受伤的士兵，谁出的钱多谁就可以领舞。白瑞德出了一百五十金元请郝思嘉领舞，郝思嘉毫不犹豫地接受了，她实在耐不住寂寞。于是两人在舞会上又大出风头，她感觉到白瑞德身上有一种吸引人的力量存在。

战争已经开始了一段时间，局势对南方越来越不利。人们每天都在被战争的痛苦困扰着，但郝思嘉却很快乐，因为她又成为本地的第一美人了。白瑞德时常来看她，并送给她礼物。白瑞德想亲近她，想出了各种办法，可是郝思嘉却不为其所动，因为在她心中，卫希礼永远是她的偶像。过了不久，卫希礼请假回家探亲，临行前，他要求郝思嘉替他照顾好媚兰，她虽然有些失望，但还是答应了他的要求。他走后，媚兰发现自己有了身孕。郝思嘉知道后大为恼怒，仿佛是自己的男人在外面做了坏事，是对自己的不忠。又过了一段时间，南北双方的战斗越来越激烈，北方人越来越靠近南方，亚特兰大城里不时可以听到炮火的声音，情况十分危急。人们都在自顾自地忙碌着，逃的逃，散的散，大街上一片慌忙逃窜的景象。

1864 年 5 月，亚特兰大即将陷落。就在这个时候，媚兰却赶上要生小孩，慌忙中郝思嘉替她接了生，并打算带她一起逃难到老家去。这时候北方军队已经把所有的道路封锁了，郝思嘉没有别的选择，只好求助于白瑞德。白瑞德冒着生命危险，不知从哪儿找到一辆马车送他们回去。快要到目的地的时候，他却决定去从军，到前线去打仗。这使郝思嘉感到非常不理解，并且非常愤怒，她请求白瑞德留下，在这种时候，她是多么需要一个男人的帮助啊！但是白瑞德拒绝了她。郝

中国戏剧出版社 2005 年版封面

长江文艺出版社 2007 年版封面

外文出版社 2008 年英文版封面

思嘉只好无可奈何地赶着马车，一路上克服了饥饿、死亡和危险，艰难地回到了老家。

回到家乡，郝思嘉发现家乡遭到北军的洗劫，到处都是狼藉不堪的景象，田地荒芜，房屋被烧，妻离子散。回到家后，她发现母亲由于患上伤寒病已去世，父亲的精神也失常了，两个妹妹年龄还小，以前的黑奴许多也逃跑了，家里一贫如洗，一切担子都压在她身上。她清楚自己别无选择，她虽然只有十九岁，却觉得自己已经十分老练了。她决心重整陶乐庄园。她每天出外干活，为家人寻找食物、挤牛奶、种地，以前贵族小姐的架子一点也没有了。有一次，一名北方的逃兵来到家里抢劫，被她开枪打死了，从此她觉得什么都不可怕了。为了家人能够生存下去，她吃尽了各种各样的苦头。她已经完全成为一家之主。经过她的艰苦努力，在陶乐庄园的生活终于有了转机。但是当北军第二次路过她家门口时，又洗劫了她的庄园，她的努力又白费了。

到了第二年春天，南方部队向北军投降了，战争宣告结束。这个消息直到两个星期之后才传到陶乐庄园。士兵们纷纷返回家乡。一天，亚特兰大的老黑奴彼得大叔来到郝思嘉家，送来了卫希礼的信，信中说他已经被释放，马上就要回来了。媚兰听到这个消息后高兴得几乎要昏厥过去了，而郝思嘉听到这个消息后更加百感交集，在她心目中，战争向来是愚蠢的，和平才是可爱的。现在可好了，谢天谢地!她不用再担心她的牛会被人家偷了，她的马也可以安全了，大家都要有好日子过了。对于她来说，这场战争似乎是无穷无尽的，现在居然已经结束了。这场无缘无故的战争并没有留给她什么感想，只是给她留下了许多遗憾，只是把她的生活划分成了两段，并且使她对于从前那种无忧无虑的日子简直回忆不起来了。对她来说，以前那个穿着绿色漂亮布衫的美貌的郝思嘉已经不在了。从前那个郝思嘉小姐使整个区域里的青年都倾倒在她脚下，曾经有成百的奴隶服侍着她，曾经有陶乐庄园的全部财富做她的后盾，曾经有亲爱的父母百依百顺地纵容着她。而这个纵容娇养惯了的小姐是从来没有为一桩事情感到失意过的，除了卫希礼那件事。战争结束了，卫希礼就要回家啦!她想，媚兰正在床上生病，只要她一死，她自己就可以和卫希礼结婚了。她唯一愿意结婚的人就是卫希礼。

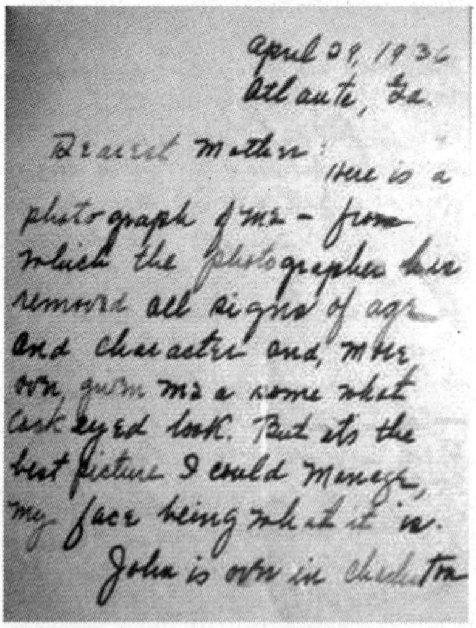
April 29, 1936
Atlanta, Ga.
Dearest Mother:
Here is a photograph of me — from which the photographer has removed all signs of age and character and, moreover, given me a somewhat cock eyed look. But it's the best picture I could manage, my face being what it is.
John is now in Charleston

作者创作《飘》时留下的手写稿

南方陷落后，北方军队掌握了南方的政权。原来陶乐庄园的工头如今已变成了一个长官，他为了霸占陶乐庄园，故意把陶乐的税收定得特别高，税款为三百元，这个数目对于郝思嘉来说简直就是一个天文数字。她无计可施，况且她对卫希礼又旧情未了，就要卫希礼与她私奔，可是卫希礼又一次拒绝了她的请求。无论如何，郝思嘉一定要保住陶乐庄园，这个庄园是她的父母费尽了一辈子心血才得来的。没有办法，她只得打扮得花枝招展地去找白瑞德。白瑞德此时正被关押在北军的监狱中，他手中有巨款。白瑞德一眼便看穿了她的目的，强迫她承认这一点：只要能拿到钱，郝思嘉就答应做他的情妇。郝思嘉承认后，白瑞德又表示没有钱给她，故意刁难了她。这使得郝思嘉非常气愤，气急败坏地离开了白瑞德。

后来，郝思嘉知道她妹妹的未婚夫甘扶阑有钱后，就想尽办法把甘扶阑勾引过来。为了这三百元钱，郝思嘉糊里糊涂地跟甘扶阑结了婚，总算把税款问题解决了。婚后白瑞德又来看她，戏弄了她一顿，并承认自己有五十万美元，郝思嘉听到后十分后悔。她强忍着怒火，施展一切媚态跟白瑞德借钱买下了一家木材厂。由于她善于经营，木材厂的生意特别兴隆。

甘扶阑和卫希礼两人都参加了三 K 党。一天，一个黑人抢劫郝思嘉，撕破了她的衣服。当晚，甘扶阑和卫希礼等人要为她报仇。不料，甘扶阑却被打死，郝思嘉又成了寡妇。白瑞德这时来向她求婚，郝思嘉愉快地答应了。婚后，两个人过着花天酒地的生活，并且盖了一幢亚特兰大最豪华的房子。但是郝思嘉人躺在白瑞德身边，心却仍在卫希礼身上。不久，她生下一个女儿。一天晚上，她同卫希礼相遇，回到家中便跟白瑞德分居了。

卫希礼的生日到了，媚兰在家中给他举行了生日宴会。郝思嘉去找卫希礼，不料被人发现两个人正在木材厂缅怀往事，亲热拥抱。这件事被纷纷传开以后，白瑞德非常生气，于是他带着女儿离开了家。就在这个时候，郝思嘉发现自己又有了身孕，却在与白瑞德的争吵中流产了。卫希礼积极参加政治活动，很快就成为知名人物。

媚兰病危，郝思嘉去看望她。从媚兰的口里得知，白瑞德一直爱着她，这时她才恍然大悟，她恨自己的视线完全被卫希礼挡住了。直到现在她才发现卫希礼并不是她的真爱，她才知道自己一直生活在梦幻中。对于她来说，卫希礼现在只是一个无所作为的懦夫，并不是她所想象的那样是一个完美无瑕的人。她一直生活在迷迷糊糊的幻觉中，而白瑞德倒是一个实实在在的男子汉，是一个能够在乱世中生存与发展的强者，只有她和他才可以说是珠联璧合，他们的性格是那样的相像，只有他俩才算得上是同类。

郝思嘉去找白瑞德表示悔恨，告诉他自己如何爱他，发誓以后会一心一意地爱他，但是白瑞德却不敢再相信她的话，他断然离她而去。郝思嘉是不会轻易放掉他的，她相信自己的美丽，相信自己的魅力。现在对于她来说，白瑞德就是她的灵魂，如果失掉他，那么一切都没有意义了。只要能够留住他，哪怕再苦再累再穷也是情愿的。她决心无论如何也要把他找回来。

詹姆斯·乔伊斯［爱尔兰］

《青年艺术家的肖像》

作者简介

作者简介见《都柏林人》一章。

作品提要

《青年艺术家的肖像》是詹姆斯·乔伊斯的第二部大的作品，始作于 1904 年。开始以题为"艺术家的画像"的短篇送交一杂志社请求发表，却遭拒绝。但乔伊斯还是决定写作他的这部自传体小说，决心成为他"那一代的一位也许最后能为这个可悲的民族的灵魂创造出一个良心的作家"。这一决心的最初成果便是有名的《斯蒂芬英雄》，这一作品比《艺术家的画像》更长，更多细节描写，内容也较为显豁。作品后来又经过两次修改才得以写成《青年艺术家的画像》。该书的前三章先于 1914 年 2 月 2 日(作者三十二岁生日)到 1915 年 9 月期间分作 25 次在《唯我主义者》杂志上发表。1916 年，在美国首次以书的形式印行；次年，《唯我主义者》杂志在英国出版了该书的单行本。

青岛出版社 2003 年版(英文版)封面

这部小说有很大的自传性。小说中青年艺术家斯蒂芬·迪德勒斯所经历的事，乔伊斯几乎全部经历过。但是，它又不完全是一本自传，因为作者对主人公的形象进行了艺术加工。《青年艺术家的肖像》又是一本现代心理学小说，它表现斯蒂芬心理和精神上的发育，表现了从婴孩时期到相对成熟阶段一种艺术感的成长。作品通过一个未来的诗人在童年、青少年直到青年时期内心的感受和精神上的斗争，表现他对环境的冷漠、家庭生活的平庸、宗教的压抑和民族的闭塞所进行的斗争与反抗，最后终于拒绝以宗教为自己终生的职业，摒弃了天主教信仰。他在艺术创作中找到了自己的理想。在小说结尾处，斯蒂芬脱离祖国，远走欧洲，去寻找他的艺术事业。

在创作手法上，《青年艺术家的肖像》是一本完全的意识流小说的前奏，表现了从传统到革新的进一步转变和传统与革新的有机结合。

译林出版社 2003 年版封面

小说共分五章。每一章都标志着主人公精神上成长的一个阶段。第一章记述斯蒂芬幼年时代，它又可分为四个部分。第一部分通过一个婴孩的感觉和语言展示了一组以后要反复出现的形象。第二部分记述了他在克朗戈斯教会学校的经历，用意识流手法将斯蒂芬的回忆和现实串联在一起，成功地表现了他的孤独感。第三部分用如实报导的现实主义手法记述斯蒂芬一家在圣诞聚餐时讨论爱尔兰政治和宗教的情况。第四部分以儿童故事的方式叙述斯蒂芬无故受罚，揭示教会学校专制冷酷及同学之间缺乏理解的气氛。整个第一章初步展示了家庭、学校、社会和国家这些基本情况，小说在这个基础上建立起它的全部冲突和对抗。

第二、三、四章分别记述了斯蒂芬成长过程中的三次冲突。第二章记述从童年到青少年的转变时期，随着他朦胧的性意识的觉醒，斯蒂芬陷入了感情和理性的剧烈斗争，他因为欲望的压抑而若有所失，坐立不安，每晚在街头花园之间踯躅徘徊，在生活的污浊和萌动的春心之间犹豫挣扎，最后在一个妓女的拥抱里找到了“欢乐和满足”。这一章着重细节的客观描写，风格上“大致类似于当时男孩子暗中传阅的粗糙的爱情小说”。主人公的初次性经验虽然暂时解决了欲望和理性的矛盾，却由此而引起了更加激烈的冲突。在第三章里，斯蒂芬备受自己所犯罪过与宗教教义两者斗争的折磨，牧师关于罪与罚、关于地狱的长篇布道更增加了他的恐惧。斯蒂芬最后只得忏悔认罪，得到了宽恕。他在宗教的怀抱里又恢复了生活的“美好与安宁”。这一章对布道和祈祷不加遗漏的长篇记录具有左拉的自然主义特点，对斯蒂芬精神折磨和内心恐惧的表现又运用了内心独白的手法。

第四章尽管篇幅很短，却是全书的高潮。斯蒂芬在忏悔之后虔诚祈祷、刻苦修炼，因而得到教会学校的赏识，要他接受圣职，选择牧师的职务为终生事业。围绕对生活道路的选择，斯蒂芬又经历了一番紧张的冲突。天主教耶稣会是以寡欲坚贞、清贫苦修为特征的教派，斯蒂芬所向往的是一种更富于感情、更富于创造的生活。在高潮性的海边徘徊一幕中，斯蒂芬经历了精神感悟的时刻，他从“涉水少女”的形象中听到了生活的召唤，决定拒绝神的使命，到艺术创作中去寻求他的理想和事业。他激动万分，奔向海潮，扑倒在沙滩上；在大地的怀抱里，他看到了生活的方向。一种抒情诗的气质、高度象征的笔触和浪漫主义的丰富想象构成了本章风格上的鲜明特点，其中踯躅海滩一节不禁使人想起19世纪末唯美主义作家的作品。

第五章记述斯蒂芬的大学年代，是以往各种冲突的归纳和终结。这一章也可分为四部分。第一部分和第三部分记录了两次关于艺术和美学的冗长讨论，是“对19世纪后期自然主义小说的模仿，其中的对话或多或少是以易卜生剧本为模式写成的”；第二部分是关于一首诗的创作过程；第四部分是日记片断，其中的语言文字不尽符合语法规范，记述了年轻人的内心活动。

小说的首末两章分别是对作品的基本主题和各种技巧风格的介绍及归纳，中间三章记述了斯蒂芬心理成熟、性格发展过程的三次矛盾冲突。这些冲突的解决在每章末尾都以象征性的“拥抱”来表现，但前一章冲突的缓和又引出后一章冲突的紧张。第二章末尾妓女的“拥抱”标志着以性的方式解决欲望与理性的冲突，却又引起第三章罪愆与宗教观念的冲突；第三章末尾宗教的“怀抱”代表这一冲突的解决，却又引起第四章在宗教神职和非宗教事业选择上的冲突，最后以大地的“怀抱”象征斯蒂芬对生活的召唤所作出的响应。这种一波未平、一波又起的布局，一环扣一环的情节安排，构成了小说结构上跌宕有致的节奏，生动地反映了主人公成长过程中精神上和感情上的波澜起伏。

玛格丽特·杜拉斯［法国］

《情　人》

作者简介

玛格丽特·杜拉斯(1914—1996),法国著名小说家、剧作家。生于法属印度支那殖民地,父母是法国平民。杜拉斯在那里度过她的童年和少年时期以后,于1927年回到法国。1943年,她以处女作《不谨慎的人》步入文坛。她的成名作是以印度支那为背景的小说《太平洋岸的堤坝》,发表于1950年。20世纪50、60年代是她创作的鼎盛时期,此间,她发表的作品有《街心花园》《如歌的中板》《夏夜十点半》等。1958年她创作了电影剧本《广岛之恋》,获戛纳国际电影节评论奖。1961年,杜拉斯又创作了电影剧本《长别离》,依此拍摄而成的电影不仅荣膺当年戛纳国际电影节金棕榈奖,还获得了法国路易-德吕克奖。

1984年发表并于同年获法国龚古尔文学奖的小说《情人》,以20世纪初的印度支那为背景,讲了在这块法属殖民地上的一个法国少女和一个中国青年的一年半的恋情,以及少女一家生活上的艰难。这是一部自传体小说,但它运用不断变换叙述者角度的特殊方式,使其具有了新颖之处。正是这种立足于不同时代的叙述,使这个普通的爱情故事、家庭悲剧有一种历史的纵深感。杜拉斯大胆创新之处还在于对主题的重现,她用了不长的篇幅,自然而然地把她以前作品的内容融进了这本书中。

作品提要

电影《情人》剧照——法国白人少女和中国情人(梁家辉饰)在湄公河的渡轮上

我时常想起一幅只有我一个人看得见,但从未对人谈起过的画面。它总是那样悄无声息地出现,又总是那么美妙,让我赞叹不已。在所有的画面中,只有这一幅使我认识自己,使我如痴如醉。让我告诉你,从我十五岁半在横渡湄公河的一只渡船上起,那幅画就一直没有离去过。

那时我住在西贡的国立寄宿学校,而母亲在沙沥

从儿时到中年的杜拉斯照片

的一个女子学校当校长。在沙沥度完假期，我坐当地人的大汽车回西贡。那天早晨，我穿着一件袒胸露背的旧真丝连衣裙，涂着口红，搽着粉，脚上穿的是那双饰有金箔片的皮鞋，而我形象的暧昧之处并不在此，而在我头上所戴的一顶平檐男帽，一顶玫瑰色的有大黑饰带的软毡帽。这一特殊的装扮引得渡船上一部轿车里的一个温文尔雅的男人注视着我。他夸我长得漂亮，打扮别出心裁。我问他是谁。他说他从巴黎留学回来，就住在沙沥。他还说他是中国人，老家在北方抚顺。我答应让他用车把我送到了西贡的住处。此后，我不再坐为当地人准备的大汽车了，一辆六座的黑轿车送我上学、放学。那是个星期四的下午，他来到寄宿学校，带我到了城南的一座单间公寓。前一天晚上他一请求我就答应了。我来到我应该来的地方，但我又略微有些害怕。他也在微微颤抖，他说他如痴如醉地爱着我，声音很低。我没有回答，但我知道，在渡船上我就已经喜欢他了。

他说他是单身，为了爱才痛苦地一个人生活。我说我也是一个人。他说我跟他一直到这里，就跟随便什么人一样。我回答说我还没有跟任何人到一个房间里去过，说我不愿听他讲了，要他就像对待随便什么人一样对待我。我们互相望着，他抱了我，问我为什么要来。我说应该来，像是出于一种义务。我向他讲述了我两个哥哥的穷困生活，以及我母亲不久于人世的状况。他对我表示同情，我说我不值得同情。

我们到一家中国饭店去吃了饭，他向我谈了他的家世。在我们相处的一年半的时间里，我们从不谈论我们自己，我们知道我们将来不可能一起生活。他对他大我十二岁不免有些担心，我要他把我引见给他家里的人，他吓得要逃走。我发现他既真心爱我，又无法战胜畏惧心理。

头几次见我家里的人，是在堤岸的一家大饭店里，我母亲和两个哥哥到西贡来的时候，他请我们去那里吃饭。那几个晚上全是一个样，哥哥们狼吞虎咽，一句话也不讲，母亲的话也极少。吃完饭，谁也不说谢谢；分离时，谁也不说再见。在清泉夜总会也是一样，谁也不同他讲话。我知道，大哥对我的情人采取沉默与无视的态度，全因为他是个华人，不是个白人。全家人都是看着大哥的样子行事的。因此只要有大哥在场，他就不再是我的情人了。二哥于 1942 年在日本占领时期去世了，母亲跟了大哥，一直到她死为止。

母亲对我在堤岸发生的事还一无所知，但却已开始观察我，并发现了我一些引人注目的变化。她怕我沦落下去，有时突然发作起来，打我，骂我，扒掉我的衣服，说闻到了华人的香水味，她声嘶力竭地叫嚷，把家里弄得乱七八糟。在隔壁的大哥不但不劝阻，反而帮腔，对母亲说打我打得好，他还说他非把事情搞清楚不可。只有二哥劝解母亲，母亲才平静了下来。

我和他仍到单间公寓里去，因为我们终究是情侣，不能停止相爱。我喜欢睡在他的怀抱里。但他天天提心吊胆，怕我遇见另一个男人；或是因为我年龄太小而使他去坐牢。我笑话他胆小如鼠。

因为误课和晚上不回寄宿学校睡觉，值班的女舍监找我谈了话，并说要通知我母亲。我保证今后争取每天晚上回宿舍，要她别通知我母亲。后来，我故伎重演，她们就通知母亲来到学校。母亲找到校长，对她说我随便惯了，如果把我管得太严了，我就会出走，学校从此就对我不闻不问了。后来，我戴上了一枚订婚戒指，女舍监就更不管我了。与我同室的海伦·拉戈奈尔也是个白人姑娘，她虽然已经十七岁了，但仍不知道我所知道的事情。她的身子美妙无比，简直是仙姿玉体。可她不会念书，经常为了学习的事苦恼。她父母想找个人把她嫁出去算了，但她不愿意结婚，愿意跟我一起留在住宿学校。

每天照样到堤岸那个单间公寓去。他还像往常那样，给我洗澡，抱我上床，但渐渐显得无精打采，浑身无力了。原来，他知道了我回国的日期，预感到了分离的痛苦。但他什么都不说，对我依然爱得温柔而热烈。日期越来越近，我们决定不再见面，但办不到。每天傍晚，我都发现他坐在黑色轿车里，惭愧地掉过头去，等候在中学校门前。

启航的时间到了，船上的汽笛发出三声长鸣，震耳欲聋。当邮船发出第一声告别鸣叫的时候，我哭了，但又不敢大动声色。他的轿车就在那儿，他坐在后座上，那身影纹丝不动，十分颓丧。我们互相凝望着。渐渐，港口消逝了，继而，陆地也消逝了。

我不知道自己走后多久，他才遵从父命，按照十年前由家庭订的婚约，同那个年轻姑娘结了婚。那姑娘也出身于富有的华人家庭，祖籍也在抚顺。很长一段时间内，他都未能与她同房，未能让她生个财产继承人。

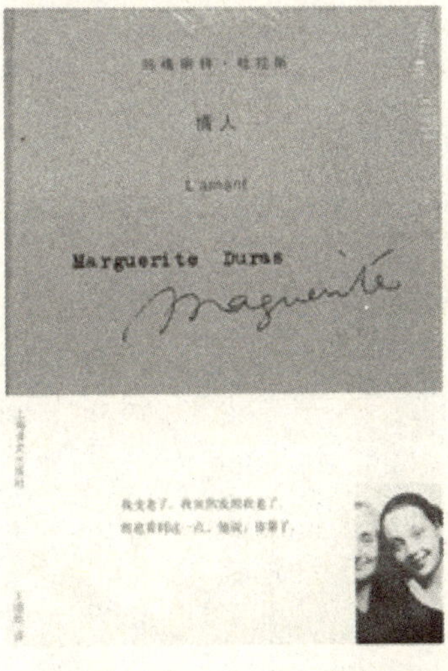

上海译文出版社 2005 年版封面

多少年过后，他偕妻子来到巴黎。他给我挂了电话。他一听声音就听出来了。他说：我只想听到您的声音。我说：您好，是我。他怯声怯气，像从前一样畏惧。他知道我早已开始著书，他是从我母亲那儿听说的，他在西贡又见到过我母亲。他还谈到我二哥，说他曾为二哥伤心。接着，他不知道该对我说什么好了。后来，他还是对我讲了。他对我说，他还像从前那样爱我，他对我的爱情始终不渝，至死不变。

约翰·斯坦贝克［美国］

《人与鼠》

作者简介

作者简介见《愤怒的葡萄》一章。

作品提要

莱尼和乔治是一对好朋友，尽管莱尼经常给乔治招来许多麻烦，乔治却没有扔下他不管，反而处处照顾他。旁人都感到奇怪，像乔治这样能干的小伙子，满可以独来独往，让自己过得更好一点，为什么甘愿把一个傻子带在身边?甚至有人怀疑他是不是从莱尼身上捞到了什么油水。遇到这种情况，乔治只是淡然地解释一下，还一再对人说，莱尼并不坏，就是脑子不大好使，管不住自己，有时不免要闹出些乱子来。

莱尼不善于讲话，胆子也小，不过他力气过人。莱尼还有一个坏习惯，凡是他喜欢的东西，他都要用手摸一摸，就像他老是把手伸进衣袋里玩弄一只小老鼠一样，但小动物一到他手里又往往都被他撮弄死。有一天，莱尼看见一个穿红衣服的女孩，他禁不住摸了摸女孩的衣服，但那个小女孩并不知道莱尼仅仅是想摸摸衣服，以为莱尼要非礼她，吓得哇哇大哭起来。她越躲，莱尼就越把她当成小老鼠捏住不放。一大群人闻声赶来追捕他们，他们只得四处逃命。乔治带莱尼逃到一个农场，刚好赶上那里招工，两个人决定去试一试。

上海译文出版社 2004 年版封面

傍晚，他们在距离农场半英里的地方停下来，那里的周围长满了小树丛，还紧靠着一条小河。他们就决定在这里过夜。晚上，乔治告诫莱尼以后再也不要惹麻烦，无论在什么情况下他都不会丢下他不管的。他还给莱尼讲了不知讲过多少遍的老话，说像他们这样的人，没有家，没有地，是世界

1992 年拍摄的电影《人与鼠》海报

上最孤独的人。他们要把钱积攒下来，而不是去酒馆喝酒，这样一来，他们不久便可以买一间房子，买一小块地，做自己生活的主人，你照顾我，我照顾你……两人都沉浸在这样一个美好的梦境里。讲完后，乔治又一次嘱咐莱尼别再出错了，并让他看看周围的地形——万一发生了什么事，就跑到这儿树丛里躲起来，等乔治来找他。

第二天，他们到了农场，农场主见到了他们，虽然满腹狐疑，但看到莱尼像条公牛似的体格，就雇佣了他们。他们的活是扛粮包，做苦力。车把式斯利姆送给莱尼一只小狗，莱尼非常喜欢，晚上睡觉都要跟小狗一起睡在狗窝里，并不停地摆弄它，结果小狗死了。莱尼干活很卖力，差点儿把跟他一起扛麦包的那个家伙累死，没有人能跟他一块儿扛。乔治为此骄傲地说："除了动脑筋的事之外，你叫他干什么都成。他虽然眼里没活儿，可他很听话。"

乔治向斯利姆讲述了他同莱尼认识、交往的经过："我们俩都住在奥本。我很早就认识他姑姑克拉拉。他是他姑姑从小养大的，姑姑死后，他就跟我一块儿出来干活。开头的时候，觉得他太傻，不会照顾自己。我常常拿他开心，有几次我把他打得死去活来，当时只要他用手一捏就能把我全身的骨头捏碎，可是他连手指头都不朝我动一下。我叫他干什么，他就干什么。有一次我为了显示自己了不起，就指着河水对莱尼说：'跳下去！'他对游泳一窍不通，可他就跳了。当我和别人把他救上来的时候，他都快要淹死了。因为我救了他，他对我感激得不得了，可我叫他跳下河的事，他反倒忘了。从那天起，我就不那样对待他了。"

"他是个好人，"斯利姆说，"一个好人用不着太聪明。依我看，有时候恰恰相反，一个特别精明的人不见得是个好人。"

勤杂工坎狄想与乔治他们合伙，一起攒钱买地。乔治和莱尼都同意了，并决定赶紧写信给房主老头，把房子先定下来。乔治嘱咐他们两个千万不要告诉别人，不然的话，他们会被开除的，等他们一拿到工钱就赶紧离开这里。

农庄老板的儿子柯莱为找他的妻子，常到工棚找事，每次都是找老实人欺负，已经有好几次找莱尼的茬了；而柯莱的老婆由于空虚无聊，一有空就来挑三逗四地撩惹人。乔治打心眼里不喜欢这种女人，并暗暗叫莱尼千万小心，一切按他的话行事。

一天，柯莱找不到老婆，心里很不高兴，而此时莱尼正好微笑地想着自己的未来。这一下激怒了柯莱，他把怒气全部都发泄到莱尼身上，把莱尼的眼睛、鼻子打破了，搞得莱尼满脸是血。莱尼一直不敢还手，可怜兮兮地望着乔治，等待乔治叫他还手。莱尼终于等到了机会，没用几下，柯莱的手就被莱尼捏碎了。

乔治以为他们又要被撵走了，但是，这个花花公子在其他工人的压力下，只得承认手是被机器轧伤的，免得张扬出去被人笑话，有碍自己的面子。

一个星期天的下午，柯莱的老婆来到了马房，她知道是莱尼把她丈夫的手给捏碎了，因此想跟莱尼聊天。她说："他们那些人都在玩马蹄铁，现在刚四点，他们谁也不会离开那个赌局。为什么你不能跟我聊聊？从来没有人跟我聊天，我都快闷死了。"莱尼则回答她："我不能理你，乔治怕我惹祸。"

柯莱的老婆知道莱尼爱摸光滑的东西，就让他摸自己的头发。莱尼的手又粗又重，她怕弄乱了她的头发，尖叫着让他松手。莱尼着了慌，用另一只手捂住她的嘴，求她不要哭。那女人更加大喊大叫，在他手下挣扎。莱尼使劲摇晃她，不知不觉中已经拧断了她的脖子。莱尼又干了坏事，他想起乔治的话，就朝小河边的树丛跑去。

柯莱发现了老婆的尸体，拿起猎枪去追莱尼。乔治回到工棚，把别人的一支手枪揣在口袋里，到小河边找到了莱尼。这次他并没有埋怨莱尼，而是默默地在他身旁坐下。他答应莱尼不会扔下他不管，同时给他讲了不知讲了多少遍的他们共同的理想。莱尼告诉乔治，他们要拥有一所小房子，还要养只牛、猪和几只鸡，屋子前面要种一片苜蓿，好养兔子……追赶莱尼的人群越来越近了。乔治知道决不能让莱尼落在柯莱这些人的手中，他颤抖着举起手枪，对准莱尼的脑后扣动了扳机……

乔治丢掉枪，坐在地上发抖。人群围拢过来。

帕斯捷尔纳克［苏联］

《日瓦戈医生》

作者简介

帕斯捷尔纳克(1890—1960)，出生在莫斯科。他是以诗人的身份登上文坛的，并以其独特的风格享有盛誉，著名诗集有《生活，我的姐妹》《主题和变化》。然而由于他的诗不合当时苏联的潮流，到后来便无处发表。1948 年到 1956 年这八年间，诗人终于完成了一部体现他对历史深沉思考的长篇小说《日瓦戈医生》。小说描写十月革命前后，贵族知识分子日瓦戈及其周围人的不幸命运，让读者看到了革命、战争的残酷和反人道的一面。鉴于小说有可能被理解为反对十月革命，苏联官方禁止发行，因此小说被迫在国外发表，并被译成多国文字，在西方社会引起强烈的反响，瑞典皇家学会授予作者诺贝尔文学奖这一殊荣。由于西方掀起的这股“日瓦戈”热激怒了苏联，官方不但更强烈地禁止小说在苏联发表，而且开始严厉地非难、苛责作者本人，甚至要把作者驱逐出境。迫于政治压力，作者被迫放弃了诺贝尔文学奖，孤独而忧郁地生活了两年，于 1960 年在莫斯科郊外溘然长逝。

作品提要

尤拉·日瓦戈的爸爸抛弃了家庭，母亲也过早地离开了人世，一向殷实显赫的日瓦戈家族走向了没落与衰败。可怜的小尤拉被贵族格里梅科收养，与主人一家相处得很融洽，特别是同主人的女儿东妮亚关系很好，生活、学习都在一起。渐渐地，他们都长大了，尤拉成了医生，东妮亚获得了法学学士学位。他们希望彼此能够相爱到永远。

拉拉是个聪明又美丽的女孩子，她跟随母亲来到了正在被革命洪流激荡的莫斯科，为了维持生计，她们开了一家裁缝店。在那动荡岁月里，为了有个依靠，有钱有势的律师科马罗夫斯基成了母女俩的保护人，科马罗夫斯基实际上是一个垂涎母女俩的色鬼。他先是占有了女主人，而后就将黑手伸向了只有十六岁的美丽绝伦的拉拉。年少无知的拉拉为此痛苦，为此忏悔，内心充满了对科马罗夫斯基的仇恨。恰在此时，一名叫帕莎·安季波夫的少年疯狂地爱上了拉拉，拉拉也非常喜欢帕莎。但越是这样，色魔科马罗夫斯基的丑恶形象越时常让她想起痛苦的往事，她再也无法忍受了，毅然决然地拿起手枪，去找科马罗夫斯基算账。圣诞节到了，试图复仇的拉拉终于找到了机会，在圣诞晚会上，拉拉向科马罗夫斯基开了枪，然而并没有打中。尤拉与东妮亚身着盛装也参加了晚会。此时，尤拉看到了拉拉，并被她那骄傲而忧伤的美丽深深地吸引了。

拉拉与帕莎结婚了，为了忘记过去的痛苦，他们搬到遥远的尤里亚金定居下来，小两口生活过得平平静静，已经没有了追求时的狂热和热情。由于往事留下的阴影，帕莎将平静误以为拉拉并不爱他，只是把他当做一个孩子，而他自己也认为并不爱拉拉，只是崇拜拉拉的美丽和宽容。于是帕莎决定离开这个家，去前线打仗，以此从这个虚伪的家庭关系中解脱出来。听到了帕莎的决定，拉拉感到非常震惊，她试图劝说帕莎不要太冲动，但是，毫无结果，她了解帕莎，知道他不会改变自己的决定。拉拉无能为力，只有默默地咽下泪水和悲哀为丈夫准备行装。帕莎到了前线后就后悔了，他不断地写信回来，以表达自己的忏悔之意及对妻子和女儿的思念之情。但是不久，拉拉与丈夫失去了联系。最后，她决定亲自去前线寻找丈夫。她将女儿托付给亲朋好友，报名当了一名救护列车上的护士。拉拉来到前线后，到处打听帕莎的下落，结果让拉拉很失望。她越来越觉得没有找到自己丈夫的希望，于是，她决定离开前线，赶紧回到女儿身边。

就在前线医院里，日瓦戈医生与拉拉不期而遇，由于工作上的关系，他们经常在一起。这里的条件极其恶劣，大炮的轰鸣声不断地在身边回响，到处都散发着腐败尸体的恶臭。日瓦戈医生看到自己仰慕已久的拉拉，心情无法平静，他激动万分地对拉拉表白自己的爱慕之情。

拉拉很快就离开了前线回到莫斯科，由于对拉拉的思念，日瓦戈也无心在前线呆下去了，在朋友的帮助下，他也回到了莫斯科。回到家后，他看到的情景大不如以前：房子让出去了一大部分，用人也都被辞退了，妻子整天为面包和劈柴奔忙，完全变成了一个家庭主妇。日瓦戈顿感对不起妻子，在妻子面前感到很内疚。但在当时的莫斯科，人们都在挨饿，城市一片混乱和荒凉，革命的风

电影《日瓦戈医生》剧照

暴即将来临，人们的心情是既激动又忧虑。不久，革命终于取得了胜利，当日瓦戈从报纸上看到布尔什维克战胜了临时政府的消息时，不禁激动地说道："多么出色的手术啊!拿过来一下子就巧妙地把发臭多年的溃物切掉了!……"

然而，革命的发展并不像日瓦戈所期待的那样立竿见影地彻底改变社会生活水平，相反，莫斯科人民的生活却更加艰难困苦了，人们缺乏生存所必需的一切东西，缺衣少药，饥寒交迫，日瓦戈一家也同样如此。日瓦戈决定到乡下居住，因为在那儿可以砍一些木材，开一片荒地，勉强生活下去还是有保障的，等到莫斯科局势好转了再回来。经过漫长的艰苦旅程后，他们终于抵达了目的地。全家人自己动手盖房子，开垦荒地，休息的时候，就一家人围在一起读小说，虽然很辛苦，日子还能勉勉强强地过下去。

生活稳定下来后，日瓦戈的空闲时间也多了，他开始经常到离住地不远的尤里亚金去，那里有一个很有名气的图书馆。有一次，他竟然意外地发现拉拉也在这里看书。自从离开前线回到莫斯科，由于生活所迫，他几乎将拉拉忘到九霄云外去了。他们谈得很多，越来越亲密了，甚至有时他还住在她那里。日瓦戈心里充满了矛盾和痛苦，在拉拉和东妮亚之间他无法作出选择。经过激烈的思想斗争，他决定把一切都告诉东妮亚，请求她原谅，然后永不再见拉拉。然而想到永不再见拉拉，他就痛不欲生，最后终于鼓起勇气决定见拉拉最后一面，把自己果断的想法向她说明白。他来了，正当他刚要进屋时，游击队的人抓住了他，不由分说地把他带走了。

在游击队里，他被监视着行使医生的职务，甚至在非常情况下他还拿起枪，同游击队一起攻打白军，他为自己曾打中一个年轻的白军而痛悔不已。他思念东妮亚，思念拉拉，几经周折，他终于逃出了游击队。日瓦戈逃到了尤里亚金，在那里他重新见到了拉拉。由于疲惫和惊吓，他病了，拉拉用白天鹅般的妩媚护理他。他们生活在崇高而伟大的爱情中，然而他们并不幸福。日瓦戈收到了东妮亚充满泪水的来信，他们一家在莫斯科正被驱逐出境。正在这困难的时刻，拉拉过去的仇人科马罗夫斯基出现了，这个善于钻营的家伙摇身变成了远东共和国的首领，他利用诡计骗走了拉拉。为了拉拉的安全，不明真相的日瓦戈忍痛让科马罗夫斯基带走了她。

拉拉走后，日瓦戈在瓦雷金诺神情黯然地住了几天，就踏上了回莫斯科的归程。东妮亚及其一家已被驱逐到法国。无依无靠的日瓦戈变得孤僻而又不修边幅，反应也较过去迟钝得多了。此时，又一个高尚而善良的女人马林娜爱上了他，并同他一起生活，然而，在情绪上日瓦戈依旧郁郁寡欢，几乎无法忍受当时苏维埃的知识分子政策。不久日瓦戈失踪了。又过了一段时间，日瓦戈死在了电车站。丧礼上出现了一个哀伤而平静得超凡脱俗的女人,她就是拉拉。拉拉到莫斯科有事,碰巧得到日瓦戈的死讯,她非常地震惊和悲哀,但对她来说能够看自己心爱的人最后一眼还算幸运。拉拉整理完日瓦戈的遗稿后,很快就被捕了,从此不知去向。

艾萨克·巴什维斯·辛格 [美国]

《傻瓜吉姆佩尔》

作者简介

艾萨克·巴什维斯·辛格(1902或1904—1991),美国犹太作家。出生于波兰当时为沙皇俄国统治的地区,祖父和父亲都是犹太教长老。1935年移居美国,在美国犹太人创办的《前进》报社任编辑,并积极从事文学创作,1943年成为美国公民。辛格写过许多短篇小说、长篇小说、剧本和儿童故事,主要作品有长篇小说《莫斯卡特一家》《撒旦在戈雷》《卢布尔的魔法师》《奴隶》《庄园》《产业》《仇敌:一个爱情故事》《舒莎》,短篇小说集《傻瓜吉姆佩尔和其他故事》《市场街的斯宾诺莎》《卡夫卡的朋友和其他故事》等。一般评论家认为他的短篇小说写得比长篇小说更好。辛格于1978年因其著作"保留了东欧犹太即将消失的传统"而获得诺贝尔文学奖。

作品提要

我是傻瓜吉姆佩尔。我想我并不傻,只不过人们这么叫我。我还在上学的时候,他们就给我起了这个绰号了。那么我在哪些地方傻呢?我容易受骗,人家说什么我信什么。虽然我并不软弱无能,但我生性不爱打人,人们作弄我后,我总想:算了吧,所以人们总是作弄我。

那些好事之徒发现我容易受骗,于是个个都想来骗我。我像机器人一样相信每个人。首先,我想什么事情都是可能发生的。其次,全镇的人都这样对待我,如果我胆敢说一句:"哈,你们在骗人!"就会触犯众怒。我只好相信他们,至少我希望这样做对他们也有点好处。我是个孤儿,是由祖父抚养长大的。祖父年纪太大了,大伙儿就把我交给一个面包师傅,在那里,我被人们弄得晕头转向,不知东南西北。每个来烤面包的妇女或姑娘至少要捉弄我一次,"吉姆佩尔,天上有个集市;吉姆佩尔,拉比怀孕七个月,生了一头小牛……"

我只有到拉比那里去求救。她说:"书上写着:当一辈子傻瓜也比做一小时恶人强。你不是傻瓜,他们才是傻瓜哩。凡是令其邻人感到羞耻的人,自己就会失去天堂。"可是拉比的女儿也照样骗我。我想到别的镇上去,可是大伙儿又忙着给我说亲了。他们逼着我去相亲。艾尔卡根本不是什么贞洁的女子，她有一个私生子，可他们告诉我那是她的小弟弟。她走路一瘸一瘸的，可他们说那是故意的，是由于怕羞。我说我不愿娶那个婊子，但他们威胁我，说要把我带到拉比那里，罚我的款，因为我败坏了她的名声。于是我意识到想要逃出这些人的手心是不容易的，又想到其实结了婚，我就是她的主人了，如果她没有意见，我也可以同意嘛。再说哪有一辈子不吃一点苦头的。于是我就去了她的土房。艾尔卡的舌头很厉害，没有人敢惹她。她要五十盾的聘礼，还要镇上的人募一笔现款给她，这些条件他们都答应了。于是我结了婚。在婚礼上，我听到会堂司事的老婆说艾尔卡既是寡妇，又是离过婚的，我痛苦极了，但又不知该怎么办。

晚上，我来到我妻子睡觉的地方，可她不让我进去，说她来月经了。结婚不到四个月，她就生了个男孩，镇上的人都捂着嘴偷笑，我很尴尬，但割礼仪式毕竟要由我来负责。举行仪式那天，半镇子的人都来了，人们向我祝贺。然后行割礼，我用父亲的名字命名孩子。客人们走后，我责问艾尔卡，说她生了个私生子，可她说孩子是早产，我不相信她。第二天，我跟学校的先生谈了这件事，他对我说，在亚当和夏娃之间也发生过这种事情，而世界上的女人都是夏娃的孙女。他们把我说得直愣愣的，但是天晓得是怎么回事。

我开始忘记自己的苦恼。我爱那孩子爱得要命，他也爱我。我给他买各种小玩意儿，哄他玩。艾尔卡虽然对我又咒又骂，骂得又脏又毒，我还是喜欢她。为了她，我从面包房偷各种各样吃的东西，每天晚上带给她。她吃了，长胖了，也漂亮了。

我平常不在家睡，都睡在面包房里。一天晚上，面包炉炸了，我没事可干，就回家了。没想到艾尔卡身边躺着一个男人，我不愿因为这点小事吵醒孩子，就回到了面包店。第二天，我去拉比那里求救。这件事在镇上引起了轩然大波。他们找来了艾尔卡，但她一口咬定这是诬告。有个屠宰场的小伙子从旁走过，警告我说："我们注意上你了，你跑不了了。"

拉比说我必须和她离婚，并且裁决说，只要我活着，就绝不要再进她的门。

到了晚上，我开始痛苦起来，认为这不过是她的一个过失，而人活着是难免不出错的，而我也可能看错了，冤枉了她。这么想着，我就痛哭起来。第二天早晨，我到拉比那里，说我可能犯了个错误，拉比说这样她就得重新考虑这个案子，但在结案之前，我仍不得走近我的妻子，不过我可以托人给

少年儿童出版社2006年版封面

人民文学出版社 2006 年版封面

她送面包和钱。

在结案之前，艾尔卡又生了个孩子，这次是个女孩。镇上的人为此臭骂了我一顿，对艾尔卡议论纷纷。我经常托我们店里的一个学徒、她的邻居，给她送去面包或别的什么吃的东西。那小伙子对我说我有一位很体面纤巧的妻子，还有两个好孩子，我可配不上他们。雅诺威的拉比在迈蒙尼德的著作中找到了对我有利的资料，这事终于结案了，我可以回家见我的妻子了。我很高兴。晚上，干完活，我带着面包和面粉往家走。进了家，走近艾尔卡的床前，我看到那个学徒睡在她身边。老婆被我惊醒了，她让我出去看看羊怎么样，我出去了。羊好好地站在那里，当我回来时，学徒不见了。我问老婆那小子哪儿去了，老婆破口大骂，她的那个弟弟也跳出来打我。最后，我终于让她平静下来。第二天早晨，我去数落那个学徒，他却说我脑子出了毛病。

我和老婆过了二十年，她给我生了六个孩子，出过各种各样的事，但我既没听见，也没看见，我只是相信别人的话。突然，我的老婆生了病。这时我已有了自己的面包房，在弗拉姆波尔也算得上是个富翁了，我请人用各种各样的办法给她治病，但她终于还是要离我而去了。

临死前，她请我宽恕她，说这些孩子都不是我的。

居丧完毕，有一天晚上一个魔鬼来到了我的梦中。他说世人都骗我，我也应该骗世人。他对我说我可以每天攒一桶尿，夜里把它倒在面团里去让弗拉姆波尔的正人君子们吃。我这么做了。面包烤上后，我坐在炉旁，心想这次可以报复他们对我的羞辱了。我打起盹来，在梦中，我看到艾尔卡，她的脸全变黑了，她说她因为骗我而遭到了报应。

我惊醒了。我意识到一切都成败未定，一步走错，就会失去永生。于是我把面包全埋掉了。

回到家，我把积蓄分给了孩子们，就出去了。

我到处漫游。过了许多年，我老了，头发白了，听到不少事情，许多是谎话、假话，但是我活得越久越懂得，谎言的确无所谓，任何事情都是可能的。

我走了许多地方，在陌生的桌子上吃饭，常常给孩子们讲相同的故事。我一做梦，就梦到艾尔卡。在梦中，我哀求她让我跟她在一起，她安慰我，叫我耐心等待。的确，这个时刻越来越近了。当死神来临时，我会高高兴兴地去，不管那里会是什么地方，都会是真实的，没有纷扰，没有嘲笑，没有欺诈。赞美上帝：在那里，即使是吉姆佩尔，也不会受骗。

弗兰茨·卡夫卡［奥地利］

《审　判》

作者简介

作者简介见《变形记》一章。

作品提要

准是有人诬陷了银行经理约瑟夫·K。一天清晨，他刚从床上起来，准备迎接他三十岁生日，不料两名警察突然闯入，对他说他被捕了。约·K问他们自己犯了什么罪，警察说他们也不知道，因为他们是奉命而来。不久银行督察来叫他去一趟银行，告诉他，他的行动仍然是自由的。

约·K知道自己并没有犯罪，于是决心把这桩奇事弄个清楚。他去求人帮忙。开始时，他把这件事告诉了房东格鲁巴赫太太，格鲁巴赫太太对于他给她提起这件事感到有点惊讶。约·K想到这一点，就越发感到应该给她提这件事，因为他不能跟别人讲，只能跟这位老太太说一说。格鲁巴赫太太说这种逮捕“觉得有点深奥”，不好理解。约·K说这样凭空加罪于人岂止“深奥”，而且“纯粹是捏造”。接着他又去找了毕尔斯特纳小姐，希望得到同情和帮助。不料，她回来得很晚，害得约·K等了很长时间，也没能去找他的情人。

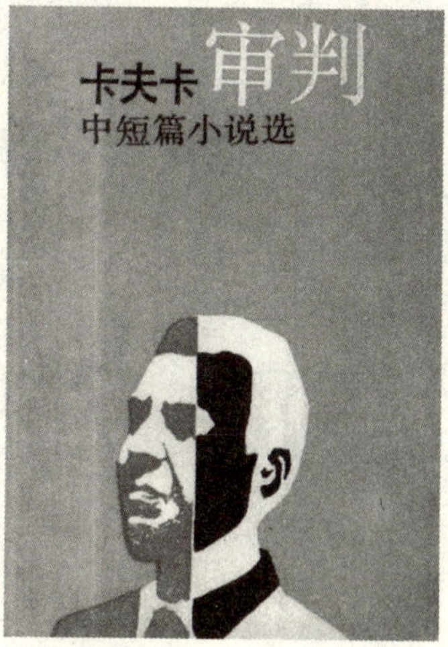

上海译文出版社 1987 年版封面

十天后，约·K被传出庭。约·K看到坐着许多人，于是他慷慨陈词，揭露司法界的阴谋，想把群众尽可能争取过来，但审判大厅内烟雾弥漫，灯光昏暗，时而鸦雀无声，时而秩序混乱。约·K说完后想走时，预审法官对他说：“今天——或许你还不知道——你自己抛弃了审讯肯定会给被告带来的好处。”约·K笑了起来，并且说：“你们这些恶棍，总有一天我也要审讯你们。”第二次他到法庭时，门房的妻子告诉他今天不开庭。正当他和这个女人聊天的时候，一个学法律的学生强行把这个女人抱到

中国戏剧出版社 2006 年版封面

上海文艺出版社 2006 年版封面

中国书籍出版社 2007 年版封面

预审法官那里，满足预审法官的兽欲。门房回来后得知预审法官的丑行，却敢怒不敢言。他对约·K说，他的妻子是最应该受到谴责的，因为她是自己投入预审法官的怀抱的。至于预审法官，看见所有的女人都要追，而门房的妻子是整个公寓里最漂亮的女人，他所处的地位使他无法自卫。门房非常同情约·K的遭遇，后来门房领约·K去参观法院办公室。办公室设在一间阁楼上，空气十分污浊，约·K几乎昏倒，一个年轻女子扶住了他，并请一个男人一起要把他送到医院去，但约·K不愿去，宁愿站在办公室的问讯处门口。约·K获知毕尔斯特纳的女友达孟希的丈夫是警察局的一个队长，他通过格鲁巴赫太太好容易在一间餐厅找到了达孟希，但他们夫妇不愿意帮忙。约·K又去找毕尔斯特纳小姐，她却闻讯溜走了。

约·K的乡下叔父得悉侄子受审，特地赶来看他，要约·K和他一同去乡下避避风。约·K不同意，他认为这样做就意味着逃跑，更让人觉得他有罪了。他叔父让他为自己想一想，为亲戚想想，为他们家的名誉想想，因为过去他一直是为家争光的，可不能因为这件事给家里带来不幸。叔父领他去找他的同学、一个“穷人的律师”帮忙。律师愿意相助，并说他经常出入于讨论各种案子的地方，知道这是其中最突出的案件。法院的书记长来看律师，律师遂把这叔侄俩介绍给他。这时律师的护理员丽尼来敲门，她把约·K领进了律师的办公室。约·K搂住了她，她坐在约·K的膝头，告诉他，他的主要过错是“太倔强”，因而劝他务必认罪，否则“就无法逃出他们的手掌”。丽尼又问约·K有没有情人，约·K说有，并把女友爱荷的照片给她看，于是她就哭起来，倒在地毯上，但约·K吻过她那只畸形的手后，她激动了，把约·K拉到自己怀里，说他已经用自己代替爱荷了。接着给了他房门钥匙，说“你现在是我的了”，什么时候来都行。约·K离开她时，不巧在门口和叔父撞了个满怀。叔父气急败坏，说律师和法院书记长正商量你的事，你却和律师的情妇厮混了起来，并且一去就是几个钟头，事情刚有点头绪，却被你搞糟了。

约·K又去拜访叔父给他物色的那个律师胡德博士，博士空空洞洞地把他劝告了一番，同时又滔滔不绝地讲了很多司法界的内幕。原来所谓的法院竟是个“藏污纳垢”的地方，徇私舞弊，行贿受贿，官僚主义，应有尽有。法庭根本不看状子，律师根本不在法院的眼里，“最重要的是律师本人和法院官员的关系”。因此，他喋喋不休地对约·K吹嘘自己和法官们的私人交情。可是对约·K来说，这个时期正需要全力以赴投身于工作，因为他正在竭力往上爬，而且已经在短时间内谋取到银行中的一个高级职务，甚至眼看就要成为副经理的劲敌了，无暇写详细的申诉状。

约·K接待了一个厂主，此人知道约·K犯案后，主动向约·K介绍一个为法院做事的画师，这个画师知道很多内幕。这时听差跑来通报：会客室里有三个客户在等着接见。约·K正急着要去拜访画师，要他们改日再来，这时约·K的劲敌、银行副经理乘虚而入，对客户说他愿意代替经理接待他们。约·K对此极为愤慨，决心等办完私事让他看看自己的厉害。

约·K找到画师，对他说，根据各方面反映的情况，“控告决不是随便搞出来的，法院一旦对某人提出控告，就坚信这个被告有罪”。画师则对他说，开释有三种：正式开释、假释和无限期延长。但正式开释是不可能的，因为没有一个被告是真正无罪的。即使他能疏通一切法官，约·K也只能获得表面上的自由，因为低级法官没有开释的权力，这个权力是归最高法院的，而最高法院是一般人无法接近的。所以，不能以为获得自由后整个案子就给忘却了，开释是无疑的了，法院从来就不曾忘了什么，说不定什么时候有个法官会捡起这件案宗，全神贯注地研究它，认为案件的罪状仍然有效，下令立即逮捕……

九个月过去了，胡德律师仍写不出申诉状，约·K决定解聘律师。进了胡德律师的家门后，首先遇到他的一个当事人布洛克，是个谷物商。布洛克告诉约·K，他为自己的案子折腾了二十年，弄得倾家荡产，而递上去的呈文“全部变成了废纸”。后来约·K发现这个谷物商就睡在丽尼的房间里，大为生气。见过律师后，律师问他是不是丽尼在缠他，这时，他才知道丽尼“觉得几乎所有的被告都很可爱”。律师还说，这是一个很值得注意的现象，简直就是自然规律。大多数被告都继续照常工作，然而那些老于此道的人却能够在人群里把所有被告一个个认出来。最后律师告诉约·K这样一个秘密：“一个人的定罪往往是由于某一个不相干的人说了一句不相干的话。”

后来一个意大利银行的同行首次来到约·K所在的城市参观访问，约·K被派去陪同，陪他参观城里的艺术珍品和文物古迹。要在从前，约·K会把接受这项差使当做是一种荣誉，可是，目前他正需要竭尽全力保持自己在银行里的声誉，离开自己的办公桌，他都很觉不安，唯恐那个正在暗中调查他的副经理窜到他的办公桌旁捣鬼，因此，他不大愿意接受这个任务。

约·K 准备陪意大利客人参观大教堂，但意大利人没来，在教堂里，他把自己的案子讲给了一个牧师听。牧师就对他讲了法典上的一个故事：一个乡下人想进法院，门警不许，说即使让你进去，里面还有好几道门岗。但又说，这个门就是为你而开的。于是这个乡下人就等在门口，等了一辈子，到死为止。这个故事晓喻他：真理是有的，但通往真理的道路障碍重重。

约·K 三十一岁生日的前一天夜里，两名穿黑衣、戴大礼帽的人把约·K 架走，在一个碎石场的悬崖下拔刀把他刺死，而约·K 则毫无反抗，甚至认为自己应当帮助他们杀死自己。

米兰·昆德拉［捷克］

《生命中不能承受之轻》

作者简介

米兰·昆德拉(1929—)，生于捷克，年轻的时候当过工人、爵士乐手，后致力于文学和电影创作，曾担任布拉格影艺学院教授。1968年，苏联占领布拉格以后，他的作品横遭查禁。1975年，他移居法国，由于其日益增高的文学声誉，被法国总统特别授予法国公民权。他潜心于小说创作，多次获得各项国际性文学奖，还曾被提名为诺贝尔文学奖候选人。主要作品有短篇小说集《可笑的爱》(1968年前)，长篇小说《玩笑》(1968)、《生活在别处》(1973)、《为了告别的聚会》(1976)、《笑忘录》(1976)、《生命中不能承受之轻》(1984)、《不朽》(1991)。

作品提要

有一位叫托马斯的年轻医生，十年前就与共同生活不到两年的妻子离了婚，他很快使自己忘记了妻子、儿子以及父母，因为他明白自己天生就是单身汉的命。他害怕女人而又渴望女人，于是他发明出一种“性友谊”，使自己既能与一些女人私通，同时又与其他许多女人保持短时的交往。很多人不理解他，最理解他的人是画家萨宾娜，她欣赏托马斯的毫不媚俗。这不成文的性友谊原则，规定了托马斯一生应与爱无缘，但特丽莎的出现，使他开始向自己的原则挑战。

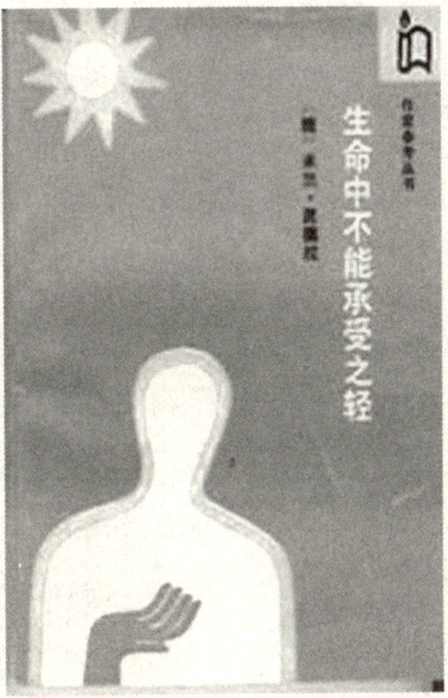

作家出版社1993年版封面

特丽莎家乡的医院碰巧发生了一起复杂的病例，他们请托马斯所在的布拉格医院的主治大夫去会诊，可主治大夫碰巧生病，于是派托马斯去代替他。托马斯碰巧被安排在特丽莎工作的旅馆里，又碰巧在走之前呆在旅馆餐厅里，当时特丽莎碰巧当班，又碰巧为托马斯服务。正是这六个碰巧的机会把托马斯推向了特丽莎。

从孩提时代起，特丽莎就喜欢偷偷照镜子，她希望在镜子里看不到自己脸上有母亲的影子，因为她的整个生命就像是她母亲的延续，她在与母亲对抗。初识托马斯，他面前的桌子上放着一本打开了的书，而她也爱读书；那一刻，收音机碰巧在放贝多芬的音乐；他住在六号房，她以前住的房子也是六号，而且她六点钟下班；她发现他坐在自己以前读书常坐的公园黄色长凳上，时间刚好是六点。正是这些极其偶然的机缘带给特丽莎离开家庭去改变命运的勇气，把她推向了托马斯。

事实上，难道不是一件必然的偶然所带来的事件，才更见意义重大和值得注意吗？特丽莎出其不意地来到布拉格，找到托马斯，他们当天便做爱。随后特丽莎被流感所击倒，在他的公寓里呆了一个星期才回去。托马斯觉得特丽莎像个被放在树脂涂覆的草筐里的孩子，顺水漂到他的床前，使他感到一种莫名其妙的爱，他无法明白自己要什么，与特丽莎结合或独居，哪个更好？

带着一只沉重的箱子，特丽莎第二次来到托马斯的身边。托马斯从不与其他人一起过夜，即使是他最好的情人——萨宾娜也不例外。可这一次，他在特丽莎的身边睡着了，等他醒来，发现她还紧握着他的手，他开始觉出某种莫名的快意。托马斯由此得出结论：同女人做爱和同女人睡觉是两种互不相关而且相对立的感情。特丽莎和萨宾娜代表着他生活的两极，互相排斥，不可调和，然而都不可少。在萨宾娜的帮助下，特丽莎找到了一份杂志社的工作，她也因偷看了托马斯的信件而知道了他们的关系，知道托马斯一夫多妻的生活。强烈的妒意使她在夜里经常被噩梦惊醒，而托马斯也因同情（同样的感情，一种最强烈的感情想象力和心灵感应力）而理解特丽莎的行为，不仅没有对她发火，而且更加爱她了。为了减轻特丽莎的痛苦，托马斯娶了她，还送给她一只小狗。虽然那是只母狗，但他还是为它取了公狗的名字——卡列宁，他希望它能照顾特丽莎。

卡列宁并不能使特丽莎感到快乐，因为她已被托马斯的不忠弄得虚弱不堪，她甚至开始想回到母亲身边。她主动为萨宾娜照相，试图培养自己与她的友谊，萨宾娜的作品使她对萨宾娜充满倾慕之情。在俄国攻占了布拉格之后，特丽莎开始穿行于布拉格的街道，拍摄侵略军的照片，在这些天里，面对种种危险，她才享受到少许的欢乐。

托马斯带着特丽莎和卡列宁移居到苏黎世，和特丽莎在一起的日子，他的每一步都受到她的监视，她的嫉妒给他带来沉重的负担，她的噩梦给他带来了明白无误的谴责。直到有一天，特丽莎带着卡列宁不辞而别，让托马斯感到自己又在回归单身汉的生活，回到他曾认为命里注定的生活。而现在，他的脚步轻了许多，他飞起来了，正享受着甜美的生命之轻。两天之后,他却被从未体验过的重负所击倒。

没有什么比同情更为沉重了。一个人的痛苦远不及对痛苦的同情那样沉重,而且对某些人来说,他们的想象会强化痛苦,他们千百次重复回荡的想象更使痛苦无边无涯。

在布拉格,特丽莎只需要托马斯的爱;在异国他乡,她却需要托马斯的一切。如果托马斯抛弃了她,她该如何?她不敢想。她无法忍受在失去他的恐惧中生活,也不愿意继续成为他的负担,所以她和卡列宁又回到了布拉格。

Es muss sein(非如此不可)!托马斯又一次服从"感情"的驱使,在特丽莎离开五天后回到布拉格的家。托马斯站在门口,教堂的钟正敲六点。"数字六"这一机缘再次给特丽莎带来一种美感,治疗着她的忧郁,给了她继续生活的意志,使她感到了无比的快乐。

俄军攻入布拉格不久,萨宾娜就移居日内瓦。在那里,她结识了大学讲师弗兰茨,并迅速成为他的情人。萨宾娜戴着一顶旧圆顶黑礼帽出现在弗兰茨面前,但弗兰茨似乎对它并不感兴趣。许多年以前,这顶祖父的礼帽曾使托马斯拜访她时兴致盎然。她去苏黎世见托马斯时就戴着这顶帽子,这顶帽子已经变成一座往昔时光的纪念碑,使他们感动不已。弗兰茨不能理解这顶帽子的含义,所以也无法跨越他与萨宾娜之间的深渊。萨宾娜知道弗兰茨空有强壮的身体,在他的妻子和她面前却显得软弱无力,他不适合她,虽然他是她一生所见男人中最好的一个。萨宾娜结束了日内瓦的生活,定居巴黎。萨宾娜离开一个男人只是因为她想要离开他,她的一生并不沉重,而是轻盈的,生命中不可承受之轻。

弗兰茨相貌英俊,学术事业成功,但却天天担心情人的离去。弗兰茨认为,几个小时内从一张女人的床转到另一个女人的床,对妻子和情人都是一种耻辱,对他也是一种耻辱。弗兰茨不断寻找外出旅游的机会,与情人做爱的床离与妻子睡觉的床越远,他的羞耻心也就越轻。弗兰茨把自己的妻子看成他母亲的影子,他尊敬他的母亲,他把对母亲的忠诚表现在对妻子的身上,但他并不知道能迷住萨宾娜的不是忠诚而是背叛。当他终于背叛了他的妻子的时候,萨宾娜同时也背叛了他。失去萨宾娜,虽然使弗兰茨感到悲伤,但他很快又沉浸于自由和新生带来的欢乐之中。这种自由使他在女人面前更具魅力,他的一个学生爱上了他并很快代替了萨宾娜的位置。

弗兰茨显然不是媚俗的信徒。萨宾娜是他精神上爱情的象征,为了表示对她的忠诚,弗兰茨离开了现实中的情妇,与其他医生和知识分子向柬埔寨进军,去救死扶伤。在异乡,弗兰茨才意识到自己与学生情妇在一起是何等幸福,而柬埔寨之行对他来说既无意义又可笑。他终于发现,他唯一真实的生活,还是他那位戴眼镜的学生。残酷的现实愚弄了他,他被劫匪打伤,虽然他到死之前都在想着自己的情妇,但死了的他却终于又属于他妻子了。

托马斯生平第一次发现自己陷入了困境。由于发表过一篇有关《俄狄浦斯》的感想，现因涉嫌反政权而受到当局的调查。尽管托马斯一向很正直，但这件事却让他的同事们相信托马斯是不诚实的，而且纷纷传言，说他会服从当局的要求写自我批评的声明，这令托马斯感到震惊。托马斯不信任这些人，更不能忍受看这些人的眼色行事，他没有写一个字，也就被迫离开了医院。由于拍了一周的坦克入侵而同样被报社解雇的特丽莎，现在也只能在一间酒吧里工作。

当局并没有就这样放过托马斯，他们继续为此与他纠缠不休，因为他们要从他那里得到更多有关反政权方面的情况，并且表示只要他肯写一份声明，他这个医学专家仍然可以回到原来的工作岗位上。托马斯虽无法肯定做出何种选择才合适，但“非如此不可”的精神在他心底已经根深蒂固，坚定的立场使他当时非如此不可。这次，他又从郊外诊所的小医师彻底沦为与医学无缘的擦窗工人。

成了擦窗工以后，托马斯又回到了单身汉的日子。他只能在特丽莎半夜从酒吧里回来后才能见到她，每天他都拥有属于自己的十六个小时，性活动时间变得非常宽裕。在两年的时间里，托马斯自然与不少女主顾们进行了冒险的活动。

特丽莎无法忍受托马斯头发里的女人气息。托马斯认为爱情与做爱是两回事，她现在不再拒绝理解这一点，她渴望通过尝试能为自己的混乱找条出路，能学会轻松。对于一个工程师的再三引诱，特丽莎终于违背了自己的意愿，她想实践和证实一下托马斯的话。与工程师没有爱的交合，并没有让她觉得轻浮的性爱与爱情毫不相关，没有让她感到轻松，更没有使她平静下来，她内心深处的灵魂渴望着对方的呼唤。

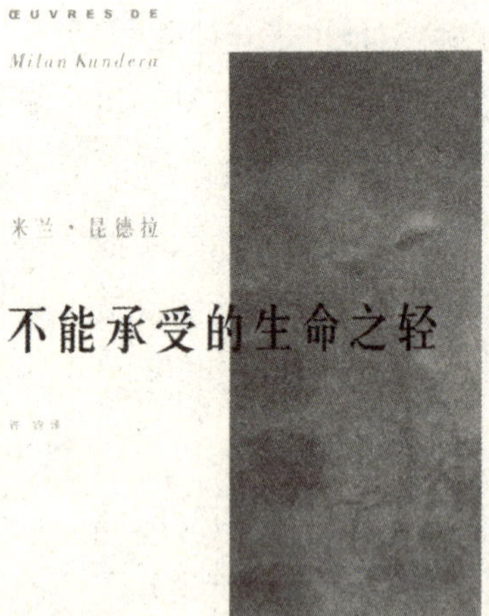

上海译文出版社 2003 年版封面

直到有一天，特丽莎带回一只半死的乌鸦，并向托马斯诉说自己工作的苦闷时，托马斯才忽然发现近两年来他见到她的时候是何其之少，更别说握住她颤抖的手了。他感到难过，心开始让特丽莎占据着，完全没有了冒险的兴致。

一位私人雇主坚持点名让托马斯去干活，开始他还担心是另外某个女人，但最终却发现是自己的儿子和那个受到迫害的编辑设下的圈套，为了让他在赦免政治犯的请愿书上签名。托马斯知道这是件看似高尚却毫无用处的事，在与儿子和编辑的争论中，他发现只有特丽莎才是他唯一关心的东西，签名会使密探更多地光顾她，他绝不能做任何伤害她的事，其他什么都无所谓，即使儿子会因为他的懦弱而拒绝承认他。托马斯不能肯定自己是否做对了，但能肯定他做了自己愿意的事——拒绝签名。

特丽莎又从噩梦中惊醒，听到那令人惨痛的梦境，托马斯觉得心都要碎了，他感到他再也不能承受这种爱了，他渴望平静与安宁。托马斯忽然觉得自己对女色的追求也是一种“非如此不可”，一种奴役着他的职责，为了从所有职责中解脱，从一切“非如此不可”中解脱，他终于和特丽莎搬到了乡村。

对于托马斯和特丽莎来说，乡村生活是他们唯一的逃脱之地。特丽莎庆幸自己终于放弃了城市，甩掉了醉鬼对她的侵扰，还有托马斯头发上的女人味，同工程师的那段插曲也似乎成了一场梦，她终于和托马斯单独生活在一起了。卡列宁也对新环境表示满意，它和村里的一头猪建立起非同寻常的友谊。但好景不长，卡列宁得了癌症，这使特丽莎的心情变得沉重。特丽莎觉得自己与卡列宁的爱要比她与托马斯的爱要好一些，这完全是一种无我的爱，她不想从卡列宁那里获取什么，也未要求它给予爱的回报。卡列宁在特丽莎和托马斯周围的生活基于一种重复，它期待他们也同样如此。最终，他们怀着凝重的心情，让卡列宁在微笑中安息。

人类的时间不是一种圆形的循环，是飞速向前的一条直线。幸福是对重复的渴求，所以人不幸福。几年后，特丽莎与托马斯在乡村因车祸而丧生。

萨宾娜一生都宣称媚俗是死敌，但实际上她难道就不曾有过媚俗吗?她的媚俗是关于家庭安宁、和谐的幻觉，是一曲幸福家庭生活的歌，不时从她生命的深处飘出，汇入那生命中不可承受之轻。特丽莎与托马斯的死显示着重，萨宾娜想用自己的死来表明轻，她将比大气还轻。正如巴门尼德曾经指出的，消极会变成积极。

历史和个人生命一样，轻得不能承受，轻若鸿毛，轻如尘埃，卷入了太空，它是明天不复存在的任何东西。而在太空以外的什么地方有一颗星球，所有的人都能在那里再生，对于自己在地球上所经历的生活和所积累的经验，都有充分的感知。这就是托马斯的永劫回归观。

埃兹拉·庞德 [美国]

《诗　章》

作者简介

埃兹拉·庞德(1885—1972),现代文学史上杰出的人物,同时也是这一时期最有争议的人物之一。可以说,美国现代诗歌的历史始自庞德,而且一直与庞德联系在一起。庞德博览群书,并且对文学、历史和人类学有着很深的造诣,长期热衷于中国历史哲学和古典诗歌。《诗章》中充满了关于中国的内容,第五十三至第六十一这八首几乎把中国古代史从头到尾演述了一遍,在其他各首中也常引用中国典故,理想化地谈到儒家精神。晚年庞德译了《诗经》和一些儒家典籍。

庞德的主要诗作有《圣诞季节》(1908)、《自选集》(1909)、《狂欢》(1909)、《普罗旺斯集》(1910)、《小调集》(1911)、《灵巧的回答》(1912)、《五年期》(1916)、《阴影》(1920)、《诗钞》(1918—1921)、《诗章十六草稿》(1926)、《庞德自选集》(1926)、《诗章十七到二十七草稿》(1928)、《诗章第三十草稿》(1930)、《新诗章十一章,三十至四十》(1934)、《向普罗米修斯致敬》(1934)、《诗章第四十一至五十》(1937)、《诗章第五十二至七十一》(1940)、《比萨诗章》(1948)、《庞德的诗章》(1948)、《凿岩机——诗章八十九至九十五》(1956)。

作品提要

《诗章》是庞德用一生的时间写就的巨大而晦涩的作品。这部巨著于1915年开始写,通篇没有一个贯穿中心的计划。庞德曾向叶芝阐述过他暂定的结构,而这只能用于最初的三十节诗章。到了最后,庞德的《诗章》宛如一个包罗万象的万花筒,从荷马的世界到玛拉莱斯泰,从孔夫子与中国的稳定性到对现代战争贩子和败坏艺术者的痛骂,从亚当和范·布伦总统任职期间的种种细节到行吟诗人的生活,还包括了庞德自己对叶芝、乔伊斯、艾略特以及其他同时代人的回忆。

《诗章》的发展重现了他思想和感情的流动性,并使时间的流逝戏剧化。所有的时间都是同时期的,因此就有现在时间和过去的几个纪元的骤然变换。所有的语言,也就是说,庞德为他的目的而选用的语言，都有相连接的关系，所以诗文里出现了本族语与拉丁语系混合的情况，其中希腊语、意大利语、拉丁语、普罗旺斯语或法语会猝然出现，跟中国方块汉字的突然出现一样。这样，《诗章》雄心勃勃地在一种个人的感觉中体现了全面的历史知识。叙述虽然偶尔用来在一个情节中竖起一个人物，却不是表现手法的基础。我们得到的不是事件的流动，而是通过一个诗人表达的自我的人物、思想和感情。艾略特的《荒原》、乔伊斯的《尤利西斯》与庞德的《诗章》一道给英语文学带来了一种抛弃线性时间概念的现代方法。

1967 年，庞德瞻仰好友乔伊斯之墓

《比萨诗章》是庞德最杰出、流传最久的诗篇。诗的最终目的仿佛是用诗的本身来作出解释：一种永远进展着的诗，诗里的开始和结束是故意缺失的，因为一切都是流动的，一切都在中间。《诗章》的第一个词就是“以及”，对于《诗章》来说，事实上是没有终结的。庞德于 1955 年发表《凿岩机》(《诗章》八十五至九十五章)，于 1959 年出版《宝座》)(《诗章》第九十六至一〇九章)。《埃兹拉·庞德的诗章》(1970)包括他一生的作品，这部作品是对《诗章》一一〇至一一七章的零碎片断的总结。

庞德的诗构成一种英雄的努力，努力用直觉的和玄学的方法去维护一幅完美无缺的幻想景象的首要性，诗人努力以词的形式重现人的感情力量。庞德的努力对于思想继承的方式起了深远的颠覆作用。

《比萨诗章》在对抗诗歌必须非个人化的教条方面，作用尤其明显突出。《比萨诗章》的主人公就是庞德自己。诗人把他往昔的罗曼蒂克角色恢复为情感的中心，遭受苦难的感受以美学上的一体化和道德上的权威性施于诗人独特的景象，而这种感受唯有从我们全体都得忍受的混乱中才能产生。庞德以身作则，授予富于幻象的诗人以威严性，他同时也给疯狂的预言家以同样的作用。

《诗章》的宏大规模成了后来美国文学中几乎每一首长诗的模式。庞德置身于扩展对他同时代诗人的影响力。以他对既定价值的剧烈的攻击和他早年的文学改良计划(意象主义、漩涡主义)，吸引了一批同盟者和跟随者。

庞德的《诗章》常为人们所讨论，而不太为人所阅读。究其原因，主要是：第一，这部诗集不能不令人联想到备受世人非议的作者生平。在 1939 年以前，庞德浪居海外多年，而且批评盎格鲁-撒克逊的文化与经济体系。在第二次世界大战期间，他在意大利电台发表广播文章，反对盎格鲁-撒克逊文化生活与经济体系的许多方面。因为这些行动，大战结束时，他就受到监禁；不过，他没有受到审判，仅以心理上的理由过了一段囚拘的生活。释放以后，他回到意大利居住。在这段时间当中，庞德继续在他的作品上增加新篇。他因为对诗提供了有价值的文学服务而获得博林根奖，这也同样招致非议。

《诗章》不为许多人阅读的另一个原因是，实际上这部著作非常晦涩难懂。对于草草翻阅它的读者，甚至是对于花了相当时间去研究它的人，这部作品的面目是令人畏缩却步的。我们发现，其中许多以诗论事的段落，虽然是用英文写的，但常为其他文字的引述所中断，其中包括普罗旺斯语、意大利语、日耳曼语、法语、拉丁语、希伯来语、古英语，更有甚者，许多段落里都夹杂着完全谜语似的表意文字，这大抵是庞德从中国古语上取用而来的。这些符号分别代表庞德所珍视的观念。对于初读庞德诗作的人，即使对这种语言运用作了比较深入的考察，也未必就可以畅其所读，因为这部韵文的调子变化极大。在早期的《诗章》里面，有一些片断，可以列入到 20 世纪最精美的英语诗里去，这些悲歌式的部分不但惋叹“良好”文化的丧失，而且对盎格鲁-撒克逊所实施的资本主义做了犀利尖刻的攻击。与这些优秀段落交替的另一些部分，就作为诗来说，它们所用的材料显然都是很奇特的。其中有的引自约翰·亚当斯外交信函，它们属于百余年前的时代，而其本身的兴味比那个时代更加陈旧；有的引自哈布斯堡王族洛林的李奥波德所颁布的财政条规，这些法令旨在为突斯堪尼地区设立良好的经济氛围，但不久即被拿破仑的横流所破坏。诗中涉及大量历史与文学人物，好坏并具、东西兼有，包括庞德相识的许多知名的与名不见经传的人物；20 世纪前期的各种文学运动与战斗，都记录进这部长诗之中。

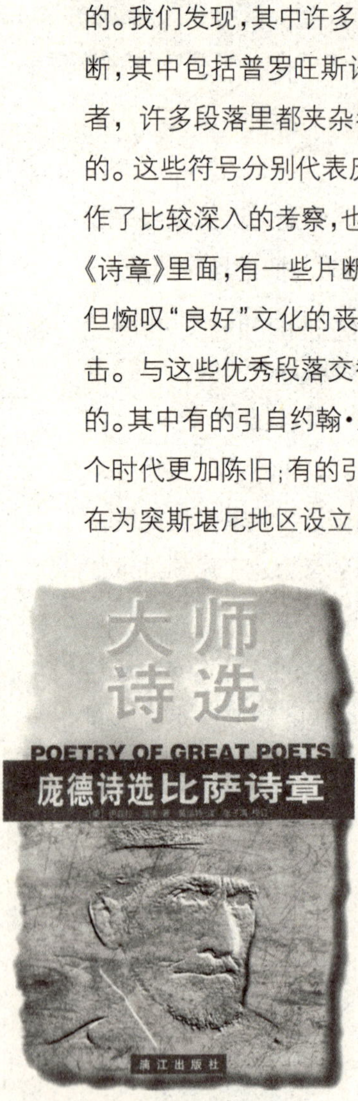

漓江出版社 1998 年版封面

这一切都编织与包含在一个紧凑但又轶事式的结构里，庞德以极大的韵格变化与技巧来加以点缀。特别有趣的一段出现在《比萨诗章》里，我们可以从其中见到在比萨坐牢的庞德，他正在为他的杰作忙碌。

《诗章》缺乏计划，偏重杂驳而不注意清晰，这是很奇特的，是在文学上鲜有类似的情形，但是我们却不可因此而把它看做一种欺世盗名的作品。

若要读懂庞德的《诗章》，就得和庞德一样饱学。但是，另一方面，如果明白庞德所始终爱好的与厌恶的是什么，就能够有所进展与得到益处了。我们然后可以发现,20 世纪,事实上,还应包括人类历史的其余部分——在这位诗人的知觉中枢引起愉快与恶心的混合反应，这反应的副本就是这集诗里的杂乱无章。

如果把《诗章》中的内容作系统的整理,我们可以开出如下的一张清单:在历史上,有些时代是人性的,而有些时代是非人性的。按照庞德本人在美国《文化人》中间与在英国乡下所经验到的来说,20 世纪不是一个很人性的时代,它不允许优秀的人去探察人的本性,也不容他们深究艺术与语言的来源。因此,我们的时代(或我们这个时代的部分)是“反对自然的”:这是一个上下颠倒的世界,在这个世界里,金钱不再只是一种必需品的方便,而在许多人心中变成了人能够掌握的最真实的实体了。自然以及人所造成的艺术美则沦为次等经验的来源。

庞德要否定这样的印象。对他来说,金钱文化把人类置于污秽的排泄物当中,而且这个见解可以证诸人类生活的所有方面。

从某种程度上讲,《诗章》代表了一种决裂,而其对象为现行的社会秩序,以及那些讨好这一秩序的各种文学表现模式。庞德要一切“日日新”。这部诗中所用词语的混乱、掺杂与不合理推论,就是攻击的技巧。庞德从荷马、孔子与无数其他力求“人性”的作家文字中取用典故。他把用因循眼光所见的过去撕裂了,而把它的丝缕编织进他自己设计的一个新图样中去。庞德因此攻击那般积久难迁而且沾沾自喜的感性,如在《凿岩机诗章》里,他要读者一次性经验人类历史的所有阶段,而仅使每个阶段占据他片刻的注意。

庞德故意使《诗章》显得混乱无章,因此成为其个人的形态,用以表现他那愤慨的与大义凛然的感性。就此而言,这部诗里所表现的始终是明明白白的,以诗人的说法,如果人们不明白,那只能怪其反应迟钝,与瞎子无异。

庞德晚年被美国新起的诗人视为圣者,据称,他对一生某些作为颇有悔意。《诗章》在 1970 年合集,共 116 章,还有一些断章。

阿尔贝·加缪 [法国]

《鼠　疫》

作者简介

作者简介见《局外人》一章。

作品提要

4月16日早晨，贝尔纳·里厄医生从他的诊所里走出来时，在楼梯口中间踢到一只死老鼠。当时他并没有把它当一回事，但是，他突然觉得这只老鼠死的不是地方。守门人米歇尔断言这个楼里根本就没有老鼠。晚上，里厄又在楼道上发现了一只浑身湿漉漉的老鼠，它轻轻地叫了一声就开始原地打转，口吐鲜血，倒在地上。他首先联想到了他病中的妻子，明天，她要到山区疗养。第二天，在送妻子去火车站时，他发现楼里过道上又出现了死老鼠。在火车站也有许多死老鼠。人们都在谈论着这件事。里厄把这件事告诉了受雇于巴黎一家著名报纸的记者雷蒙·朗贝尔，而且也通知了市灭鼠所。此后几天，事态发展得越来越严重，死老鼠发现得越来越多，在城里的任何地方都能看到死老鼠。4月28日，情报资料局宣称收集到八千只左右的死老鼠时，人们的忧虑达到了顶峰。守门人米歇尔病了，高烧、呕吐、哮喘、肿胀，在送医院的路上死了。还有一位因痛苦而上吊的人，病症和守门人一样。

米歇尔的死意味着一个充满使人茫然失措的迹象的时期已经结束和另一个更为艰难的时期已经开始。在这一时期，原先的震惊逐渐转变为恐慌。没过几天，死亡病例大大增加。里厄和一位同行卡斯特尔达成共识，看样子，这很像是鼠疫。"鼠疫"这个词不是第一次被提出来的。本来，天灾人祸是人间常事，然而一旦落到自己头上人们就难以相信是真的。世上有过鼠疫的次数和发生战争的次数不相上下，而在鼠疫和战争面前，人们总是同样地不知所措。

市政官员格朗告诉里厄，死亡的人数在上升，从最初的每天几个到十几个，很快发展到每天三四十个。省府终于同意召开卫生委员会会议。在会议上，大家对这个现象是否是鼠疫争论不休，但不管怎么说都应该采取措施制止疫病的蔓延。里厄在惶惶不安中离开会场。一个垂死的女人在惨叫，胯间血淋淋的，她回过头来望着里厄。

第二天，高烧症又有了发展，但当局并没有宣布为鼠疫，而只是发出公告说，是一种莫名其妙的高烧症，要求市民采取措施防止任何瘟疫的发展。卖花人花篮中的花香宣布着春天的信息，在疫情暂缓以后，一切又恢复了常态。但不多久，疫情一下子恶化，死亡人数又直线上升，用于预防的血清还是没有运到。在死亡记录重新达到每天三十人左右那天，里厄接到省长拍给他的官方电报："正式宣布发生鼠疫。封闭城市。"从这时起，鼠疫可以说已经与我们人人有关了。一旦封闭城市，所有的人与外界就全部隔离开了，这样，一种与心上人离别的个人感情在几个星期中一变而成为全城人共有的感情，而且还夹杂着一种恐惧之感，这就成了这种长期流放生活所带来的最大的痛苦。

鼠疫给奥兰这个城市带来了死亡。在每一个病人家里，都充满了痛苦、惊恐和挣扎。死亡的人数为每周五百人。一天，记者雷蒙·朗贝尔来找里厄医生，请求他出具证明，让他离开，因为在巴黎，他刚结识的女友在等着他。但是医生拒绝了他，城中像他这种情况的人有好几千，至今一个也没有放走过。朗贝尔非常恼怒。每天的死亡人数最高可到几百人，一般也是一百几十人。关卡开始出现冲突，当局为了防止骚乱，派出了巡逻队。让·塔鲁在鼠疫发生第九十四天的记录中写道：一百二十四人死亡。人们情绪恶劣，发疯地消费。反正要死，人们这样做也没有什么错。

这次从巴林运来的新的血清效果比第一批还要差，统计出来的死亡数字又在上升。而且，又发现了两例新类型的瘟疫，鼠疫杆菌感染了肺部。这时，塔鲁来到了里厄医生的家，经过恳谈，他提出自己负责组织义务防疫队。里厄医生问塔鲁，是什么东西驱使他想干这事的。塔鲁回答说是"理解"。第二天，塔鲁就着手干了起来，他组织起第一支队伍。以后又有许多小队纷纷成立。他们明确的目标就是：与鼠疫作战。格朗也加入了这个行列。到了8月中旬，瘟疫已经完全控制了城市。习惯于绝望的处境比绝望的处境本身还要糟，最后这一线光明消失了。到了9月和10月，鼠疫已使奥兰成了一座与世隔绝的孤城。

卡斯特尔研制的血清是里厄最后的希望了。如果试验再次失败，那么医生就确信这座城市将听任病魔摆布。在卡斯特尔去看望里厄的前一天，预审推事奥东先生的儿子病倒了，于是他们在这个孩子身上做了实验。可是，孩子在经过痛苦的挣扎以后，还是死了。死时，里厄、塔鲁、卡斯特尔等人都在场，还有神父帕纳卢。自从帕纳卢加入义务防疫队以来，他从来没有离开过医院和鼠疫流行地区，同时，他还在着手写一篇题为《一个神父能否请医生看病》的文章，并准备再做一次布道。在一个刮大风的日子里，神父做了第二次布道。几天之后，帕纳卢病倒了，病症像鼠疫，但又没有十分明显的迹象，但他仍坚

译林出版社 2003 年版封面

持让人把自己送入了隔离区，最后默默地死去。他的病历卡上写着："病情可疑。"

这一年的亡人节（天主教定为 11 月 2 日）不同往常，因为，现在对奥兰来讲，每一天都是亡人节。鼠疫不再有新的发展，似乎已到了顶峰，而且卡斯特尔研制的血清也确实发挥了很大作用，下一步似乎应该好一些了。一个星期天的下午，塔鲁和朗贝尔决定到体育场去。在体育场，他们发现生活在这个已改建为隔离营中的人，一个个目光呆滞，沉默寡言。到了 11 月底，天气已经凉了下来。一天晚上，塔鲁和里厄谈起了自己的身世。十七岁那年，他去看他父亲，一个代理检察长，在对一个犯人进行审判，他父亲一反平时温和的常态，坚持要求判那个犯人的死刑。从那时，他离家出走了。他认为，我们世上的每个人，都参与了谋杀，都是鼠疫患者。他判处自己终身流放，他的心永远和不幸者在一起。12 月份，鼠疫又在市民胸口燃烧起来，人们本希望冬天的来临能刹住瘟疫势头。圣诞前夕，格朗染上肺鼠疫，病倒了，里厄给他注射了血清。第二天，奇迹出现了，他恢复过来了。一个姑娘也出现了类似的情况。而且，活着的老鼠再次出现了，一个老人高兴地说："看它们奔跑的样子！看了真叫人高兴。"结果，有关数字表明，疫势已经减弱。1 月 25 日，省里宣布鼠疫可以算是结束了。此外，公告补充说，为了慎重起见，城门还要关闭两个星期，预防措施还要维持一个月。这天晚上，塔鲁、里厄、朗贝尔和其他人一起混杂在欢乐的人群中，有一种飘飘然的感觉。这一时刻，同时充满了欢笑和眼泪。就在城门打开的前几天，里厄医生的妻子去世了。他表现出异常的冷静。

在 2 月的一个晴朗的早晨，拂晓时分，城门终于开放了。人们获得解放，沉浸在欢乐中。里厄倾听着城中震天的欢呼声，心中却沉思着：威胁着欢乐的东西始终存在。他知道，人们能够在书中看到这些话：鼠疫杆菌永远不死不灭，它能沉睡在家具和衣服中历时几十年，它能在房间、地窑、皮箱、手帕和废纸中耐心地潜伏守候。也许有朝一日，人们又遭厄运，或是再来上一次教训，瘟神会再度发动它的鼠群，驱使它们选中某一座幸福城市作为它们的葬身之地。

T. S. 艾略特［英国］

《四个四重奏》

作者简介

作者简介见《荒原》一章。

作品提要

《四个四重奏》作于1935至1943年，是艾略特最后一本非戏剧性的诗集，写作时间长达八年，每首四重奏都是个别发表的，但均有同样的结构，并且共同渐进发展几个同样的题旨——对时间与永恒的关系、现世的意义等。这四首诗篇主题相互交织，像贝多芬晚年创作的一组四重奏一样，诗里面的转变类似一首交响乐或四重奏里的变调，因此艾略特用五乐章的奏鸣曲形式来写这些四重奏。其各篇主题的展开形式虽不尽相同，但都以一个地名为篇名，以四种元素（空气、土、水、火）之一为基调，可视作独立的篇章吟赏。

每首四重奏的题目都是有个人或历史重要意义的地名，它们是各题旨的出发点，并在每首四重奏的第一部分发展起来。《焚毁的诺顿》写的是英国格劳斯特郡的一座老屋子，它的题旨是时间的本质以及个人记忆与经验的本质。《东柯克》写的是英国的一座村庄，艾略特的祖先在17世纪时离此前往美国，题旨是考察历史的意义，并解释精神重生的观念。《枯干的难船》写的是美国马萨诸塞州海岸的一堆岩石，是艾略特孩提时代所熟悉的，他继续深思时间与历史，又包括对人类努力奋斗而发的反省，并进一步说明经验的本质。这些题旨又全出现在《小吉丁》里，小吉丁是一个由尼古拉斯·费拉建立的英国国教俗民社区。

所有的题旨因此依不同的重点而出现在每一首四重奏里，各副题均为主题旨的各面，而且与它们直接有关。这些诗与艾略特的早期诗作有个不同的地方；此间，虽然出其不意与急遽转变的成分仍然存在，转变的段落都包括在内，在《荒原》里则非如此。同样的象征也出现在每首四重奏里，它们的复合而渐替的含义都归结消解在《小吉丁》里。

在《焚毁的诺顿》里，艾略特这样写：

本该有的与已经有的一切/都指向一个常在的终结。[1]

此间所指，不是经验安置在时间里（“别把它叫做确定不易”），而是一种“静止的状态”。为了达到它，必须先否定肉体与精神。这种涤罪的方式一再被提及，它所需要的条件是摆脱欲望与强迫。有意义的经验在时间以内与以外，而生命中的全是干扰，使人无法常常到达这个目的。

《东柯克》里所处理的时间也涉及人的历史的考虑。这是四个四重奏中最绝望的，也最彻底地道出了完全而未经救赎的苦难。他强调了生命与经验的周期本质：田地变成了工厂，工厂又复倾覆为尘土。诗人由黑巷子走到那个困倦的村庄以后，仿佛开了灵眼，而写出了人与大地的周期循环。第二部分用一首描写十一月的情诗开始，紧接着就是一段倍见作者特色的逆转写法：那正是一种说明它的办法……/以一种陈旧的诗风来进行/委婉迂曲的精细描写。

《枯干的难船》中对密西西比河与大西洋的卓越描绘，显出诗中的音乐成分逐渐增加，这情形继续出现在《小吉丁》里。那河是“一位强壮的棕褐色的神”，而那海是“许多神与许多声音”。海洋时间“不是我们的时间”，“时间停住而且永不结束了”。第二部分的抒情诗说到船难的悲惨，也说到那些“最可靠的”东西，它们因此也是“最合于舍弃的东西”。这里痛楚是没有了的，唯一可以做的事情只是祈祷。

沈阳出版社1999年版封面

此间，过去极其富有含义的经验内容所构成的形态，按其历史的角度而受到观察：

而且趋向意义的途径以一种不同的/形式恢复了经验，超过/我们能归结幸福的任何意义。

这一段连结到第三部分中对于克利西那的描述。这些四重奏里有许多其他作家的暗指与引述，这是其中之一。时间的理论是从希腊古代哲学家赫拉克利特的学说中引出来的，玫瑰与火的象征表现令人想到但丁，而灵魂中的默认这个想法则与使徒约翰有关。明白这些材料的来源可以大大加深对这些四重奏的理解，不过，艾略特把它们合成这样完整的一体，又把它们在诗中的地位掌握得这样好，所以它们均产生一个确切的意义，因此，读者即或不知道这些出处与典故，也能够欣赏与明白这

① 本篇引文均由吴文智试译。

些诗。不过,诗人克利西那的名字是直接说出来的,他所说的名言“航海的人哪,动身向前吧”是很重要的,因为它指出了根本的欲望超脱,同时也是一种教导无私与无我的规箴。

第五部分诠说时间的似非而是的各面:

要想领会/无时间与时间的交叉点/却是圣人的职事。

反复出现在这些诗里的花、阳光与音乐等意象,象征常人的经验,这些经验虽是片断零碎的,但也含着“恩典的征意”:“半凭猜臆,半经了解的恩赐,就是‘道成肉身’(基督教的要义之一,即神对人所施予的救赎,这个恩典则借基督降世人间为肉身的耶稣而完成)。”

《小吉丁》以半反复的说明与进一步的展开来融圆所有的题旨。位于小吉丁的礼拜堂是个“祈祷一向有效应验的”地方。这首四重奏解释许多对作家及圣人的暗指,并说明那些成其为圣人的作家:

……死者的意见/是用那超越过活人语言的火来表示的。

历史的题旨经重新陈述在过去与现在的关系里,而成为一种对立的化解:“历史可以是奴役,历史可以是自由。”而且

凡是我们从幸运者那儿继承到的一切/都是我们从失败者那儿夺取的。

神对人的光顾,在《东柯克》里养活的是一种苍白的负荷,这种窘境在这里见的是神爱,唯有它能够给予挣脱欲念的根本自由。探索的结束,以及与语言及一切人类行为作苦斗的结束,“将会在我们出发的地方达到/而且(我们)将会第一次认识这地方”。个人的与历史的经验中的刹那时刻都永远不会失落:

玫瑰花的刹那与紫松树的刹那/是同等长的时间。一个没有历史的人/不能从时间解脱得救,因为历史是/一些无时间的刹那构成的图标。

需要完整存在的涤罪方式产生了“完全的单纯”,此际,“火与玫瑰就合而为一了”。

《四个四重奏》尽管复杂,却是艾略特写得最明白的诗作。这些诗都是以基督教为皈依的,它们记录灵魂走向救赎的过程。其中的许多题旨在不同层面上交相辉映,语言与节奏都丝丝入扣,再加上意象的美与精确,使这些诗成为艾略特毕生最伟大的成就。当世界本身处于危险之中,这个诗人在灵魂所经历的永生的、无始无终的时刻的深思中,找到了远远超过“转瞬即逝”的东西。这些时刻被置于对抗着四周的灾难之中,最清楚地在最后一个四重奏中被激发出来:《小吉丁》,那里说话者遇见一个“熟悉的、复合的鬼魂”——他的领路人,由维吉尔和叶芝的灵魂复合组成,他们带着他走过伦敦遭受空袭时的巡逻之路恰似走过像炼狱一样的历程:“从错误恼怒的精神/前行着,除非为使人澄净的火焰所恢复/那里你必须依着节奏而动,像一个舞蹈者。”

奥克塔维奥·帕斯 [墨西哥]

《太阳石》

作者简介

奥克塔维奥·帕斯(1914—1998),墨西哥诗人、散文家,当代拉丁美洲最杰出的诗人。帕斯曾获得诺贝尔文学奖和西班牙的塞万提斯文学奖。瑞典皇家学院对他的评价是“充满激情的文学作品视野广阔,是完整的人道主义和富于情感的聪明才智的结晶”。他的创作在世界上产生了广泛影响。

帕斯的诗歌创作融合了拉美本土文化及西班牙语系的文学传统,继承了欧洲象征主义的形而上的追索以及用语言创制自由境界的信念,在其创造的艺术世界里,强烈的瞬间经验与复杂的历史意识以及个人的生命直觉和人类的文化传统达到了浑然合一。在他的后期创作中,更自觉地将东西方文化熔于一炉,由繁复绚烂回归到具体明澈,一方面是来自西班牙具体意象的传统,一方面可以说受到东方短诗的启示。他自己曾译过王维、李白、杜甫的作品。

帕斯于1990年获诺贝尔文学奖

帕斯不满现实,在创作中,他满怀激情又富于想象,既有对社会的满腔义愤,又有对生活的真正热爱。他的人生道路就是在政治活动与孤独寂寞的矛盾中徘徊的。诗人以大胆的叛逆和热烈的追求,极力维护正义和美的双重价值。帕斯认为,诗人不仅要有鲜明的个性,而且应成为社会的一员,只有这样,才能成为人民的喉舌。他反对“噪音派”和“当代人派”的诗歌,认为它们是脱离人民的特殊的文学世界,不能引起广泛的共鸣;他主张将“纯粹诗歌”和“社会诗歌”这两种水火不容的倾向统一起来。

在诗歌创作中,帕斯反映了墨西哥当代知识分子彷徨、迷惘的情绪,具有多方面、多层次的特点。其创作道路是环形的,即从“自我”出发又回到“自我”,诗人自己是其作品内在冲突的根源。他继承了维森特·维多夫罗、塞萨尔·巴列霍等拉美诗人的开拓精神,通过对“自我”“非我”、时间、空间、生命、死亡、性爱等各方面的探索来表现社会和人生的本性。他的作品既富于深刻的哲学含义，又具有明显的玄学色彩，同时还可以看出弗洛伊德学说的烙印。在对时间和空间的探索方面，帕斯的诗歌将人类看做时间与空间的奴隶，同时却又幻想着摆脱时间与空间的限制去寻求绝对的自由。诗人既不想让时间死去，又不想让时间复活，而是希望时间停滞，认为时间的停滞是最美的境界。帕斯既是诗人，又是批评家，此二者同时发挥作用，就决定了其诗歌的哲理性，他是哲理派(“车间派”)诗人中的佼佼者。

帕斯在诗歌创作上的最大成就在于他把语言从“清规戒律”中解放出来。他认为“在20世纪，一切语言不仅是一种手段，它将我们合成，又将我们分解”。从中可见帕斯对语言的激进主义倾向，这又导致了其诗歌的隐晦和朦胧。在艺术技巧上，帕斯的诗歌在结构上采用“电影蒙太奇”的手法，从而给人以动的感觉。为了取得这样的艺术效果，帕斯将各种手段结合起来使用，明喻和隐喻交替，形象再现，诗句重叠，标点符号省略等。在作品中主要的艺术手段是象征。诗歌中的象征自然、贴切，其意义更多地是赋予自身，而不在于对其他事物的比拟，这样就使得读者获得了想象的直观感受。

帕斯在当代世界诗坛上占有一定的地位，他不仅是墨西哥最伟大的作家，作为一位具有世界水平的作家，他也是当之无愧的。其主要著作有：诗歌集《太阳石》《口头自由》《火神》《东山坡》《史诗》《人类的根源》《向里的树》，散文集《孤独的迷宫》《弓与抒情诗》《缘木求鱼》《通向田野之门》《交流电》《拾遗》《酸橙树的子女》《旋转》《仁慈的妖魔》《信仰陷阱》《雾的时代》和《阴影与工程》《人在人的世纪中》，剧本《拉巴克西尼的女儿》。1989年帕斯自选了《帕斯最佳作品集》。

作品提要

帕斯在参观博物馆时受到阿兹特克日历的启发，触动灵感，从而写成长诗《太阳石》。太阳石乃1970年在墨西哥城出土的文物，是公元15世纪阿兹特克人打造的石历，呈圆形，中心刻有口吐长舌两手紧握人心的太阳神，四周刻有利剑、花纹、象形符号、羽帐等。其中15组符号组成阿兹特克的纪年，最后一位数是584。这首诗仿照阿兹特克日历，写成584行，描写了人类的爱情、现实生活、时令和死亡等像日历一样周而复始的轨迹。帕斯以现代的多元文化的意识，打造这块文字的太阳石，从神话、历史、梦幻、时间、空间、理性、非理性等多维坐标表明现代人在世间的位置、境遇和感受。这首以超现实主义手法写成的韵味优美的长诗发表后，在诗坛引起了强烈反响，并很快被译成多种文字在世界许多国家发表。作者利用电影蒙太奇的技巧，将一系列“非时间”的形象剪接起来。全诗首尾相接，形成环形结构。诗的开头和结尾都是：

一棵晶莹的垂柳，一棵水灵灵的白杨 / 一眼高高的喷泉随风飘荡 / 一棵稳健的树木却在翩翩起舞，一条弯弯曲曲的河流 / 前进、后退、迂回 / 却总是到达要去的地方

诗句从这样的形象开始，反复吟咏，一气呵成，分成几十个段落，却没有一个句号。在这首诗中，帕斯完全打乱了时空界限，将神话、现实、回忆、憧憬、梦幻融为一体，充分展示了诗人激越的情感和丰富的想象力：

河北教育出版社 2003 年版封面

一个形象宛似突然的歌唱，/ 烈火中歌唱的风，/ 悬在空中的目光 / 将世界和它的山峦海洋眺望，/ 宛似被玛瑙滤过的光的身躯，/ 光的大腿，光的腹部，一个个海湾，/ 太阳的岩石，彩云般的身躯，/ 飞快跳跃的白昼的颜色，/ 闪烁而又有身躯的时光，/ 由于你的形体世界才可以看见，/ 由于你的晶莹世界才变得透亮，/ 我在声音的过道中行走，我在响亮的现实中飘荡，/ 像盲人在光明中跋涉，/ 被一个映象抹去又诞生在另一个映象，/ 迷人的路标之林啊，/ 我从光的拱门 / 进入晴朗秋天的长廊，/ 我沿着你的躯体像沿着世界行走，/ 你的腹部是阳光明媚的广场，/ 你的胸脯上耸立着两座教堂——/ 血液在那里将平行的奥秘酝酿，/ 我的目光像常青藤一样笼罩你，/ 你是大海环抱的城市，/ 被光线分成两半的桃色城墙，/ 在全神贯注的中午管辖下 / 一个海盐、岩石 / 和小鸟栖息的地方，/ 你身披我欲望的色彩 / 赤身行走宛如我的思想，/ 我在你的眼中行走如在水上，/ 成群在那秋波上畅饮梦的琼浆，/ 蜂鸟在那火焰中自焚，/ 我沿着你的前额行走如同沿着月亮，/ 恰似云朵在你的思绪中飘扬，/ 我在你的腹部行走如在你的梦乡，/ 你的玉米裙在飘舞歌唱，/ 你水晶的裙子，水的裙子，/ 你的双唇、头发、目光，你整夜在降雨，/ 整日用水的手指打开我的胸膛，/ 用水的双唇闭上我的眼睛，/ 在我的骨骼上降雨，一棵液体的树 / 将水的根扎在我的胸脯上，/ 完美的贞操，无形的花朵 / 在寂寞的枝头摇晃，/ 圣者难得的宝石——它能满足时间 / 过滤欲望，静与动的婚礼 / 在花冠上将孤独歌唱，/ 每个时辰都是纯洁的花瓣，/ 世界摘下了面具，/ 它的中心晶莹闪光，/ 没有名字的人，我们所谓的上帝，/ 在虚无中自我欣赏，/ 没有脸庞的人从自身浮现，/ 这是形象与名字的充分体现，/ 是太阳的太阳……[1]

---

① 节选自《太阳石》(赵振江译，花城出版社 1992 年版)，第 56—57 页。

尤金·奥尼尔 [美国]

《天边外》

作者简介

尤金·奥尼尔(1888—1953),美国剧作家,美国表现主义戏剧的代表人物。1888 年 10 月 6 日生于纽约一个艺术家庭,其父是演员,其母是芭蕾舞蹈家。奥尼尔一生做过店员,淘过金,做过水手,并多次航海到南美洲、非洲和英国等地。1914 年出版第一个剧本《蛛网》。1920 年,他的多幕剧《天边外》在百老汇公演,并因此获得了普利策奖。1936 年,奥尼尔获诺贝尔文学奖。

奥尼尔是一位多产的剧作家,一生剧作共有 70 多部,其中较著名的有《东航卡迪夫》(1916)、《琼斯皇》(1920)、《毛猿》(1921)、《榆树下的欲望》(1924)、《大神布朗》(1926)、《奇异的插曲》(1927)、《进入黑夜的漫长旅程》(1941)等。奥尼尔戏剧受现代心理学影响较大。他以现实主义和表现主义结合的非凡成就使美国戏剧第一次在国际上崭露头角,取得显著地位。

作品提要

在《天边外》中,可以发现奥尼尔早期剧本惯常出现的主题模式:梦想对主人公的驱使,夫妻、父子之间的感情矛盾,理想主义诗人与实利主义商人在价值观上的对立,大海的诱惑与土地的羁绊。然而,该剧最本质的思想正如剧名所暗示的那样:人们必须永不停懈地探究生活的最根本的意义,去发现也许就在地平线以外的神秘世界。当你因为某种私欲或感情纠缠而放弃追求时,等待你的只有悔恨、眼泪和悲剧。

5 月的一天,静静的黄昏刚刚开始。天边的小山上还镶着一道金边,山顶上的天空闪耀着红霞。一个高高瘦瘦的青年坐在栅栏上,遥望天边。他是罗伯特。虽然出身农家,但他自幼体弱多病,喜欢幻想,梦想着能有一天离开闭塞、单调的田庄,出海远航。他曾离开家一年上大学,因父亲梅约要改进农场,经费不足,只得中途辍学。他回家以后仍然整天捧着书本,吟诗诵词,无心务农。正巧这时候当船长的舅父迪克要出海。罗伯特决心跟着舅父

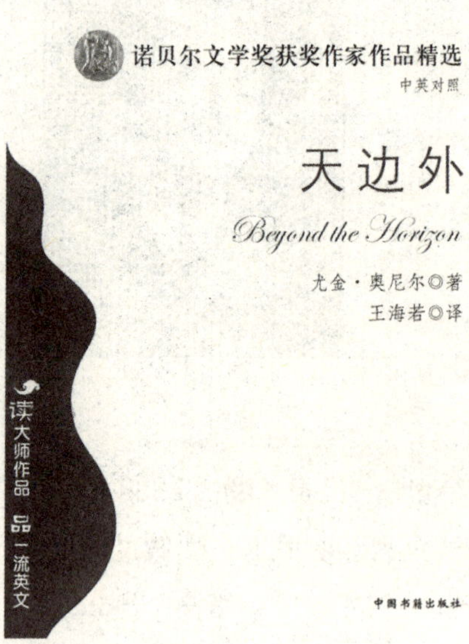

中国书籍出版社2008年版封面

去，到遥远的地方去，明天，他就要出发了。

这时罗伯特的哥哥安德鲁从田间收工回来，经过此处。安德鲁与罗伯特是完全不同类型的人：他身强体壮，皮肤黝黑，文化程度不高，但非常擅长干农活儿，是典型的农家子弟。他劝说罗伯特不要离开，留在家里和他共同经营农场。罗伯特没有接受他的劝告，认为安德鲁没法理解他要到天边去的梦。

安德鲁走后，露斯也经过这里。露斯是罗伯特邻家的女孩，今年二十岁，健康而美丽，浑身上下透着青春的活力，露斯的父亲已经去世，她与母亲相依为命。安德鲁一直深深地爱着露斯，双方的父母亲也一直希望两个人能结成姻缘。露斯问罗伯特为什么要远离家乡去远航，罗伯特一时冲动之下，告诉露斯除了对天边外的向往，他对她的爱也是迫使他离开家乡、远走天涯的原因。他对露斯说：“从我记事的时候起，我就爱上了你，但我现在觉得是多么的不可能，因为我知道安德鲁爱着你，而想必你也是爱安德鲁的。”露斯听了这话，竟接受了他的爱情，她说：“我并不爱安德鲁！我不爱他!哦，罗伯特，请你不要离去。你走了，我要心碎的。”闻听此言，罗伯特非常高兴，他答应露斯不走了。

这天晚上，在梅约家的客厅里，罗伯特向家里人宣布了他和露斯的爱情，并说他已决定明天不和迪克舅父出海。梅约夫妇非常高兴，毕竟儿子留在了身边，而且结成一桩婚事。哥哥安德鲁却伤心欲绝，他突然提出要代替罗伯特和舅父出海。梅约大惊，他不能没有安德鲁这个料理农庄的好帮手。劝阻不成，梅约大发脾气，宣布如果安德鲁真的出海，他要与他断绝父子关系。罗伯特也劝安德鲁留下来，但安德鲁去意已决，他告诉罗伯特：“你知道我离开的原因。我祝愿你和露斯享受世上的一切好运，但你却不能指望我在这儿看你们俩天天在一起，而我却孤单一个人。”安德鲁最终离去。

三年以后，梅约已经去世，罗伯特与露斯有了一个女儿，名叫玛丽。罗伯特从父亲手里接过农庄，却对农庄的管理一窍不通，以致田庄荒芜，工人辞职，眼看就要到山穷水尽的地步，要把农庄抵押出去维持生计。他仍然整天沉醉在书本里，沉迷于幻想中，他后悔当初没有顺应自己的天性远走天涯，想象着安德鲁可能到过的所有令他魂牵梦萦的神秘而遥远的地方。他对自己周围的环境充满了恨意，是它把他关在里面看不到天外的景象。露斯婚后不久就发现自己错爱了罗伯特，她发觉罗伯特只是一个游手好闲的家伙，只会读书，把农活弄得一团糟。她热切地盼着安德鲁能回来，重振家业。罗伯特发现露斯在偷偷读安德鲁寄来的信，又气又怒，讽刺说那些信写得像个农夫的日记。露斯一气之下和他大吵起来，告诉他，她真正爱的是安德鲁而不是他。就在这时，信使带来了安德鲁要回来的消息。

安德鲁的突然出现给露斯带来了新的希望，但事情却完全没按照她想象的方式发展。回家当天，安德鲁找到罗伯特，带着歉意提起往事，说自己当时离家纯粹是一种孩子气的行为，实在太傻了，出海不到六个月，他就把这件事忘了。他希望罗伯特不要在意过去的事情。罗伯特提醒安德鲁，这些话不要讲给露斯听。安德鲁却讲了，并告诉露斯"现在你好像是我的好妹妹"。露斯心中的希望破灭了，她掩面而去。安德鲁对罗伯特和露斯的行为感到困惑不解，以为是自己的出现扰乱了这个家的安宁，自己是个不受欢迎的人。恰好有条次日一早便启航开往阿根廷的船想邀请安德鲁当二副，安德鲁立即答应下来，当晚，怀着"苦干和决心定会带来成功"的信念，安德鲁再次离开了家。

又过了五年，罗伯特的爱女玛丽已经死去，他的母亲也已经去世了，家里贫困潦倒，一片衰败景象。罗伯特得了严重的肺病，危在旦夕，但他依然陶醉在幻想中。露斯的感情已经枯竭了，负债累累使她对生活漠不关心，靠悄悄接受母亲的接济才能勉强维持生活，连给安德鲁打电报都要对方付费。安德鲁接到电报后匆匆赶回家，请了一名有经验的医生，但为时已晚，医生说罗伯特两个肺都已经烂了，不能活几天了。临死之前，罗伯特对已经成为富商的安德鲁说："我是一个失败者，露斯也是一个失败者，不过我们两个可以把犯下的错误推到上帝身上，你可是我们三个当中失败得最彻底的一个。你离开自己的本行已有八年之久，你明白我的意思吗？你爱农庄的时候，你本来是个生产者，你跟你的生活是和谐一致的。可是现在，你拿你喜爱生产的东西来赌博，说明你在邪路上走了那么远，所以你要受到惩罚。"罗伯特请求安德鲁在他死后娶露斯，为她受过的"加倍的苦"。

一个灰色的黎明，田野是一种荒芜的景象。罗伯特一个人摇摇晃晃地来到外边，费力地爬上可以看见日出的堤岸，瞭望天边外。安德鲁和露斯找到他，他对他们说："我终究获得幸福了，自由了，脱离田地而自由了。看呀！这些小山外面不是很美丽吗？我能听见旧日的声音呼唤我去了！现在我就要去了，这不是最后的终点，而是自由的开始，我的航行的起点，我到底走上了我航行的路——在那天边外。"说完，人倒下死去。安德鲁悲戚地对露斯说："我，你，我们两个都把事情做错了，我们一定要互助——将来——我们总会明白怎样才是对的——"可是，露斯一无表示，只是忧伤地呆望着安德鲁，她的心已经沉没在耗尽的平静中，再不为任何希望所惊扰了。

金庸［中国］

《天龙八部》

作者简介

作者简介见《鹿鼎记》一章。

作品提要

北宋年间的一天，大理国王子段誉被“无量剑”追杀，幸被一名叫钟灵的少女出手相救。不料却遭遇前来围攻“无量剑”的神农帮并起冲突，钟灵被神农帮帮主司空玄扣押。段誉逃走时掉下悬崖，大难不死，偶入剑湖宫底的一个石室，见一美女玉像，得到了逍遥派武功秘籍《北冥神功》。段誉将钟灵被扣之事告知钟夫人，谁料钟夫人原是父亲段正淳的情人。段誉借马欲回大理请父亲出手救钟灵，途中偷听到马的主人将遇险，急奔回去报信。马主蒙面姑娘木婉清带着段誉杀出重围，却始终对他冰冷残酷。二人遭遇灵鹫宫使者，险些为之所害，幸有段誉帮助木婉清才歼灭了强敌。段誉与木婉清衣衫破烂，摘下使者斗篷，不意歪打正着，被司空玄认为是灵鹫宫使者，段誉将计就计救下钟灵，令其回家。

段、木二人被仇敌追上，一番拼杀之后，木婉清身受重伤，和段誉逃到一座荒山之上。这里，他们遇到了四大恶人之第二人“南海鳄神”。南海鳄神强要揭开木婉清的面纱，木婉清却抢先一步对段誉露出面目并从此认其为夫；南海鳄神又要强收段誉为徒，段誉心中不愿，却用计诱他替自己击退了追兵。段誉七日之内练成了“凌波微步”。南海鳄神为寻弟子闯入镇南王府，被段正淳父子所制服，无奈之下，拜段誉为师，恼怒而去。

段誉归来，镇南王府合府欢庆，段正淳的两位旧情人钟夫人甘宝宝和修罗刀秦红棉找上门来。木婉清得知自己是段正淳与师傅秦红棉的女儿，伤心欲绝。南海鳄神趁乱将段誉掳去，关于万劫谷钟家石屋之中。四大恶人之首“恶贯满盈”段延庆本是大理太子，大理内乱时期被误以为为人所杀，对皇室怀恨在心。他将木婉清与段誉同关一室并给两人服下催情药阴阳和合散，妄图使两人乱伦，以坏大理皇家之名声。在千钧一发之际，王府护卫华赫艮挖地道入石屋，用钟灵将木婉清换出。当众恶人得意洋洋打开石屋时，段誉抱出的却是钟灵，段家名声得以完存。

吐蕃国法师大轮明王鸠摩智，借还昔日心愿——焚《六脉神剑经》于姑苏慕容博之坟前为名，索取剑经。天龙寺诸僧不予，比武不敌，一急之下，焚毁剑经。因段誉在此期间一直在旁观看，六脉神剑要诀已熟稔于心，故鸠摩智掳走段誉，离开天龙寺，往苏州而去。鸠摩智带着段誉到慕容氏庄上，非但没有得到慕容博坟上拜谒之机会，倒被慕容家的两个小丫头阿朱、阿碧戏弄了一番。阿朱、阿碧借对水路的熟稔抢下了段誉，段誉大喜。

阿朱、阿碧带段誉荡舟太湖上，因解手入慕容复的舅母王夫人的曼陀山庄。满园曼陀罗中，段誉巧遇慕容复的表妹王语嫣，虽只是背影，段誉却对她一见倾心。就在这时，庄主王夫人回来，闻听段誉是大理人，杀心顿起，待听过段誉对满园茶花的评论以后，改变主意，让他到花房去当花匠。段誉再遇王语嫣，为她的美貌所倾倒，交谈之下，知她对表哥慕容复一往情深，不禁心下黯然。王语嫣听说阿碧、阿朱要去少林寺找慕容复，背着母亲随同她们离开曼陀山庄。

段誉舍不得离开王语嫣，随阿朱等人到慕容山庄，却又发现前来寻仇的两派人马。王语嫣无意中露出自己熟知天下武功招式的才能，使来犯者大为震惊，欲掳其而去，慕容复家人包不同出现，击退来犯者。三位少女皆欣喜异常，谈话间却公然将段誉视作外人。段誉不悦，郁郁告辞。

离开慕容家，段誉到了无锡城。在酒馆吃饭之时，巧遇丐帮帮主乔峰。二人比试酒量，互相倾慕于对方豪爽，结为兄弟。此次乔峰来江南一为调查副帮主马大元被自己的成名招式“锁喉擒拿手”杀死之事，二为赴西夏“一品堂”之约。丐帮“大智分舵”舵主全冠清发动了蓄谋已久的叛乱，且丐帮几大长老都参与了此事。乔峰临危不乱，迅速制服了叛首全冠清，并向帮众解释了他不肯轻易怀疑慕容复的原因。依丐帮帮规，四位背叛长老都应处死。乔峰则以刀戳肩代四人受过，在场之人无不为乔峰此举动容。正在这时，一些看似毫无干系的武林英雄纷至沓来，待他们聚齐，智光大师便讲起了三十年前的一桩往事。

广州出版社 2006 年版封面

三十年前中原豪杰接到消息，说契丹国要有大批武士来抢少林寺武功图谱。智光大师、赵钱孙和丐帮前任汪帮主等二十一人在带头大哥率领下赴雁门关截击。谁料消息是假，智光大师等人和一携带妻儿省亲的契丹高手相搏，二十一人仅余带头大哥、智光大师和汪帮主及吓晕过去的赵钱孙。契丹高手的妻子在混战中被杀，绝望之中他跳崖自尽，遗下一孤。智光大师将婴儿寄养在少林寺少室山下的一户乔姓农家。婴儿长到七岁，少林寺玄苦大师收其为徒，传他少林武功；十六岁时，此遗孤遇汪帮主，被收为徒。此人不是别人，正是丐帮帮主乔峰！马大元之妻又拿出马大元遇害后清理遗物时发现的两样东西，一为带头大哥劝汪帮主不可“养虎贻患”的信；一为汪帮主遗令：“若乔峰有亲辽叛汉行为，全帮即行合力击杀”。乔峰震惊，悲痛欲绝，离丐帮而去。

一波未平，一波又起，西夏一品堂前来丐帮挑衅。丐帮人数虽众，但被西夏“悲酥清风”尽数迷倒。段誉趁乱抱起王语嫣，展开“凌波微步”逃出。途中再度遇险，侥幸脱身，与阿朱、阿碧会合。阿朱化装成乔峰模样，用从乔峰处得到的解药救下了丐帮众人。

乔峰离开丐帮，径直回少室山，欲向父母及师父探问身世，不料有人先他一步以他的掌法杀死父母和师父。乔峰为少林诸僧误会，含恨脱身，带出了扮成正清和尚模样到少林寺盗经的阿朱。但阿朱已身受重伤，靠乔峰每日以内力相助延续生命。为救阿朱，乔峰闯聚贤庄请“阎王敌”薛神医。正在那里聚会的武林群豪与乔峰话不投机，乔峰大开杀戒，把阿朱托付于丐帮执法长老白世镜后，击杀聚贤庄庄主游氏双雄等人，自己也身受重伤，危急时刻为一黑衣人所救。伤好后，乔峰直取雁门关。不意阿朱为薛神医所医，早已在那里等候。乔峰在雁门关遇契丹族人，得知自己原姓萧，从此改名萧峰。萧峰誓报杀父杀母之仇，决心查出当年的带头大哥。

为找到神秘的带头大哥，萧峰与阿朱乔装南下中原探访知情人。谁料徐长老、谭婆、赵钱孙、单正尽皆为人所害，谭公与智光大师自尽。阿朱扮作丐帮长老白世镜造访最后一个知情人马大元遗孀，被马夫人瞧出破绽，不露声色地告诉她带头大哥是“大理镇南王段正淳”。段正淳为萧峰义弟段誉之父，令萧峰苦闷异常。

萧、朱二人一路前行，找段正淳寻仇，却在一个名为小镜湖的地方碰见段正淳，此时，他正和情人阮星竹重叙旧情。不意间阿朱发现自己竟是阮星竹与段正淳的女儿，自己的妹妹阿紫也恰在此间淘气。想到自己深爱的萧峰要找自己的生父报仇，阿朱不禁心急如焚。萧峰稍后得知其人正是段正淳，报仇之心顿起，和段正淳约定午夜三更天见面，欲亲手刃仇敌。阿朱为了结爱人与父亲恩怨，扮作段正淳模样赴约，萧峰盛怒之下未能认出，一掌出去，阿朱奄奄一息，临死之前，阿朱托萧峰照看好妹妹阿紫。萧峰万念俱灰，欲随阿朱而去，却偶然发现小镜湖木屋中的字不似带头大哥字迹，心中疑窦顿起，决心继续追查下去，弄清楚马夫人陷害段正淳的原因。

一路追踪，萧峰又来到马大元府上，吃惊地发现，马夫人原是段正淳的情人。心狠手辣的马夫人知道留不住段正淳，在酒中下药迷倒他，欲杀他之时自有一番温柔话语，马夫人的奸夫白世镜醋意大发，现身欲速杀段正淳。紧要关头，有人扮作死去的马大元模样杀死白世镜，白世镜临死之前吐露真言，原来是马夫人偷看到汪帮主遗令，要副帮主马大元揭露乔峰身世，马大元不肯，马夫人遂害死了他。杀死白世镜后，那人离去，萧峰紧追，未得结果。待返回马府，发现段正淳被救走，马夫人被阿紫弄成半死半活的模样，萧峰问马夫人何以设计害他，马夫人告诉他乃是因为他当年在英雄大会上未对自己加以注意。待萧峰问及带头大哥时，被阿紫打断，阿紫将马夫人气死，萧峰再次无功而归。

浙江人民美术出版社 2008 年漫画版

萧峰一路北行，阿紫总在其后跟随。因她逃出师门时偷了星宿老仙丁春秋的神木金鼎，数次遭同门师兄弟之截击。萧峰均出手相助。最后一次萧峰助她取得大师姐的地位，欲离去，阿紫出手阻挡，萧峰还击，不意将她击成重伤，只得携她同行。

为医阿紫之伤，萧峰入长白山，结识女真人阿骨打。一日，阿骨打率众与契丹人遭遇，萧峰出手，捉住契丹人头领后将其放回。头领慕他豪爽，与他结为兄弟。后萧峰始知此人为契丹国皇帝耶律洪基。萧峰帮助耶律洪基平息叛乱，耶律洪基大喜，封萧峰为南院大王。阿紫被封为郡主。

当日聚贤庄少庄主游坦之流落边关。一日，见阿紫，为其貌倾倒。阿紫顽劣异常，一番玩弄之后，将游坦之做成一个“铁头人”，并令游坦之助其练功，游坦之无意中得到一身阴毒的功夫。

逍遥派弟子苏星河遍邀天下能棋者，破解一“珍珑”棋局。逍遥派叛门弑师的弟子星宿老怪丁春秋闻风而动，途中遇丐帮，为蟒阵所困。游坦之出手相救，被丁春秋收为徒弟。丁春秋大闹苏星河弟子薛神医居所，将那里的武林豪杰功力以化功大法尽数化去，将他们押往苏星河处。

苏星河明为摆棋，实是替师寻找逍遥派之新掌门人。段誉、慕容复、段延庆等人均试过，皆不能解开棋局，且因丁春秋用邪术而使得慕容复与段延庆险些自尽。少林寺小和尚虚竹出手相救段延庆，段延庆感激在心，用“传音入密”内功指点虚竹，解开棋局。虚竹转瞬之间不明不白地成了逍遥派的掌门。前一掌门将七十年的功力传于虚竹，并告诉他到大理无量山无量洞寻武学典籍，学成之后诛杀叛门弟子丁春秋。说完后气绝身亡。虚竹随即帮助苏星河打退丁春秋，被苏星河及其弟子尊为掌门，而此时他尚是少林弟子，好不尴尬。

丁春秋败走之后，在一小酒店与阿紫相遇，阿紫极尽阿谀之能事，暂保性命。慕容复出现，二人交手，丁春秋不能取胜，恼怒之下弄瞎阿紫双目。游坦之救走了阿紫，并遇全冠清，计谋多端的全冠清想利用游坦之，与之结为兄弟。

慕容复战丁春秋后脱身，与包不同、风波恶等人会合。当夜，一行人遭遇万仙大会，原来是受天山童姥的灵鹫宫所制的三十六洞和七十二岛正密谋反叛。发起人之一乌老大邀慕容复入伙，慕容复想扩大势力，利用他们，便答应下来。乌老大细诉原因，方知天山童姥给这些人都种下生死符，日子委实难熬。不久以前，听说童姥生病，故起意造反。

乌老大从缥缈峰擒到一女童，欲以女童之血誓师。就在他一刀砍下之时，虚竹抢先一步，救下女童。这女童竟是天山童姥本人。童姥自六岁始练“八荒六合唯我独尊功”，每三十年返老还童一次，今年九十六岁的童姥返老还童需九十天。虚竹救她时她也只有九岁功力。在剩下的八十五天中，她必须要找个无人能打扰的地方，练就神功。虚竹不知原委，待他知道后，不禁愕然；而童姥见他手戴逍遥派掌门玉扳指，也吃惊不小。原来，逍遥派前掌门无崖子是童姥师弟；童姥与师妹李秋水同时爱上无崖子，时至今日仍相争不止。李秋水算定童姥返老还童时间，前来为难。

童姥助虚竹打退追来的“万仙会”诸人，在雪山上潜心修炼。途中遭遇李秋水，童姥不敌。虚竹背童姥逃命，被李秋水一掌打下悬崖，被段誉所救，保得性命。童姥与虚竹二人铤而走险，潜入西夏王宫的地窖。童姥以西夏少女诱虚竹犯下淫戒，从此虚竹对不知姓名面貌的西夏少女一往情深。李秋水追至王宫，和童姥一番争斗，两人俱亡，临死前才知无崖子爱的是李秋水的小妹。童姥将灵鹫宫宫主之位传于虚竹。段誉与虚竹结为兄弟。

虚竹回归少林，正逢天竺僧人鸠摩智来此发难。虚竹用逍遥派武功战败鸠摩智。恰在此时，全冠清怂恿被他扶为丐帮傀儡帮主的游坦之召集天下英雄到少林寺，妄夺武林盟主之位。萧峰为寻阿紫，也来到少林。群雄聚会，风云迭起。潜于少林寺三十年之久的萧峰之父萧远山和慕容博现出身份；少林方丈玄慈与四大恶人之二叶二娘竟是虚竹的亲生父母！当年，正是慕容博妄传消息，带头大哥玄慈率众害得萧远山家破人亡。玄慈与叶二娘当众被指认，自尽身亡；萧远山父子与慕容博父子仇人相见分外眼红，但经少林寺一扫地老僧指点，萧远山与慕容博看破红尘，皈依佛门。混乱之后，萧峰、段誉、虚竹三人相会，三兄弟终于得以聚全。

段誉收到父亲书信，令其去西夏招驸马，一行人皆随之而去。慕容复亦知道了西夏招驸马一事，借西夏之力行复兴之心陡起。一系列的纠葛之后，倒促成了段誉与王语嫣的姻缘。慕容复、吐蕃王子等一干人雄心勃勃，均想获得西夏公主的青睐。公主选婿的结果却令人大吃一惊：竟是虚竹！原来公主即是虚竹在西夏皇宫中与童姥避难时爱上的西夏少女。

段誉等人离开西夏回大理，路上为设陷捉段正淳的王夫人所擒；慕容复趁机杀死阮星竹、秦红棉、甘宝宝、王夫人。段正淳悲伤自尽，段王妃告诉段誉身世后亦追随而去。原来段誉的生父竟是段延庆！段誉登大理皇位，段延庆满心欢喜。

大辽皇帝要讨伐宋朝，萧峰不愿率兵与宋朝交战，带阿紫等人逃跑。到边界雁门关之时，辽国追兵迫近，宋朝守军亦不肯开门。危急之中，虚竹、段誉二人擒住了辽帝耶律洪基，萧峰以其“一生不能侵犯宋”为条件，放回耶律洪基，而后从容自尽。阿紫随萧峰跳涯身亡。段誉与虚竹各回所在，慕容复却已发疯，仍自做着皇帝梦。

科塔萨尔［阿根廷］

《跳房子》

作者简介

科塔萨尔（1914—1984），著名的阿根廷小说家、诗人、剧作家、文学翻译家。生于比利时布鲁塞尔，父母都是阿根廷人。第一次世界大战之后，全家迁回阿根廷。幼年父母离异，由养母抚养。1935 年，他在布宜诺斯艾利斯的一所师范学院获得文学学位。从 1945 年到 1951 年，他为几家阿根廷出版社做文学翻译，翻译了埃德加·爱伦·坡的所有散文作品及基德、笛福等的大量作品。

为了表达自己对贝隆政府的不满，他拒绝了布宜诺斯艾利斯大学的教授职位，丁 1951 年移居法国，直至因白血病逝世。1981 年，他接受了法国密特朗总统所授予的法国国籍，但却坚持称他不曾放弃阿根廷国籍。科塔萨尔兴趣广泛，除了文学和政治之外，他还喜欢用小号吹爵士乐，画超现实主义油画等。

科塔萨尔的第一部诗集《仪表》是于 1938 年以笔名胡利奥·德尼斯发表的。诗中提出解放诗体、进行艺术创新的主张。1951 年出版的短篇小说集《决胜局》是他文学生涯的第一次重大成功。1960 年，他的第一部长篇小说《中奖彩票》出版，该书描写一群买彩票得奖的人乘船游海的故事，以“不平凡场景”展现人在非常时期的心理状态与行为方式：庸俗、自私、虚伪、虚荣。1963 年，长篇小说《跳房子》（有人译为《踢石游戏》）出版，这是他的代表作，受到广泛赞扬，被视为拉美“文学爆炸”代表作之一。他的其他重要作品还有短篇小说集《秘密武器》（1959）、《万火归一火》（1966）、《我们如此热爱格琳达》（1981），长篇小说《八十个世界竟日游》（1967）、《曼努埃尔记》（1973）、《八面体》（1974）等，剧本《永别了，鲁宾逊！》（1986，身后出版）。

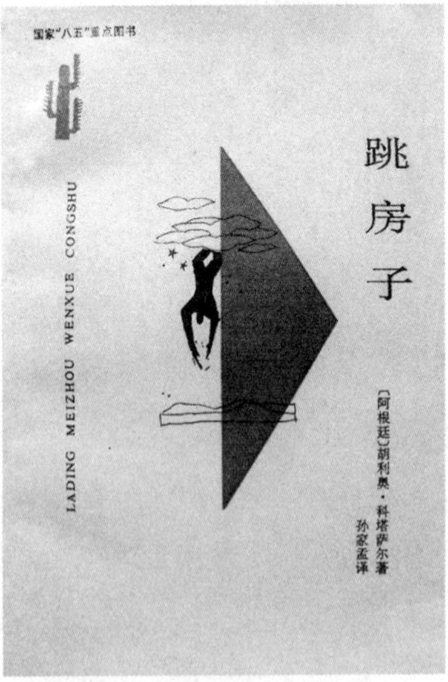

云南人民出版社 1996 年版封面

作品提要

《跳房子》塑造了一个不断追求和探索的人物形象。阿根廷青年奥里维拉怀着对祖国命运的关心，抛弃舒适的生活环境，摆脱亲友的温情，离开祖国到巴黎去寻找真理。在巴黎，他与乌拉圭女青年玛佳相爱并同居。奥里维拉和朋友们组成了一个俱乐部，经常聚会畅谈，一同探讨人生真谛，可是他们通过理性所探讨的问题，总也得不出一个结论；而不进行任何思辨的玛佳却不知不觉地生活在自己所认为的真谛之中。巴黎社会的虚伪价值观念和污浊的社会风气使奥思维拉的幻想破灭了，于是，他毅然断绝同玛佳的爱情，重返祖国，开始新的探索，直到失去理智，从窗台上一跃跳下楼去。

跳房子是一种儿童游戏，即用粉笔在地上画格子，共有十一个格子，最上一格为“天”，最下一格为“地”，两者之间有九个格子（分排七行），游戏中，要把小石块由“地”格依次踢到“天”格，途中以不踢出格界者为胜。表现在小说中，巴黎为“天”（即小说第一部分《那边》），布宜诺斯艾利斯为“地”（即小说第二部分《这边》），夹在“天”与“地”之间的是小说第三部分（即《其他方面》），小说主人公则象征着石子。他在经历了一番徒劳的探索之后，最终瞄准了画在庭院地上的跳房子游戏格子中的“天”跳了下去。这种“跳下”寓意为“上天”，它表明了拉丁美洲知识分子顽强追求、不懈探索、失望而不绝望的精神境界，而这种精神正是拉丁美洲的希望之所在。

《跳房子》赢得了很高的评价。有人将它称为西班牙文学的《尤里西斯》，“第二次世界大战后意识及感情的最强劲的百科全书”。

谈及自己的文学作品，科塔萨尔说：“我写出来的东西大部分属于怪癖类别，因为我从未承认在生活和写作之间有明显的差异……我通过缺席和位移进行写作，恰因为我透过自己的缝隙来写作，所以我希望读者会发现自己的缝隙，透过这条缝隙看到不同的花园景象：树上长的果实变成宝石。魔鬼还是一如既往。”《跳房子》典型地表现出作者的这种小说艺术倾向。作者本人称，这部小说有两种读法，第一种是消极读法，按顺序读完第一和第二部分即可，第三部分可略而不读；第二种是积极阅读，即跳跃阅读，按目录所示，从第七十三章开始，跳读到第一百三十一章结束，也就是把第三部分有机地穿插进去。这种安排给读者设置了一系列悬念、疑点，诱使读者进入小说意境，成为书中人物和作家在创作上的参与者。

重庆出版社 2008 年版封面

君特·格拉斯［德国］

《铁皮鼓》

作者简介

君特·格拉斯(1927—　)，“四七社”主将，战后联邦德国新崛起的作家群中的佼佼者。1999年10月，他被授予诺贝尔文学奖。这位“以黑色幽默描写历史被遗忘的面容”的作家，是第七位获得诺贝尔奖的德国人。他的代表作是但泽之三部曲，包括长篇小说《铁皮鼓》、中篇小说《猫和鼠》、长篇小说《狗年月》(一译《非人的岁月》)，三部作品既独立成篇，又自成体系，艺术风格上也有许多共同的特点，代表了作家创作中的一个统一的发展阶段。作者创作的目的是为了粉碎德国当年已经形成、60年代才真正迫在眉睫需要解决的那种对纳粹阴魂的崇拜。

作品提要

我住在疗养与护理院(疯人院)里，托我的护理员买来了五百张清白的纸，我要写下我的故事。我将从自己出世以前很远的时候写起。

那是1899年，我奥斯卡的外祖母还是一位年轻美丽的波兰姑娘，她住在离但泽不远的一个村子里。一天她独自在马铃薯地里干活，突然一名逃犯慌慌张张地向她跑过来，后面有两名警察紧紧追捕着他，逃犯向她求救，她把他藏在自己宽大的裙子底下，骗过了追捕的警察。我的妈妈阿格内斯就是这次躲在裙子下的外祖父使我外祖母安娜受孕的结果。阿格内斯年轻时是个丰满的姑娘，非常能干，她的表兄扬·布朗斯基是个体质羸弱、走路有点驼背的年轻人，因为脸蛋十分俊朗，当年只有十七岁的母亲爱上了他，我的外祖母容忍了这两个年轻人之间的亲密关系，但我母亲又爱上了莱茵兰人马策拉特，于1923年嫁给了他。我母亲结婚后，与布朗斯基仍是藕断丝连，经常幽会，在一次舞会上我母亲还把他介绍给自己的丈夫。很快，马策拉特与布朗斯基成了一对好朋友，布朗斯基几乎天天到表妹家做客。他们表面上是表兄妹关系，实际上是一对情投意合的情侣。我长得十分像布朗斯基，尤其是那一对漂亮的蓝眼睛与布朗斯基一模一样。我那名义上的父亲马策拉特，反倒不如布朗斯基表舅那样和蔼可亲，尽管马策拉特对我也尽了父亲的责任，但我还是最喜欢布朗斯基“表舅”。

我三岁生日那天，母亲送给我一只小白铁皮鼓作为生日礼物。我十分喜欢，从此以后，我就一天到晚在胸前挂一只铁皮鼓，到处游逛，与鼓形影不离，甚至到了没有鼓就不行的地步，鼓成了我生命中不可缺少的一部分。也就是从我接受这只鼓开始，我决定连一指宽高度都不再长，保持三岁孩子的状态，却又是三倍聪明的人，所有的成年人个头都比我高，但在智慧方面所有的成年人都不如我，这样一来，就不必读完小孩的教义问答手册再读成年人的书。我想我比哪个都优越，也不会像别人那样随着时间的推移而不断变样，并一步步走向衰老和坟墓。

漓江出版社 2003 年版封面

我开始敲鼓。我们的公寓有五层，我经常从底层一直敲到顶层，再沿着楼梯敲下来。就这样不停地敲打着鼓，成年人受不了，不让我敲打，还想掰断我的鼓。我还能保持在非常高的音域上，用颤音歌唱、尖叫或者尖叫似的歌唱，这样一来，再没有人敢把我的鼓拿走了，因为我这一声叫喊，很多东西都会被震碎。而且我以唱碎玻璃来发泄对别人的敌意和愤怒，我不喜欢我那庸俗的父亲，但是我非常孝敬“表舅”布朗斯基。于是我用这种本领帮助布朗斯基从首饰店中窃取了一串昂贵的金项链来送给我母亲。我还凭借这种怪诞的能力参加了侏儒杂技团，到处巡回演出，还去过前线，为纳粹党的妇女们、士兵们演出。

阿格内斯是在犹太人马库斯的店里给我买铁皮鼓的。但当时纳粹势力也在但泽抬头，民族仇恨复炽，布朗斯基的儿子因是波兰籍，在幼儿园被德国儿童殴打。马策拉特是纳粹党的一名冲锋队员，后升为小队长。对布朗斯基在波兰邮局任职一事，马策拉特第一次用比较严厉却又比较忧虑的语气提出劝告。阿格内斯对丈夫从来就不曾有过爱，同时，她又深爱着表兄，但对自己的行为深感内疚。后来她开始自暴自弃，最后终因食鱼中毒，年纪轻轻就离开了人世。

母亲阿格内斯去世的这一年，我已近十四岁。我总是孤单单一人呆在楼梯间和屋顶室读书。我需要人做伴时，便到三楼去找特鲁钦斯基大娘。她总是搀着我的手，给我倒麦芽咖啡、牛奶和褐色冰糖。玛丽亚是特鲁钦斯基大娘的女儿，和我同年。马策拉特请玛丽亚管杂货店和照看我。玛丽亚勤快能干，把店铺料理得井井有条，对我也关怀备至。这时我虽已十六岁，但由于我仍然保持在三岁孩童的身高，玛丽亚也就把我当孩子看待，对我毫无戒心。

我虽不愿进入成年人的社会，但我的本能又驱使我要求过正常人的生活。玛丽亚带我到女更衣室帮我脱衣，然后当着我的面脱掉衣服，顿时，玛丽亚毛茸茸的三角形使我大吃一惊，我认识她的本来面目，我向玛丽亚扑去，把脸凑上去，玛丽亚哈哈大笑说："你这个小淘气！你又不懂这是什么东西。"有一个夜晚，我竟然不知不觉中与玛丽亚发生了关系，并使她怀了孕，还生了一个男孩库尔特。就在玛丽亚怀孕两个星期后，我在我家的沙发上撞见了玛丽亚，她没有睡着，而是张大嘴忙着吸气；她躺在马策拉特的下面……

我父亲娶了我未来的妻子，之后，我把我的儿子库尔特叫做他的儿子库尔特，他因此要求我承认他的孙子是我同父异母的弟弟，要求我把我所爱的、散发香草味的玛丽亚认作继母。自从母亲阿格内斯死后，布朗斯基就不常在我家做客。同时但泽地区纳粹党人无故枪杀波兰人，捣毁波兰人的商店。1939 年 9 月，党卫军占领了但泽。就在德国人攻打但泽时，布朗斯基冒着生命危险把我带到波兰邮局躲避，这使我感受到父爱的温暖。波兰邮局终因寡不敌众，被党卫军攻下了，布朗斯基和其他无辜的波兰人一起被枪杀了。由于马策拉特早在我被带到波兰邮局的当天就向党卫军报了案，说他的儿子失踪了，所以我才免遭法西斯的毒手。马策拉特后来把我领回了家。1939 年 9 月底，但泽终于被并入德意志第三帝国。

1945 年 11 月底，俄国人包围了但泽城，就在苏军攻下但泽那天，马策拉特和他的家里人及邻居们躲在地窖里，马策拉特明白希特勒大势已去，坐立不安，偷偷地把纳粹党徽摘下，但不知道把它扔到哪里去是好。我把党徽接过来捏在自己的手中，可是当三个俄国士兵进入地窖时，我看到他们身上也戴着徽章，居然无知地又把党徽交给了马策拉特。马策拉特接过党徽吓得不知所措，慌忙之中把党徽放进嘴巴，噎在咽喉吐不出来又吞不下去，一时间脸涨得通红的，连表示投降的双手也举不高了。他的神态一下子激怒了俄国卫兵，他们开枪打死了这个党卫军小队长。在埋葬马策拉特时，我把我的铁皮鼓和鼓槌一起埋在墓穴里。与此同时，库尔特用石子掷中我的后脑勺使我掉进墓穴里。不久后，我又决定重新开始长高身体，一直长到 1.21 米，但长成了一个鸡胸驼背的人。玛丽亚和库尔特在迪赛尔多夫做黑市买卖，我去学石匠手艺。我向玛丽亚求婚遭到拒绝后又恢复颓唐的样子。

我在艺术学校当模特儿，赋予各种现代画派的艺术家们以灵感。有时到夜总会当侍者，但这夜总会只供顾客切洋葱，辣出眼泪。我搬到"刺猬"家，爱上邻居道罗泰娅，并患了单相思。一天晚上，我扮成撒旦，偷黑摸进她的房间去求欢，引得道罗泰娅动情地颤叫，但当她摸到我的畸形身体后就是一阵臭骂，挥拳把我从床上打翻下地。我跟克勒普等组成爵士乐队，在洋葱地窖里演奏。我又重逢兰克斯，他已重操旧业。当年在大西洋壁垒，他曾奉命用机枪扫射在海滩边捡螃蟹的修女，这件事情他早已抛到脑后。我和他旧地重游，我受“西方”演出公司之聘，成为铁皮鼓独奏艺术大师，到各地演出，名声大振。演出公司老板原来是昔日“内心流亡”的上尉贝布拉，他如今已跻身于权事集团了。贝布拉死后，我成了他的遗产继承人，然而，负疚感越来越沉重，我从狗店租了一条叫卢克斯的狗外出散步解闷。卢克斯在麦地里捡到一节无名指，上面戴着一枚戒指。此事被橱窗装饰师维特拉看见，两人成了朋友。我把捡到的无名指放在盛放防腐剂的密封大口瓶里，对它顶礼膜拜。当年从波兰邮局逃出的邮递员维克托在联邦邮局工作，但到了夜里，他仍要逃避纳粹警察的追捕，因为和平条约未签订，当年的军事命令仍旧有效。维克托终于被纳粹警察抓到并押赴刑场，被我和维特拉救出。维特拉羡慕我有钱有名。

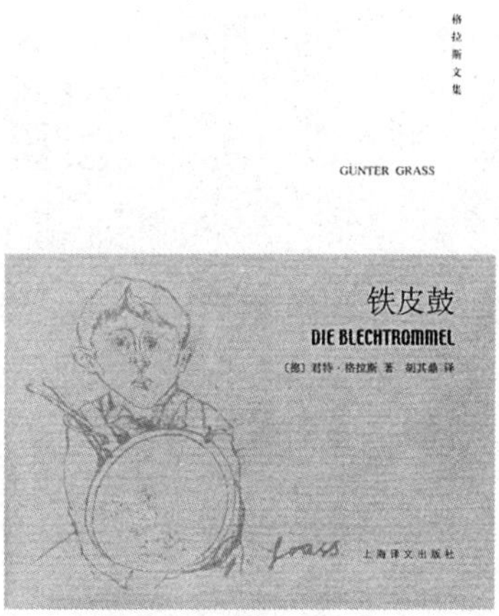

上海译文出版社 2008 年版封面

由于我厌倦了这种生活，为了逃避社会，与朋友维特拉合计出一个办法，即由维特拉端着盛无名指的杯子去控告我是杀以前恋人道罗泰娅的凶手，同时为了抬高维特拉的控告价值我得逃跑。逃跑总得有个预定的目的地，我想，你往哪里逃，奥斯卡?我问自己。政治事件，所谓的铁幕，禁止我逃往东方。我的外祖母安娜的宽大裙子，至今鼓起在长舒贝的马铃薯地上，提供保护，可我呢，却不能把它当做逃跑的目的地。虽说，如果真要逃跑，我认为，唯一的希望是逃到我的外祖母的裙子底下去。

今天，是我的三十岁生日，一个三十岁的人有义务像个堂堂男子汉而不是像个学徒似的去谈论逃跑这个问题。玛丽亚，她给我带来了蛋糕和三十枝蜡烛，并说:“现在你三十岁了，奥斯卡。现在你变得理智的时间慢慢地到了。”

自从我逃跑以来我所担心的事情，在今天我过三十岁生日时，宣告即将来临:真正的罪犯找到了，重新开庭审理，宣告我无罪，把我从疗养和护理院放出去，夺走我甜蜜的床，把我放到冷冰冰的、暴露在各种天气之下的街道上，强迫三十岁的我在自己的和我的鼓周围集合门徒。我逃跑时已二十八岁，我先逃往巴黎，在巴黎被警察拘留，又被送回西德并进了精神病院，在这里我用了两年的时间写作自己的回忆录，这下一切都完了，我冒充凶手原是为了找一个安静的藏身处，可现在我被他们放了出来。在这之后，我究竟干什么呢?结婚?独身生活?出国?当模特儿?买个采石厂?集合门徒?成立教派?

亚瑟·米勒 [美国]

《推销员之死》

作者简介

亚瑟·米勒(1915–2005),美国战后最重要的现实主义剧作家。出身于纽约市一商人家庭。1944 年发表《鸿运高照的人》,并在百老汇上演。1947 年发表《全是我的儿子》,获纽约剧评家奖。《推销员之死》(1949)描写一个老推销员被老板辞退,为使家庭获得人寿保险基金,深夜驾车外出车毁人亡的故事,获纽约剧评家奖和普利策奖,并赢得国际声誉。其他剧作有历史剧《炼狱》(1953)、《两个星期一的回忆》(1955)、《桥头眺望》(1957)、《堕落之后》(1964)、《代价》(1968)、《美国时钟》(1980)等。1961 年还专门为第二个妻子玛丽莲·梦露写了电影剧本《不合时宜的人》。还和第三个妻子合作了《在俄国》(1969)、《在乡下》(1977)和《中国见闻》(1979)等。1958 年获美国文学艺术院戏剧金质奖章。1965 年起连任两届国际笔会主席。

1983 年《推销员之死》在北京首演,英若诚出演男主角威利·诺曼的剧照

作品提要

深夜,六十多岁的老推销员威利·诺曼疲惫不堪地回到家。他已经在纽约一家公司当了三十四年的推销员,近几年因为他推销不出去商品,老板取消了他的固定薪金,只按推销商品的数量付给佣金。威利为此不得不瞒着妻子,常向邻居借钱来支付家里赊购的家具什物的款项。妻子琳达让他去请求老板给他安排一个不用跑的职位,威利同意去试试。今天威利开车开得飞快,偏离了车道,差点出事。一想到自己这么大的年龄明天早上还要去找老

板——原来的老板的儿子，心里很不是滋味。

大儿子比夫中学还没有毕业就外出谋生，一直想找到"自己能够胜任的工作"，结果干过二三十种职业，还是找不到。如今他已经三十四岁，仍然一事无成，最近又回到家里呆着，无事可做，真丢人！威利对他很不满意，为此两人老是吵来吵去。小儿子哈比三十二岁，与父亲同行，赚了钱就胡乱搞女人，从不补贴家里。

琳达劝两个儿子改邪归正，不要再伤父亲的心，因为父亲已经有过几次想自杀的念头。威利近来经常自言自语，对儿子仍然抱有很大的希望："也许他还在彷徨。说实话，中学那会儿不是众人都围着他转吗?他还是学校里的网球明星呢！"威利眼前浮现出儿子们小时候擦车的情形，"别把衬衫弄脏，比夫！……"他大声说着话，他要带他们去看他那些遍布各地的朋友、老主顾，这是两个多棒的好小伙子!他的儿子个个英俊，不是书呆子，有个性，一定有出息。

威利进屋后，琳达问他的货卖了多少。两人一算，威利觉得很少，而且付出的时间要比别人多得多，同时威利也感到很多人似乎在疏远他，嫌他的话太多。琳达不停地安慰他。

比夫和哈比兄弟俩听到了父母亲的对话，他们脸上掠过一丝痛苦的神色。弟弟哈比笑哥哥比夫是一个空想家，建议哥哥去找老同学奥利弗借一万元钱，组织一个橄榄球队外出推销体育用品。威利也支持这个计划，还教比夫去见老同学时要落落大方，千万不要露出寒酸相。两个儿子约父亲第二天晚上在一家饭店里听信。

第二天一大早，比夫就去找发迹的儿时朋友奥利弗了，难得安稳一睡的威利十点醒来，得知此事，心头充满了阳光和希望：幸福安宁的家居日子展现在眼前。可是他今天仍得去找老板，要求调回纽约工作。还要预支点工资，琳达说手头很紧，可恶的电器总坏。抵押的房款二十五年还没有付清，也许这房子什么时候有个陌生人会搬进来……

中国对外翻译出版公司 2004 年版封面

到了公司，老板并不理威利的茬，虽说霍华德这名字还是威利当年给起的。老板咬定纽约那儿没有空差使。推销行业如今死气沉沉，再也没有什么友谊交情可谈了，想当年，那个八十四岁的老推销员是多么出风头，到处受到人们的欢迎、尊重。最后老板连原先定好的波士顿也不让他去了——他被解雇了。威利又急又无法可想，气得神志恍惚。他想起当年去非洲掘宝致富的哥哥本路过纽约时曾劝他去照看鲍豹赫场的事。当时他拒

上海译文出版社 2008 年版封面

绝了哥哥，哥哥骂他是个傻瓜。此时，哥哥本的幻想又出现在他面前。是呀，为什么一定要人人都呆在商界打天下呢？大自然不是很美妙吗？也许比夫想在西部开农场的想法并不错。可是为老板干了三十四年的诚实正派的人难道不该受到一点儿敬重吗？

当晚，在约定好见面的饭店里，比夫告诉弟弟哈比，阔绰的老同学根本不认得他了，不肯借钱给他。威利来到饭店，发觉儿子们说话吞吞吐吐的，一看就知道事没有办成，加上自己又失去了工作，一时气愤，打了比夫一拳。这时，他又梦游似的回忆起当年自己在旅馆里乱搞女人，被比夫当场撞见的情景。比夫从此失去了对父亲的尊敬和上大学的信心，开始在外流浪。兄弟俩见父亲失去常态，带着女伴溜走了。威利清醒后，忧郁地离开了饭店。

深夜，琳达在缝补威利的外衣，威利却发神经地拿着手电筒在院子里撒菜种，他还不停地抱怨四周的高楼大厦遮挡了阳光。琳达责怪两个儿子不该把父亲一个人留在饭店不管，撵他们俩滚蛋。比夫向父亲告别时，威利骂他不务正业，比夫也反唇相讥，说这都是因为父亲从小把他养成目空一切的性格的后果。他承认自己不可救药，但是父亲也不过是个蹩脚的跑街罢了。他倒在父亲的怀里痛哭流涕，要父亲取走灌输在他脑子里的幻想，好让他重新做人。哈比在一旁受到感动，也答应母亲改邪归正。琳达打发两个儿子回房睡觉。

老威利坐在厨房里，感到一辈子的梦幻都破灭了，自尊心受到了严重挫伤。他依稀觉得自己在跟哥哥本争辩自己和比夫的前途。突然他精神错乱，冲出大门。外面响起一阵疾驶的汽车撞击声……

母子三人出现在威利的墓前。琳达哀叹送葬的人没有像威利生前想象的那么多。哈比说父亲做了一辈子错梦，不过他还要继承父业，为他赢回声望。琳达只觉得丈夫仍然像是在外推销商品，不能理解他为什么在刚付清最后一次房款，终于能够喘口气的时候，却撒手死去了。

暮色苍苍，两个儿子挽起泣不成声的母亲。

钱钟书 [中国]

《围　城》

作者简介

钱钟书(1910—1998),字默存,中国现代著名学者、文学家。《围城》是他的唯一一部长篇小说。钱钟书的学术著作有《谈艺录》和《管锥篇》等。

作品提要

在《围城》这部小说里,作者运用幽默的语言和毫不留情的讽刺手法,描写了主人公方鸿渐颠沛流离、无家可归的人生境遇。《围城》向人们揭示了这样一个主题:围在城里的人想逃出来,城外的人想冲进去。对婚姻是这样,对职业也是这样,人生的愿望大多如此。《围城》是一部社会价值和文学价值都很高的传世佳作,是中国文学史上难得的优秀作品。《围城》后来被搬上了电视屏幕,受到了观众的欢迎。

法国邮船白拉日隆子爵号驶过红海,正在印度洋面上行驶。船上坐满了来自各国的乘客。每年夏天都有一批学成回国的中国留学生乘坐邮船回来,方鸿渐就是其中之一。他是一个学问不大的人,到欧洲这些年一事无成,游手好闲,生活作风懒散,结果连个学位都没有拿到。没有办法,他只好买了个假哲学博士文凭,谎称自己获得了克莱登大学哲学博士学位。方鸿渐在本县的火车站下车后,受到了父亲、兄弟姐妹和朋友的迎接,甚至有些小报的记者也纷至沓来,因为他是县里赫赫有名的博士。

钱钟书、杨绛夫妇合影

8月13日,淞沪战役爆发了。日本人的飞机每天都在狂轰滥炸,全国的形势不容乐

外语教学与研究出版社 2003 年版封面

人民文学出版社 2003 年版封面

华语出版社 2008 年版封面

观。一次，方鸿渐拜访了和他一同留学回国的女博士苏文纨。在她家里，他结识了苏文纨的表妹唐晓芙。方鸿渐对唐晓芙可谓一见钟情，尽力地讨好她。苏文纨对方鸿渐也有好感，不喜欢他对她的表妹这样殷勤。方鸿渐不十分喜欢苏文纨。

赵辛楣是苏文纨的朋友，一直爱慕着苏文纨，但是苏文纨却从来没有爱过他。赵辛楣曾在美国留过学，身材高大，气宇不凡。这次苏小姐回国，赵辛楣打算向她求婚。可是，在苏小姐看来，她跟赵辛楣的长期认识并不会日积月累地成为恋爱。苏文纨这次回国后，张口闭口都是方鸿渐，因而赵辛楣对方鸿渐多少有些醋意。他不断地攻击方鸿渐，可方鸿渐却不予以还击。不久，苏文纨向方鸿渐表达了她的爱意，然而方鸿渐拒绝了她的爱情，这使苏文纨非常伤心。于是，为了报复方鸿渐，她把方鸿渐在船上和鲍小姐的风流韵事以及他有过未婚妻的事全盘告诉了唐晓芙。唐晓芙听后非常生气，大骂方鸿渐是个流氓，离开了他。方鸿渐知道这是苏文纨搞的鬼，可他自己不知道怎样解释才好，也无需再解释了。后来，苏文纨嫁给了诗人曹元朗。而赵辛楣和方鸿渐却成了朋友。

由于国内局势的动荡，再加上个人的心情不太好，方鸿渐决定和赵辛楣一起到三闾大学去任教。三闾大学是新建的大学，校长叫高松年。赵辛楣被高松年聘为政治系的主任。这次和他们同行的还有三个人：一个叫李梅亭，是高松年的老同事，去三闾大学担任中文系主任；一个是孙柔嘉，是赵辛楣报馆同事前辈的女儿，刚大学毕业，青年有志，不愿留在上海，她父亲恳求赵辛楣为她谋得外国文学系助教之职；还有一个叫顾尔谦，是高松年的远亲。

经过了长途跋涉以后，他们终于到达了三闾大学。到了学校后，他们没想到，就连大学这样纯洁的圣土也有尔虞我诈、勾心斗角。李梅亭中文系主任的位置让有着政治背景的汪处厚抢走了。方鸿渐的教授头衔也给剥夺了，只当上了一个副教授。更让方鸿渐感到不妙的是，三闾大学历史系有一位韩学愈主任，竟然跟方鸿渐毕业于同一所大学——子虚乌有的克莱登大学。方鸿渐听后吓得够呛，仿佛他的隐私马上就要暴露似的。当方鸿渐试探韩学愈，问起这所大学的来历时，韩学愈面不改色地说这是美国最有名的大学。

中文系主任汪处厚运气不错，他的原配凑趣地死了，让他冠冕堂皇地娶了个比他小20岁的第二房。他不甚放心单身男同事常上自己家来，嫌他们太年轻。不久，赵辛楣开始堕入情网，他很喜欢汪太太，因为她有容貌，善解人意，此地只有她一个女人跟他属于同一个社会。两个人谈得很投机。一天晚上，赵辛楣和汪太太在一起散步，恰巧被汪处厚和高松年遇到。汪处厚怒不可遏，大骂赵辛楣勾引有夫之妇，并逼着赵辛楣和汪太太承认他俩有染。没想到汪太太却非常冷静，竟然当着他们的面承认她和赵辛楣有关系。不过，赵辛楣退却了，他窘迫得不知所措，不敢承认他喜欢汪太太。

孙柔嘉对方鸿渐颇有好感，她知道方鸿渐会体贴人，所以就想方设法接近他。最后，方鸿渐糊里糊涂地同孙柔嘉订了婚。在订婚以前，孙柔嘉经常来看方鸿渐，可订了婚以后，只有方鸿渐去看她，她不肯轻易来。方鸿渐渐渐发现她不但很有主见，而且主见很深。他觉得虽然自己已经订了婚，但和她还是很陌生。

方鸿渐在学校里实在呆不下去了，就经香港回到上海。赵辛楣得到方鸿渐订婚的消息后，寄了一封航空快信道贺，信的最后意思大概是这样的：方鸿渐现在新订了婚，和朋友之间的关系自然就疏远了一层。孙柔嘉知道后，有点不高兴，认为赵辛楣背后讲她的坏话，不愿丈夫和赵辛楣来往。方鸿渐渐渐觉得自己不应该结婚。

回到上海后，方鸿渐在华美新闻社谋了个职位。由于新闻社言论激烈，受到租界当局的警告，方鸿渐不顾妻子孙柔嘉的反对跟总编辑王先生一起辞了职。虽然柔嘉帮他在自己姑母纱厂里又谋了份工作，但他并不领情。他们开始经常争吵，为择职、为亲戚、为朋友，甚至无缘无故，为了随便一句话也要吵。方鸿渐因而只身离开家，一个人闲逛在大街上，当他决定与柔嘉和好回到家里时，发现柔嘉也已离他而去。

方鸿渐失魂落魄地回到清冷的家，他的神经已经麻木了。他的情思弥漫乱飞，他不知道自己这些年都做了些什么。从毕业到现在，他到处颠沛流离，一事无成，而现在，爱情也正在他的内心里死去。他感到周身毫无力气，浑身疲惫不堪，心中一片空白。到了这时，他才觉得苏文纨的话是对的：婚姻就像一座城，外面的人想进去，里面的人想出来。生活何尝不是一座城呢？

意大洛·卡尔维诺［意大利］

《我们的祖先》

作者简介

意大洛·卡尔维诺(1923—1985),意大利当代著名作家,曾获巴古塔奖和维阿雷焦奖。1946年写成第一部长篇小说《蛛巢小径》,获织利乔内奖。他是一位由现实主义走向后现代派的作家,寓言小说和科学小说为其特色。主要作品有《最后飞来的是乌鸦》《我们的祖先》《烟云》《探索者的一天》《宇宙奇趣》《你和零》《命运交叉的城堡》《看不见的城市》《帕洛玛尔》等。

作品提要

在《我们的祖先》中,作者叙述了这样几个故事——

不存在的骑士

天气闷热阴沉,法兰克王国的军队列阵于巴黎的红墙下。查理大帝正在阅兵。他发现有一位不存在的骑士在他的军队中。他通身盔甲雪白铮亮,但里面空空洞洞,没有任何人。查理大帝问:“您如何履行职责呢?”“凭借意志和力量,” 阿季卢尔福说,“以及对我们神圣事业的忠诚!”阿季卢尔福堪称模范军人,但是大家一致公认他是一个讨厌的家伙,尽管他总是做好每一件事情,就像他确实存在一样。此间,他认识了一心替父报仇的拉姆巴尔多。一位刚上战场的小伙子,他对阿季卢尔福从好奇、失望,继而到理解、信赖……

在一次战斗中,拉姆巴尔多终于如愿,刺杀了仇人哈里发伊索阿雷,继而在同两名敌人的激战中为一紫衣武士所救,当他在无意中发现武士是位美丽的女郎时,不禁坠入情网,而女武士布拉达曼泰心目中的英雄,却是阿季卢尔福。嫉妒与崇敬之情在拉姆巴尔多心中交织。阿季卢尔福一丝不苟的作风终于在一次查理大帝的宴会上遭到众人反感,众人群起而攻之。一位叫托里斯蒙多的骑士对十五年前授予阿季卢尔福的骑士称号表示怀疑,因为按当时骑士制度的法典规定,救一名贵族少女脱险并使其贞操得以保全者,立即授予骑士称号。而他是那位少女的私生子,当时已五岁。为了查出事实真相,白色铠甲骑士带着马夫出发了，去寻找那位叫索弗罗妮亚的女子，据说她在英国的一所修道院里生活。紫衣女武士追随而去，拉姆巴尔多也出发了，为了他心目中的女神；托里斯蒙多也在这个晚上动身，寻找失踪十五年的母亲和作为骑士团成员的父亲。

阿季卢尔福和他的马夫日夜兼程，加紧赶路，途经一城堡，遇到一位叫普拉希拉的贵族寡妇并受其诱惑，白盔骑士凭借意志与计谋驱走了邪恶。他们终于来到那座索弗罗妮亚隐修了十五年的修道院，而眼前出现的只是一些残垣断壁。修道院遭劫，帕米拉修女，即索弗罗妮亚，被强盗带往了摩洛哥。

快到达目的地时，阿季卢尔福乘坐的海船不幸被鲸撞沉，骑士和马夫被渔民救上岸。得知索弗罗妮亚将成为苏丹的第 365 个妻子，白色盔甲被当做礼物奉献给新娘，随后，两人一起逃出王宫。修女告诉骑士，托里斯蒙多是她的异母弟弟，他俩是被王后陷害的。他们坐上更大的船，但不幸撞礁了。上岸后，疲乏至极，索弗罗妮亚留在山洞里藏匿，阿季卢尔福带着马夫返回查理大帝的营地……

这期间，托里斯蒙多找到了骑士团，并与之生活在一起，在看清他们丑恶凶残的本质后，他毅然放弃认父寻根的念头。理想破灭了，他重新流浪。这天，他进入一个山洞提海胆时，发现了索弗罗妮亚，他觉得自己好像早就爱着眼前的这位修女。

情人们被带到查理大帝面前，得知他们并非母子却是异母姐弟关系的阿季卢尔福见此情景，骑上自己的马。“你们再也不会看见我！”他说，“我没有了名字!永别了!”他钻进了树林。“不是乱伦，神圣的陛下，”托里斯蒙多大喊，“索弗罗妮亚是苏格兰王后的养女，而我是王后的私生子，为了她自己，王后将我们一起赶出王宫……”

真相大白，众人对那位了不起的阿季卢尔福骑士肃然起敬，他的姓名和封号不再会有任何疑义。但骑士没有了，只剩下空的铠甲堆在森林中的一处地上，剑柄上别着一张纸条：“谨将此铠甲赠拉姆巴尔多骑士。”……

分成两半的子爵

我的舅舅梅达尔多，在参加同土耳其军队的战斗中，被炮火轰成了两半，所幸的是，他的右半边被救了回来。现在他活着，是个半身人。

我舅舅是在晚上被人抬回泰拉尔巴老家的，城堡的院子里挤满了人，其中有老奶妈赛巴斯蒂娅娜。他的父亲站在鸟笼铁栅门后等他，梅达尔多从担架上下来时，披着黑色的斗篷，半边身体被一根拐杖支撑着。他付了脚夫抬送一个人价钱的一半后，便走进自己房间并锁上了门。第二天，老子爵放出探望儿子的小鸟，被梅达尔多撕成一半，扔了回来。老人看后一病不起……

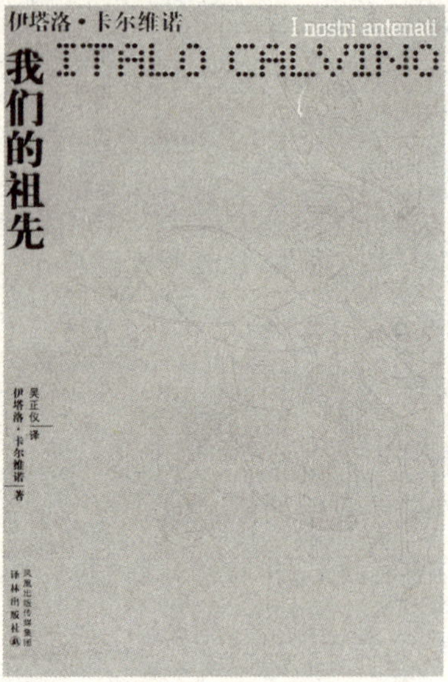

译林出版社 2008 年版封面

半边子爵成了邪恶的象征,灾难的源泉。成熟的果子,蹦跳的青蛙,悬崖边的独木桥……人们所见到的,都成了一半。梅达尔多的残暴,倒使彼特洛基奥多师傅制造绞刑架的技术大为完善,不仅有绞刑架,还有进行酷刑逼供的三角架、绞盘等其他刑具。纵火也是他的一大乐趣……在他的恶行遭到他的奶妈的斥责时,他把她送到麻风病人居住的村庄。邪恶、恐惧、危险弥漫着城堡的四周。此时,半边人又开始威胁牧羊女——帕梅拉,逼迫她嫁给他……

正当人们的生活处于绝望之中时,子爵的另一半也回来了,这一半代表着善良。他探望病人,关心穷苦人的生活,对老人施予仁爱,一切受苦的人都从他那得到了帮助。他到彼特洛基奥多的铺子里鼓励他制作造福于人的机器;他不仅打算医治麻风病人的身体,还打算医治他们的灵魂……这也多少引起一些人的不满。半边子爵乐善好施的同时,也触犯了众人的某些利益。他最终也爱上了帕梅拉。

梅达尔多的两个半身就是这样忍受着相反的痛苦的煎熬,恶人一心想除掉善人,而善人却时时退让,以善良之心理解恶人的种种不端行为。终于在婚礼那一天,在为帕梅拉是嫁给哪个梅达尔多的问题上,他俩同时击伤对手,流淌的鲜血融合在一起,两个半身在小镇医生的缝合下,复归为一完整的人,善与恶俱备……

在树上攀援的男爵

我的兄弟柯希莫·皮奥瓦斯科·迪·隆多在十二岁那年,因为拒绝吃不喜欢的食物,与父亲发生争执,上了家中那棵大圣栎树,再也没有着过地,一直生活在树上。那年我八岁。

我们的父亲,阿米尼奥·皮奥瓦斯科·迪·隆多男爵对长子的这一行为既恼怒又无可奈何;我们的母亲是位将军的女儿,身上保留了对军事的爱好,对长子的这一行为一直采取理解宽容的态度;姐姐巴蒂斯塔,一位待嫁的小姐,平时就与我们兄弟水火不融,对此事漠不关心。我一直与哥哥保持联系,并给他送些生活必需品。

柯希莫在树上的最初日子是没有目的或计划的,他只是渴望认识和占有他的那个王国,因此一天也不空闲。他真想很快地将他的领土勘探一遍,一直到达远处的边境。逐棵树、逐根枝地去发现,调查出它能向他提供的全部资源。我们时常看见他降落在我们的头顶上,以野生动物的那种极其敏捷的奔忙姿态出现。

他为什么回到我们的花园里来呢?他的情感中有存心折磨我们的情绪,但玉兰花边的那堵墙更吸引着他,那边住着我家的仇敌——瓮达利瓦侯爵家,金发小姑娘薇莪拉是他的女儿。哥哥曾在树上杀死一只猫而向她炫耀,也就在那天,她被送走上寄宿学校。

柯希莫以他远近闻名的出走方式,生活在我们身边。他是一个不回避人的孤独者,甚至可以说他心中只有众人。他到农民翻地、撒粪、割草的地方,站在高处有礼貌地从上面向他们致以问候,聊农事、天气,挥着帽子轰走麻雀。当他独自在森林里转悠时,与人相遇的机会虽然稀少,却能结识一些我们碰不上的人们,那些交往是令人难以忘怀的。在那些年月里,四处流浪的穷人们都到森林里安身,烧炭工、锅匠、玻璃工,还有因饥荒而携家带口背井离乡的人,他们无谋生的固定职业,他们在露天里设立作坊,在用铁皮盖的简陋的房子睡觉。最初,这个身穿毛皮从树上穿过的少年令他们恐惧,特别是女人们,她们把他当做精灵鬼,但到后来他同他们结下了友谊。他长时间地观看他们干活,当他们晚上坐在篝火边时,他就坐在离他们很近的枝头上,听他们讲故事。他认识了强盗头子贾恩·德依·布鲁基,贾恩虽臭名昭著,却热爱读书,在他的影响下,柯希莫对阅读和学习产生了极大的兴趣,这种爱好他后来保持终生。我的隔山叔叔为海盗做秘探。柯希莫带领饥民抢劫了赃物,打死了海盗。我的叔叔被海盗当做叛徒砍了头,父亲一病不起。哥哥继承了迪·隆多男爵的称号。柯希莫从人们闲谈中得知在奥利瓦巴萨这个城市,也有一群生活在树上的人们,便出发去寻找。遇到后才得知他们是一群西班牙流亡贵族,暂时栖息在树上(因为国王不让他们接触本土),等候赦免令。柯希莫同他们生活在一起,并与亲王的女儿乌苏拉相爱了。当流放生活结束时,他不愿意随他们回国。

柯希莫又回到了翁布罗萨,过着自由、孤独的生活。直到有一天他见到了梦中情人薇莪拉,她已守寡。两人在一起过了一段幸福又痛苦的难忘时光,后来不得不又劳燕分飞。柯希莫沉寂了一段时间,最后参加了共济会支部,他凭着高超的学识和非凡的经历,成为首领。他发行周刊,组织群众示威,反对征收什一税;他支持过共和军,受到拿破仑的会见,但随之又处于被压迫的地位。接着,沙皇军队又回来了……

许多年来,柯希莫做了一些包括他自己在内的好事:生活在树上。直到临终他也没有下地,而是被热气球带到了海上……

威廉·福克纳 [美国]

《我弥留之际》

作者简介

威廉·福克纳(1897—1962),美国现代著名小说家。1949 年获得诺贝尔文学奖。1962 年获美国文学艺术院金盾奖章。他共创作了 18 部小说和 3 部短篇小说集。《喧哗与骚动》标志着他成为美国现代主要作家。他创作的约克纳帕塔法世系列小说中的其他几部是《八月之光》《押沙龙,押沙龙!》《去吧,摩西》等。

作品提要

福克纳 1930 年发表的《我弥留之际》在艺术技巧上很能体现自己的风格。全书共 59 节,通过 15 个人物的不同叙述与观察,多角度地将情节展现出来。每一节都由其中一个人物以第一人称来叙述,大量采用了内心独白或意识流的手法。小说中对每一个人物性格的刻画都是通过人物自己的叙述、自己的心理活动,以及其他人对他的观察这三种方法来完成的。小说就用这样的方法叙述了本特伦一家人的送葬旅行。

上海译文出版社 2004 年版封面

艾迪·本特伦躺在病榻上。这个小学教员出身的农妇,在受了几十年的煎熬后,现在已生命垂危。在她年轻的时候,就受到父亲悲观思想的影响。父亲常对她说:“活着的理由就是为长期的死作好准备。”未结婚时,她当过小学教员,但是她既不爱自己的职业,也不爱自己的学生。她总是希望学生犯错误,这样她就可以用鞭子抽他们了。她是个孤儿,也许是因为害怕孤独,当同样是孤儿的安斯来向她求婚时,她接受了安斯。但婚后不久,在她的心中安斯已经死了。在给安斯生下两个孩子后,她发生了一次婚外情,和惠特菲尔德牧师生下了私生子朱厄尔。但惠特菲尔德的懦弱使她感觉到受骗上当，因此她不再相信“言语”的真实性。在辛苦操劳了一辈子之后，艾迪将要死去。也许是因为除了她娘家的血亲关系之外，对别的都感到不可靠，所以她要求和娘家人埋葬在一起。在大儿子卡什还没给她做好棺材之前，艾迪就已撒手而去。

一家人按照艾迪的遗愿，用骡子车载着她的棺材上路了，准备把她运到杰弗生镇她娘家去。全家人都坐在大车上，围着艾迪的棺木，只有朱厄尔骑在马上。一路上，全家人遭遇了水与火的考验，终于抵达目的地。但安斯一家此时却面临着解体的危机。

艾迪的大儿子卡什是个只知埋头干活的老实人。他是个好木匠，对他来说，为母亲及时做好棺材就是最后一次表达对母亲的爱。因此，他就在她窗外赶制，做好一点就拿给她看，这是他的劳动成果，他并不觉得有什么可忌讳的。在这之前，卡什因为修教堂曾摔断过腿，这次出殡，他彻底失去了这条腿。夏季雨水较大，河水把通往杰弗生镇的桥淹没了，他们怀着侥幸的心态，企图在浅滩上把大骡车赶过河。不幸的是，过河的时候，车翻了，在车上护卫母亲棺木的卡什摔入河中，把腿摔断了。他的父亲不但不给他看病，反而用水泥把他的腿固定住，让他躺在母亲的棺木上，在没有弹簧的车上颠簸了六天。他还硬撑着说不觉得难受，皮保罗大夫说他下辈子只能用一条短腿瘸着走路了。

二儿子达尔具有敏锐的观察力和极强的表达能力，但他神经过敏，并常常表现出嫉妒心理和埋怨情绪。他不但蔑视俗不可耐、碌碌无为的父亲，而且也抱怨母亲对自己的偏见和对她的私生子朱厄尔的偏爱。他不时与朱厄尔发生争执，有时甚至对他恶语中伤，肆意侮辱。他洞察到了妹妹杜威·德尔和乡邻莱夫的私情。为了尽快结束这次在他看来毫无意义的旅程，他竟然纵火烧棺，最终被妹妹出卖，进了疯人院。

漓江出版社 2006 年版封面

艾迪的私生子朱厄尔特别喜欢马，但在这次旅程中，他失去了他那匹心爱的马。十五岁那年，他为了得到那匹马，晚上偷偷溜出去帮别人整治土地赚钱，以至于白天精神恍惚，家里的人还以为他生了病。卡什通过晚上盯他的梢，知道了他的行为，并且在父母面前说了出来。这样艾迪就明白了儿子瘦下去的原因，不由得心疼起来。朱厄尔性格暴烈，就像一匹烈马，又生性骄傲，像一匹高贵的马。在这次运送母亲遗体的旅程中，他一次又一次地抢救母亲的棺木，使之终于平安抵达目的地。当大水将要冲走棺木的时候，他跳入水中救出母亲的遗体；当拉大车的骡子被水冲走，全家急需两匹骡子时，他容忍了安斯把他心爱的马抵押给斯诺普斯的举动；当达尔发疯放火烧谷仓，意欲焚毁棺木时，是他冲进大火，扛出了母亲的棺材，以致被大火烧得遍体鳞伤。

杜威·德尔和乡邻莱夫产生私情，怀了孩子，想趁这次给母亲送葬的机会进城堕胎，因此她一再催促父亲进城。在莫特森镇上的药房里，杜威·德尔遭到了药剂师莫斯利的训斥，他认为她到自己这里来买堕胎药，是对他的一种侮辱，因为他是这镇上的一个忠诚的基督徒。莫斯利让她回去和那个使她怀孕的男人结婚，杜威·德尔还是坚持要买药，莫斯利就把她赶走了。到了目的地杰弗生镇，杜威·德尔又到一家药房买药，这一次，她被一个行为不端的药房伙计诱奸，吃了个哑巴亏，最终还是没能堕胎。她除了回家生下私生子，无路可走。她因为记恨达尔洞察了自己和莱夫的私情，就告发了达尔的纵火行为，并且揪住他，以让疯人院的工作人员从容行动。

小儿子瓦达曼是个弱智儿童。他把母亲与大鱼混淆起来，认为皮保罗大夫谋杀了母亲，所以他打走了他的马，还趁大家睡觉之际在棺材盖上钻眼，毁损了母亲的遗容。他梦想这次进城得到一个玩具小火车，但这愿望是永远不可能实现的。他在晚上想看秃鹰在哪儿过夜时，发现了达尔纵火，告诉了姐姐，没想到姐姐却告发了达尔，把达尔送进了疯人院。

一家之主安斯是个懒惰、自私的农民。他卑劣的性格不仅使其妻度过了郁郁寡欢的一生，也极大地影响了下一代，使他们也成为狭隘自私的人，并且感情上难以互相沟通，甚至于彼此仇恨。对于妻子的死，他无动于衷，一心想着到镇上去配一副假牙。为了赚两块钱，他在妻子弥留之际把两个儿子派出去运东西；为了买骡子，他把朱厄尔心爱的马抵押出去；为了省钱，他不愿把断腿的儿子送到医生那里；为了买假牙，他骗走女儿用来堕胎的钱。更具讽刺意味的是，在小说的结尾处，一家人来到了杰弗生，既没有丈夫与孩子泣不成声、痛不欲生的情景，也没有庄严肃穆的殡葬场面，而是一场滑稽可笑的闹剧。安斯不但很快装上了假牙，还利用借铁锹的机会结识了一个整天沉浸在留声机中的女人，并闪电般地娶她为妻。

埃里希·马利亚·雷马克［德国］

《西线无战事》

作者简介

埃里希·马利亚·雷马克(1898—1970),德国著名小说家,生于奥斯纳布吕克的一个天主教家庭。第一次世界大战爆发后,雷马克应征入伍,在西线经历了多次战役。战后从事过多种职业,同时进行写作。1929年出版他的第一部长篇小说《西线无战事》,轰动世界,但这本书却遭到法西斯势力的激烈攻击,他被迫于1939年流亡美国,1947年加入美国国籍。1970年逝世于意大利。雷马克笔下的人物多是小资产阶级及其知识分子,他们多是法西斯主义和军国主义的牺牲品,作品通过对他们不幸命运的描写,控诉了帝国主义的罪恶。他作品中的人物往往带有宿命的色彩。雷马克的主要成就是小说,且都以反法西斯和反军国主义为主题,其他代表作有《流亡曲》(1941)、《凯旋门》(1946)、《生死存亡的时代》(1954)、《里斯本之夜》(1962)等。

作品提要

在前线的最后一天,我们受到英国大炮的猛烈轰击,损失惨重,全连一百五十人,生还的只有八十九人。克默里希的大腿上穿过一颗子弹,躺在医院里。我们决定下午去探望他。他原来是我们班的教师。我(保罗·博伊默尔)、米勒、克罗普、勒尔以及全班的人,就是在他的带领下报名参军的。我和好友克罗普、老爱做考试梦的米勒、钳工贾登、挖煤工韦斯特斯以及农民出身的德特林格被分到第二连队,由连队长卡特领导。

在野战医院里,我们尽量安慰克默里希,他的腿已经被截去了,气色很可怕。当初,我们怀着理想高兴地走进营房,对战争也有着罗曼蒂克的想法,但经过十个星期的军事训练后,这一切都被残酷的现实一扫而光。我和同伴们一道分享偷来的食物,一道经受炮火的轰击,一同耳闻伤兵的呻吟,一同讨论这场和我们无干的战争。野战医院里的伤员不断地死去。我再次去看克默里希时,他也不行了,年轻的生命在很短的时间内便离他而去。我们没有被摧毁,倒是适应了下来;我们二十岁的年华,固然使其他许多事情变得很艰难,可是在这一点上却帮助了我们。不过最最重要的是，它在我们心里唤醒了一种强烈的、实用的集体精神，这种精神在战场上便发展为战争中所产生的一种最好的东西：同志关系！

增援部队开到了，有二十五个新兵。我们去前线构筑堑壕工事。前线很不宁静，晚上我们干完活等汽车开来的时候，炮击真的开始了。我们的脸跟平时相比，既没有更苍白，也没有更红润；不是更紧张，也不是更轻松，可就是模样改变了。我们感到，血液里有种什么东西一下子接通了。那是对前线的感觉，造成了这种感触。接着的几颗炮弹正好落在我们中间。一个新兵吓得要死，爬到我的胳臂底下，脑袋紧贴着我的胸脯。炮火从我们头顶上飞过去后，我才发现，这孩子因害怕枪炮声而得了精神失常症。

我们排成单行回去乘载重汽车，刚好走到一片墓地时，第二次轰击开始了。更为猛烈的炮火把墓地前面的小树林摧毁、捣碎。我们没有出路，只得待在墓地这儿。大地爆裂。毒气弹那低沉的响声和炸弹的爆裂声混合在一起。炮轰停止后，墓地已成了一片废墟。我们的损失要比我们所预料的来得少：死了五人，伤了九人。那个害怕枪炮声的新兵屁股被炸得血肉模糊，骨头碎裂，他这一辈子再也站不起来了。

我们开往前线，比往常早了两天。路上看到一百多具崭新的棺材堆在那里。这些棺材确实是为我们准备的。我们躺在那打着弧线飞过去的炮弹的网格底下，活在茫然难知的悬念中。偶然性在我们头上徘徊。是死是活同样出于偶然，因为没有人知道炮弹会落在什么地方。炮弹铺天盖地般地打了过来，我们蜷缩在角落里，我们的脸上沾满硝烟和污泥，疲乏得要死。很快，我们的战壕差不多全完蛋了。炮轰仍在继续，我们已经没有多少吃的了。几个新兵坚持不住了，简直要发疯。其他的人，也由于心情紧张而神经麻木。

进攻开始了。为了免遭毁灭，我们拼命保护自己，怀着满腔疯狂的愤怒，用恐怖、贪生来增强我们的力量。在双方战壕之间的弹坑里，死人逐渐堆积起来。我们损失了很多很多的人，大部分是几乎没有受过训练的新兵。夏天我们来的时候是一百五十人，到秋天只剩三十二人了。

我们宿营的那所房子，坐落在一条运河附近。运河的另一边还有一些女人。晚上，我们带着军粮面包和灌肠游到对岸，和她们痛痛快快玩了一场。我搂着那个身材纤细、肤色浅黑的姑娘，吻她的嘴唇，但愿忘却战争的恐怖，让青春和幸福苏醒过来……

这时候，我们被批准休假，假期十七天。我回到了自己的家乡。我把家门推开，迎接我的竟是一种古怪的冷漠。母亲和姐姐又惊又喜，非常担心地问我前线的情况；地区指挥部的长官们对我颐指气使；很多熟人问这问那，凭自己的想象，在我面前大谈军人的荣誉和战争的胜利，我不知道怎么回答他们。我倒是宁愿独自一个人住在家里。临近假期结束时，我不得不到克默里希家里去。我违背着自己的良心，对克默里希的母亲编了一个连我自己也几乎信以为真的故事。这故事不是说她的儿子没有死，而是说她儿子死时没有痛苦。临别的夜晚，多病的母亲在我房间里差不多坐到将近破晓，我也没有睡着，后来实在忍不住了，把她扶到她自己的房间里。母亲的身体有病，却花费很大的心血为我做了两条衬裤，嘱咐我一定要把它们带走。

在前方，我对什么都不在意，而且往往不存任何希望；以后，我再也做不到了。我原本是一个士兵，现在却成了一个痛苦的化身，为我自己、为我母亲、为那无法安慰而没有止境的一切而产生的痛苦的化身。我根本就不应该回来休假。过去是那么陌生，而未来又是难以预料。

我们重新上了前线。我因为休过假，对别人怀有一种特殊的感情，就报名跟着巡逻队去侦察敌方阵地。一天夜里，我去巡逻时，受到炮火的轰击，出于恐惧，我一直躲在一个很深的弹坑里。双方的炮火在相互发射，士兵在反复冲杀。天将亮时，突然一个人跃入我藏身的弹坑，我本能地向那个人刺去，那个原本负伤的法国兵躺在了弹坑里。我恐怖地望着他，望着手上的鲜血。法国兵呻吟着，我试图解救他，给他包扎了伤口，但是，他已经快要死了。这濒死的人的每一声喘息都像一把无形的匕首的一刺。直到下午三点钟光景，我看到他不再蠕动，听到他不再呻吟，我才能自由呼吸了。这是我亲手杀死的第一个人。从他身上，我发现几张女人和小孩的照片，还认出了他的名字：吉拉尔德·杜凡尔，排字工人。面对这个死人，我颤栗起来。我把我的经历痛苦地讲给伙伴们听，他们安慰我说，我是无能为力的，因为我们干的就是这个。

我们弄到一份好差使，八个人去守卫一个村子，特别要照顾那个军粮库。这一下，我们可就逍遥自在了。我们吃啊，喝啊，闲游浪荡啊，过了差不多有十四天。又过了八天，我们才奉命调回。几天之后，我们被派去协助从村子里撤退。一发炮弹落在队伍里，我和克罗普负了伤，被拖到人称“屠宰场”的野战医院，克罗普被截了肢。有一次他说过，只要他能够再一次拿起自己的手枪，那么第一件事便是把自己打死，如今，他几乎一声不吭。

几星期之后，我的伤好了，得到几天休假。我母亲不让我离开。她身体那么虚弱，跟上次相比，要坏得多了。后来

中国致公出版社 2003 年版封面

译林出版社2007年版封面

我又被调到连队里去，重新开上火线。跟朋友克罗普告别，我的心里好生难受。可是一个人在军队里，对这样的时刻也习以为常了。

我们的战线正在往后撤。英军和美军新开到的生力团队太多，还有太多的新式大炮、新式飞机。我们却在消瘦、挨饿，伙食那么差，掺的代用品又那么多，吃得我们都有病了。德国的工厂老板都成了大富翁，痢疾却使我们的肠子阵阵作痛。德特林格开了小差，那不过是一种怀乡病和一时的思想混乱。他被战地宪兵抓住了，从此再也没有听到他的消息。

米勒死了，有人对准他肚子近距离打了一发信号弹。临死之前，他交给我一只皮夹，还留给我一双长统靴——正是当年克默里希留给他的那一双。我死后，这双靴子将归贾登所有，我已经答应他了。在一次进攻中，连长贝尔廷克阵亡了，一块弹片把他下巴颏削掉了。这块弹片又撕裂了勒尔的屁股，他颓然倒下。

有一天在送饭的路上，卡特倒下了。只有我们两个，看样子他的胫骨被打碎了，我把他驮在背上，在炮火中向急救所走去。到达医疗站，我以为卡特这下子得救了，卫生员却说他已经死了。原来，在路上我还没有注意到，卡特的脑袋瓜上就已中了一个弹片。

是秋天了。我们七个老兵，剩下来的只有我一个了。我吞下了一点毒气，因此得到两个星期的休息。在一所小小的花园里，我整天坐着晒太阳。人们到处谈论着和平与停火，这消息现在我也相信啦。到那时，我们都可以回家了。

不过，如果现在回去，我们将会厌倦、崩溃、耗竭，没有根底，也没有希望。这几年的生活沉重地压在我的身上，我不知能否征服它。我们将会再也找不到我们的道路。而且，人们也不会了解我们，因为在我们之前成长的一代，虽然在这儿跟我们一起度过了这些年，但是他们都早已成家立业，现在会回到他原来的工作岗位上去，战争就会被忘掉。而在我们之后成长的一代，像我们从前一样，跟我们完全陌生，将会把我们推在一边。甚至在我们自己看来，我们也是多余的，我们的年龄逐渐增长，有些人将会适应，还有些人只是顺从，而大多数人将会茫然不知所措；岁月流逝，到最后我们将归于毁灭。

1918年10月的一天，前线司令部的战报上写着“西线无战事”，而就在这一天，博伊默尔在前线阵亡了。历史书上这样记载着：11月11日，德国投降，第一次世界大战结束。

纪·哈·纪伯伦 [黎巴嫩]

《先　知》

作者简介

纪·哈·纪伯伦(1883—1931),黎巴嫩著名的诗人、散文作家和画家,是阿拉伯近代文学史上第一个重要的文学流派“叙美派”的代表人物之一,也是阿拉伯现代小说和散文诗的主要奠基者,在阿拉伯文学史上占有极其重要的地位。

纪伯伦十八岁起开始其文学生涯,其创作活动大致可分两个时期:前期以小说为主,几乎都用阿拉伯文写成,后期则转向散文和散文诗的写作,大都用英文写成,然后再译成阿拉伯文,所以他的两卷本的《全集》,第一卷称“原文卷”,第二卷称“译文卷”。“原文卷”包括八部作品,即《音乐短章》(1903)、《草原新娘》(1905)、《叛逆的灵魂》(1908)、《被折断的翅膀》(1911)、《泪与笑》(1913)、《行列圣歌》(1918)、《暴风集》(1920)、《珍趣篇》(1923);“译文卷”也包括八部作品,即《疯人》(1918)、《先驱者》(1920)、《先知》(1923)、《沙与沫》(1926)、《人子耶稣》(1928)、《大地诸神》(1931)、《流浪者》(1932)、《先知园》(1933)。纪伯伦的最后一部作品是用阿拉伯文写成的独幕剧《国王和牧羊人》,但未收入全集,而是附在《努埃曼全集》第三卷中发表。

作品提要

人民文学出版社 1957 年版封面

在纪伯伦的所有散文诗集中,《先知》被认为是他的“巅峰作品”,是他用全部心血浇灌出来的智慧之果,无怪乎被称做是“东方赠给西方的最好礼物”。纪伯伦在《先知》中以一位智者、一位“先知”、一位“至高的探求者”的身份出现,要人们去思考生和死中间的一切问题,包括爱与恨、美与丑、善与恶、罪与罚、工作与逸乐、理性与热情、法律与自由、婚姻与友谊、教育与宗教等。他要把他所发现的“生活的美”传达给人们,他要把人类的“真我”披露给人们。他自信地掌握了“爱与美”的真理,发现了“生与死”的秘密。而他所发现

中国商业出版社 1999 年版封面

的真理，就是他在《先知》的尾声中说的，实际就是人们意念中所知道的事情，只不过他又用自己的语言说出来而已。而他所要披露的“真我”，实际上就是人类本身所蕴藏的“无穷性”，而人们如果能摆脱精神上的一切束缚和枷锁，实现了本身所蕴藏的这种“无穷性”，那人们就会成为“巨人”，人类也就真正得到了自由。从这里，我们可以看到纪伯伦是一个真正热爱着人类、真正希望人类获得自由、从精神上获得解放的人，他是一个向往着人类美好未来的积极的人道主义者。纪伯伦希望人类不要再过在日中匍匐取暖，在黑暗里钻穴求安的那种动物一样的生活，不要成为眼睛只是盯着食槽的庸人俗子。

汕头大学出版社 2004年版封面

《先知》在艺术上充分体现出了纪伯伦的创作风格。它不仅具有深刻的哲理性，并且全篇都充满美妙的比喻和象征手法。虽然它是富于哲理的散文诗，但人们读起来却并不感到枯燥。诗人用形象、生动而又优美的语言把许多事物既对立又统一的道理深入浅出地讲了出来。阅读《先知》的时候，深感诗人那些闪烁着智慧和光辉的深邃的思想宝藏，使人犹如深入宝山，俯拾皆是，真是字字珠玑，妙语连篇，从形式到内容都使人耳目一新，得到美的享受。

《先知》由二十六篇散文诗构成，其中所写的是生命的各方面。前面有序言，后面有一篇《告别辞》。先知在其中向他的百姓应许说，他暂安息在风里，将来还要降生到人世来。这就暗示了生生不息的生命观，而生死与再生是一个循环的圈子。

天津教育出版社 2006 年版封面

序言的题目是“船来了”，其中说，先知现在要坐上这艘船返回他的故乡，离开他居住了十二年的奥尔菲勒斯，在这十二年当中，这个城市的居民都十分敬爱这位有智慧的先知。他们聚集在圣殿前面的广场上，请求他不要离开，永远留在他们当中。当群众在哭泣哀求的时候，女预言家艾尔美猜（自从先知来到这个城市以后，她首先以友善的态度对待他）就从圣所里走出来，请求他在离去以前向大家阐说生命的真谛。

她首先要求他阐述爱，先知因此就对静默无声的大众说，他们应当去追随爱，即使他明知会因此而受到伤害，即使他明知会因此而使梦想幻灭。如果一个人想要看透他自己的心意，认识生命的热情，他就要为爱付出一切，因为这是一种圣火的试炼。懦弱的人要把他们自己掩护起来，而远远地逃避爱，因为那些不能为爱所有的人绝不能够明白充分实践的道理。诗人认为，夫妻同一历史时期降生人世间，应该永远合为一体——是肉体上的合一，更是心灵上的合一，即使当死神的“白翼”将夫妻隔开——一个已经死去，另一个还活在世上的时候，夫妻在精神上也仍要合为一体。夫妻间要无保留地“赠献”出自己的心，在精神上和思想上应该相通、相融，坦诚相待。但是，在日常生活中和行为方式上，夫妻间又不可过于依赖对方，应当保持各自的独立性。诗人以殿里的柱子总是分立两旁、橡树和松柏不在彼此的树阴中生长为喻，生动地说明了这个道理。

译林出版社 2008 年版封面

在论及“儿童”时，诗人认为，孩子乃是“生命”的延续，社会的未来和人类的希望，而不是父母的私有财产。孩子一脱离母体，便成为一个独立的个体。由于“孩子”缺乏独立生活所必需的身体条件和技能，仍需父母和社会给他们以保护和关怀，但父母不应以自己时代的人生经验和思想观念束缚孩子的思想。诗人以“弓”和“箭矢”的关系，形象地譬喻父母同子女的关系。在论及“死”时，诗人认为，“死的奥秘”只能在“生命”之中去寻求，才有可能找到答案——假如真要穷根究底地看一看“死”的真谛，就应先追寻一番生命的真实意义和道理之所在——对生的肉体大大地展开你的心。

在这个城市一位法官的请求下，先知又说到了罪行与惩罚。对于最后这一件事情，先知发表了长篇的讲话。他指出，最公义的人不能够超过我们每一个人心中最高的境界，因为软弱的与邪恶的人也不能够堕落到我们每一个人心中最低下的境界，因此，我们谴责他人时必须从轻，因为我们当中若有人做了恶事，我们全体并不能完全免于责备。

然后另有一位演说家、一位律师以及一位女祭司请他出来分别论述法律、自由以及女性与热情，先知因此就把女性比做船只的舵，而把热情比做它的帆。没有这两样，船是没有用处的。失去了舵的船就会没有目的地漂荡，而失去了帆的船就成了一只没有翅膀的鸟。

先知接着就说到痛苦、自我了解——他把自我比做一个无限量不可穷测的海洋，其中包括了教育、友情、谈话、时间、善与恶、祈祷、欢乐与美丽（他觉得美过于缥缈而无法加以界定）、宗教以及死亡。他敦劝大家以成熟的态度来接受死亡，因为就像河川归于海洋一样，生命与死亡是一件事。

在先知说完的时候，天色就暗了，于是他朝着他的船走去，和他的门人告别了。在这只船扬帆而发的时候，悲伤的群众都走散了，只有艾尔美猜仍然伫立在海边，凝望着他的船隐退在暮色里，同时在心中惦记着他的应许：他要在另一个时代以另一种方式再回到他们这里来。

斯蒂芬·茨威格 [奥地利]

《象棋的故事》

作者简介

斯蒂芬·茨威格(1881—1942),奥地利著名小说家。出身于维也纳一个富裕的犹太籍工厂主的家庭。青年时代曾在维也纳和柏林攻读哲学和文学,1904 年后从事编辑、翻译工作并开始文学创作。“一战”时与罗曼·罗兰等人结成反战联盟,在国际上造成了一定的影响。1938 年流亡英国,1941 年移居巴西,1942 年自杀身亡。

茨威格的创作始于诗歌,但他的主要成就是小说和文学性传记著作。主要作品有中短篇小说集《最初的经历》(1911)、《马来狂人》(1922)、《恐惧》(1925)、《感觉的混乱》(1927)、《象棋的故事》(1941),传记著作有《三大师》(1920)、《罗曼·罗兰》(1921)、《三诗人》(1928)、《福煦传》(1929)、《玛丽亚·斯图亚特》(1935)等。苏联伟大的作家高尔基曾称他为“第一流艺术家”。

作品提要

一艘定于午夜时分从纽约开往阿根廷布宜诺斯艾利斯去的远洋客轮上，正呈现着解缆起航前惯有的繁忙景象。我和我的朋友在甲板上聊天时,意外地发现世界象棋冠军米尔柯·琴多维奇也将和我们同船旅行。他刚刚在一连串的比赛中征服美国的所有象棋高手,现在又要到阿根廷去夺取新的胜利。

华夏出版社 2000 年版封面

琴多维奇能够一举成为世界象棋冠军,对许多人来说都是一种不可思议的事。因为“这位世界冠军无论用哪一种文字书写,哪怕只一句话,也不能不出错”,并且“他在任何领域都惊人地无知”。

琴多维奇出身于一个贫苦船夫之家,十二岁时死了父亲,被当地好心的神父收养。尽管神父费尽心思教他,他却仍然一无所知。除了奉命行事外,琴多维奇仿佛对任何事都不感兴趣。他的消遣之一,是在晚上看神父与当地警察局的巡官下象棋。一天，神父有事中途外出，琴多维奇接替了他的位置，将巡官下得大败。神父听说后不禁大为吃惊。在很短的时间里，他带着琴多维奇到邻近小城里击败了那里所有的象棋好手。在一个名叫西姆奇茨的伯爵资助下，琴多维奇得到了为期半年的专门训练，而后他几乎就战无不胜了。十七岁时他已获得十多次各种各样的锦标赛奖，十八岁成为匈牙利全国冠军，到二十岁时已经获得了世界冠军的称号。

北京燕山出版社 2000 年版封面

尽管琴多维奇已经成为一个一流的象棋大师，他在本质上还是原来的那个人：衣着华丽却土气十足，家财万贯却仍然爱钱如命，处世方式拙劣又目空一切。

所有的这些都引起了我对琴多维奇的兴趣，尽管朋友告诫我琴多维奇“一感到面前是一个有文化的人，就马上像蜗牛一样缩回自己的背壳；因此，谁也不能夸口说，曾经听到他说了什么蠢话或者估量到他那惊人的无知”，我还是想尽了办法接近琴多维奇。各种方法都失败了以后，我设了一个简单的“陷阱”，在吸烟室里摆下了一盘棋。第一个挑战的对手是一个好胜心极强的苏格兰采矿工程师麦克柯诺尔。到第三天，琴多维奇才露面，但显然对他可能的对手极为不屑，这大大地激起了麦克柯诺尔的义愤，尤其是我告诉他此人就是象棋世界冠军琴多维奇以后，麦克柯诺尔沽名钓誉的念头大起，决心与世界冠军下一盘棋。他找到琴多维奇，以二百五十美元的价码约定次日下午三点举行一场比赛。

第二天的比赛琴多维奇晚到了十分钟，而且态度倨傲。正如人们所预料的一样，世界冠军轻而易举赢了一盘。他的倨傲却深深伤害了麦克柯诺尔的自尊心，他要求再来一盘。在这一盘即将输棋之际，一个陌生男子的指点使傲慢的琴多维奇举手求和。琴多维奇意识到他的实际对手是谁，提出再战一盘，被对方以非常谦逊的态度谢绝了。而我和麦克柯诺尔等旁观者却极想观看一场当今世界象棋冠军与这位神秘棋手之间的比赛。我于是被委托去请这位同是奥地利人的陌生棋手。

陌生棋手彬彬有礼地接待了我。当他知道曾经与他对弈的人是象棋世界冠军时，不禁大吃一惊。在我的恳求下他答应参加比赛，但让我们对他不要寄予过多希望。随即他给我讲了他的经历。

他是 B 博士，出身于奥地利一古老的名门望族，他的两个叔叔，一个是皇帝的御医，另一个是塞滕希特顿修道院的院长。年轻时，他和父亲一起主持自己的律师事务所，但实际上，他们只充当法律顾问和管理一些大修道院的财产，并受托管理奥地利皇室某些成员的资产。他们对皇室和教廷的秘密及财产情况所知甚多。希特勒的盖世太保暗中监视了他很长时间，在希特勒进入维也纳的前一天晚上，B 博士被党卫军逮捕了。为了让他说出所知的秘密，希特勒分子把他关在一个大旅馆单间里。这种优厚的“待遇”实际上是一种最为阴险、最为恶毒的酷刑——把人置于完完全全的虚无中，完全孤立起来，除了看守，他没有见过任何一张人的脸，更没有听到过任何声音。这样的情况持续了两个星期。然后，B 博士被带出去经历了一场审问。审问还不是最让人难以忍受的，让人难以忍受的是审讯结束后回到他的虚无中，头脑中对审讯的病态重复。而这也正是盖世太保们的目的：让被关押的人用自己的思想窒息自己，直到犯人觉得无法承受，那时也只好把思想倾吐出来，招出他们所想要的一切口供。而 B 博士，已经开始处于这种思想“松弛”的边缘。四个月过去了，B 博士觉得自己的头脑已经越来越陷入一种混乱状态。有一次，他居然忍受不住，在看守来送饭的时候冲他大喊：“带我去受审!我什么都说！我什么都交代！我告诉他们钱和文件在哪!我都说!我什么都说！”幸好看守的人没有听见。

就在这极端危险的时刻，一件预想不到的事拯救了他。B 博士在一次受审的前室里看到三四件军大衣，其中一件大衣边上的口袋有点儿鼓鼓囊囊的——那是一本书!想到自己四个多月没有看过书，想到在一本书里可以看到许多新鲜的知识，想到一本会让自己的空间不再虚无的书，B 博士被一种要拥有那本书的念头紧紧攫住了。于是，他冒着巨大的危险偷出书，并把它带回自己的囚室里。他满怀希望，想象着这本书是能使人精神上紧张起来的著作，可以学习、可以背诵。可当他哆哆嗦嗦打开书的时候失望了，愤怒了——这是本象棋谱!但它毕竟是可以在思考中消磨时间的。B 博士开始用自己的床单作棋盘，用自己省下的面包屑作为棋子，将棋谱上的名家棋局重新下一遍。这用了他两三个月的时间，在这段时间里，他每天都在忙碌着，紧张地思考着，阿廖辛·拉斯克等象棋艺术大师们的棋术魅力使他的小天地不再孤独。象棋成了他用来抵御一成不变的时间和压得人透不过气的空间的一种有效武器。而两三个月之后，这些名家棋局对他又失去了吸引力，B 博士开始发明一些新的棋局——自己和自己在脑子里下棋。而这无疑是要冒着很大危险的。当依照棋谱下别人下过的棋局时，“我”是局外人；而新的活动则要求脑子无保留地紧张起来，完全没有进行任何自我

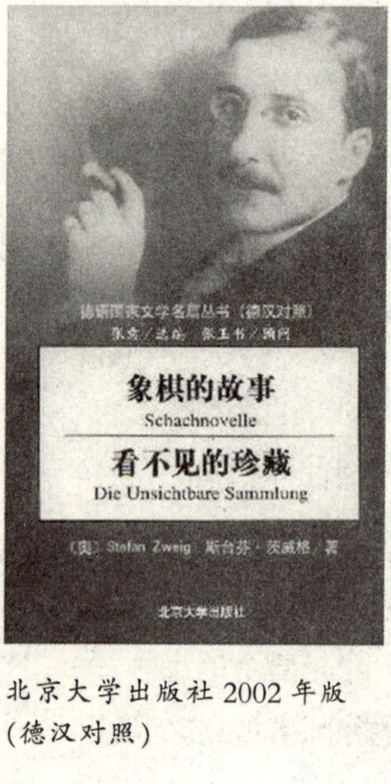

北京大学出版社 2002 年版（德汉对照）

控制的余地。实际上，这是一种人为的精神分裂。B博士数月来一直被盖世太保用孤寂折磨着，早就想要把心里积聚下来的愤怒向什么东西发泄一下，因此，当他找到这种活动——一个自我与另一个自我在头脑中争斗时，便近乎癫狂地投入到其中。脑海中下过多少盘棋他已经记不清了。渐渐地，他成了下棋“偏执狂”，棋子不仅在醒着的时候纠缠着他，在他睡觉的时候竟也占据着他的大脑。这种偏执的疯狂不仅使B博士的精神极度紧张和脆弱，也极大地影响了他的肉体。直至有一天，他在极度的精神混乱中做出一些奇怪的举动并昏迷过去，被送进医院。当他在医院里醒来，看见温柔友善的护士、和蔼可亲的医生时，他还以为自己是在做梦。希特勒很快占领了波希米亚（捷克旧称），奥地利问题完全解决了，于是B博士被释放了，但他被要求在两个星期内离开自己的祖国。而在囚室里几乎被逼疯的经历，使他直到几个星期后到了这艘船上以后才有勇气回想起来。在他一开始看见吸烟室里人们坐在棋盘前下象棋时，几乎呆住了，他已经不习惯用这种实际的棋盘棋子了，他的脑海中全是字母和数字。当时他出言指点，完全是因为对麦克柯诺尔那步棋的可惜。而他自己，却又确实不知道能否在真正的棋盘上用具体的棋子和一个活人做对手下棋……

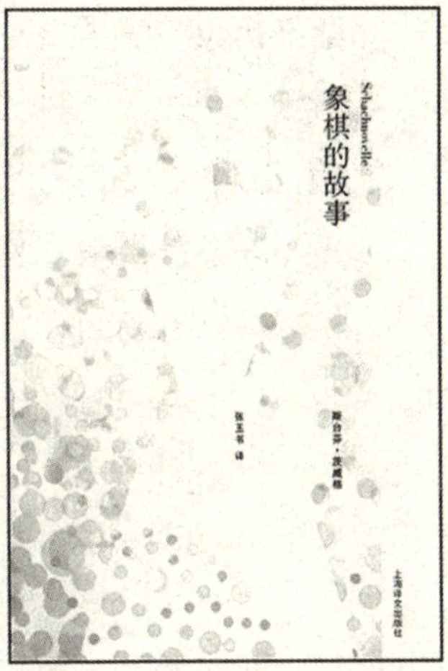

上海译文出版社 2007 年版封面

B博士讲他的身世用了两个多小时，最后，他要求只下一盘棋。因为得过偏执狂的人是不适宜再靠近棋盘的，而他这盘棋，是为了将往事彻底了结。

第二天下午，吸烟室里，世界冠军和一个无名棋手的角逐开始了。琴多维奇沉着冷静，出手谨慎；而B博士则恰恰相反，举止轻松潇洒、落落大方。越下到最后，琴多维奇思考的时间越长，走棋越小心翼翼，而B博士则总是在很短的时间内做出反应。随着时间的推移，B博士变得越来越焦躁不安，到历时三个小时的棋下完之前，B博士已经在吸烟室里不耐烦地疾步走来走去，不知不觉中正画出了他以前囚室的大小！最后，琴多维奇认输。这位世界冠军在一个无名氏面前降下了旗帜；而B博士，在公开的战斗中战胜了世界上最厉害的象棋名手！

琴多维奇依然保持着冷静，他平静地提出，再下一盘，被胜利的火焰烧昏了头脑的B博士满口应承下来，全然不顾我在一旁的劝戒。狡猾的琴多维奇注意到时间对B博士的影响，在第二盘棋中，明显地采取了拖延时间的战术，连最简单的开棋都用了起码四分钟时间。B博士又沉浸到在囚室里的那种自设棋局的狂想中，以致精神狂乱再次发作，将棋子落在想象中棋子该落之处并大喊“将！将军”，遭到了琴多维奇冷静但却极残酷的讥笑。幸亏我在旁边，及时把他从偏执的狂想中拉了出来。B博士彬彬有礼地向琴多维奇道歉并认输，而后，讲明自己“这是最后一次下棋”。

琴多维奇最后装模作样地对B博士表示了宽大与谅解。

阿兰·罗布–格里耶［法国］

《橡　皮》

作者简介

阿兰·罗布–格里耶(1921—　),生于法国布勒斯特,在成为专业作家以前,本是一位农艺师。1945年在法国国立农艺学院毕业后,在国家统计院及殖民地热带水果研究所工作,曾到非洲各地从事水果研究。《橡皮》这本小说是1953年他因病从非洲回国途中在船上写成的。1955年以后,他在巴黎午夜出版社担任文学顾问,同时从事写作及摄制电影。他的主要作品除《橡皮》外,还有小说《窥视者》(1955,同年获"评论家奖")、《嫉妒》(1957)、《在迷宫中》(1959)、《快照》(1962)、《纽约革命的计划》(1970)、《美貌的女俘虏》(1975),理论著作有《新小说阐明》(1963)。他的电影小说《去年在马里安巴温泉》(1961)曾由法国新浪潮电影著名导演阿兰·雷斯尼摄制成电影,获得同年威尼斯电影节大奖。有一个时期,罗布–格里耶专门从事电影创作,认为电影艺术比小说更适于客观地记录事物的世界,描绘现代人复杂多变的内心活动,表现时间的跳动,以及现实、想象、幻觉、梦境的交错。他在1963年单独摄制的影片《不朽的女人》曾获德路克电影奖。

作品提要

10月27日星期二消息:一个胆大包天的窃贼昨日傍晚潜入测量员街2号丹尼尔·杜邦先生的住宅。罪犯作案时被主人发现,匆忙逃遁并对杜邦先生开了数枪……重伤受害者立即被送入当地的一所医院,在昏迷不醒中死去。警察当局正在侦缉凶手,迄今尚未发现踪迹。

罗布–格里耶(右)在现场指导电影《橡皮》的拍摄

丹尼尔·杜邦荣获过战功十字勋章及功勋骑士奖章,曾任法律学院的教授,著有政治经济学著作多种,是个虽然没有官衔,但在政治上具有举足轻重作用的人物。在他被杀之前的八天里，和他同属一个集团的八个重要成员分别在每天的同一时间内死于非命。由于这个集团对全国政治和经济的重大影响，内政部长罗雅-都泽派出了调查局的青年密探瓦拉斯前往丹尼尔·杜邦被害地调查。

瓦拉斯于事发当晚连夜赶到当地，并在毗邻丹尼尔·杜邦家的小咖啡馆里住下。咖啡馆的老板是个难得心情愉快的人，接待瓦拉斯的时候更显得心情恶劣。对于在附近所发生的凶杀案，老板则认为丹尼尔·杜邦根本没有死，只不过手臂擦伤了而已，为此他还和老顾客安东争执不下；因为杜邦的女仆——耳聋的老安娜当晚跑到咖啡馆里打电话给茹亚尔医生，之后安娜就滔滔不绝地把发生的事情全告诉了他。对于这些骗人的新闻，老板当然不会相信，也不会关心。

次日清晨，瓦拉斯没等老板叫醒他就起床了，准备马上就着手行动。他想趁警察局还未办公前，先摸清这个陌生城市里错综复杂的街道。当他正在大街上行走的时候，那个胆大包天的行凶窃贼格利纳蒂居然出现在小咖啡馆里，并向还没睡够的老板打听他的消息。

格利纳蒂走出咖啡馆，来到了那座带花园的、栅栏门开在街角上的小楼房前，一周前的仔细研究以及头目波那提供的准确无误的指示，使他昨晚潜入这座房子时，即使闭上眼睛也不会走错。但一个最细微的疏忽——没有关灯，却使他功败垂成。格利纳蒂还在回想当时的情景：脚步声已到楼梯口的平台，灯光!现在已来不及去关掉了。门打开了，杜邦惊愕的眼光……格利纳蒂朝着匆忙逃遁的身影仓促开了一枪，杜邦大概被击中了，但伤势不足以妨碍他跑进旁边的小房间躲起来。今天早上十点要去见头目，格利纳蒂必须考虑在不喜欢听取解释的波那面前，如何对自己的失败、关灯的事、时间来不及等等作一番解释，不能让波那知道他是因为害怕才乱了手脚，当然今晚他会再回到那座房子里，完成昨晚未完成的任务——干掉杜邦，以挽回败局。

瓦拉斯很快就发现自己迷路了，得到路人的指引后，他又继续开始在大街上走，他顺便买了一块其实并非他想要的橡皮。

这件目前仍毫无任何线索的案件竟然可以从此归档了，当然令警察局长罗伦非常满意。中央部门既然把这件事包下来，而且吩咐他不要插手，自然是再好不过。罗伦非常合作地把所掌握的有关情报告诉了只是调查此案而不是代替他工作的瓦拉斯，并且凭借多年的经验向瓦拉斯作出了杜邦是自杀的假设。如同前面八桩不属他管的谋杀案一样，罗伦高兴地将这第九桩案件交给了看似真心办案的瓦拉斯，只是瓦拉斯对尸体被运走的一无所知令他有些担心，恐怕上面狡猾的密探已经开始对他有所防范了。

瓦拉斯知道从罗伦的长篇大论中得不到什么东西，这位局长已决心什么也不干，却又不让别人分沾他的职权，尤其是带着讥讽口吻的话更使他觉得不快。瓦拉斯离开了警察局，根据罗伦提供的情况，来到了茹亚尔医生的私人医院。但不巧的是，茹亚尔医生刚刚出去，他又向下一个目标——杜邦家走去。

上海译文出版社 1981 年版封面

瓦拉斯刚离开不久，显得疲惫不堪的茹亚尔医生就来到罗伦面前。医生向罗伦讲述了昨晚的详细情况，并回答了罗伦的几个问题，最后把从死者胸膛里取出的子弹交给了罗伦。医生的神情令罗伦感到很奇怪，他含糊的词句、可疑的辩解、支支吾吾的态度以及他是杜邦的老同学这一身份，使罗伦越发感到杜邦可能是自杀而非谋杀。

瓦拉斯费了一番口舌，才使耳聋的老太太明白他并非来修理电话的邮电工人，并让他从后门进去。老太太大声发表的见解令瓦拉斯十分惊讶，她坚信昨晚杜邦先生正如他自己所说的只是手臂受了点伤，在茹亚尔医生带走他之前还是活蹦鲜跳的，而今天早上医生竟然告诉她杜邦先生死了，很显然是医生杀死了他。瓦拉斯当然不可能相信她的一面之辞，不过从她喋喋不休的讲话中，他发现从茹亚尔医生那里也许能找出点头绪来。在查看事发现场后，由于瓦拉斯的极力请求，老太太终于勉强同意他带走了杜邦的手枪和这座房子的后门钥匙。

波那对格利纳蒂的胡说八道已经感到厌烦。从他得到的证据已经证明问题出在过分紧张的格利纳蒂身上，而且显然是没按他的指示做，他不想再听格利纳蒂的解释；而今天，格利纳蒂也没按他的指示找到瓦拉斯，还来迟了，更可笑的是居然信誓旦旦地说要今晚重新回去杀死杜邦。不过杜邦毕竟还是死了，还不致影响整个计划，今晚的行动也已安排妥当，当然不会再派那个软弱的家伙去。

瓦拉斯走出杜邦家，准备再去找茹亚尔医生，但一个意外的发现使他跨进正对面的大楼。三楼的巴克斯太太看来很喜欢从窗口向外窥视，昨晚她也许曾看到过什么，但直到知道瓦拉斯是为了捉拿凶犯，她才回想起来：昨晚有个穿雨衣、戴浅色软帽的人搞坏了杜邦家大门铁栅上的什么东西，这个人继续向前走时，有个喝醉的流浪汉在后面一边叫嚷着而且想追上他。瓦拉斯查看了小楼房的铁栅门，发现警铃装置已被破坏了。瓦拉斯再次来到医院，医生仍然没有回来。

刚回到小咖啡馆，瓦拉斯就被一个醉鬼缠住了。从醉鬼的胡言乱语里，瓦拉斯终于明白：这个醉鬼就是昨晚巴克斯太太所看到的流浪汉，而且曾经看见那个穿雨衣的人走进邮局，现在醉鬼认出他就是穿雨衣的人。警觉的老板立刻就发现了瓦拉斯的可疑之处，随即打电话向警察局汇报。老板肆无忌惮地当面谈论他，使瓦拉斯感觉受到了侮辱，于是又离开了小咖啡馆，继续他的调查。在穿雨衣的人曾经到过的邮局里，瓦拉斯还没开口，一个女职员就告诉他有一封信。毫无疑问，这个女职员也像醉鬼一样认错人了，但瓦拉斯将错就错地取走了那封信。

在维克多·雨果文具店里，瓦拉斯买了第二块毫无用处的橡皮和一张印有教授家小楼房照片的明信片。后来他突发奇想，这家文具店的老板娘也许就是杜邦过去的妻子，事实证明他的猜测是对的，但他也并没有从这位太太身上得到什么重要的材料。

罗伦已形成了固定的看法，认为根本不存在什么恐怖分子的组织，唯一合理的解释是：丹尼尔·杜邦是自杀的。他承认目前的确还有些“微不足道的细节”不符合他这种看法，但是别人向他提供的每一个新情况，都立即成为他的观点的补充证明。譬如说，瓦拉斯找到的杜邦的手枪和医生交来的那颗子弹直径完全吻合，另外在那支手枪里还有个妨碍射击的弹壳卡。而刚才，一个叫马尔萨的批发商人来到这里，悲戚的样子就似被判了死刑，他诉说了自己如何将被暗杀，因为杜邦在弥留之际嘱咐他今天到小楼房里把一些重要的文件取出来，并交给一位政界知名人士，而当时在场的医生显然和匪帮有联系，这样，昨天杀死杜邦的刺客今天会把他作为杀害的对象。现在，瓦拉斯又贸然拿来一封别人的信，从内容上看也许不过是个做木材交易的经纪人通知手下人晚上要干些什么事而已，完全不能证明什么。那个商人一定有些精神错乱，瓦拉斯则显得头脑发热。

失望的马尔萨开始相信，警察局长给凶手收买了。这位局长不但不对他的生命提供保护，而且极力想说明杜邦是自杀的，以使他失去警惕性，去当教授的替死鬼。而他——马尔萨当然不能让他们得逞，最好的对策就是一走了之，尽快离开这个城市。

面对罗伦那副带着捉弄人的神气的面孔，瓦拉斯感到很不舒服，他带着死者的手枪离开了警察局。为了打听一下去医院的路，他再次买了一块橡皮。这次可不能再空跑一趟，瓦拉斯向医院的护士透露了自己的身份，并表示需要立即见茹亚尔医生。但医生并没有马上与他见面，而是约他四点半在火车站大厅里见面。去火车站之前，瓦拉斯发现马尔萨家已是人去楼空。

医生并没能向瓦拉斯提供什么新情况，只不过复述了上午对罗伦所说的那一套。瓦拉斯觉得医生的行为并不光明磊落，这个矮小的医生在走进医院的时候，曾仔细打量了瓦拉斯，但却装作没看见，因为瓦拉斯从未见过他；而谈话的时候，医生又总是一副心不在焉的样子，难怪罗伦肯定“他心里有鬼”。

茹亚尔心里的确有鬼，他得避免让瓦拉斯在医院里呆太长的时间，早上之所以主动去向罗伦汇报也是因为害怕警察局去调查他的医院。没有人知道，医院的那间白色小房间里，有一个本应死亡而且尸体已被运到首都的人——杜邦教授。由于杜邦和内政部长关系密切，而且手头还保存着关系重大的文件，因此，根据内政部长的授意，只是左臂受了点轻伤的杜邦刻意在昨晚安排了自己的死亡。今天，警察局会及时接到上面的命令，不会再插手此事；茹亚尔医生向警察证明杜邦的死亡以及给报界发消息；马尔萨则需要到杜邦的家里取出那些文件，并送回医院；杜邦将在当晚坐上内政部长派来的汽车，前往首都部长官邸。对于杜邦把他们拖下水，茹亚尔医生和马尔萨虽然心里一百个不情愿，但却无法拒绝，而且还不得不做出高兴万分的样子。

罗伦在想，也许商人马尔萨也不是真的像表面看来那样精神错乱。奇怪的是，医生在他的叙述中一点也没有提到马尔萨当时是在现场的；相反，医生老是说自己不需要任何人帮忙。而商人又不可能是凭空捏造出教授死前情况的细节。那位医生可疑的行径，马尔萨的恐惧不安，那封信中各种暗示……警察局长忽然恍然大悟：为什么那个"伤口"显得如此古怪，为什么警察局没有可能看到"死尸"，为什么茹亚尔医生的神色如此尴尬。杜邦没有死！他打电话到那个小咖啡馆，想立即把自己的新发现告诉瓦拉斯，他可以想象得出瓦拉斯听到这一惊人的消息时脸上会有什么表情。讲话态度并不客气的老板告诉他瓦拉斯不在。

瓦拉斯已经用钥匙打开杜邦家的后门，进入了这座小楼房。既然马尔萨已经逃掉，瓦拉斯就可以亲自扮演那位商人的角色，看是否有什么人来把他杀死。瓦拉斯把杜邦那只卡壳的手枪放回原位，然后走进杜邦的书房，握紧上了子弹的手枪，开始等待那个不知会不会来的刺客。

杜邦坐上了内政部长派来的汽车。由于马尔萨的临阵脱逃，在去见罗雅-都泽前，他不得不亲自回家去拿那些文件。发现后门没有上锁，教授有些害怕并有所警觉，他从卧室里找到了自己的手枪。将书房的门打开一条缝，揿亮了天花板上的灯，迅速掏出手枪，教授在完成了这一系列动作后，一脚踹开了房门。时间刚好是七点半。耀眼炫目的灯光下，瓦拉斯看到一支手枪的枪口正对准着他，他迅速扑倒在地，同时扣动了手枪的扳机……瓦拉斯仔细检查了死去的刺客——杜邦教授后，用隔壁卧室里的电话接通了警察局，从听筒传来罗伦的声音"我发现一个情况——您绝对猜不到的!丹尼尔·杜邦!他根本没有死!"

现在，罗伦找回了他失去的那具尸体，感到十分轻松。他又开始亲自抓这个案件，他的强大活动能力向瓦拉斯再次显示了警察局长是不可缺少的。一夜没睡而显得极度疲劳的瓦拉斯却在担心，因为这次不幸事故的发生，也许他不能呆在目前的工作岗位上了，今天早上他就得回首都去。10月28日消息：拥有百万家财的木材出口商阿尔伯·杜邦，昨晚在步行回家的路上，被一辆走歪的小卡车压死在人行道旁。小卡车的司机拨正车子的方向后，朝海港方向逃去……

舍伍德·安德森［美国］

《小城畸人》

作者简介

舍伍德·安德森（1876—1941），美国小说家。生于俄亥俄州。出身贫苦，十四岁开始谋生，当过工人、士兵，曾在俄亥俄州开办油漆工厂。1916 年开始发表小说，后来成为职业作家。他最著名的作品有短篇小说集《俄亥俄州瓦恩斯堡镇》《鸡蛋的胜利》和自传性小说《讲故事者的故事》等。他的短篇小说颇受重视，对后来的一些现代派作家有一定的影响。他还是美国文学中现代文体风格的开创者之一。

作品提要

《小城畸人》是一个短篇小说集，又不大像短篇小说集，是介于长篇与短篇之间的独特形式。全书 25 篇，每篇可以说是独立的人物传记；同时，这 25 篇之间又存在着有形和无形的联系，彼此烘托，相互辉映，逐步构成小城的总体形象。正如安德森所说："真正的历史只是各个片刻的历史而已。我们只有在难得的片刻间是真正在生活的。"他抓住生活的一个个片断，塑造了小城中一个个"畸人"。

作家在床上做着一个不是梦的梦。他逐渐睡意朦胧而仍然有所知觉时，人物开始在他的眼前出现。他想象他身体内年轻而难以描摹的事物正驱策着长长一列人物来到他的眼前。（《畸人志》）

阿道夫·迈耶斯曾是一个温和的教师，他那双温和的手"伸来伸去，抚摩着孩子们的肩膀，把玩着头发蓬乱的脑袋"。这一切因被误解为"染指"而被破坏了，他遭到驱逐，隐姓埋名，身处异乡，因一天能采一百四十品脱的草莓而得到"飞翼"的诨名。然而，他总是小心地藏好那双手，不让它溜出来，在困惑中过着梦幻的生活。（《手》）

里菲医生的头脑里，思想一个一个地涌现，他把它记在纸片上，塞进衣袋，当纸片变成硬纸团时再把它掷掉。他教一个姑娘发现歪斜不整的苹果比圆整完好的苹果更好吃。秋

天，她成了他的妻子，下一年春天便死了。冬天里，他曾把纸片上的思想读给她听，然后哈哈大笑。(《纸团》)

伊丽莎白·威拉德是乔治·威拉德的母亲。年轻时候，她就怀着一种欲望，盼望变化，她不明白为什么经历的总是同样的事情，甚至恋爱。总是那一套：以接吻开始，在奇怪和狂野的激情之后，以平静和呜呜咽咽的懊悔结束。她以为结婚会改变一些事，结果没有。于是她把希望寄托在儿子身上。(《母亲》)

帕雪瓦尔医生不断编造故事，其目的似乎只是让每个人都显得卑鄙。在他看来，鄙视别人，自己才可以优越。当害怕因一次无谓的拒诊而被绞死时，他急于把自己发现的秘密告诉别人：世界上人人都是基督，而他们都被绞死了。(《哲学家》)

年轻的记者乔治·威拉德完成了一次与路易丝的约会，他感到心满意足，只是因为“她没有抓到我什么把柄。也没有人知道”。(《没有人知道》)

杰西·本特利是个虔诚的小个子牧师，意志坚定。遵照上帝的旨意，他接管了父亲的农场。他要使农场的产量比以前本州任何农场的产量都多，这是一种抱负。他使农场上的每个人做着空前多的工作。为了他，他柔弱的妻子辛苦了一年，产下一个孩子就死去了。在妻子分娩的前夜，他在田野里向上帝祈祷，请求上帝赐给他一个儿子，以继承他的事业。(《虔诚》第一节)

大卫·哈代是杰西的外孙，他的母亲路易丝就是杰西请求上帝赐给他儿子的那一夜来到人世的那个女孩子。路易丝总是不快乐，大卫得不到她的慈爱，除了在一次迷途之后。十二岁的时候，大卫到农场与杰西生活在一起了，这给农场和杰西带来生活的新希望，大卫也祛除怯弱而变得愉快。杰西又记起他的梦想，决心带大卫到田野去领受上帝的启示。这一举动吓坏了大卫，他跌伤了头。“我所作所为，你并不嘉许。”杰西向上帝呼喊着。(《虔诚》第二节)

杰西的女儿路易丝，在父亲严厉而又不以为然的注视下长大，从小就是一个神经质的人。她幻想踏进温暖的气氛，冲破隔着她与别人之间的东西。于是，她渴望爱情。她以为这就像打开一扇门踏进一个房间一样容易，可以使她踏进一种新生活。她写了一张便条给离她最近的约翰·哈代，然后与他结了婚。但她的丈夫不能了解她那模糊、不可捉摸而还未得到满足的渴望。她愤怒了。(《屈服：虔诚》第三节)

大卫·哈代在十五岁时失踪。那年，收成很好，杰西赚到了钱，第一次带着笑脸在自己人之间走动。杰西决意要呈献牺牲给上帝，以得到上帝的启示。他想到大卫，断定上帝将启示他的未来之路。于是，一个早晨，他带着大卫和一只缚住的小羊羔到了野外。杰西手中的刀使大卫恐惧，慌乱中他拿出弹弓，用石子打昏了外公，然后逃跑了。后来，杰西声明说，因为我对光荣太贪婪，才出了这件事。对于这件事，他不愿再多说什么了。（《恐怖：虔诚》第四节）

乔·韦林会突然抓住一个人，让他听自己讲一些异想天开的事情，这就像是一种精神的痉挛。这喷火似的话语使他成为一个神灵感悟的人。他的激动迷惑了对方球队的队员，于是他做教练的垒球队总是会赢。他爱上了萨拉·金，他要征服萨拉骄傲而危险的家庭成员。他抱着一束杂草和青草，发表着关于食物灭绝与发明新蔬菜的演说，这演说征服了萨拉凶狠的兄长和神经质的父亲。（《异想天开的人》）

布店店员艾丽斯在十六岁的时候，成了内德的情人。后来内德离开她去了芝加哥，一段时间后，便再无消息了。艾丽斯不能相信内德不回来了。她攒钱，开始是为了去城里，后来是为了幻想中她自己和未来丈夫的生活。她在等待中生活。在一个雨夜，不堪忍受的寂寞使她狂奔出去，企图去拥抱一个路人。然后，她认识到，许多人必须孤寂地生和死。（《曾经沧海》）

沃许·威廉是一个丑陋的电报员。他曾经很英俊，有一个美丽的妻子，他疯狂地爱着她，然而妻子背叛了他，沃许让她走了。他妻子的母亲写信让他去，设法让他的妻子裸体走进房间，以引诱他，沃许愤怒地想杀死他妻子的母亲。从此，在沃许的眼中，女人都是死的。（《可敬的品格》）

赛思·理契蒙跟自己的寡母生活在一起。他不爱说话，也不易激动，但思想却异常清楚明白。十六岁时，赛思曾与另外两个少年结伴离家出走，他厌恶整个事情，却硬挺到底。赛思与乔治·威拉德是朋友。乔治告诉他说，自己要写一篇爱情小说，先要与银行家的女儿海伦·怀特谈谈恋爱。赛思感到愤怒，他的缄默受到了冲犯。海伦是他遐想的对象，也曾对他示爱。赛思想，城里的人永远讲些无聊的话，他认为自己与这里格格不入，决定与海伦见一面后就离开家乡。“人人都是说了又说，我觉得讨厌。我要干点事情。”他告诉海伦。（《思想者》）

上海译文出版社 2008 年版封面

一个大半时间被忘却的小女孩，一个把时间花在谈论和思考宗教上的父亲，一个专程到小镇来戒酒的陌生人。陌生人没有戒成酒，却替小女孩起了一个意味深长的名字——坦迪。“做一个女子，被人爱上”并不容易。从她的挣扎和缺点中，“产生了女子的一种新品格……我称之为坦迪。”陌生人说，“这便是男人需求女子而又求之不得的东西。”“我要叫坦迪。”小女孩哭着说。(《坦迪》)

柯蒂斯·哈特门牧师偶然看到小学女教师凯特·斯威夫特赤裸的肩膀和雪白的颈子，激起了他内心的一场斗争。他禁不住“窥视”的肉欲，因而求助于上帝的力量。他遐想着那个女人，然后到街上去祈祷。最后，他几乎决定要为肉欲而生活。正月里的一夜，当他窥视到赤裸地跪在床上祷告的凯特时，哈特门牧师突然得到了上帝的启示，那女人不过是上帝的工具。(《上帝的力量》)

凯特·斯威夫特曾做过乔治·威拉德的教师，他是她认为可以培养成天才的人。冰冷的外表之下，悲哀、希望和情欲日复一日地在凯特内心战斗着，她是一个热烈多情的人。她使她的学生感到严峻，但她的话能让他们哄然大笑，她以奇怪的方式与她的学生很亲密。凯特竭力劝导乔治为创作而去生活，不要做文字贩子。一个雪夜，她的劝导如此热烈，竟带着几分肉体的意味了。她任由乔治把她抱在怀里，而后跑开了。这时，哈特门牧师闯进来公布他所得到的启示。(《教师》)

伊诺克·罗宾逊曾是纽约艺术学校的一个学生。他喜欢藏在背后的东西，他希望他的画能够被理解，就像小时候在小镇上，看看天空，然后跑开。然而，他说不出来。于是，他不再需要客人了，他以想象力臆造人物，然后与他们为伍。在感到寂寞时，他结了婚，谋了职，有了孩子。很快，他就厌倦了，离开了妻子、孩子，又回到了幻想的人物中间。好几年之后，一个女人走进伊诺克的房间，他觉得需要她又不需要她。他试图向她解释自己的生活，却把事情搞糟了。她走了，也带走了房间里的所有的人物。他是完全孤独的了。(《寂寞》)

在女帽店里工作的蓓尔·卡彭特爱上了酒巴侍者埃德·汉德，却不愿与她认为社会地位低下的恋人公开散步。于是，她把与年轻记者乔治·威拉德在一起散步作为她的感情上的一种宽慰。乔治忽然觉得自己长大了，不愿再受人利用。他把蓓尔约出来，告诉她自己的变化，然后，把她领上山去，吻她。跟踪他们的埃德把乔治掷在一边，挽着蓓尔走了。乔治感到受了屈辱。(《一觉》)

考利父子商店的小老板埃尔默·考利觉着乔治·威拉德在注视偷听他们。他们的小店好像什么都卖，又好像什么都不卖。不胜愉快的父亲时时提防着推销员的哄骗。埃尔默觉得在人们眼中他们是古怪的，要不然那个记者为什么要注视偷听他们呢？他决意不再古怪。他把这件事告诉了农场的摩克。摩克喜欢与牲畜长谈，生活单纯，却很快乐。埃尔默偷了父亲的钱，又在火车站上交给乔治，让他还回去。“我要被洗净、烫挺了。”埃尔默咕哝着。他把乔治打了一顿，然后跳上火车，走了。(《古怪》)

雷·皮尔逊和黑尔·温特斯在同一个农场当长工。在一次引诱之后，雷负起了责任，结婚，生子，而后是为了生活的奔波与劳碌。在一个美丽的秋天，眺望着乡村的田野，雷感到上了上帝的当，失去了自由。当黑尔问及他该不该为情人负起责任时，雷没有说出他本应该说的话。黑尔进城后，雷忽然想告诉他自己真实的感受，狂奔着追赶黑尔。然而，黑尔告诉他，自己准备结婚了。回来的时候，雷记起与孩子们一起度过的愉快时光。(《没有说出口的谎言》)

汤姆·斯福特随外祖母从外乡来到小镇。他从不为自己要求什么，快乐而心满意足。他靠做杂役过着简单的生活；有时候，文静地坐在杂货店里，嗅炒咖啡的香味。后来，他爱上东家的女儿海伦·怀特。他任由自己想着她，却努力把欲望纳入他自己认为应该纳入的正轨。一个春夜，汤姆喝醉了，尽管在他一生中，从来没有喝过一滴酒。他告诉乔治，夜色和海伦使他快乐，而他要想受几分损害，人人都在受苦，所以他必须喝醉一次，这会让他学会一些东西。(《酒醉》)

伊丽莎白·威拉德与里菲医生成了朋友，他们能够相互理解。里菲医生空想出许多神谕，向他们祈祷；他发现伊丽莎白也崇奉那些神谕。伊丽莎白告诉她的朋友她年轻时对冒险的渴望，对爱情的幻想。她追求着人生中某种隐秘神奇的东西。她的父亲，一个旅馆老板，临终留给她一笔钱，并劝告她不要结婚，离开此地。她以为结婚会改变什么，于是嫁给了旅馆伙计汤姆·威拉德。结婚后，她没有得到她所追求的。在一个下午，她独自驾车狂奔，摔伤了腰。里菲在她的叙述中爱上了她，把她抱在手里。伊丽莎白死了，死亡终于解脱了她。(《死》)

乔治·乌伊拉德第一次回顾以往的生活，他就要长大成人了。这个时候，他需要有人了解，他去找海伦·怀特。海伦也到了变化的时期，她也开始有了回忆。他们在不同的地方各自回忆起他们曾一起消磨的一个夏天的晚上。他们散步，说些不着边际的大话。乔治想到自己当时扮演的角色，感到羞愧。海伦避开世故的讲师，走上横街，乔治正要躲开熙熙攘攘的感觉，走了过来。他们一起来到冷静的集市广场，无语，出神，间或接吻、拥抱。有时候，他们又在黑暗中嬉戏。他们一起度过了一个静默的黄昏。(《成年》)

他们生活在同一个小城——温士堡镇，却恪守着各自不同的内心领地，或者说，守着各自不同的真理。安德森对“真理”和“畸人”有他自己的说法。起初，世界年轻的时候，有许许多多思想，但没有真理这东西。人自己创造真理，而每一个真理都是许多模糊思想的混合物。全世界到处是真理，而真理统统是美丽的。一个人一旦为自己掌握一个真理，称之为他的真理，并且努力依此真理过他的生活时，他便成为畸人。他拥抱的真理便成为虚妄。(《畸人志》)

豪尔赫·路易斯·博尔赫斯 [阿根廷]

《小径分岔的花园》

作者简介

作者简介见《布宜诺斯艾利斯激情》一章。

作品提要

我想起刚才接电话的人竟是理查德·马登上尉。这就意味着鲁纳贝格已经被捕，或者被杀。马登是冷酷无情的，他是一个爱尔兰人，为英国服务。人家说他脾气不冷不热，而且为人也许还有点不忠诚。为什么他不抓紧而且充分利用这么一个奇迹似的好机会，发现，逮捕，或者杀死两个日耳曼帝国的间谍呢?我心里想，这个军人，根本没有怀疑我掌握着这个秘密——在安克雷的英国大炮新阵地的确切名字。一只鸟在灰暗的天空上飞过，我在昏乱之中把它变成了一架飞机，这架飞机又变成了许多飞机，以直接命中的炸弹夷平了英国的大炮阵地。要是我的嘴巴在一颗子弹把它打穿之前，能够喊出这个地名，喊得德国都听得见就好了……我这人类的声音是渺小的，怎么能够使它让我的首领听见呢?可非得让这个可厌的有病的人听见不可，这人既不认识鲁纳贝格，也不认识我，只知道我们是在司塔福郡。他在柏林死气沉沉的办公室里坐着，翻阅无穷无尽的报纸，徒然等待着我们的情报……不过十分钟，我已经想好了我的计划。我在电话簿上查到了那个唯一能够帮助我传递情报的人的名字，他住在范顿的郊区，坐火车去用不了半个小时。

去阿希格罗夫的火车八点半开，我急忙进站。火车开了后，有一个人拼命地向月台尽头跑来，那是理查德·马登上尉。我惊慌失措，颤栗着缩到座位的一角，远离那个可怕的车窗。

火车轻快地在白杨树中间行驶，然后，几乎就在田野的中央停住了。没有人报车站的名字。"阿希格罗夫吗?"我问月台上的几个孩子。"是阿希格罗夫。"他们回答。我就下了火车。月台上亮着一盏灯，但是那些孩子们的脸仍然是在阴影里。他们有一个问我："您是到史蒂芬·阿尔贝博士家去吗?"不等我回答，另一个又说："他的家离这里远着呢，不过您不会找不到。您只要从左边的路走，在每一个十字路口向左拐弯。"我扔给他们一枚硬币，走下几步石阶，踏上了那条冷落的路。

我到了一座高大的铁门前面。一个高身材的人开了大门，用我家乡的语言慢慢地说：“原来是郗本仁兄光临，来解我的孤寂了。毫无疑问，您是想观赏一下花园吧？”我记起来了，郗本是我们一位领事的名字。我莫名其妙地重复说：“花园？”

“小径分岔的花园。”

什么东西触动了我的记忆，我不知怎的，蛮有把握地说：“那是我祖先崔朋的花园。”

“您的祖先？您的著名的祖先？请进来。”

潮湿的小径曲曲弯弯，跟我小时候一模一样。我们来到一间书房，里面满是东方和西方的书籍。我认出了一些用黄绢面装订的大本子，那是明朝第三代皇帝命令编纂的手抄百科全书，从来没有印刷过。留声机的唱片在旋转。

我们坐了下来。我坐在一张低矮的榻上，他背向着窗户和一只高高的圆形座钟。我计算了一下，我的追逐者理查德·马登要一个小时以后才到得了。我以无可改变的决心在等待。

“崔朋的命运真是令人惊讶。”史蒂芬·阿尔贝说，“他是他家乡乡亲们的总督，既谙天文，又知星相，并且精通经史，擅长弈棋、诗词、书画。他死的时候，他的继承者只发现一大堆乱七八糟的手稿。他的家属，大概您不会不知道，准备把它付之一炬，但是他的遗嘱执行人——一个道士或和尚——坚持予以出版。”“我们崔朋家的血缘亲属，”我回答，“至今还在咒骂这个和尚，出版这些手稿其实毫无意义。这本书不过是一大堆矛盾百出、体例混乱的材料。我有一次把它翻了一遍：主人公在第三章死了，到第四章又活了过来。至于崔朋的第二项事业：他的那个迷宫……”“那个迷宫就在这里。”他把一座高高的漆得光溜溜的写字台指给我看。

“一座象牙的迷宫！”我喊起来，“一座小型的迷宫……”

“一座象征的迷宫，”他纠正我说，“一座看不见的时间的迷宫。”

阿尔贝站了起来，有一会儿，他背向着我。他打开了这座金碧辉煌的黑漆写字台的一只抽屉，拿着一张纸，转过身来。原来这是一张猩红色的纸，现在已经变成玫瑰色，质地脆而薄，印着方格。崔朋的书法真是名不虚传。我热切地然而费劲地念着下面的字，这是我的一位血缘祖先写下来的：“我将我的小径分岔的花园，遗给各种不同的（并非全部的）未来。”

我默默地把纸还给他。阿尔贝接着说，在发现这封信之前，我曾经自己问自己，一本小说怎么才能是无限的。我正处在这样的困扰之中。从牛津给我寄来了您刚才看过的那张纸。很自然地，在这句话上停住了：“我将我的小径分岔的花园，遗给各种不同的（并非全部

浙江文艺出版社 2000 版封面

的)未来。"我几乎当时就明白,"小径分岔的花园",就是这部混乱的小说。"各种不同的(并非全部的)未来"这句话,使我想到:这是时间上,而不是空间上的交叉的形象。我把这部作品重新看了一遍,证实了这个理论。

崔朋是一位天才的小说家,然而也是一位博学之士,无疑的,他不会认为自己仅仅是一个写小说的人。他同时代人的言论——已足以证实他的一生——说明他对道学和神学的爱好。哲理的论辩占了他小说的大部分篇幅。我知道,所有的问题,没有一个会使他不安,没有一个会使他费力,除了"时间"这个深渊一样的问题。好吧,这就是在《花园》的篇章中没有描写的唯一的问题。他甚至不愿意用含有"时间"意义的字眼。您对这种有意的回避怎么解释?

我提出了好几种说法,但是都不足以说明这个问题。我们讨论了一会儿。最后,史蒂芬·阿尔贝对我说:"有一个谜语,它的谜底是棋;在这个谜语中,禁止使用哪个字?"

我想了想,回答说:"就是棋这个字。"

"对了,"阿尔贝说,"《小径分岔的花园》本身就是一局巨大的棋,或者说是寓言,它的主题是时间。这种缜密的游戏,禁止提到它本身的名字。始终不把这句话说出来,只用不确切的譬喻、明显的拐弯抹角来提到它,这些也许是一种指明它的最着重的方式。这是走了邪路的崔朋在他孜孜不倦的写成的小说里,逢到每一个曲折之处所爱用的迂回方式。我翻阅了几百万字的手稿,改正了抄写人粗心大意的错误,猜出了一团混乱中的构思,我恢复了,或者我认为我恢复了它原来的面貌,我全部翻译好了这部作品。我清清楚楚明明白白地知道,他没有一次使用过'时间'这个词。这解释很明显:《小径分岔的花园》是崔朋所设想的一幅宇宙的图画,它没有完成,然而并非虚假。您的祖先跟牛顿和叔本华不同,他不相信时间的一致、时间的绝对。他相信时间的无限连续,相信正在扩展着、正在变化着的分散、集中、平行的时间的网。这张时间的网,它的网线互相接近、交叉、隔断,或者几个世纪各不相干,包含了一切的可能性。我们并不存在于这种时间的大多数里;在某一些时间里,您存在,而我不存在;在另一些时间里,我存在,而您不存在;在再一些时间里,您我都存在。在这一个时间里,我得到了一个好机缘,所以您来到了我的这所房子;在另一个时间里,您走过花园,会发现我死了;在再一个时间里,我说了同样这些话,然而我却是个错误,是个幽魂。""对于这一切,"我带点儿颤抖地说,"我向您表示感谢和敬意,您重建了崔朋的花园。"

“并不是一切，”他微笑着喃喃地说，“时间是永远交叉着的，直到不可计数的将来。在其中的一个交叉里，我是您的敌人。”

我重新又感觉到我刚才说过的那种发芽生长。我觉得房子周围潮湿的花园里充满着看不见的人物，直到无限。这些人物就是阿尔贝和我，正在时间的其他范围内暗暗地劳碌着，变换着形体。我抬起眼睛，这微不足道的梦就消失了。黄黑色的花园里只有孤零零的一个人，然而这个人却像塑像那样坚实，然而这个人正从小径上走来，他就是理查德·马登上尉。“将来已经存在，”我回答，“不过我是您的朋友。我能再看看那封信吗？”

阿尔贝站了起来。他高高的个子，伸手打开高高的写字台的抽屉。有一会儿，他背向着我。我已经准备好左轮手枪。我十分仔细地开了枪。阿尔贝立刻倒了下来，一声都没有吭。我敢发誓，他是当场毙命的。

其余的都是不真实的、不足道的了。马登冲了进来，把我逮捕。我被判绞刑。可幸的是，我竟然胜利了，我已经把他们预定袭击的城市名称通知了柏林。昨天，他们果然对它进行了轰炸。在同一天的报纸上，我看到：博学的中国通史蒂芬·阿尔贝被一个来历不明的叫俞琛的人所暗杀，这件事，对全体英国人来说，是一个谜。然而，我的首领已经破了这个谜。他知道，我的问题是如何（在战争的喧闹声中）指明那个城市的名称就是阿尔贝。他知道我没有别的办法，只好杀掉一个叫阿尔贝的人。

安东尼·德·圣埃克絮佩利［法国］

《小王子》

作者简介

安东尼·德·圣埃克絮佩利(1900—1944),法国作家、飞行员。生于法国里昂一个安全视察员的家庭,从小失去父亲,依靠母亲生活。少年时代的他就爱好写一些带有忧伤气氛的诗歌,还爱好绘画,喜欢拉小提琴。然而让他最有兴趣却是机械,从小就希望长大以后能够当上飞行员。26 岁时他终于在航空企业总公司当上了飞行员,实现了多年的愿望。后来,圣埃克絮佩利又在其他一些航空公司任职。在第二次世界大战时期,他成为一名军事飞行员,参加过反法西斯的战斗,在一次执行侦察任务中为国家献出了年轻的生命。

在圣埃克絮佩利短暂的生命中，其作品差不多全是与他的飞行生涯有关的艺术描写和生动记载。他主要的作品有 1931 年发表的《夜航记》、1939 年发表的《人类的大地》和 1943 年出版的《小王子》等。

作品提要

1940 年至 1942 年作者在流亡美国期间创作的《小王子》,出版后轰动一时,是一部著名的儿童文学著作,它先后被译成各种语言。《小王子》看起来似乎是为儿童写的童话,然而实际上是向“大人们”说明一个道理:友谊和幸福远比枯燥无味的加减法或者机器更有意义。作者通过小王子说出:人与人之间只有通过交往才能找到真挚的友情和美好的未来。

我六岁时看过一本关于蟒蛇吞食猛兽和猎物的故事,书中还有一幅蛇吞象的插图,于是我照样把它画了下来,并拿给大人们看,可是他们都看不懂,尽管我解释给他们听,大人们还是看不明白,反而劝我多看看其他的书或者多关心一些地理、历史等知识。这样一来,我感到很失望,放弃了想当画家的梦想。

长大后,我选择了当飞行员的职业,在这期间我与许多人接触,当我觉得遇上一个头脑清醒的大人时，我还是拿出从前的那幅画来让他看，可是他的回答也像其他人一样。从此，我决定不再跟大人们谈关于蟒蛇、森林和星星的话题。

我孤独地生活着，一直到六年前我驾驶的飞机在撒哈拉沙漠出了故障，生活才有了变化。当时我一人驾驶着飞机，带的饮水也只够用八天的，因此，必须在最短的时间内修理好飞机。就在第二天的凌晨，我被一个小声音唤醒了，原来是一个小家伙在请求给他画一只绵羊。而我已经不会画画了，只好把过去的那张蟒蛇吞象重画一遍给他，谁知小家伙竟说他不要蟒蛇，而且它肚子里还有一头大象，这使我很吃惊，没想到这个小家伙能看出来。后来，我终于画了幅让小家伙满意的画。从此我结识了他——小王子。

人民文学出版社 2003 年版封面

小王子有一头金黄色的头发，脸上总带着温柔的笑容，他来自一颗小行星，很可能是 B612 号小行星。他住在一个只有一座房子那么大的星球上。小王子希望有一个朋友，所以来到了我们的星球。

上海译文出版社 2005 年版封面

每天我都想多了解一些小王子，到了第三天，我知道了有关猴面包树的传说：在小王子的星球上，猴面包树的种子是最可怕的，如果有一棵幼苗不被及时拔掉，长大后就拔不掉了，而且它会遮盖整个星球，直至把这个星球毁灭。因此，小王子每天的第一件事就是清除星球上的猴面包树的幼苗，为星球仔细地打扫一遍。他好心地劝我画一张美丽的图画，让地球上的孩子外出旅行时，对猴面包树的危害有所了解，提醒孩子们要当心猴面包树的危害。

新蕾出版社 2005 年版封面

到了第四天我才清楚，小王子过去的生活是那么的孤独和忧郁，他每天的消遣，就是观赏夕阳西下时温柔的晚景。当他悲伤时，也总是喜欢看日落。

第五天，由于绵羊的事，我知道了小王子的生活秘密。原来小王子爱上了他的星球上的玫瑰花。它是一朵非常美丽而骄傲的花，自从它来到小王子的星球，小王子就一直精心地照料着它。玫瑰花心里虽也爱着小王子，表面上却不断给小王子找麻烦。这

译林出版社 2008 年版封面

使小王子感到孤独和忧伤，于是小王子决定离开自己的星球，去寻找朋友。走之前他向花儿告别，这时，花儿向他说出了心里的话……后来，小王子到过七个星球去旅行，遇上过追求权势的孤独的国王，孤芳自赏的虚荣迷，悲观厌世的酒鬼，贪得无厌、一味追求金钱的市侩，以及学究气十足的、脱离实际的地理学家，还有因循守旧、拒绝自由和独立思考的点灯人。在地球上，小王子却遇上了能够猜出一切谜底的蛇和一只会说话的狐狸，后来，他和狐狸成了朋友。狐狸曾告诫小王子："只有心灵能洞察一切，肉眼是看不见事物本质的。"幸福和友谊只有通过交往才能找到。这也使小王子知道应该珍惜自己和玫瑰花的友爱。

现在已经是第八天了，我听完了小王子的故事。此时我备用的水也喝完了，我急着寻找水源。小王子还在想着他的朋友狐狸说过的话，他说只要有过一个朋友，就是死了也心甘。当他明白我的干渴时，就赶紧和我一起去寻找水井。一路上，我们观赏着星星和沙漠，当我对小王子说："不论是房子、星星或是沙漠，使得它们美丽的东西都是肉眼看不见的！"小王子听后高兴极了，因为我们和他的狐狸想法是一样的。

飞机完全修理好了，小王子请求我给他画个绵羊的嘴套子，这样，他的花儿就安全了。他开始寻找来时降落的地方，准备第二天夜里返回自己的星球了，而我也要回家了。临别时，我们依依不舍，小王子仍然带着笑容对我说：如果我想他，就在满天的星星之中找他，他会在那里对我笑，这样，我就不会孤独了，因为他永远是我的朋友……当小王子观赏满天的星斗时，也会在群星闪烁中看见我，看见沙漠中的清泉。

事情已经过去六年了，我仍然难忘那可爱的小王子，想到小王子回到他的星球上，他快乐吗?还有他的玫瑰花、他的羊……

威廉·福克纳[美国]

《喧哗与骚动》

作者简介

作者简介见《我弥留之际》一章。

作品提要

在《喧哗与骚动》这部小说中，福克纳采用了多角度的叙述方法、意识流和神话模式的写作技巧，描写了一个古老贵族之家的没落，表现了这个家族成员各自的生活遭遇和精神状态。

故事发生在杰弗生镇上的康普生家。这个家族曾经显赫一时，但如今家道已衰败破落，只剩下一幢破败的宅子和两个黑用人，家中充斥着没落、疯狂、令人窒息的氛围。康普生先生算是位律师，但整天喝得晕乎乎，发一些愤世嫉俗的空论，1912 年病逝。康普生太太出身名门望族，老缅怀着自己南方大家闺秀的身份，十八年来总说自己快死了，家里人从她那里得不到任何温暖，她反而成为家里人的拖累。大女儿凯蒂与一个男子发生不正当的关系，有了身孕后，不得已嫁给了一个门当户对的青年。男方在婚后发现了隐情，在她生育后把她逐出家门。她给女儿起名为昆丁，以纪念她哥哥，并把她留在了康普生家，自己则到大城市去闯荡。哥哥昆丁是这个没落家族的最后一个道德维系者，生性孤僻、高傲、孱弱。他爱他的妹妹凯蒂，但把她看做贞操的保管者，凯蒂的遭遇使他的精神世界失去了支柱，所以，他在凯蒂举行婚礼的两个月之后，即 1910 年 6 月，在马萨诸塞州坎布里奇投水自尽。对昆丁来说，“未来”是看不见的，“现在”则是模糊不清的一片混沌，只有“过去”才是真实清晰的。杰生是凯蒂的大弟弟，为人势利、冷酷无情，仇恨和绝望有时又使他成为一个没有理性、不切实际的复仇狂和虐待狂。他恨凯蒂，连带着也恨凯蒂的私生女小昆丁，并把小昆丁的赡养费占为己有。后来，小昆丁把他藏在屋里的钱偷走，与人私奔了。班吉是凯蒂的小弟弟。他是先天性白痴，没有思维能力，脑子里只有感觉和印象，而且还分不清它们的先后，过去的事与当前的事一起涌现在他的脑子里。他爱三样东西：那片为了给凯蒂办婚事、给昆丁交哈佛学费而卖掉的牧场,他的姐姐凯蒂和火光。1913年,他想拦截一个在大门口经过的小女孩,被做了去势手术。1933年,他被送进杰克逊的州立精神病院。即使这时候,他仍然什么也没有失去。小昆丁从小失去母爱,性格倔强,又遭受杰生虐待,长大后像她妈妈一样放荡不羁。她也同样把自己献给镇上的任何一个男人,同样成为众人谈论的对象。在她十七岁那年,她从被外祖母上了锁的房间窗子里爬出来,拉住落水管道,身子一悠,攀住舅舅那个没人居住的上了锁的寝室的窗子,打碎窗子的玻璃,爬了进去,用舅舅的拨火棍撬开锁住的抽屉取走了钱,在昏暗中顺着那条落水管子爬下去,跟一个流浪艺人跑了。

全书共分四部分,以凯蒂的经历为核心,但可独立成章。每部分描写不同的一天发生的事件,分别由班吉、昆丁、杰生论述,最后部分以黑女佣迪尔西为主线,用第三人称,由作者交待、串连、补充有关线索。

班吉的故事(1928年4月7日):这一天是班吉三十三岁的生日。他在黑人勒斯特的看护下看别人打高尔夫球,然后在场地上来回寻找一枚勒斯特丢失的两角五分钱硬币。两人回家时看见小昆丁同一个打着红色领带的男人荡秋千。勒斯特在地上捡到避孕的铁皮盒子,拿给班吉玩。晚餐时,班吉听到刚回家的杰生同小昆丁争吵。小昆丁说杰生一直在监视她,她恨透了这个家,一定要逃走。康普生太太只好把小昆丁的卧室锁上。班吉睡觉时,看见黑影从小昆丁房间的窗子里爬出来,爬到了树上。接着那黑影离开了树,穿过草地,不见了。班吉这一天的回忆是支离破碎的,但都与他姐姐凯蒂和他童年时的事情有关。班吉喜欢火,总是想把手伸到有火的地方,有一次手还被烧伤了。某一天,班吉溜出大门去追逐女学生,后来,被送进医院做了去势手术。杰生说:"咱们家的名声已经够糟糕的了。"

上海译文出版社2007年版封面

昆丁的故事(1910年6月2日):这一天,昆丁决定自杀。在哈佛大学的宿舍里,想到自己心爱的妹妹在婚前与达尔顿发生不正当关系,又想到他去与达尔顿打架,接着又想起自己去向父亲"承认"犯了乱伦罪,最后又想到自杀。他砸碎了爷爷留下的"是一切希望与欲望的陵墓"的手表,割伤了手。他穿上一套新西服,把表放进衣袋,给父亲写了信并寄了出去,然后进城找了一家修表店修表,在五金店买了两只大熨斗,乘有轨电车来到河对岸。倚在栏杆上,他想到凯蒂失身后嫁给了赫伯特。他不喜欢赫伯特,因为此人在哈佛读书时名声不好。他又想到家里为了供他上学,卖掉了本来属于班吉的牧场。昆丁下了车,走进一家面包店。在那里，他给一位迷路的小姑娘买了几个小面包，领她走到一条小巷。不一会儿，上来很多人，其中有一个是小女孩的哥哥，他认为昆丁企图诱拐他的妹妹，把昆丁扭送到警察局。后来恰巧碰上昆丁几个哈佛的同学，替他澄清了误会，拖着他去了野餐会。野餐会上，昆丁一想到自己同凯蒂过分亲热的举动，以及与凯蒂以前的男朋友的某次会面，心情就不愉快起来。这时，昆丁与一位同学争吵并打了起来。野餐会后，昆丁和同学返回住处。他已十分绝望。对他来说，既然在人世上已看不见任何希望和光明，活着便无意义，于是毅然跳水自杀了。

杰生的故事(1928年4月6日)：杰生很讨厌凯蒂的私生女小昆丁。一大早，他听说小昆丁逃学而大发雷霆。小昆丁说不用他管，他威胁着要打她。后来杰生押着她到学校去。十点，杰生给凯蒂发去电报，说“平安无事。小昆丁今日即去信”。杰生回到店里。整个上午，杰生在想着家里令人不愉快的事：父亲去世后的出殡；为给昆丁交学费和凯蒂的出嫁费用，家里变卖了家产；由于赫伯特抛弃了凯蒂，他失去了在银行里谋职的机会；凯蒂出走后，要求杰生照顾小昆丁，她出生活费，但杰生一直在侵吞这笔生活费。有一次，凯蒂要求他安排见见女儿，他收下凯蒂的礼物，却不让母女俩见面。后来，他又要把班吉送到杰克逊精神病院，说是为了减少家里的负担。午饭后，杰生的老板艾尔指责他不好好干事，成天只考虑如何炒股票和做投机买卖，两人因此争吵了起来。这时候，杰生看见小昆丁逃学了，正浓妆艳抹地与一个打着红领带的戏班子里的戏子沿着小巷的墙根蹑手蹑脚地溜过去。杰生来到大街上，却不见了他们的影子。太阳已西沉，杰生仍未找到小昆丁，便回到镇上，从报务员那儿得知他投的股票行情大跌。饭后，杰生上楼，发现小昆丁被康普生太太锁在屋里，听不到一点儿声音。

迪尔西的故事(1928年4月8日)：他们叫小昆丁下来吃早饭，但没有动静。杰生三步并作两步地跳上楼梯，从康普生太太手里拿过钥匙打开了门。小昆丁的卧室里，除了她匆忙逃走时留下的一些杂乱衣物外，不见小昆丁的人影。杰生立即打电话通知警察寻找。迪尔西带着班吉去教堂参加复活节祈祷。教堂的肃穆气氛和牧师的布道文使迪尔西深受感动，而此时杰生已在二十里外的地方正要求警长寻找小昆丁的下落。他说，他藏在房里的三千元钱被小昆丁全偷去了。警长说：“这姑娘的出走，是你逼出来的。”还怀疑这笔钱不属于杰生。班吉坐在勒斯特的马车上兜风，端端正正地举着那支经过修整的花，他的目光宁静安详，难以描摹。班吉的大脑又恢复到空白的幸福之中。

川端康成［日本］

《雪　国》

作者简介

川端康成(1899—1972),日本著名作家。出身于大阪市一医生家庭。小学时代曾幻想当画家,上中学后开始对文学产生兴趣,立志做一个文学家。他从小博览群书,对日本古典名著《源氏物语》更是爱不释手。上初中时开始练习写作。处女作《招魂节一景》的发表迈出了他创作生涯的第一步。大学毕业后,同横光利一等一起创办了《文艺时代》杂志,发起了新感觉运动。1926年发表成名作《伊豆的舞女》,从而奠定了他的作家地位。1933年同其他人一道创办了《文学界》杂志,先后发表了《禽兽》《花的圆舞曲》等中短篇小说。《雪国》的问世,标志着作家的文学创作进入鼎盛时期。在这一时期,他写出了《睡美人》《名人》《舞姬》《水月》等名篇。他还积极参加国际文学交流活动,曾任日本笔会会长(1947—1965)、国际笔会会长(1958)。由于他在文学上取得的杰出成就,1953年被选为日本艺术院会员,1961年获日本政府颁发的文化勋章。1963年被任命为艺术院文学部部长。1968年,他以《雪国》《古都》《千只鹤》三部代表作获诺贝尔文学奖。

作品提要

穿过县界长长的隧道,便是雪国,夜空下一片白茫茫。火车在信号所前停了下来。叶子从对面座位上站起来,把岛村座位前的玻璃窗打开,一股冷空气卷袭进来。站长手拎提灯,踏着雪缓步走了过来。叶子热情地同站长打招呼,那话声优美而又近乎悲戚,嘹亮的声音久久在雪夜里回荡。火车开动了,岛村仔细地观察着叶子和她身边的男人。两个人的举动很像是夫妻,但他判断叶子可能还是个姑娘。岛村感到百无聊赖,发呆地望着窗户,心中想着自己要去会见的那个女人。叶子身边的男人看上去非常虚弱，叶子一直在精心地照顾他。不知不觉中岛村就对叶子产生了一种不寻常的兴趣。

约莫过了半个小时,叶子他们和岛村在同一个车站下了车,这使岛村觉得好像还会发生什么同自己有关的事似的。没过多久,岛村就了解到叶子在车上照顾的男人原来就是岛村来会晤的这个女人的师傅的儿子。一了解到这点，岛村感到仿佛有什么东西掠过自己的心头。凭着感觉，他意识到这两个女人之间会有什么联系，可能会发生什么事情。

岛村从温泉客栈的室内温泉上来，看到了长廊尽头拐角处亭亭玉立地站着一个女子。他连忙走了过去，默默地站在女子旁边，然后两人又默默无语地向房间走去……

1957 年电影《雪国》海报

岛村记得上一个登山季节，他也是来到这里，常常独自爬山。他在县界呆了七天，那天晚上一到温泉浴场他就让人去叫艺妓，但由于那天有很多庆典活动，艺妓不够用，女佣推荐了舞蹈师傅家里那位姑娘。不一会儿，姑娘来了，给人的印象是洁净得出奇，显得很高贵。她告诉岛村，她生长在这个雪国里，在东京当女侍时被人赎身出来，可没过多久她的恩主就去世了。这两个人谈得津津有味。很快岛村就把她同一般的艺妓区分开来，把她当朋友看待了。第二天，岛村让女子帮助找一个艺妓来。来的艺妓是个十七八岁的姑娘，长得很丑，瘦嶙嶙的。岛村找了个借口跑掉了，在回来的路上他遇到了那女子，她还帮岛村点上了一支烟。此时，他俩之间已经交融着一种与未唤艺妓之前迥然不同的情感。岛村突然感觉到这女子的倩影是多么婀娜多姿啊！晚上，女子喝醉了酒，来到岛村住的客栈，大声呼喊着岛村的名字。岛村有点迷惑，刚想站起来，女子已经进了房间，顺势倒在他的怀里。第二天，岛村回到了东京。

现在，岛村又见到了那女子。两人进了房间，女子告诉岛村，从上次他们见面到今天刚好过了一百九十九天。女子似乎很高兴，饶有兴趣地谈天说地。一百九十九天前，她也热衷过这类谈话，难道她忘了自己曾情不自禁地投入岛村怀里的那股劲头吗？此时此刻，她仿佛又因自己所描述的事物而连身体都变得热乎起来。然而，今天她已成了艺妓。

岛村从客栈的女侍那里打听到女子的艺名叫驹子。一次，岛村路经驹子的屋檐下，不觉中脸颊好像发起烧来，驹子也满脸通红。就在他要疾步走开时，她追赶了上来。驹子以邀请岛村看日记为名把他请进了自己的房间。岛村把房间扫视了一圈，墙壁和铺席虽旧，却很干净。岛村急于知道驹子晚上到火车站接的病人的情况，特别想知道陪同病人的女子是谁，但驹子对此却一字未提。就在他们要出去的时候，岛村听到清澈得近乎悲戚的优美的声音。这不正是那位在雪夜中探出窗外呼喊站长的叶子的声音吗？但是，叶子只尖锐地看了岛村一眼，就一声不吭地走了。岛村走到外面，可是叶子那眼神依然在他的眼睛里闪耀。

岛村请一个盲女按摩师给他按摩。从她那里得知，那生病的男人是驹子师傅的儿子，

浙江文艺出版 2003 年版封面

天津人民出版社 2005 年版封面

北京燕山出版社 2006 年版封面

人们传说驹子已经跟他订了婚，为了给未婚夫治病，她出来当艺妓。岛村觉得难以相信，那也许是与道德观念互相抵触的缘故吧！他本想进一步了解一些事情，但按摩女却不说话了。岛村正陷入虚无渺茫之中，驹子来了，就像带来了热和光。她双手捂住脸，仰脸就躺下了。他俩总有说不完的话。早晨屋里充满阳光，暖融融的，驹子打电话让叶子把三弦琴和长歌的本子带来。驹子的琴声深深地感动了岛村，他完全被征服了。不过，在岛村看来，驹子这种生活是徒劳无益的，也可以说是对未来憧憬的悲叹。但这种生活也许对她本身是有价值的，所以她才能弹出这么铿锵有力的琴声。这天晚上没有下雪，落了一阵冰雹，又下起雨来了。

回东京的前一夜，岛村再次把驹子唤来，虽然已快到十一点了，驹子还要坚持散步。月儿皎洁得如同一把放在晶莹的冰块上的刀。驹子无精打采的，岛村要回东京了，她心里难过。她对岛村的感情发展到这个地步了吗?岛村沉思了好一阵子。

第二天，驹子送岛村到车站，两个人正在等车，叶子突然急匆匆地跑来了，“行男哥他……驹姐！”叶子喘着粗气，双手抓住了驹子的双肩，“快回去!情况不好了，快!”“我在送客人，我不能回去。”岛村听到这句话感到非常吃惊。叶子冷不防抓住岛村的手，求岛村让驹子回去，但驹子最后还是坚持把岛村送上了车。

火车开动了，驹子的脸在亮光中闪闪浮现，眼看着又消失了。这张脸同早晨雪天映在镜中的那张脸一样，红扑扑的。在岛村看来，这又是介于梦幻与现实之间的另一种颜色。岛村仿佛坐上了某种非现实的东西，失去了时间和距离的概念，陷入了迷离恍惚之中，徒然地让它载着自己的身躯奔驰。单调的车轮声，开始听的时候像是女子的絮絮话语。

飞蛾产卵的季节，岛村又来到了雪国。行男已经死了。驹子来看岛村。在她的心里，岛村自然会把她挂在心上的。她让岛村每年来一次雪国，期限为四年，岛村情不自禁地把驹子抱了起来。这么一来两人分手以后难以捉摸的感情，很快地又像原来那么亲密了。然而，一想起叶子在这家客栈里，不知道为什么，岛村对找驹子也就有点拘束了。尽管驹子是爱他的，但他自己有一种空虚感，总把她的爱情看做是一种美的徒劳。即使这样，驹子对生存的渴望反而像赤裸的肌肤一样，触到了他的身上。他可怜驹子，也可怜自己。他似乎觉得叶子的慧眼放射出一种像是看透这种情况的光芒。他也被这个女子所吸引了。

人民文学出版社 2008 年版封面

晚上，由于驹子忙于参加本地人举行的宴会，不能来和岛村会面，便让叶子带来纸条，向岛村解释一下。一看到叶子那美丽而尖利的眼睛，岛村感到特别不自在。提起叶子在火车上照顾的男人，叶子好像连身子也要颤抖起来了。岛村把视线从她那充满警惕的脸上移开。叶子突然央求岛村在回东京时把她也带着，但被岛村拒绝了。泪水从叶子的眼角簌簌地涌了出来，她抓起一只落在铺席上的小飞蛾，走出了房间。岛村感到一股寒意袭上心头。

岛村这次逗留时间这么长，好像忘记了要回到家中妻子的身边似的。这倒不是离不开这个地方，或者同她难舍难分，而是由于长期以来已习惯于等候驹子频频前来相会。而且驹子越是寂寞难过，岛村对自己的谴责就越严厉，仿佛自己不复存在了。驹子为什么闯进自己的生活中来呢?岛村是难以解释的。

岛村乘车外出兜风，回来的路上遇到了驹子。驹子冷不防向汽车扑过来。汽车停了下来，岛村责怪她这样做太危险，而驹子则埋怨他不应该撇开她独自一人去兜风。驹子挽起岛村的手，不一会儿就高兴起来，又说又笑。突然，火警的钟声响了起来，两人回头望去，远处的蚕房燃起熊熊大火，火焰冲出屋顶，腾空而起。驹子哭了起来，把脸紧紧地贴在岛村的身上，岛村抱住了她。过了一会儿，驹子轻轻抓住岛村的袖子，赶忙朝着火的方向走去。火苗是从安放电影机的入口冒出来的，几乎大半个蚕房的房顶和墙壁都烧塌了，柱子和房梁的骨架仍然冒着烟。突然，一个女人从上面掉落下来，正好落在刚蔓延开的火苗和死灰复燃的火苗中间。岛村心头猛然一震，他似乎没有立刻感到危险和恐惧，就好像那是非现实世界的幻影一样。驹子尖叫了一声，用手掩住了眼睛。叶子就这样掉了下来。驹子的惊叫声传遍了岛村的全身，岛村的脚尖也变得冰凉，一种无以名状的痛苦和悲哀向他袭来，使他的心房激烈地跳动。

驹子拖着艺妓那长长的衣服下摆，在被水冲过的瓦砾堆上，踉踉跄跄地走过去，把叶子抱回来。叶子露出拼命挣扎的神情，耷拉着她那临终时呆滞的脸。驹子仿佛抱着自己的牺牲和罪孽一样。岛村企图靠近她，但被人推到了一边。待他站稳了脚跟，抬头望去，银河好像哗啦一声，向他的心坎上倾斜下来。不知为什么，岛村总觉得叶子并没有死。她内在的生命在变形，变成另一种东西。

威廉·福克纳［美国］

《押沙龙，押沙龙!》

作者简介

作者简介见《我弥留之际》一章。

作品提要

《押沙龙，押沙龙!》是美国杰出的南方小说作家威廉·福克纳创作的约克纳帕塌法世系小说中的一部，其艺术手法乃至小说意义的多元性使它成为福克纳最好的作品，甚至是20世纪西方最杰出的小说之一。

这是一个关于塞德潘家族的故事。故事的第一个讲述者洛沙·柯菲尔特小姐是塞德潘的妻子艾伦的妹妹，但她比侄女朱迪丝还小四岁。她是活着的人中唯一见过塞德潘本人并对这个家族发生的事情有亲身经历的人，但由于她当时年龄太小以及其他一些原因，她却成了所有叙述者中了解情况最少的一个。1909年9月，年老的洛沙·柯菲尔特小姐差人把正准备到北方去上哈佛大学的昆丁·康普生叫去，一定要把自己所知道的关于托马斯·塞德潘的事讲给他听。从她那里，昆丁得知，塞德潘是四十年前去世的一个庄园主。他的庄园叫"塞德潘百里之园"，位于本县（密西西比州约克纳帕塌法县）西北角。庄园内有一座大邸宅，但是这个庄园如今已经败落、荒芜了。

昆丁从洛沙小姐那里回到家中，他父亲康普生先生得知此事后，也把自己所知的塞德潘一家的情况告诉昆丁。昆丁将上述两人的叙述一拼合，终于大致了解了塞德潘一家的事情，其基本情况大致是这样的：

1833年6月的一个早晨，托马斯·塞德潘突然出现在密西西比州的杰弗逊镇，没有人知道他的来历。他不知用什么手段从印第安酋长手中搞到一块一百平方英里的处女地后，又神秘地离去。两个月之后，他带来了二十个黑奴与一名法国建筑师。自此之后，他就和黑人一起开荒，一起建起了那座"比法院楼还大"的邸宅，成了当地最大的庄园主。他很少与人来往，镇上的人都认为他的钱来历不明。直到大宅落成，他娶了镇上的一个受人尊敬的柯菲尔特先生的大女儿艾伦为妻，镇上的上流人士才开始接纳他。

托马斯·塞德潘开始邀请这些上流人士到"塞德潘百里之园"聚会玩乐，在大宅里打牌喝酒，看黑人们相互格斗。塞德潘有时心血来潮，也会亲自下场格斗。

塞德潘与艾伦生了一子一女。儿子亨利长大后，去上大学，在大学里认识了比他大九岁的查尔斯·邦恩。邦恩是一个富有的庄园主的外孙。1859 年，亨利把邦恩带回家来过圣诞节。艾伦十分喜欢眼前的这个青年，觉得他有风度而又门当户对，便撮合女儿朱迪丝与邦恩订了婚。但不知是何缘故，朱迪丝与邦恩的婚事遭到塞德潘的拒绝，亨利因此抛弃继承权随邦恩出走。

随后爆发了南北战争，塞德潘、亨利与邦恩都参加了南军。四年之后，邦恩和亨利一道突然来到塞德潘庄园，准备与朱迪丝结婚，可是亨利却莫名其妙地在庄园门口杀死了邦恩，然后就此消失了。朱迪丝安葬了自己的未婚夫。这时艾伦已经死了，于是洛沙搬到塞德潘庄园来与外甥女一起度日。

战争结束后，塞德潘回来重振家业。目睹巨大的庄园缩小到仅有一平方英里，塞德潘发誓要建立一个永远的庄园"王朝"。但此时亨利已经失踪，朱迪丝又立誓不再嫁人，塞德潘拼命想要再生一个儿子继承家业。于是他的眼光盯住了尚未婚嫁的洛沙。涉世未深的洛沙外表冷漠，内心火热。塞德潘的求婚使她有了第一次也是生平仅有的一次接近"爱"与正常家庭生活的机会，她欣然同意与他订婚。然而塞德潘毫无人性的建议——如果她证明自己能为他生一个儿子，那他就与洛沙正式结婚——彻底粉碎了洛沙的幻想，使她蒙受了巨大的侮辱，洛沙于是搬回自己家中去住了。带着四十三年的悲愤与仇恨，洛沙始终把塞德潘看做是恶魔的化身。

塞德潘继而与穷白人华许·琼斯的外孙女同居，并因而被华许当做神一般的看待。但是当塞德潘得知琼斯小姐为他生下的是女儿而不是儿子时，他竟然破口大骂。这激怒了华许，他一气之下用大镰刀砍死了塞德潘。

时间回到 1909 年 9 月。昆丁在听完父亲的叙述后，又陪洛沙小姐一起去塞德潘庄园。洛沙小姐觉得庄园里似乎还有人在活动。到了邸宅，他们破门而入，发现宅子里除了九十岁的黑人女仆克莱蒂（塞德潘与一黑种女人所生）与二十六岁的白痴（查尔斯·邦恩的混血种孙子）之外，亨利居然

上海译文出版社 2004 年版封面

也住在这里。他已经七十多岁，卧病在床。他承认自己是四年前回来的。

在这之后，昆丁就去大学读书去了。那年十二月，洛沙担心亨利在旧庄园的破宅子里得不到很好的照顾，便叫了一辆救护车，到塞德潘庄园去接亨利。可是克莱蒂以为那是去抓亨利的囚车，一急之下放火烧了房子，将自己与亨利都烧死在内，只剩下一个白痴逃了出来。洛沙受了刺激，不久之后也病死了。

此后一月，昆丁从父亲的来信中知道了家乡发生的这一切。收到信的那一天，昆丁跟同房间的加拿大人施利夫·麦克康农一同讨论塞德潘家的故事，并设法把所知的情况拼合起来，推断尚不清楚的部分。他们的结论并非全都有凭有据，但都很符合当时南方的情景。他们猜想：塞德潘年轻时在西印度群岛娶了当地一个富裕人家的女儿为妻，后来他发现妻子身上有黑人血统，便抛弃了妻子与儿子，到美国来重新开创事业。当亨利把邦恩带到"塞德潘百里之园"时，塞德潘便怀疑邦恩是自己的儿子。他独自一人跑到新奥尔良去调查证实了这一点。他唆使亨利出来反对这门婚事，并且摆出了他的三点理由：一、邦恩已经有了黑人情妇；二、邦恩是朱迪丝的同父异母哥哥；三、邦恩身上有黑人血统。亨利自小就受到正统的南方教育，他把保持血统的纯正看得高于一切。虽然他并不在乎塞德潘所提出的前两个理由，但他无法接受最后这个事实，于是他打死邦恩，最终造成了这一系列的悲剧。

南方的种种罪恶如蓄奴、种族歧视和歧视妇女等在讨论中暴露无遗。但是，当施利夫听完故事后问昆丁："你为什么恨南方？"昆丁立刻回答道："我不恨，我不恨!我不恨南方!我不恨南方！"

鲁迅 [中国]

《野　草》

作者简介

作者简介见《阿 Q 正传》一章。

作品提要

1927 年 7 月出版的《野草》是鲁迅的散文诗集，收录作者 1924 年 9 月至 1926 年 4 月间写的散文诗 23 篇。这一时期，鲁迅先生体验着前所未有的孤独和凄凉，思索着中国出路的两难困境。这一时期，他还同许广平发生了爱情，“憎人”和“爱人”在他心灵深处形成了一股风暴，《野草》诞生了。作品以内心独白的方式表现了鲁迅在特殊时期两种思想的消长起伏。《野草》中虽然有对旧世界犀利的批判，但更有价值的地方却表现在作者否定自我，对自己灵魂深处的深刻剖析与逼视，同时也是对孤独旅行者人生哲学的反思。鲁迅用他罕见的清醒，写出了《野草》这样最典型、最深刻的人生的血书，揭示了找不到“暗夜”的“虚妄”。应该说它是研究鲁迅“中间物”意识的一本最有价值的著作，也是鲁迅一部最富有个性化和独创性特征的作品。

云南人民出版社 2003 年版封面

《野草》蕴含的主题是矛盾的、多元的。有理想与现实的矛盾，希望与绝望的矛盾，光明与黑暗的矛盾，也有偏向黑暗与虚无“作绝望的抗战”的硬骨头精神。作品洋溢着作家不断求索的人格力量和大无畏的英雄气概，也夹杂着颓唐的干扰、愤慨苦痛的心情。我们可以看到一个在大矛盾、大分裂的时代中孤寂但又勇往直前的战士形象。《野草》包含的内容大致有四个方面：

揭露社会黑暗、抨击市侩哲学，是《野草》的第一个重要内容。《狗的驳诘》用拟人的手法入木三分地揭露了社会上的势利相，指出在“势利”这一点上，狗还“愧不如人”呢。《死后》通过

人民文学出版社 1979 年版封面

漓江出版社 1989 年版封面

外文出版社 2004 年版(汉法对照)封面

“我梦见自己死在道路上”的所见所想，揭示了生活的艰难和现实的残酷。作家笔下有是非不分、提倡中庸、不敢说真话的人(《立论》)，有精神虚空、百无聊赖的旁观者(《复仇其一》)，有道德沦丧、被母亲含辛茹苦养大却不知恩图报的妇人(《颓败线的颤动》)，有见风使舵、左右逢源的势利奴才(《聪明人和傻子和奴才》)。现实社会如此黑暗、龌龊，简直就是一座人间地狱。

在《野草》批判社会的几篇散文诗中，《失掉的好地狱》是一篇耐人寻味的佳作。全文在梦境中展开关于地狱的描写，带着浓厚的象征色彩。作者首先勾勒出鬼魂呻吟、秩序井然的地狱图景，这是人民挣扎于水深火热之中的象征。然后作者借一魔鬼之口追溯了地狱的历史。地狱最早是天神主宰(即封建王朝的统治)，接着是魔鬼坐镇(象征北洋军阀的统治)，然后是“人类”掌权(指反动派的统治)。在魔鬼统治下废弛的地狱里，鬼魂们在冷油温火里醒来，被地狱边沿那象征着美好希望的惨白色小花所蛊惑，产生了回到人间的愿望，遂向人间发出一声反狱的绝叫。但赶走魔鬼，在地狱门上竖起旌旗的人类并未给鬼众带来人间的幸福，反而用人类的威严叱咤一切鬼众。当忍无可忍的鬼魂们再一次发出反狱的绝叫时，便被视为“人类的叛徒”而受到永劫沉沦的惩罚，陷入比魔鬼统治之下更悲惨的命运。地狱统治权的更迭和鬼魂命运的变迁深刻表达了这样一个思想：打着“为民请命”“仗义执言”旗号的无耻政客之间形形色色的争斗，带来的只是“城头变幻大王旗”，而黑暗污浊的社会面貌并未得到丝毫改观，人民只会更加不幸。

鲁迅的苦痛和对黑暗现实的憎恶并不是萎缩的失败主义者的心情，鲁迅的伟大就在于他能够通过大悲观而走向真实的大希望，尽管这种希望是黯淡的，但生命的血性不能阻挡他对美好未来的期待和向往。渴望春光、呼唤春天、憧憬未来正是《野草》的又一个重要内容。《好的故事》集中表达了诗人的这种情怀。这故事美丽、优雅、有趣，虽然“朦胧”，却“永是生动”，“永是展开”。诗人要凝视美的人和美的事，要追回它，留下它。《希望》集中体现了鲁迅对绝望与希望的体悟与思考，“希望”在他那儿已不是一般意义上的希望，它是“娼妓”，对谁都蛊惑，将一切都献给；待你牺牲了极多的青春，她就弃掉你，但作者仍心甘情愿地在“希望”的蛊惑下一掷迟暮的青春。在《淡淡的血痕》中，他看到了慰藉，看到了希望，看到了叛逆的猛士出于人间，看到天地在猛士的眼中变色。

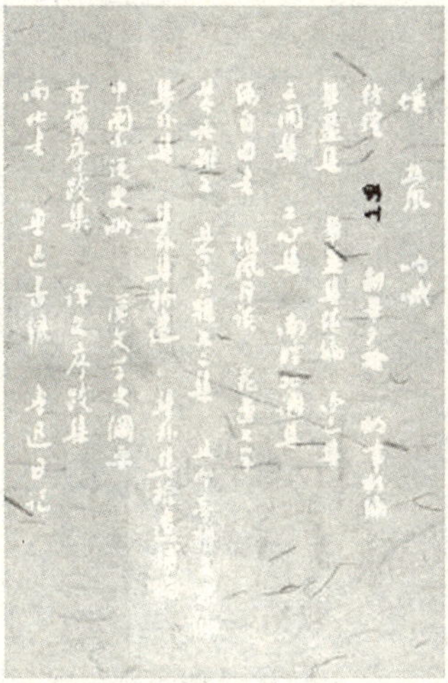
人民文学出版社2006年版封面

《野草》的第三个重要内容，是歌颂韧性的战斗精神。《秋夜》中鲁迅为我们描绘了一幅富于象征意味的深秋夜色图景。秋天夜空中眨着眼睛的星星，窘得发白的月亮，摧残野花的繁霜以及怪而高的天空象征反动势力及其帮闲，作者写他们的变幻莫测、阴冷、险恶、卑鄙，寓意十分深刻。小粉红花象征一般的人，他们善良、无力，是“被侮辱与被损害”的形象。可爱的小青虫象征着为追求光明而不惜牺牲生命的青年一代，而那两株枣树则象征同黑暗势力坚决斗争的战士。作者托物咏怀，借饱经风霜又无私无畏的枣树直刺夜空，毫不妥协，终于使天空逃遁退缩的景象喻示人们：对黑暗的社会既不能像小粉红花做天真的美梦，也不能像小青虫徒有一腔热血却做无谓的牺牲，而应像枣树那样清醒冷静，坚韧顽强，勇敢战斗。此外，在《过客》《复仇》《死火》等篇章中我们也可咀嚼出类似的内容。

严格地自我解剖，揭露自己内心深处极度的苦痛，是《野草》的第四个重要内容。这一部分“抉心自食”“创痛酷烈”，是鲁迅“中间物”意识的表现。《影的告别》是这类作品中最早出现的一篇，它作于1924年9月。当时鲁迅在经历了统一战线内部分化之后，因为看不清出路和找不到志同道合的战友而有孤独寂寞之感和彷徨虚无的苦闷。《影的告别》就是作者要解决思想矛盾、除去内心阴影的形象自白。全文表面上写“影别人”，实际上作者用曲折隐晦的语言表达了矛盾复杂的思想情绪，表现了自己对“影”中所包括的虚无消极情绪的决裂与抗争，历来被认为是《野草》中的佳作。

别致的《墓碣文》通过墓碣正面和阴面的刻辞，用“自啮其身”的方式解剖了自己灵魂深处的“鬼魅”。本篇里的生者和死者代表了作家两种思想的对立：一面是“浩歌狂热”的战斗，一面是感到彻骨的寒冷；一面是怀抱着希望，一面是为“无所有”的虚无所裹挟。而前者最终摆脱了后者，“不敢反顾，生怕看见他的追随”。《风筝》中，作者忏悔了自己幼小时候曾有过的精神虐杀的一幕，由于自己嫌恶风筝就残忍地毁灭了小兄弟放风筝的愿望。作为时代的一位思想巨人，鲁迅对于自身认识和批判的深刻程度在他的同辈人中是一个硕大的惊叹号，他说：“我知道我自己，我解剖自己并不比解剖别人留情面。”这正是鲁迅最可贵的品质和精神。

威廉·勃特勒·叶芝 [爱尔兰]

《叶芝诗选》

作者简介

威廉·勃特勒·叶芝(1865—1939),爱尔兰诗人、剧作家。1923年获诺贝尔文学奖,获奖理由是:"由于他那始终充满着灵感的诗歌——通过精美的艺术形式展现了整个民族的精神。"作为20世纪初爱尔兰文艺复兴运动的领导人之一、后期象征主义诗歌在英国的主要代表,叶芝对现代英国诗歌的发展有过重大影响。艾略特称他为"我们时代最伟大的诗人"。叶芝的诗,尤其是后期诗歌,注意从人民生活当中吸取素材,锤炼语言,吸收文学派诗歌的长处,增强了作品的哲理性,使他的象征主义得到进一步发展。其作品具有现实主义、象征主义和哲理性三种因素,达到了较高的艺术成就,是其创作成熟的标志。

作品提要

《叶芝诗选》体现了作者一生都在寻找的一种思想体系,该体系"许我的想象力奔放自由,去创造它所中意的,即又使它所创造的,或者能创造的一切,都成为整个历史的部分,与人类心灵的部分"。叶芝认为人类存在的各种问题决不是单一学科所能解决,解决的方法要来自大为不同的学科。叶芝力求使他的作品能够为人所读懂,他毕生致力于清晰、单纯与正确。这在他早期的作品《茵纳斯弗利岛》表现得尤为明显:

我就要动身走了,去茵纳斯弗利岛,/搭起一个小屋子,筑起泥巴房;/支起九行云豆架,一排蜜蜂巢,/独个儿住着,树阴下听蜂群歌唱。/我就会得到安宁,它徐徐下降,/从朝雾落到蟋蟀歌唱的地方;/午夜是一片闪亮,正午是一片紫光,/傍晚到处飞舞着红雀的翅膀。/我就要动身走了,因为我听到/那水声日日夜夜轻拍着湖滨;/不管我站在车行道或灰暗的人行道,/都在我心灵的深处听见这声音。①

---

①《叶芝抒情诗精选》(袁可嘉译,太白文艺出版社1997年版),第136页。

河北教育出版社 2003 年版封面

作者以写实的手法描绘出自己的理想世界，在那里一切都是那样的原始、简朴、宁静、安详，充溢着与人世隔绝的隐逸气氛。下半首，诗人描绘了茵纳斯弗利岛从早到晚、昼夜相继的景象：朝雾升起，蟋蟀歌唱；黄昏晚霞，红雀飞舞。这与上半首的群蜂歌唱相伴，使整首诗显得静中有动，有声有色，画面丰满，具立体之感。

表达清晰是叶芝进行诗歌创作的一以贯之的目标。对叶芝来说，象征就是手段，自然与超自然借象征而得以融合，对立的元素也得以消解。他用许多“人物”来写诗，如《当你老了》：

当你老了，头白了，睡思昏沉，/ 炉火旁打盹，请取下这部诗歌，/ 慢慢读，回想你过去眼神的柔和，/ 回想它们昔日浓重的阴影；/ 多少人爱你青春欢畅的时辰，/ 爱慕你的美丽，假意或真心，/ 只有一个人爱你那朝圣者的灵魂，/ 爱你衰老了的脸上痛苦的皱纹；/ 垂下头来，在红光闪耀的炉子旁，/ 凄然地轻轻诉说那爱情的消逝，/ 在头顶的山上它缓缓踱着步子，/ 在一群星星中间隐藏着脸庞。①

时代文艺出版社 2006 年版封面

这首诗是诗人为其一生热烈追求的恋人莫德尔贡所作，当时作者年仅 28 岁，风华正茂，但他却把时间推移到几十年后，想象垂暮之时双方的情景，表达了诗人那种对爱情至死不渝的忠贞，是一个凄美的爱情告白。

作于 1928 年的《驶向拜占廷》颇能体现诗人的才气。拜占廷的灿烂文明曾经有效地阻挡了罗马势力的东进，叶芝大约有意将它比拟爱尔兰，以抵挡英国，它因而成了他心目中永恒艺术的象征，也成了创造者与艺术相融合的象征。这个象征代表以超自然形式出之的人有灵性智慧，青年人与老年人、激情与知性中间的冲突就得到了和解。在这首诗里，自然的鸟儿唱出人类生命的故事，而拜占廷的人造鸟儿唱出历史的故事。此诗以一贯稳定的风格描写老年人的光

① 《叶芝抒情诗精选》(袁可嘉译，太白文艺出版社 1997 年版)，第 257 页。

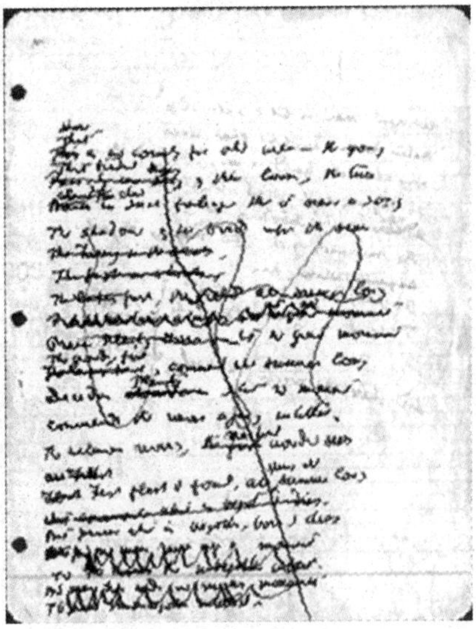

叶芝的手稿记载了与莫德尔贡那段刻骨铭心的爱情

辉与青年的光辉，他们中间的冲突都得到了解决：

那地方可不是老年人呆的。青年人互相拥抱着，树上的鸟类/——那些垂死的世代——在歌吟。/有鲑鱼的瀑布，有鲭鱼的大海，/鱼肉禽整个夏天都赞扬个不停/一切被养育、降生和死亡者。/他们都迷恋于种种肉感的音乐，/忽视了不朽的理性的杰作。/一个老年人不过是卑微的物品，/披在一根拐杖上的破衣裳，/除非是他那颗心灵拍手来歌吟，/为人世衣衫的破烂而大唱；/世界上没什么音乐院校不诵吟/自己的辉煌的里程碑作品，/因此让我驶过汪洋和大海万顷/来到了这一个圣城拜占廷。/一旦我超脱了自然，我再也不要/从任何自然物取得体形，/而是要古希腊时代金匠所铸造/镀金或锻金那样的体型，/使那个昏昏欲睡的皇帝清醒；/或把我放在那金枝上唱吟，/歌唱那过去和未来或者是当今/唱给拜占廷的老爷太太听。①

诗人驶向拜占廷，为的是能在“那金枝上”歌唱。叶芝认为公元六世纪查士丁尼皇帝治下的拜占廷王朝是贵族文化的代表，那时精神与物质、文艺与政教、个人与社会得到了和谐的统一。这首诗表达了他对情欲、现代物质文明的厌恶和对理性、古代贵族文明的向往。

---

①《叶芝抒情诗精选》(袁可嘉译，太白文艺出版社 1997 年版)，第 311 页，略有改动。

刘震云［中国］

《一地鸡毛》

作者简介

刘震云(1958—　),中国当代著名作家。生于河南省延津县,1973年入伍,1978年复员在家乡当中学教员,同年考入北京大学中文系,1982年毕业,分配到《农民日报》任记者至今。1982年开始创作,已发表《塔铺》《新兵连》《头人》《单位》《官场》等中短篇小说30多部。1996年出版《刘震云文集》。多次获各种文学奖,现为中国作协会员。

作品提要

《一地鸡毛》采用“新写实”主义手法,突破了经典现实主义的创作模式,使作品回到现实的“原始态”,它体现的是人生种种琐碎庸常的现实欲望。作者让一斤馊豆腐影响人物的情绪、夫妻的关系和家庭的气氛。整篇小说、整个生活都是从这一斤馊豆腐生发出来的。篇末,小林的梦表达了作者对生活的整体感觉。

小林家一斤豆腐变馊了。

老婆先回到家,首先责怪保姆,但保姆一点不心疼,早就嫌工资低,家里饭菜差,一直在闹罢工。于是把责任怪到小林身上。小林由于今早迟到而被划上,心里也一直不愉快。两人由豆腐牵扯上暖水壶、花瓶等,眼看事态越闹越凶,这时,查水表的老头来了。查水表的老头一到谁家坐下,就要高谈阔论一番。今天他又要坐下,小林本来觉得老头真是不自觉,但今天查水表的老头要谈些正事——据说有人偷水。小林和他妻子自觉羞愧,因为上个礼拜小林家就偷过几次水,但在第三天就停止了。小林和他妻子一起想到是对门汇报给了老头。两人都上前正色否定此事。老头听完他们的话,做出宽宏大量的样子,表示不再追究此事。

1995年拍摄的电影《一地鸡毛》,由冯小刚导演,陈道明、徐帆主演

人民文学出版社 2006 年版封面

此后，豆腐事件变得不那么重要了。小林心里还责备老婆，一个大学生，什么时候学得这么市民气。小林的老婆没结婚以前是一个静静的、眉清目秀的姑娘，几年后变成一个爱唠叨、不梳头，还学会夜里滴水偷水的家庭妇女。两个人都是大学生，都有过一番宏伟的理想。小林几年之后，关心的也不过是老婆孩子热炕头。千里之行，始于足下，一切还要从豆腐开始。就在小林第二天早上起来要去排队买豆腐时，老婆叫住了他，她说她再也不能呆在那个单位了。

老婆要调工作，这是让人窝心烦躁的事，比馊豆腐事件还复杂。起先是由于在单位不愉快，后来是因为搬家搬得离老婆的单位越来越远，每天往返要三四个小时。两人找了几个单位，但都被一口回绝。后来小林想到自己单位的副局长老张与前三门的一个单位管人事的头头是同学。起先事情似乎很顺利，但后来小林的老婆又找了那个单位的处长——一个熟人的丈夫，就犯了路线性错误。结果，事情就耽搁了下来。两人又商量着要给人家上个贡，到商店逛了逛，但半天没有拿定主意，最后凑巧有一箱减价的可口可乐。两人兴高采烈地来到管人事头头的楼下，管人事的头头刚好从楼上走下来，小林忙向他打招呼，他以下面没有单位接收推脱，并且拒绝了小林送的礼。两人感到尴尬，心情沮丧，又为买礼心疼半天。过去从来没买过饮料，孩子穿得破烂，在院子里穷得出了名，这次时常拿出一听可乐让孩子到院子里喝，算是起正面宣传作用。

小林老家经常来人。这本来是好事，但长此以往，对家庭是个负担。本来今天小林心情不错，单位发了五十元奖金，家里却来了两个老家人，一个是小林小学时的老师，救过小林的命，另一个是他的儿子。两人来北京是想让他找个医院给老师的肺气肿确确诊。小林说："咱慢慢商量，咱慢慢商量！"这时，小林的老婆回来了，看见来人，没给什么好脸色，并且还借故大声与小林吵。小林的老师带来了两桶香油。饭后，小林将老师和儿子送出门，老师说不给小林添麻烦了，他们去找别人。小林肯定自己也找不到什么好医院，就不再坚持。老师和儿子坐公共汽车走了，看着公共汽车走远，老师还在车上微笑着向他招手，小林感到身上沉重极了。

长江文艺出版社 2007 年版封面

孩子病了，两人请假带孩子去医院检查，诊断出是感冒，后来小林老婆决定不拿药，而是用她从单位拿的药给孩子小剂量地吃。问题解决了，两人都觉得心情很好。后来小林老婆说都怪保姆。第二天早晨，小林发现保姆偷着做好吃的。小林心里骂："妈的，九月份一定让你滚蛋！"晚上下班回家，老婆一脸喜色，原来她的工作问题解决了。她的单位，从九月份开始，往她们这条线发一趟班车。这件大事，仅仅一辆班车就解决了。两人开始展望起未来，老婆工作解决，孩子入托辞退保姆，家里可节省一大笔开支。

九月份了。老婆通班车这事比较顺，但老婆现在的高兴有些打折扣了。原来这里通班车是因为单位头头的一个小姨子最近搬家搬到了这个地方，感到这班车通得有些贬值。小孩入托一事，碰到了困难。这里最好的幼儿园是外单位办的，区以下就比较差些。小林的老婆撺掇小林去争取外单位办的幼儿园，次之只能是区里办的。对门家一个孩子就找到了外单位办的幼儿园。小林落实起来，发现难度很大。后来直接找到幼儿园园长，园长说如果小林能帮他们搞到一个基建目标，就可以收下小林的孩子，小林一听就泄了气。谁知家里保姆又闹着辞职，保姆走后，家里乱了套。正当两人准备好送孩子去居委会的幼儿园时，对门女人的丈夫意外给帮了忙，孩子顺利入了外单位的幼儿园。但过了几天，他们发现对门是因为自己孩子哭闹，去幼儿园不顺利，这才拉上他们的孩子给他陪读。

一天，小林到菜市场去转，碰上一个卖安徽板鸭的大学同学"小李白"。"小李白"在学校时喜欢写诗，毕业以后分到一个国家机关，后来辞职干起了个体户。"小李白"感到不要总想着出人头地，就在人堆里混，什么都不想，最舒服。小林也深有同感。他叫小林在他出门的十天里每天下班后替他收账，小林起先还感到难为情，但逐渐地觉得无所谓，反而高兴，即使被他办公室的处长碰到，他也假装天真地搪塞了过去，并且一点儿也不感到不好意思。

这天晚上，小林和小林老婆正准备吃饭，查水表的瘸腿老头来了。这次老头身上还背着一个大背包，原来老头老家的一件批文压在小林的处里。小林深知机关里的事，并且十分成熟地给了老头一个答复，老头忙把他带来的礼物拿出来。小林和他老婆后来发现是一个小型的微波炉，起先不敢收，但后来两人认为给他把事情办了，还有什么假公济私不可以？全家都享受了微波炉带来的方便。两人也得到一个启示，看来改变生活也不是没有可能，只要加入其中就行了。微波炉用了两个星期，孩子突然出了毛病，这两天以各种借口不去幼儿园，经过调查，原来毛病出在小林和小林老婆身上，因为过元旦别的家长都给阿姨们送东西，唯独小林家没有送。后来小林花高价买了炭火送到幼儿园，孩子又恢复了常态。这天晚上吃饭，啤酒喝下去，小林头有些发晕。这时小林对老婆说，其实世界上的事情也很简单，只要弄明白一个道理，按道理办事，生活就像流水，一天天过下去，也满舒服。半夜做了一个梦，梦见自己睡觉，上边盖着一堆鸡毛，下边铺着许多人掉下的皮屑，柔软舒服，度年如日；又梦见黑压压的人群一齐向前涌动，又变成一队队祈雨的蚂蚁。第二天上班小林收到一封信，信上说老师已去世了，小林难过了一天，但思路马上又回到了他的小世界。

乔治·奥威尔［英国］

《一九八四》

作者简介

乔治·奥威尔（1903—1950），英国著名小说家。第二次世界大战期间，奥威尔应征参加保卫英国本土的部队，并参与了英国广播公司对印度的广播。1943 年，他担任一家支持工党的报纸《伦敦论坛报》的文艺版编辑，1945 年以战地记者身份去欧洲报道战争结束的情况。奥威尔一生备受肺病的煎熬，1950 年这位劳累困顿的作家死于肺疾。

奥威尔主要的小说作品有《巴黎伦敦落魄记》《牧师的女儿》《让叶兰继续飘扬》《缅甸岁月》《动物庄园》《一九八四》。其中《动物庄园》和《一九八四》是奥威尔的传世之作，堪称世界文坛上最著名的政治讽喻小说。奥威尔曾一度信仰社会主义，后又转变立场，反共反苏，企图在帝国主义与共产主义之间寻找一条中间道路，正是这种思想指导了他的创作过程。

作品提要

《一九八四》与苏联作家扎米亚京的《我们》、英国作家小赫胥黎的《美丽新世界》一起被合称为“反乌托邦三部曲”，被公认为是对一种极权统治的乌托邦社会的描绘。书中描述的是对极权主义恶性发展的预言——人性遭到扼杀，自由遭到剥夺，思想受到钳制，生活极度贫乏、单调。特别可怕的是：人性已堕落到不分是非善恶的程度。一种极端膨胀的权力扩展到社会生活的各个方面，深入到人的思想观念之中。

辽宁教育出版社 1998 年版封面

在这个社会中，人是没有私生活的，无论在工作场所、宿舍，还是公共场所，他都处在电幕的监视与控制之下，也就是说，他的生活永远暴露在他人的眼光之下，他永远不会感到自己是在独处，他所有的闲暇都被填满，甚至可以说除了满足生存需要的活动，他根本没有自己的闲暇。他处在各式各样的组织的控制之下，必须参加各式各样的集体活动：从社会运动到中心站的邻里活动。他在政治生活中就像一个自身不知何故被安装在此处，甚至不知道自己工作意义的部件，他们在经济生活中是被配给的，在文化生活中除了有组织的活动（歌咏、体育等）之外不可能有个人的嗜好，甚至最隐秘的性生活也同样和政治、国家紧密联系起来，被看做是对当局的一项义务，任何与众不同的行为都受到怀疑，任何反映了个人癖好的物件都可能给物主带来危险，每个人都生活在他人的眼光之下，从而他也就只能够为他人生活。权力的控制无孔不入。而要使这种全面的控制充分生效，就必须使这种控制深入到人心之中，通过控制人的思想、意识、感情、记忆、希望、欲求、感觉、念头来控制一个人的外在行为和活动。在这部反乌托邦小说中，最令人毛骨悚然的也许就是这种控制了。

在这个虚拟的故事里，有一个虚拟的人物温斯顿，他生活在一个虚拟国度——“大洋国”里。故事发生在1984年（即奥威尔创作此书时的三十多年后），世界已分裂为三个超级大国——东亚国、欧亚国和大洋国。欧亚国影射了“受俄国影响的欧洲”，而大洋国则影射了“受美国影响的不列颠帝国”。英国在书中被称为“机场一号”，首都是伦敦。英语则被变形为一种叫做“新语言”的东西，这是一条具有破坏性的官僚术语，它的目的在于把单词量减至最小，这样最终将没有任何工具帮助人们思考国家颁布的概念以外的东西。这个国家的政体叫做“英格苏克”，该词在“新语言”中同义于“英国社会主义”。“大洋国”的统治阶级是“内党”，该党党员人数占整个国家人口总数的百分之二十五，但是只有少数“内党”的党员不生活在全面的奴役中。该国的大多数人是“无产者”，这些腐化的老百姓受到鼓励，经常聚众狂饮，荒淫不堪。而对党员来说，性爱像其他各种爱一样是一种犯罪，女性的贞洁则被写入“反性行为团”的章程中。“内党”的领袖被称为B.B.或者“老大哥”。“老大哥”从不露面，他或许活着，或许已经死了，他的大幅照片户内户外到处张贴，炯炯有神的眼睛紧盯着臣民。主人公温斯顿仅仅属于“外党”，跟所有同志一样身穿清一色的蓝布工人套头衫裤。他服务的机关是“真理部”。政府除了“真理部”以外还有三大部门：“和平部”“仁爱部”“富裕部”。四大机构各占据一座三百米高的金字塔式建筑。建筑外边大书特书党的三大原则：“战争就是和平”“自由就是奴役”“愚昧就是力量”。温斯顿担任“记录科”的科员，工作是修改各种原始资料，从档案到旧报纸，全都根据指示改得面目全非，因为

世界图书出版公司2004年版封面

上海译文出版社 2008 年版封面

“党永远正确”，所以凡与当前发生的事件不符或与当前宣传口径不合的历史资料，都要修改。如“大洋国”以前同“欧亚国”打仗，但现在成了盟友，这样就得将以前所有与“欧亚国”打仗的历史改写，变成好像与欧亚国一直是盟友的样子。

温斯顿的家与所有私人居室一样，有一个无孔不入的现代化设备，叫做“电子屏幕”。每个房间右首墙上都装有这样一面长方形的金属镜子，可以视听两用，也可以发号施令，室内一言一语、一举一动，无时无刻不受这面照妖镜的监视和支配。平时无事，电子屏幕就没完没了地播送大军进行曲、政治运动的口号或“第九个三年计划”超额胜利完成的消息。这些噪音由中央枢纽控制，个人无法关掉。每个党员都不能拒绝官方的主张和逃避官方的监视。它不仅无时无刻不在广播，而且把外界的每一个国家、每一种声音准确地传递给“思想警察”。它还监控人们的各种活动，公开私人生活，比如早晨在床边做做健美操也会被众人得知。这是一只永远睁着的眼睛和一张永远在讲话的嘴。

在这样一个极度空间里生活的人是无个人尊严可言的，更别说反抗了，一切与“内党”不一致的言行都会视为非法，都可能带来灭顶之灾。温斯顿是个良知未失的人，他内心的痛苦可想而知，但唯一能做的只是秘密地呻吟。这呻吟的方式又有两种，一种是写日记，一种是与朱利亚偷情，他们用他们那脆弱的爱和身体语言进行无声的抗争，用乔治·奥威尔的话说就是“他们腰部以下还没有反叛”，但即使这些也是不被允许的。

温斯顿和他的女友双双入狱，在狱中受尽凌辱及摧残，如果这一切对于一个意志坚强的人来说还是可以忍受的话，那么与此同时“思想警察”大头子奥伯兰展开的强大的思想攻势却注定会让他的意志土崩瓦解。

奥威尔把小说的空间放置在了未来，可是他却没有在小说里放置希望和理想。温斯顿以失败而告终的结局，同时也粉碎了读者心中残存的对黎明的期待。他在这个没有信任的世界里还是不由自主地选择了信任，结果落入敌人的圈套。在监狱里，温斯顿的意志被各种酷刑彻底摧残后终于土崩瓦解了，他把能出卖的都出卖了，包括自己的意志、良知、尊严、爱、女友、信念，心里充满的只是对老大哥由衷的感激和爱，他终于迎来了他渴望已久的子弹。他还是放逐了自我，为老大哥献出了自己的“爱”，在这种“爱”里，子弹冲进了他的头脑。既然灵魂已经死了，肉体也随之死去大概会是最好的选择——他是个幸福的人……

塞菲里斯 埃利蒂斯 [希腊]

《英雄挽歌》

作者简介

塞菲里斯(1900—1971),希腊诗人。生于小亚细亚斯弥尔纳城。十四岁时随家迁居雅典,毕业于雅典古典中学。1918—1924年在巴黎学习法律,其间受西方现代诗歌影响,倾心于诗歌创作。1924年访问伦敦,次年回到雅典。1926年进希腊外交部工作。他先后多次出任驻外大使等高级职务。1941年希腊被德、意法西斯占领,他随政府流亡国外,任流亡政府高级官员。第二次世界大战后,他继续在希腊外交部任职,直到1962年结束外交生涯。

他的第一部诗集《转折点》(1931)在希腊文坛引起轰动,被称为希腊现代文学史上著名的"30年代"繁荣历史的转折点。塞菲里斯比较成熟的诗集是《神话和历史》。这部诗集由24首无题短诗组成,也可看作是包括24章的一首长诗。诗集出版之后得到评论者的普遍赞扬。诗人另一部贯穿古今的作品是《航海日记》,这是一部历时15年、前后三编的史诗性作品。塞菲里斯在"二战"后回到雅典,在波罗斯岛静养时期创作了组诗《"画眉鸟"号》。

1963年,"因为他在一种对于希腊文化的深挚感情的鼓舞下创作出了光辉的抒情诗篇"而被授予诺贝尔文学奖。他先后获得过英国剑桥大学和牛津大学的荣誉博士称号。1966年当选为美国艺术科学院荣誉院士。1971年3月塞菲里斯创作了最后一首小诗《在荆棘中》,抨击希腊的独裁统治,9月在雅典去世。

埃利蒂斯接受诺贝尔文学奖

埃利蒂斯(1911—1996),希腊诗人。生于克里特岛的伊拉克利翁。1914年随家迁居雅典。18岁时初读艾吕雅的作品,

漓江出版社 1995 年版封面

接触超现实主义。1930 年入雅典大学法律系学习，后到巴黎攻读文学。1935 年首次在雅典《新文学》杂志上发表诗作，初露头角，后与一些青年诗人一起成为 20 世纪 30 年代新诗派的主力军。1940 年他的第一部诗集《方向》问世，1943 年又出版了诗集《初升的太阳》。此后诗人长期沉默，至 1959 年又发表长篇组诗《理所当然》，该诗结构严谨、手法新颖、富于哲理，被称为 20 世纪杰作之一。该诗出版后获国家诗歌奖。稍后他又发表了诗集《对天七叹》(1960)。之后长期从事拼贴艺术。1971 年重操旧业，连续发表《统治者太阳神》《花押字》《光明树》等诗作。1979 年获诺贝尔文学奖。同年出版《玛丽亚·尼菲利》。他还长年从事诗歌翻译，是希腊现代诗歌运动的代表人之一，1982 年被推荐为希腊作协名誉会长。

作品提要

《英雄挽歌》是现代希腊获得诺贝尔文学奖的两位诗人的选集。选集由两部分组成，一是《塞菲里斯诗选》，收录了塞菲里斯各个时期的诗作；二是《埃利蒂斯诗选》，按年代顺序收入了埃利蒂斯在不同时期创作的作品。

英雄挽歌十四(节选)

如今梦想在血液中跳得更快了 / 世界最真实的时刻发出信号 / 自由 / 希腊人在黑暗中指出道路 / 自由 / 为了你，太阳将因欢喜而啼哭 / 斑斓如虹的海岬掉进了水里 / 满帆的船只在草地里游弋 / 那些最天真的姑娘 / 赤裸着在男人面前奔跑 / 而羞怯在栅栏的后面高叫 / 朋友们，哪里也不如这儿好……/ 世界最真实的时刻发出信号 / 当黎明在广阔的绿原上行进 / 他愈来愈高地上升了 / 这时那些渴望发光了 / 它们曾一度在罪恶的孤寂中消隐 / 如今又来到他周围熠熠飞腾 / 他心灵的渴望是白热的 / 小鸟欢迎他，好像是他的兄弟 / 男人们呼唤他，好像是他的伴侣 /“鸟儿，幸福的鸟儿，死亡在这里消失。”/“朋友们，亲爱的朋友们，生命在这里开始。”/ 一个天国之光的晕轮在他的头发里大放清辉 / 水晶般的钟声在远处震荡、低回 / 明天，明天，明天是上帝复活节[1]

---

① 节选自《英雄挽歌》(埃利蒂斯著，李野光译，漓江出版社 1986 年版)，第 208—209 页，略有改动。

安东·巴甫洛维奇·契诃夫 [俄国]

《樱桃园》

作者简介

安东·巴甫洛维奇·契诃夫(1860—1904),出生于俄国塔干罗格,其父原是小商店的老板,后来破产,故家境贫寒。他上完中学后进入莫斯科大学医学系,他认为医生是他的职业。

从二十岁起,契诃夫就开始发表文学作品,一生共写了四百七十多篇中短篇小说,后期写了十几个剧本。他的《小公务员之死》《变色龙》《草原》《第六病室》《套中人》等,都是脍炙人口的短篇佳作,他的戏剧代表作是《万尼亚舅舅》《三姊妹》《樱桃园》等。

作品提要

《樱桃园》创作于1903年。这是契诃夫所写的最有名的也是最后的一个剧本。他从十分平淡枯燥的生活中,提炼出一个令人深思的问题:愚蠢、懒惰、无能像饿狼一样吞没了一个富有贵族的财产,像瘟疫一样毁灭了美好的事物,而这一切都是在静悄悄的、说说笑笑的生活中,稀里糊涂地发生的。这一令人震惊的现象,在契诃夫笔下是通过对两个活生生的寄生虫的喜剧性生活的描写表现出来的。

樱桃园是一个很美的地方,每年四五月间樱桃花开放时,满园子一片洁白,那景色真令人心醉!这座美丽的樱桃园的主人是郎涅夫斯卡雅,一位伯爵夫人的侄女。然而,美丽的樱桃园就要被拍卖了,而且有可能永远不复存在了,这是怎么一回事呢?

郎涅夫斯卡雅是一个挥金如土、花钱如流水的贵族。她的丈夫又是一个什么事也不会干的、负债累累的酒鬼,因饮酒过量死了,给她留下了一大笔债。后来,她又爱上了一个男人,跟她死去的丈夫一样,是个什么都不会干的窝囊废,并且耗尽了她的钱财。由于她的愚蠢、无能,如今的樱桃园已今非昔比,庄园里一家人吃饭的钱都没有来源,抵押借款的利息无钱偿还,整个庄园只好拍卖。

原先在庄园里种庄稼的罗巴辛，如今已是腰缠万贯的富商。他对郎涅夫斯卡雅有一种特殊的感情，原因是在他少年时代，他那庄稼汉父亲酒醉后毒打他时，郎涅夫斯卡雅像对待儿子一样关照他。他虽识字不多，却肯苦干，头脑灵活，善于经营。现在他已穿上了上流社会人穿的衣服，手里攥着大把的钞票。为了向郎涅夫斯卡雅表示感激之情，他提出了帮助她拯救樱桃园的办法。他说："您的哥哥戛耶夫说我是一个势利小人，是剥削人的富农。对这些话，我并不在乎。我只请求您还像从前那样信任我，用您那神奇动人的眼睛看着我，这就够了。虽然我父亲是您祖父和父亲的农奴，但是，我并不记仇，因为您个人早年对我那么好，使我把您当姐姐看待，甚至比姐姐还要亲。"郎涅夫斯卡雅高兴得跳了起来："哈哈，你这样说，我愉快得坐也坐不住了！"罗巴辛接着说："您先别激动，我还有使你们感兴趣的话要说。您的樱桃园在 8 月 22 日就要拍卖了是不是?亲爱的太太，您别为这件事太着急，我给您想了一个好办法。您这片地产离城里才二十里，附近又刚刚修好了一条铁路，只要把这座樱桃园和沿着河边的那一块地皮划成若干建筑地段，分租给城里的人家去盖别墅，这样，您每年至少有二万五千卢布的进款。"对于游手好闲、挥金如土的郎涅夫斯卡雅和她的哥哥来说，罗巴辛的劝言对他们并无多大的触动。罗巴辛又耐心地向他们说明他拯救郎涅夫斯卡雅的计划："您的这块地，占着头等好地势。如果您肯每亩地皮每年向租户收二十五卢布租金，这办法一宣布，我敢打赌，到了秋天，您手里连一块地皮都不会剩下。到那时候，您可有救了，债务有钱偿还，土地的产权还能保住。不过，您得把这块地皮上一些旧房子什么的全部拆除掉，把樱桃园的树木都砍掉。"郎涅夫斯卡雅一听要把樱桃园的树木砍掉，十分惊讶和恐慌："不!不!对不起，樱桃园是全省唯一值得注意的、最出色的东西，怎么能砍了树木租出去?"戛耶夫也与妹妹有同样的看法。他说："安得列耶夫斯基的《百科全书》里都提到过这座樱桃园，如今怎么能砍树出租土地?"罗巴辛耐着性子说："要是你们不接受我的建议，一到 8 月 22 日，这座樱桃园连同这一带的地产，就全都要拍卖掉，那时你们就什么也得不着了。况且，这些樱桃树每隔两年才结一回樱桃，结了樱桃，你们又不会加工，又没有人来买，何必抱着金碗去要饭呢?"戛耶夫兄妹对于罗巴辛说的话好像一点也无法理解，他们既无法肯定，又无法反对。罗巴辛看到这种情形又进一步说："从前的乡下只有地主和农民，可是现在一转眼工夫，出现了许多商人、工厂主。这些市民很多要拥到乡下来消夏。他们到处购买地皮建造别墅。我敢担保，再过二十年，到乡下来住的市民也增加许多倍。他们除了租用乡下的地皮盖房，还会在这些土地上栽花种果。那时候，您这座古老的樱桃园，不就又能重新繁荣茂盛了吗?"郎涅夫斯卡雅对罗巴辛的话仍然感到茫然，毫无兴趣。罗巴辛说话的时候，心不在焉的郎涅夫斯卡雅却忽然将注意力转到屋子里一张一百年前的老橱柜上面，她的哥哥也是如此，他俩用极其虔诚的目光看着这个橱柜，并说它是非常珍贵的东西，是他家的镇家之宝。罗巴辛看到这种情形，就只好借口有事，离开了郎涅夫斯卡雅家。

虽说郎涅夫斯卡雅的哥哥戛耶夫对经营无知无能，但一说起打台球，没有谁能比他更健谈，什么“打白球下角兜，蹭红球进中兜”，“绕两次边打进中兜，正杆打正球”之类的话，说起来头头是道，他还很会想象，他不相信樱桃园马上就要拍卖还债的事实，却幻想能得到一笔遗产，或者安妮雅能嫁给一个很有钱的人，或者他能到雅洛斯拉夫去找到非常阔气的婶母……

过了两个礼拜，罗巴辛急匆匆地来到郎涅夫斯卡雅家。见到戛耶夫兄妹，他劈头就问郎涅夫斯卡雅：“樱桃园拍卖的时间快到了，您到底肯不肯把地皮分租给别人去盖别墅?现在时间不等人呀，您只要回答一字，肯，还是不。”郎涅夫斯卡雅不动声色，她若无其事地打开钱袋看着：“哟!钱又花光了!哎，谁在抽雪茄，气味怪难闻的。”戛耶夫回答得更妙：“工厂主们在这里修了铁路，这下进城打台球更方便了。红球进中兜!好！”对于这种莫名其妙的回答，罗巴辛并不生气。他太了解这兄妹二人的性情了。不过事关重大，他还是要再进一言，于是继续说：“据说，大富翁捷里冈诺夫要买您的这份地产，您知道吗?”郎涅夫斯卡雅说：“不知道。你怎么知道的?”戛耶夫则很轻松地说：“婶母已经答应给我们送一点钱来。”罗巴辛问：“是十万还是二十万卢布?”郎涅夫斯卡雅说：“唉!她能送一万、一万五千就够意思的了。”罗巴辛再也忍耐不住了：“说实话吧，我一辈子没有遇到过像你们这样古怪、这样不务实际的人。我已同你们说过几遍，你们心爱的樱桃园马上就要换主人。我说的全是清楚的俄国话，你们怎么一句也听不懂呀?”郎涅夫斯卡雅两手一摊说：“那该怎么办?请你告诉我们该怎么办!”“唉，我不是早就说过了嘛，把这里的地皮全部分段租给人家盖别墅！只要您肯下决心，您如需要钱，要借多少就能借到多少，那你们不就有救了吗?”戛耶夫兄妹同时说：“什么别墅呀，出租呀，说这些话多俗气!”罗巴辛实在受不了，转身就要走，郎涅夫斯卡雅叫住了他：“别走，别走！也许我们可以想出一个好办法。我总觉得好像马上要发生什么变故，好像这座房子要从头顶塌下来似的。说实话，有你在这里，我心里觉得轻松些。您想想看，我们造的孽实在太多了。”她从口袋摸出一封她的情夫发来的电报：“我今天又接到巴黎发来的电报。他要求我饶恕他，请我回去……我听着远处好像有音乐声。”戛耶夫一边吃糖，一边自言自语说：“发球从脚边上撞回来。打‘达布’进中兜。我们这儿有个著名的犹太乐队。”罗巴辛简直有些愤怒了，但不好直言，只好说：“唉，你们现在过的是什么生活，简直是糊涂透了!”戛耶夫好像突然想起什么，忙说：“我明天还得进城，有一位将军答应借给我一笔钱。”郎涅夫斯卡雅向罗巴辛苦笑了一声:“根本就没有那么个将军,我哥哥是在做梦呢。别说了,我只问你:你应该结婚了,为什么不娶瓦里雅呢?她爱你,你也早就喜欢她了,是不是?”罗巴辛愣了一下:“是啊,谁说不呢,我也没说不是呀。”他还想再向郎涅夫斯卡雅提一下出租地皮的事,可这时候特洛费莫夫和瓦里雅、安妮雅一道嘻嘻哈哈地走过来了。罗巴辛见到他们就跟特洛费莫夫开玩笑说:“你这个永久牌的大学生在大学读了多少年了?你恐怕快五十岁了吧?总喜欢跟姑娘们混在一起!”特洛费莫夫板着面孔回答他:“请你别开这种笨玩笑了吧!”“请别生气,你也可以谈谈你对我的看法。”特洛费莫夫不客气地说:“罗巴辛,我对你的看法是这样,你是个阔人,不久将会变成百万富翁。你是个遇见什么就吞什么的吃肉的猛兽。不过在生存的激烈斗争里,你也是不可缺少的角色。”特洛费莫夫接着说:“好,那我就讲讲我们俄国吧。人类是在不断向前迈进的过程中逐步完善自己的。而要做到这一点,必须尽一切力量工作。可是,在我们俄国,目前有不少知识分子什么也不学,什么也不做,什么也不寻求,成天夸夸其谈,空谈科学,不懂艺术,而多数人民还像野蛮人似的活着。工人们没有吃的,三四十人睡在一间污秽的、空气霉腐的屋子里。到处都是臭虫、臭气、潮湿和道德的堕落。有些人净说漂亮话,那不过是欺骗自己,欺骗别人罢了。”罗巴辛笑笑说:“我可不是那种不干事的人哪。我每天五点钟起床,从早上一直干到夜晚。有时我还想,大自然有雄伟的森林,无边的田野,不可测量的天边,我们得成为巨人,才能配得上这样的大自然。”郎涅夫斯卡雅叫道:“哎哟,原来你想要成为巨人呀!”罗巴辛不知这话是讽刺他还是恭维他,不便回答。他看看天色不早了,不必再空谈那些不切实际的话题了,就郑重其事地提醒郎涅夫斯卡雅注意:“8月22日,樱桃园可就要拍卖了。请您想想这个,好好地想想这个!”说完就走了。

樱桃园被拍卖,恐怕是无可争议的事实了,但是拍卖樱桃园好似露出水面的冰山,是一种表面现象,而更深层的变化却是几位年轻人的思想。郎涅夫斯卡雅的女儿原来十分爱这座园子,而现在,她居然不怎么爱它了,这在很大程度上是受了特洛费莫夫的影响。他俩正在谈恋爱,特洛费莫夫对她说:“你的祖父、曾祖父和你所有的前辈祖先都是封建地主,都是农奴所有者,都占有过活的灵魂,那些不幸的人类的灵魂,都从园子里的每棵樱桃树、每一片叶子

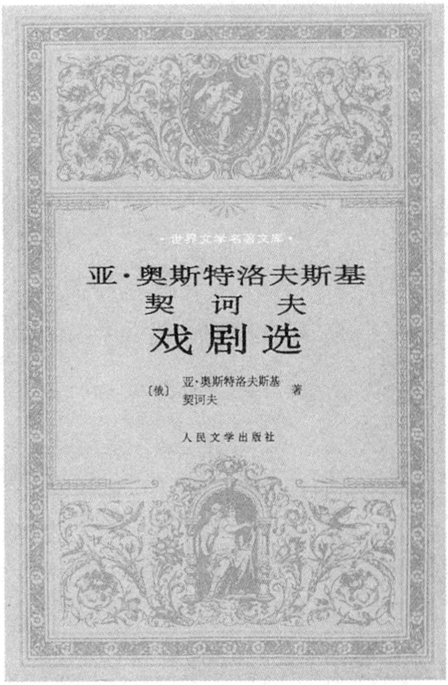

人民文学出版社 1998 年版封面

和每一个树干的背后，在向你望着。你们这座园子，我一想起来就恐惧。当我在黄昏，或者在夜里，走过这座园子的时候，树木上凹凸不平的树皮发着昏昏的光亮。樱桃树好像在痛苦的、压抑的梦中，看见了所有一两百年以前所发生过的事情一样。我们应该结束过去，追求一种自由、幸福的生活。这就要求我们坚忍不拔地、毫不间断地去劳动。”安妮雅深情地望着他：“对，我应该离开这座园子。”特洛费莫夫紧紧抓住她的手：“如果你手里执掌着家里的钥匙，那就把它们一起丢到井里去。走开吧，要自由，要像风那样的自由。整个俄罗斯就是我们的一座大花园。全世界都是伟大而美丽的，到处都有极好的地方可去。”安妮雅高兴得跳了起来：“你说得真对呀！”

“请相信我吧，我还不到三十岁，虽然是学生，尝了不少的苦楚，但我心里永远充满着光辉的景象。我预感到幸福快降临了。”

很快，8月22日就到了，晚上，郎涅夫斯卡雅邀请了许多客人，客厅里充满欢乐气氛，客人们在悦耳的音乐声中翩翩起舞。然而，此时的郎涅夫斯卡雅却全无往日的轻松与快乐，一筹莫展地焦急地等待着哥哥处理地产的消息，但迟迟未见戛耶夫的踪影。这时候，特洛费莫夫看到郎涅夫斯卡雅焦急的样子，就过来陪她闲聊。郎涅夫斯卡雅对他说：“我的命运就在今天决定。我不知地产是不是卖了，或戛耶夫弄到钱又买了回来。我的心思全乱了，简直不知道怎么办才好。特洛费莫夫，救救我吧!跟我谈谈吧!”特洛费莫夫坦率地说：“不论地产今天是否卖出去，反正事情已很清楚了，再也没有路可以回头了。你还是镇静一点吧，不要再自欺了。你一辈子至少要拿出一回勇气来，面对一下现实。”郎涅夫斯卡雅哭丧着脸说：“你能看得出什么是现实，什么不是现实，可我却像瞎子似的什么也看不出来呀！我只知道，我生在这里，长在这里，要是我把祖先留下的产业丢了，我的生命就失去了意义。要是非卖这块地产不可，那就连我一齐卖了吧……呜呜……可怜可怜我吧!”特洛费莫夫这时心里也不是滋味，连声说：“我满心同情你。”郎涅夫斯卡雅又从口袋里摸出一封电报递给特洛费莫夫：“我每天都要收到他从巴黎打来的电报。他又病了，请求我饶恕他，回到巴黎去陪伴他。唉！他寂寞，他不幸，有谁能照料他呢?说实话吧，我至今还爱着他。这就像是我脖子上挂着一块石头，它会把我坠到水底去，可我还是爱这块石头。没有这块石头，我就活不了。请你不要错怪我，不要开口，什么也别对我说。”特洛费莫夫见此情景，流下了同情的眼泪，不过他还是板起面孔劝她说：“他是个无赖，是一个一文不值的小人。他把你骗光了，只有你看不出来呀！如今你该醒醒了！”郎涅夫斯卡雅双手捂住耳朵：“不，不!不要说了!你不懂得爱!”特洛费莫夫不高兴了：“你这样不听劝告，真太可怕。既然如此，我走了，咱们两人从此一刀两断”“不，不!求求你!你这个纯洁的精灵……你原谅我吧……我们两人再跳一回舞吧!”

安妮雅走近母亲悄悄地说:“听人说,樱桃园今天卖出了!”“谁说的?卖给谁了?”“不知道。”“快去打听。唉呀,真把我急死了!”“别打听了,樱桃园是卖给我了。”郎涅夫斯卡雅定眼一看是罗巴辛:“怎么,是你?”“对,一点不错!”郎涅夫斯卡雅心里一阵难受,差一点晕了过去。罗巴辛笑笑说:“别忙,让我把情况告诉你们。我到拍卖场时,捷里冈诺夫早已在那儿了。戛耶夫手里拿着一万五千卢布的押款,可捷里冈诺夫一下子就出到比押款多两倍的数目。我看这情况不妙,就加了五千。可是他也往上加。当我加到比押款多九万时,就定局了。现在这座樱桃园是我的了!”说到这里,他不管郎涅夫斯卡雅一家人的表情如何,哈哈大笑,得意地说:“上帝啊,樱桃园居然是我的了,是一个奴隶的儿子的了!”他看着郎涅夫斯卡雅一家又说:“怪谁呢,这都是你们只知道在无知的云里雾里空想的结果呀。”他从地上拾起钥匙,把它摇得叮当作响:“音乐家们,快来奏乐呀,快来看看我是怎样用斧子把樱桃园的树木一根根地砍倒,然后盖满别墅,让我们的子子孙孙在这里过新的生活。”

郎涅夫斯卡雅走了,去了巴黎;安妮雅跟特洛费莫夫去追求自由、幸福的生活;戛耶夫也在银行里找到了一个年薪六千卢布的职业;罗巴辛本人则毫不犹豫地砍掉了樱桃园的树木,准备盖别墅,建造一个他期望比樱桃园更美的新花园。

威廉·戈尔丁［英国］

《蝇　王》

作者简介

威廉·戈尔丁(1911—1994),英国当代著名小说家,1983年诺贝尔文学奖获得者。他出身于英国康沃郡的一个知识分子家庭,1930—1933年在牛津大学学习并开始其文学创作,1940年应征入伍,曾参加过诺曼底登陆等重大战役。1954年发表小说《蝇王》,1983年因“他的小说用明晰的现实主义叙述艺术和多样的具有普遍意义的神话,阐明了当今世界人类的状况”而荣获当年的诺贝尔文学奖。

作品提要

《蝇王》是一部反映人性中“恶的一面”的现代寓言。在未来的一场核战争期间,英国一架疏散儿童的飞机在海上被击落,飞行员死去,飞机上的一群男孩流落在一座荒无人烟的珊瑚岛上。他们之中有一个十二岁的名叫拉尔夫的男孩,是英国海军司令的儿子,他朝气蓬勃,乐观自信。他为脱离大人的管制获得自由而欣喜若狂,沉湎于生活在丰硕富饶的荒岛上的欢乐之中。有着绅士的优雅举止、高尚道德的拉尔夫为了将分散在岛上各处的孩子组织起来,吹响了一只螺号,在全体儿童会议上,拉尔夫当选为领袖。儿童们在拉尔夫的领导下等待求援。起初,拉尔夫同其他满怀热情的孩子们还能处在一个良好的秩序中,但不久便懈怠了。红发儿童杰克是个唱诗班的领队,他自命不凡,对拉尔夫当选领袖十分不满,拉尔夫分配他去打猎,他便把猎来的野猪头挂在一个尖木桩上,又逼着其他孩子仿效野蛮人那样,将脸部涂抹成五颜六色,转着落满苍蝇的野猪头(即蝇王)狂欢。

后来,拉尔夫希望重返文明世界,同其他男孩发生激烈斗争,为此他啜泣不止,痛不欲生。随着他地位的下降,海岛也相应趋于毁灭。为了夺取领袖地位,杰克领人袭击了拉尔夫的住所,拉尔夫自己最要好的朋友猪崽在混战中坠崖死去,拉尔夫也陷入重围。正在这紧急关头,一艘英国军舰及时赶来,拉尔夫才幸免于难。孩子们见到大人,一个个号啕大哭起来。

这个海岛本是外界从未染指过的热带天堂，只是后来拉尔夫和他的朋友，一群英国来的从六岁到十二岁的孩子所乘的飞机坠落在此才有了人类的足迹。这些男孩最终彻底毁灭了这里的一切，整个海岛最后都在熊熊大火中燃烧起来。

作者通过拉尔夫天真本性的沦丧提出自己的人性真理。

初看起来，海岛如同另一个伊甸园，而整个故事也好似基督教神话中失乐园的现代翻版，然而实际上情况却恰恰相反。在基督教神话中，亚当和夏娃获得有关善与恶的知识时，天真无知的本性就不复存在了。对他们来说，天真无知的本性是意识的统一状态，其中不存在对罪恶、异化和死亡的认识。没有自我意识，没有荣辱感，人就没有独立的个性，自身和意志也就处在与神的和谐统一之中。

拉尔夫处在具备独立个性的初始状态。他身上打上了社会的烙印，天堂或最近乎于天堂的是文明和纯朴，当然对拉尔夫来说也包含了无知，即对造成人性沦丧的力量及其结果的无知。拉尔夫丧失了其质朴纯情，他独自清晰的意识经历了渐近的毁灭，而其根源就在于人性的堕落，换句话说，就是理性判断和道德良知的分崩离析。人性的堕落在小说中通过人物命名渐次简洁地展开。取名或命名表明人类对被命名物所掌握的理性认识和驾驭能力。皮吉是理性的化身，他强烈希望对人与物进行区分、整理，精简成为一个易于管理的体系。他负责探询岛上每一个男孩姓名，然而他发现自己处在同各种黑暗势力的冲突之中，他们如同自己的对手，都取着合适的名字。他初次遇到拉尔夫就询问他的姓名，可拉尔夫却不屑于结识皮吉。继皮吉遭拉尔夫冷落之后，那种丧失独立人格的趋向呈现于杰克身上，他只让人知道他的姓——梅里迪尤。这一姓氏掩盖了他的个性，只反映出家族的纽带。这一点最显著的是那个长着深紫色胎痣的男孩，他没有名字。他夜里梦见野兽，使得那些孩子们对黑暗的恐怖感又萌动起来。随着堕落的加深，山姆和埃里克这对同胞兄弟形影不离，无法分辨，称为山姆埃里克。而珀西瓦尔·威姆斯·麦迪逊这个年仅六岁的孩子最终将自己的名字完全遗忘，由此标志着他们对作为抽象的人的自我存在意识的丧失。随着人性的沉沦和皮吉的身亡，拉尔夫和其他剩下的孩子已不只是有形无名，同时也不再对理性意识所能掌握的事态持有人的驾驭能力。他们成为那些超人的无意识力量的工具。

上海译文出版社 2006 年版封面

罗格尔突然想要破坏几个较为年幼的孩子们玩的游戏，可道德禁忌像一堵无形的墙护卫着他们。对此西蒙更是感受至深。在孩子们中间，西蒙的自我意识最为敏感，而这种强烈的自尊使他感到无法在大庭广众之下慷慨陈词。其他孩子群起群居，而他则喜欢孑然独处，冥思苦想。他痴人说梦似的时常同蝇王对话，时常反躬自问，同内心中的原始冲动对话。他的自觉认识最终赋予他崇高的道德良知，这是其他孩子不可企及的，因为他谙熟人类内心中的黑暗势力，并且时刻防患着人类桀骜不驯的自我。这也使他最能胜任各种行动。他同时认识到孩子们的恐惧从根本上说是对深藏在他们心中的罪恶和死亡的本能反抗和抵制。

西蒙的才识并未传授给其他孩子，这是由于他从山上回来后在一次原始野蛮的狂舞祭典中被杀死殉难了，每个人，包括皮吉和拉尔夫都参加了那次狂舞。西蒙的被谋杀，即道德良知的泯灭，是孩子们在人性堕落、丧失独立人格过程中所受到的最为深重的打击。事态之所以发展是由于限制毁灭性冲动的文明制约，被孩子们学会画在脸上的面具所冲破。开始时，皮吉和拉尔夫视杰克和他们那帮孩子形同走兽，而最后这伙走兽摧垮并吞噬了每一个人，使孩子们丧失人性，与之为伍。对西蒙的杀戮消除了个人的身份，也取消了个人的责任。如果社会责任被社会认可的毫无人性的角色所取代，那么不负责任者和暴君就会称霸天下。人类内心中的原始冲动在面具掩护下自由发展并得以确认，留给人们的就只有恐惧、敌意和仇视，生活完全成为一场无法无天的权力之争。拉尔夫身处邪恶，通过学习认识到，人类内心的黑暗势力就是非人性化，它威胁着吞噬人性。他发现了人类进退维谷的境地，理性和情感互不相容，它们在人心中彼此共生而又相互悖逆，促使人视自我为理性和良心所构成，同时也使人为从两者重压下取得的自由而狂喜。

厄尼斯特·海明威［美国］

《永别了，武器》

作者简介

作者简介见《老人与海》一章。

作品提要

第一次世界大战期间，年轻英俊的美军中尉弗雷德里克·亨利在意大利前线的一个战地救护队服役。前线建了一所英国医院，有很多漂亮的女护士。为了弥补生活中的空虚，亨利经常往医院里跑。就这样亨利认识了美丽的英国姑娘巴克莱小姐，她是随未婚夫从英国来这里当军队护士的。不幸的是，她的未婚夫在一次战斗中阵亡了，这使她感到非常难受。

有一次，亨利去拜访巴克莱小姐。晚饭后，亨利吻了她，他挺喜欢这个年轻的英国姑娘，但这种喜欢是漫不经心的，他并没有爱上她。突然她竟扑在亨利肩头哭泣起来："你要好好地待我。"临行前，她还送给亨利一枚奖章，以做护身符。上前线救护站忙了两天后，到了第三天晚上亨利才去找她。"你说过你爱我吧?"她说。"是的。"亨利继续撒谎。"你以后就叫我卡萨玲吧。"亨利觉得她有点儿疯疯癫癫，不过，这总比每晚逛妓院好得多。"你不觉得咱们扮演的这出戏坏透了吗?" 她说，"不过，你是个很好的孩子。"他心里明白，自己现在还没有滋生过爱情的念头。这的确是一场戏，跟打桥牌一样。第二天下午，亨利来到医院，看见一个故意掉队的士兵最终还是被找回团去了。他盼望战争结束。这晚亨利没见到卡萨玲，心里觉得寂寞空虚。

1957 年拍摄的电影《永别了，武器》中的男女主角

战事越来越紧张，总攻就要开始了。不久，救护车队接到命令，要赶快到达指定地点。亨利只好告别卡萨玲。临行前，卡萨玲还送亨利一个圣安东尼圣像保佑亨利平安归来。然而事与愿违，在一次战斗中，亨利的腿被炮弹击中，被送入米兰一

所新设立的美国医院。几天后，亨利和卡萨玲在医院里重逢，她是奉命调到这所新建的医院来工作的。当卡萨玲出现在亨利的病房时，亨利简直不敢相信自己的眼睛，亨利紧紧地抱住卡萨玲，发疯似的吻着她。她日夜精心照顾亨利。他们甚至顾不上医院里的各种规章制度，尽可能找机会偷偷在一起，谁知道这种日子还会维持多久呢?亨利已经完全爱上卡萨玲了。他本不想爱上什么人的。在亨利可以走动时，他们便上公园或是饭店。回到医院，她坐电梯上护士层，亨利到病人那一层。一直等到忙完工作，病人都睡了，她才进来。亨利真想举行结婚仪式，但那样，人家就会把她调走。

卡萨玲怀孕了。只要能找到一个能去的地方，他们就决定一起离开，别的一切得失她都不管了。不久亨利得了黄疸，病了两周。可有人说亨利是故意纵酒要养成黄疸来逃避前线，于是亨利失掉了休假。返回前线的午夜，亨利和卡萨玲在火车站对面的旅馆要了一个房间，过去病房是他们的家，现在这间房又成了他们的家。真是舍不得离开。

秋天，亨利的任务是去接管四辆救护车。雷那蒂羡慕亨利的运气，逃过了夏天的战事。他高兴亨利回来，他都快要闷死了。教士也来了，他感觉战争就要完了，因为打久了大家都变得温和了。亨利不相信。亨利走过从前受伤的地方，心里有一种奇异的感觉。这里新铺了一条路，有许多车，路尽头是一处被毁坏了的村子。村子过去就是前线。跟亨利一起的金诺人不错，但他天生是个爱国者，一说到神圣、光荣这些词，亨利就不做声，亨利觉得不好意思，因为他观察了好久，可是没看到这些美好的东西。那天整天下着暴风雨，四处泥泞。第二天清早奥军发起进攻，攻到了前线，后又被赶了回去。这时，伤员来了，装满了两部卫生车。第二天夜里，传令撤退。中午，士兵们撤退到了哥里察，城里几乎空了，亨利看见一辆车正在把几个妓女装上去，他们原来的别墅空无一人，上校让亨利撤走时把门廊上的物资装到波达诺温去。

离城时，一片荒凉、黑暗。许多车、马在公路上集结。亨利绕上大路，在移动的车、炮行列中慢慢行驶。他走走停停，有时候还打个

世界图书出版公司 2004 年版封面

浙江文艺出版社 1992 年版封面

中国致公出版社 2005 年版封面

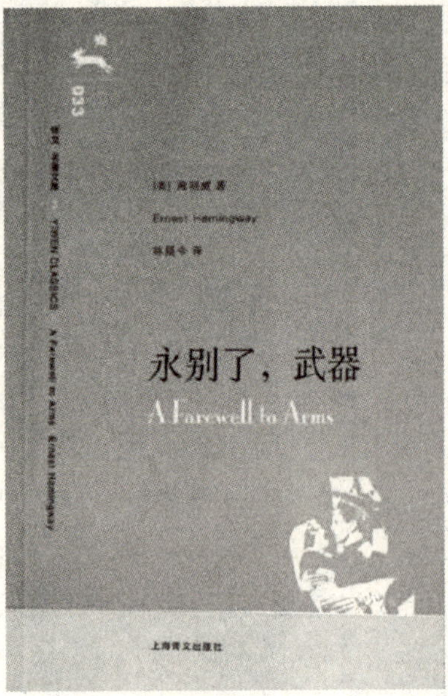

上海译文出版社2006年版封面

盹，迷糊中亨利想起了卡萨玲，要不是战争，他们大概都在睡觉吧。中午，他们的车陷入泥泞，再也走不动了。搭车的两个战士拔腿就跑，亨利开枪打死了一个。走近一座桥时，他们看见德国人的车疾驰而过，亨利奇怪为什么没有人阻击他们，也没有人负责轰炸大桥，真是发疯。这场战争整个就是发疯。沿着铁轨，当他们走向南边那条路时，“啪啪”一排枪打了过来，司机爱莫死了，是草木皆兵的意大利人干的。下一个该谁了呢?中途，他们中的一个人跑掉了，他宁愿去当俘虏。只剩下亨利和另外一人，他们在一个废弃的农舍睡了一会儿，那天晚上居然什么都没发生。天亮前他们到了一座桥上，桥两边站着意大利的战地警察。亨利因为口音不纯而被怀疑，问明情况后，警察又说:“擅自离队，理应枪决。”听着远处传来的阵阵处决的枪声，亨利猛然投进河里。他们开了一阵枪，亨利潜在冰冷的河里，待枪声停后，亨利抱着一块木头顺水漂流。冰冷的河水使他浑身发抖，可更冷的是他的心。“好了，一切都结束了，我的愤怒在河里洗掉了，任何义务和责任也一同洗掉了。再见了，战场!永别了，武器！”不知道过了多长时间，当亨利爬上了岸，他偷偷地爬上一个运火炮的军列，现在他只想赶快见到卡萨玲。

经过几番周折，亨利来到了米兰。从一个认识的酒伙计那里，亨利找到了卡萨玲。“原来是你。”卡萨玲目不转睛地看着亨利，她是那样幸福。那晚在旅馆的房间里，他俩是那样兴奋，好像回到了久别的家。九死一生后的重逢，使亨利真正懂得了他们爱情的力量，懂得了他们幸福的珍贵。他多么想和卡萨玲在这安安宁宁地住下去，可米兰的宪兵却在时时刻刻地盯住他们这些“逃兵”。他只好和行动不便的卡萨玲在一个风雨交加的夜晚，从马奏列湖上偷渡去中立国瑞士。亨利整个夜晚都在划船，手疼极了，好几次差点撞破船。亨利嘴里涌出暗褐色胆汁味道。他不知到了什么地方。

天清清楚楚地亮了，他们的确到了瑞士，很快得到了临时签证。不久天纷纷扬扬地飘起了雪花，他们把窗子关好，在高高的炉火上生起了火。他们有时在山路上转悠，在松林里散步，在雪地里徜徉；有时在房间里玩纸牌，下楼去和房东太太聊天喝茶；有时又下山到小镇走走。日子一天一天过去了，卡萨玲临产的日子快到了。他时常担心，尽量安慰她，鼓励她。他俩都在为快出世的孩子祈祷，都认为他们的孩子一定很漂亮。几天后的一天早晨，卡萨玲肚子痛,亨利把她送进了医院。她的肚子一阵一阵地痛,但孩子还是没有生下来,母亲也死了。他趴在床上哭起来,他永远不要爱了,永远不要别的女人了。

什么都不必说了,一切都没有什么用处了。亨利走了出去,离开医院,冒着雨走回旅馆。

詹姆斯·乔伊斯［爱尔兰］

《尤利西斯》

作者简介

作者简介见《都柏林人》一章。

作品提要

小说情节非常简单，它只描述了1904年6月16日早晨八点到次日凌晨两点18个小时内三个人物在都柏林的全部精神生活和经历，但它几乎涉及都柏林生活的每一方面，被一些评论者称为现代社会的百科全书。在艺术风格上，它的主要特点是自然主义与象征主义的结合。乔伊斯在此书中以自然主义的手法将都柏林的生活完整、生动地呈现在读者面前；而象征主义的主要特点则在于利用语言形象来造成暗示性和音乐性。在艺术结构上，小说采用与荷马史诗《奥德赛》平行的结构，每章的寓意均与史诗有对应关系，使古代生活与现代生活融为一体，小说标题即是采用了《奥德赛》主人公的名字（奥德赛又名尤利西斯）。

青年斯蒂芬因母亲病危，被从巴黎召回都柏林。母亲在弥留之际要他在病榻前跪下为她的灵魂祈祷。但斯蒂芬出于对宗教的背叛，没有从命。母亲去世将近一年后，斯蒂芬依然引为罪责，懊恼终日。父亲整日酗酒又使他从家里出走，租了一座炮塔与医科学生穆利根和英国人海恩斯同住，以教书为生。对亡母的愧疚，在精神上与宗教、家庭的决裂所产生的无依无靠，使斯蒂芬极度渴望精神上的安宁与自由，渴望重新找到一位精神上的父亲。这天上午，他上完一堂历史课后去校长地瑟先生处领取工资。校长对他大谈了一番历史及女人误国以后，交给他一篇文章，托他找个报社发表。斯蒂芬离开学校，独自一人徜徉于海滩，凝神遐思。面对阵阵袭来的浪潮，他想着自然界沧海桑田的变化，人类世世代代的生死繁衍以及艺术怎样才能保持永恒。他苦思冥想不得其解，便口占一诗，寄托内心深处的孤独。他撕下校长原稿上的空白处，将自己的诗记在上面。

上午八点钟，主要人物——犹太裔的广告经纪人布鲁姆出场。他起床后觉得自己有点儿饿，决定趁火炉上的水未开前的时间出去买一副腰子，因为“那淡淡的臊味”特别微妙地刺激着他的味觉。买回腰子后，他赶忙给未起床的妻子莫莉端去早餐。莫莉是一个小有名气的歌手，自从十一年前他们的小儿子夭折以后，夫妻二人的婚姻就已经名存实亡。性欲旺盛的莫莉早就另寻新欢，她的现任情人是花花公子波伊兰，他近日将安排莫莉到外地作一次演出。布鲁姆为此事深感烦恼，却又无能为力。布鲁姆把刚收到的一封信和一张明信片交给妻子。那封信正是波伊兰寄来的，明信片则是他们的女儿米莉在收到十五岁生日礼物后寄来的感谢信。莫莉看过明信片，若无其事地告诉布鲁姆：当天下午四点钟波伊兰要给她送节目单来。布鲁姆不禁心烦意乱。

人民文学出版社 1997 年版封面

上午十点钟，都柏林被灿烂的阳光所笼罩着，布鲁姆信步街头，在邮局收到一封玛洛写来的情书。她就是布鲁姆书信久通却从未谋面的情人，是布鲁姆通过报纸广告招聘女助手的过程中结识的。布鲁姆在与她通信的过程中，一直用着假名“弗洛尔”(Flower，花之意)，而今天情人的来信中夹着一朵枯花，布鲁姆甚为得意。读毕情书，他到教堂做弥撒，教堂里，神父正向教友分发圣餐。布鲁姆看到吞食圣餐的妇女们的贪婪模样，看到忏悔阁子旁打鼾声不断的瞌睡的老人，不禁感叹这些信徒的盲目。他想到向殖民统治政府告密，出卖同伙的丹尼斯·凯里。以前他也总是到这里来领取圣餐，带着点儿狡猾的心理，如今他发现其实神父也是以一种狡猾的态度在分发圣餐，不禁感叹“这是个虔诚的骗局”。当神父跪下朗读福音书时，布鲁姆再也呆不住，于是溜之大吉。他在饭店买了块肥皂，去了浴室洗澡。在池中，布鲁姆审视着自己的身体，乐此不疲。

上午十一点钟，布鲁姆乘马车去公墓参加故去的好友迪格南先生的葬礼。斯蒂芬的父亲西蒙也在车上。从西蒙对儿子交友的抱怨中，布鲁姆看到了他满脑子其实都是儿子。由此，他想起了自己夭折的小儿子鲁迪，感叹道：“人生啊，人生!”与他一同到墓地的都是白领中产阶级，布鲁姆为自己的犹太裔出身深感自惭形秽。而当这些人暧昧地提起他妻子莫莉的外遇时，布鲁姆更是无地自容。灵柩下葬后，他仍在坟地中徜徉，两侧是悲痛的天使、十字架、断裂的圆柱、家茔、仰望天空做祈祷的希望的石像。他想到了死去的邻居、夭折的幼子、亡故的母亲，这些都在他心上留下了不可弥补的伤痕。想到自己走街串巷的广告经纪人的职业像一个漂泊流浪的犹太人，只觉得身为都柏林人的自己只不过是个异乡客，布鲁姆不禁心中无限凄楚，他甚至想到了死亡。布鲁姆又对墓地的铺张颇不赞许，他认为人死后最好火葬，要么就海葬。他不喜欢"另一个世界"，认为活着就应该感受身边那热乎乎的生命，感受那热乎乎充满活力的生活。

中午，布鲁姆到报社与主编排妥广告文字，尽管他勤勤恳恳，任劳任怨，但他还是不断受到周围人的奚落与控告。这时斯蒂芬刚好来报社要求刊登校长地瑟的文章遭到主编拒绝。斯蒂芬悻悻而出，因为上午刚发了工资，他到酒吧去喝酒。一路上，斯蒂芬给大家讲自己夜间遇到妓女的经历，而这时，布鲁姆看见斯蒂芬的妹妹正准备卖什么旧家具。

下午一点钟，布鲁姆走进一家低档的小饭馆，这里又脏又乱，吃客们则狼吞虎咽，丑态百出。布鲁姆顿时没了胃口，他走出小饭馆，来到一家略高级一些的饭馆。这里，他遇见熟人大鼻子弗林。弗林问他莫莉的巡回演出经纪人是谁，这使布鲁姆想起了下午四点钟他们在家里的会面。想到自己年轻时候和莫莉的甜蜜以及现在莫莉与情夫的寻欢作乐，布鲁姆心中很是难过，便离开饭馆。他走后，弗林和饭馆的主人都称赞他人品好，又喜欢帮助人。布鲁姆想去博物馆参观石雕女神像，一路上，他喂海鸥面包屑，给妻子买了条衬裙，扶盲人过马路，对两个有困难的女子提供帮助，但却几乎迎面撞上和莫莉幽会的伊波兰，布鲁姆赶紧躲到了博物馆里。

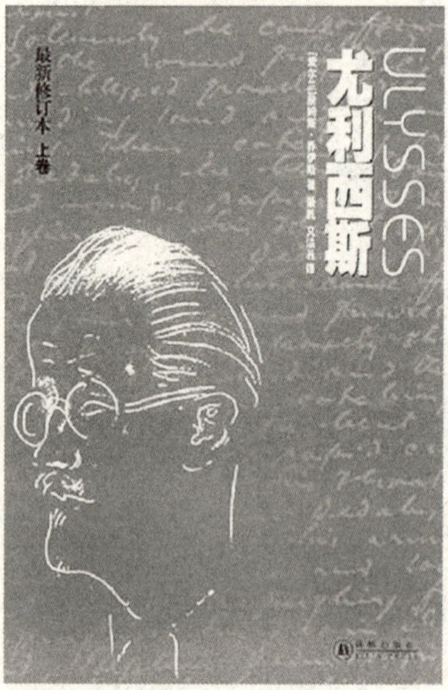

译林出版社 2005 年版封面

下午两点钟，博物馆旁的国立图书馆里，斯蒂芬与一位诗人和几名图书馆工作人员及室友莫里根讨论莎士比亚戏剧。他提出的问题是：莎士比亚究竟是哈姆雷特本人还是他父亲？莎士比亚是否也像哈姆雷特父亲一样遭到妻子的背叛？不久，布鲁姆也来到了图书馆，但他没有卷入这场讨论，而是机灵地回避了。

下午三点钟，都柏林全城的人都在奔波与忙碌。莫莉对一个行乞的水手行善，给了他一个铜板；而耶稣会会长康米神父却只给了他一个祝福，这位神父碰到议员的太太时非常高兴。布鲁姆给莫莉买了一本廉价的色情小说。当一群老人沿街为刚去世的迪格纳穆的孩子们募捐时，布鲁姆马上捐了五先令，但总督府的副秘书长吉米·亨利和副行政长官约翰·

范宁却不肯解囊相助。这时,陆军中将——爱尔兰总督大人正带着夫人携随从穿街而过,引起了人们的骚动。波伊兰在鲜花水果店为莫莉买花赴约,同时也没有忘记向水果店女郎献媚。斯蒂芬在书摊边碰见了妹妹迪丽,妹妹向他诉说了家里一贫如洗的状况,斯蒂芬有心帮忙,但自己命运未卜,又怎么能帮得上家里呢?他只有苦恼,暗中责备自己。与此同时,在一家咖啡馆里,与斯蒂芬同在塔楼住的两个人穆利根和海恩斯却在讨论他,认为他是个"头脑失掉平衡的人,永远也当不了诗人"。都柏林城热闹又混乱。

下午四点钟,布鲁姆到奥蒙德旅馆酒吧间闲坐。波伊兰也在那儿,但他喝过酒便去与莫莉幽会了。斯蒂芬的酒鬼父亲正在这里弹琴唱歌,两名金发碧眼的女招待忙着为客人服务。布鲁姆给想象中的情人回了一封信,又想起了早早夭折的儿子,心中不禁备感凄凉,连漂亮的女招待也失去了任何吸引力。

下午五点钟,布鲁姆约一个朋友在酒吧间见面。一群酒客正在谈论政治和暴力,而一个市民却大放反犹太人厥词,并借酒向布鲁姆挑衅。忍无可忍之下,布鲁姆奋起反驳:"你的上帝是犹太人,耶稣基督和我一样,是犹太人。"市民气得捡起一只饼干筒向布鲁姆身上掷去,幸未能击中。布鲁姆和朋友赶忙乘马车逃之夭夭。

晚上八点钟,"夏日的黄昏开始把世界笼罩在神秘的拥抱中"。布鲁姆到海边休息。十八岁的少女格蒂恰好也在这里,她蜡一般的面庞像象牙一样纯洁,显得十分神圣,一张樱桃小口宛如爱神丘比特的神弓。布鲁姆坐在不远的地方,深深为格蒂的美貌所吸引。格蒂感觉到布鲁姆对她的注视,向他挑逗似的晃动着双腿,布鲁姆不禁激情萌动。但在格蒂离开海滩时,布鲁姆发现她原来是个瘸子。

晚上十点钟,布鲁姆到国立妇产科医院看望一位难产的熟人。在医院里他碰到一群喝得醉醺醺的医科学院学生,斯蒂芬也在其中,他们正讨论生育、绝育和节育问题。斯蒂芬与另一个叫林奇的人搭车去都柏林的妓院区,布鲁姆望着他们踉踉跄跄的背影十分不放心,他托护士向产妇代问好以后就尾随斯蒂芬而去。

午夜十二点,布鲁姆开始了幻想状态。幻想从马博特街开始,在一家妓院里达到高潮。起初,他幻想自己被警察捉去审问,罪名是给某夫人写情书——其实这只不过是他曾经动过的念头而已。他又幻想自己荣升为市长,还成为爱尔兰的国王,随后就遭到群众的攻击被驱逐出境。而就在此时,斯蒂芬来到了蓓拉·科亨的妓院。酩酊大醉的斯蒂芬疯狂地在妓院里跳起舞来。他在幻觉中看见自己的母亲从坟墓里出来,告诉他她如何爱子心切,恳求他为她的灵魂祈祷,但斯蒂芬还是无法答应。在无可奈何的痛苦折磨中,他举起手杖击碎了妓院的吊灯冲出大门。就在这时,摆脱了幻觉的布鲁姆赶到妓院。布鲁姆将老鸨安慰一

爱尔兰首都都柏林有许多乔伊斯的纪念铜像

番后，到街上看斯蒂芬，其时，斯蒂芬已经在与两个英国士兵的争执中被打翻在地上。布鲁姆在恍惚之中，看到的仿佛不是斯蒂芬，而是他十一年前夭折的儿子，博学多才、温文尔雅，就像斯蒂芬一样。在道德沦丧、家庭分裂的大千世界里，布鲁姆和斯蒂芬这两个无依无靠、渴望精神家园的人终于在彼此身上找到了自己所缺损的东西。布鲁姆找到了儿子，斯蒂芬找到了父亲。凌晨一点钟，精疲力竭的布鲁姆扶着斯蒂芬来到一家通宵营业的马车夫小吃店。那里的一个水手正在讲他七年中在世界各地航行所见到的各种风俗习惯和奇怪事情。布鲁姆悉心照顾斯蒂芬，而后将斯蒂芬邀请到家中做客。

凌晨两点钟，布鲁姆携斯蒂芬回到家中，和莫莉约会以后的波伊兰刚刚离去。尽管布鲁姆在卧室里看出了种种波伊兰刚刚来过的迹象，想象中妻子和她的情人在一起的情形又使他怒火中烧，他还是努力用一种超然的态度面对了这种现实，使自己平静下来。他为斯蒂芬煮了一杯可可，两人就在厨房里谈了起来。布鲁姆挽留斯蒂芬在家里过夜，斯蒂芬婉言谢绝了。天蒙蒙亮时，斯蒂芬告辞离去。送走斯蒂芬，布鲁姆上楼与莫莉交谈了几句，就酣然入梦了。

凌晨两点三刻，布鲁姆卧室的床上，莫莉半睡半醒之间的意识活跃地流动着。莫莉的幻觉中出现了丈夫布鲁姆、现情人伊波兰和她的初恋情人等。当布鲁姆回家告诉她关于斯蒂芬的事后，好像隐隐感到了一种母性的满足，却又有一种对青年男子的冲动使她幻想着和斯蒂芬谈情说爱。莫莉觉得活着就是为了爱别人，被别人爱；就是为了唤起别人的欲念，响应别人的情欲。但同时，她又安于现状，因而在流过许多人物和岁月之后还是流向了自己的丈夫，想到他的许多可笑的事情，想到十年夫妻生活的冷漠。但无论如何她觉得布鲁姆比波伊兰强多了，他有教养，有礼貌，有丰富的知识，有艺术修养，并且通情达理，善解人意，不乱花钱，不酗酒，靠得住，实在是个难得的好丈夫。

罗曼·罗兰［法国］

《约翰·克里斯朵夫》

作者简介

罗曼·罗兰(1866—1944),法国著名作家。出生于巴黎。1889 年从巴黎高等师范学校历史系毕业后到罗马的法国考古学校进修。1895 年获艺术博士学位后在巴黎高等师范学校和巴黎大学讲授艺术史,并从事文学创作,兼写音乐评论。20 世纪 30 年代同巴比塞等进步作家一起组织反对法西斯的国际性群众运动。第二次世界大战期间，在沦陷的法国闭门著书,直到巴黎光复。代表作十卷巨著《约翰·克里斯朵夫》(1904—1912)描写一个有才华的音乐家的一生,是理想主义与现实主义相结合的艺术作品,获 1915 年诺贝尔文学奖。他的作品极为丰富,包括诗歌、戏剧、小说以及大量传记作品、评论、政论等。主要作品有《母与子》(1922—1933)、《哥拉·布勒尼翁》(1918)、《皮埃尔和吕丝》(1920)、《格莱昂波》(1920)、《大革命剧》(1898)，以及《贝多芬传》(1903)、《米开朗基罗传》(1906)、《托尔斯泰传》(1911)、《甘地传》(1923)等名人传记。

作品提要

北京燕山出版社 2005 年版封面

约翰·克里斯朵夫出生在莱茵河畔的一座小城里。他的祖父约翰·米希尔曾是大公爵的乐队指挥;父亲曼希沃·克拉夫脱是宫廷剧场的提琴师。由于曼希沃对自己的婚事不满,整天没节制地喝酒,家境日趋窘迫。平时,谁也不愿多看克里斯朵夫一眼,他总是独自玩耍。江声、钟声、车轮声、蟋蟀叫声、划船声对他来说都是和谐的音乐。祖父非常喜欢这个孙子,经常给他讲述古往今来伟大英雄的故事。可是他六岁时受到富家少爷的欺负,使他幼小的心灵受到了创伤。

祖父发现了他的音乐天赋，偷偷将他即兴哼唱的曲子记下

天津社会科学院出版社
2006年版封面

来，编为《童年遣兴》。有一次，父亲从外面回来，撞见孩子入神地坐在高大的钢琴前面，心中突然一亮。他开始十分热心地教孩子弹琴。但很快，克里斯朵夫就开始厌倦了。曼希沃怒吼着，戒尺像雨点般落下，甚至不给他饭吃。他终究给制服了，每天只好坐在钢琴前，流着眼泪弹琴。在不知不觉中他对音乐产生了某些感情，并深深地印在他心头。高脱弗列特舅舅来了，听了克里斯朵夫的作品后对他说："音乐要谦虚、真诚。音乐不是在屋子里写的。要呼吸到老天爷的新鲜空气，只有这样才有音乐。"舅舅的话深深地印在了克里斯朵夫的脑子里，从此他作曲时总忘不了舅舅。

三年过去了，十一岁的克里斯朵夫被正式任命为宫廷音乐联合会的第二小提琴手。在为大公爵的笨蛋客人们弹琴时，克里斯朵夫有一种被人玩弄的感觉，他觉得屈辱。祖父去世了，家庭的衰败一发不可收。父亲把家产都给变卖了，用于换酒喝，最后连那架旧钢琴也卖掉了。克里斯朵夫这时才十四岁，他毅然挑起了生活的重担。在紧张的工作中，他希望能够真实地表现自己，把生命之舟在时间的洪流中直放出去，梦想有一天做个天才的音乐大师。

在莱茵河畔，克里斯朵夫结识了城里富商的儿子奥多·狄哀纳。克里斯朵夫佩服奥多的温文尔雅、落落大方和博学多闻，而奥多则对他的音乐名气、魄力和独立不羁的性格十分敬佩。两个少年一见如故，发誓要做好朋友。可是，他们的友谊遭到了人们的猜疑，不久，奥多进了大学，这段友谊就此隐没了。

克里斯朵夫在教参议官女儿弥娜弹琴时，两人产生了恋情。尽管弥娜一家非常赞赏克里斯朵夫的才华，但是当他向参议官太太请求时，因门第、金钱等原因遭到拒绝。克里斯朵夫仿佛被针刺了一下，他突然感到他和他们之间的距离，他愤怒地转身便走。当晚，他的父亲跳河死了。父亲死后，他和母亲搬到一所简陋、便宜的住处。克里斯朵夫感到极度的困倦和烦躁。

克里斯朵夫有一位邻居，是二十岁的寡妇萨皮纳·弗洛哀列太太。萨皮纳的青春风韵和天真的娇媚仿佛一股魔力吸引了克里斯朵夫。在同克里斯朵夫一起为她哥哥的儿子洗礼的路上，他们同坐在一辆车上，快乐无比。但是克里斯朵夫还没有能够向她说出自己的爱，萨皮纳就患感冒死了。克里斯朵夫号啕大哭起来。他在痛苦中与帽子店的女店员相爱。尽管遭到多人的反对，他却干脆与女店员在公开场合露面。可是，女店员乱伦的无耻勾当使克里斯朵夫又恨又怒，终于毁灭了这段爱情。克里斯朵夫心乱如麻，走上了极端放纵的路，整天呆在酒店里，常常酒气冲天地回家，母亲除了叹息只有祈祷。一天，舅舅来了，对他瞅了好久，冷冷地说："你好，曼希沃!"克里斯朵夫愣住了，走到镜子前，从里面认出了父亲的面目。克里斯朵夫的酒醒了。

他终于从自己精神的风暴中挣扎出来，摆脱了往事的纠缠，决心赶紧工作。但是他的艺术理念不能被德国人接受，很多报纸都来攻击、贬低他的作品。他自己出钱印刷他的作品，但是连一部也没有卖掉。一次人们聚集在乡村客店里喝酒、跳舞。克里斯朵夫发现一个大兵在调戏妇女，他失手把那个大兵打死了。没有办法，他只好逃往巴黎，开始了艰苦的奋斗。他参加了一个艺术家的聚会，但是他发现爱音乐的音乐家太少了！书籍报刊上，全是一些低级的东西，舞台上也到处弥漫着精神卖淫的风气，他怎么也没有想到，巴黎艺术界竟如此腐败。

高兰德·史丹芬是有钱的汽车制造商的女儿，她请克里斯朵夫教她弹钢琴。她卖弄风情，以求得克里斯朵夫的注意。高兰德发现克里斯朵夫不受她的吸引，反而对他更感兴趣了，她故意向克里斯朵夫袒露心中的空虚和苦闷，恳求他帮助自己。克里斯朵夫被感动了。在高兰德周围，有一批自命为画家、演奏家和作家的人物，他们把精力和时间耗费在无休止的关于爱情的议论上。在这群人中，高兰德最喜欢的是暴发户的儿子吕西安。吕西安外表文质彬彬，礼貌周到，内心却极其肮脏，自己的艳遇、朋友的隐私等都是他写作的材料。克里斯朵夫要求高兰德离开吕西安，她却用最柔和的声音恳求克里斯朵夫仍旧做她的朋友，同时用甜蜜的媚眼和态度接待吕西安。克里斯朵夫决心和她决裂。

克里斯朵夫肆无忌惮地发表他对法国艺术界的批评，因而得罪了许多人，他的作品也被拒绝上演。此时的克里斯朵夫感到无比的孤独。意大利姑娘葛拉齐亚被克里斯朵夫的琴声感动得热泪盈眶，恨不能把自己的生命献给他。她为无法使他幸福而难过，觉得再也无法在巴黎呆下去了。她回到了故乡，在她心灵深处，仍然保留着克里斯朵夫的美好印象。

克里斯朵夫的生活十分艰难。寒冬到来，他在阁楼上冻僵了，只得在街上乱跑，以此来取暖，一辆马车撞倒了他，好不容易才爬回来。女佣杜西妮为他付了药费，还热心地照料他。克里斯朵夫惊奇地发现，他从书本上认识的法国贫民的形象是大错特错的，和杜西妮在一起，他觉得精神上特别能够接近自己的母亲，但遗憾的是，不知为什么她走了。

克里斯朵夫经不住音乐会的诱惑，来到了一个知名人士的家里。在那里，他遇到了一位真正的朋友、青年诗人奥里维·耶南。第二天，克里斯朵夫迫不及待地去看望奥里维。奥里维面对恶浊的环境、贫困的生活而坦然处之的态度触动了他，他非常喜欢这位

光明日报出版社 2007 年版封面

朋友。奥里维告诉克里斯朵夫，他看到的只是一批寄生虫、政客、废物，连一个真正的法国人都没见到。奥里维引导克里斯朵夫认识法国社会。克里斯朵夫看到了法国音乐剧制作的精练而质朴的艺术，看到了领导工会的优秀分子，他看到了真正的法国。克里斯朵夫重新埋头创作。作品《大卫》终于出版，大家认为克里斯朵夫是个天才，报纸开始吹捧克里斯朵夫。《大日报》的头头们请他替报馆写颂歌，被他客气地拒绝了，这使他们恼羞成怒，又转过头来攻击他。

正当克里斯朵夫四面受敌时，突然，一切改变了，报纸停止了对他的攻击，莱比锡有名的出版商来信要求承印他的作品，奥国大使馆来信表示愿意在使馆庆祝会上演奏他的曲子，一切都在好转，就连他回国给母亲扫墓也得到了特许护照。这段时间，克里斯朵夫的艺术思想发生着变化，变得更宽广，更富于人民性，渐渐地，他的名字在广大群众面前也有了号召力。这当中似乎有一个人在暗中保护他。在一次晚会上，克里斯朵夫终于见到了保护他的天使——伯爵夫人葛拉齐亚。

克里斯朵夫忙于创作，想用健全的音乐去改造社会；奥里维忙于研究社会的灾难，想为平民的解放事业献身。五一节那天，奥里维去找克里斯朵夫一起参加民众集会。奥里维不幸牺牲在群众与警察的混战中，克里斯朵夫因杀死警察而逃亡瑞士。朋友的死使他悲恸欲绝，他病倒在一个同乡医生朋友的家里。医生的妻子阿娜跟克里斯朵夫在一起感到无比愉快和欣慰，美妙的音乐点燃了她心中爱情的火焰。一天夜里，她闯进了克利斯朵夫的卧室，两人发生了关系。事后，克里斯朵夫觉得对不起恩人，决定离开医生的家，隐居到一个山村去。

上海人民美术出版社 2008 年版封面

不久，他又开始创作了。他的头上出现了白发，他变得心平气和，既不恼怒也不再想战斗，只顾创造自己的梦境。

晚年的克里斯朵夫誉满欧洲，但他却感到空虚。夏天的一个傍晚，他碰到了孀居的葛拉齐亚，葛拉齐亚又一次给克里斯朵夫带来了春天。尽管她已衰老，但风韵犹存。孤独的克里斯朵夫需要温情，心中又积满了爱。他们回到了巴黎。由于葛拉齐亚儿子的阻挠，两个相爱的人却不能结婚。葛拉齐亚死后，他关上了最后一道爱的大门。斗争已经结束，他走出了战场，和多年的敌人讲和了。他把奥里维的儿子和葛拉齐亚的女儿当成自己的子女。送走了这新婚的一对，他终于病倒了，一边发着高烧，一边大声唱着赞美生命的歌："和谐的爱是爱与恨结合起来的庄严的配偶。我将讴歌那个掌管爱与恨的神明。赞颂生命，赞颂死亡！"

里尔克［奥地利］

《致奥耳甫斯的十四行诗》

作者简介

作者简介见《杜伊诺哀歌》一章。

作品提要

《致奥耳甫斯的十四行诗》实为诗集，共由五十五首十四行诗组成，分为两部，第一部为二十六首诗，第二部为二十九首诗。所有这些诗都写成于 1922 年 2 月之前。有的是献给读者的，有的是献给朋友的，有的是献给朋友的朋友的，甚至也有献给狗的。这些十四行诗在技巧上具有浓重的印象派色彩，在主题上与里尔克的另一部诗作《杜伊诺哀歌》一样，表达的是对现代社会个体生存意义的困惑。有评论者称，尽管里尔克自己并不是基督徒，但是要想理解他的诗，必须从宗教角度入手，因为他的诗作里“一再凸显对上帝和神性事物的询问，并且有一种锥心刺骨的紧迫感”。

北京燕山出版社 2005 年版封面

据诗人自己解释，第一部中的第十六首是写给一只狗的。诗中诗人以“我主的手”建立与奥耳甫斯的关系。诗人想牵来这只手，让它也为狗祝福——鉴于对狗的无限同情和倾心，几乎像以扫（此人名出自《圣经·创世记》第 27 章）一样，狗长毛只是为了在自己心中分得一份不该得到的遗产：包括痛苦和幸福的整个人的存在。从这首诗里看得出里尔克对宗教关注和对人的生存意义的象征性探讨。第二部第十一首写的是一种古老的捕鸽子方法，猎人将帆布慢慢放进溶洞，突然翻动帆布，白得出奇的溶洞鸽子受到惊吓便会从栖身处飞出洞外，猎人借机射杀鸽子。该诗旨在揭示人生悖论。

第一部　第十六首

你孤独，我的朋友，因为……/ 我们用言语和手势 / 渐渐掌握了世界，或是它最薄弱最危险的部分。/ 谁能用手指一种气味？/ 可那些威胁我们的力量，/ 你察觉许多……你认识死者，/ 神秘的咒语让你恐惧。/ 瞧，如今它吩咐共同承受 / 片断和部分，仿佛这就是完整。/ 帮助你，这谈何容易。最最紧要：/ 别把我植入你心里，我生长太快。/ 但我要牵来我主之手，对他说：/ 在这里。这就是长毛的以扫。①

第二部　第十一首

不厌征服的人，自从你恪守追猎，/ 严密的死亡规则，某些已悄然形成；/ 更甚于陷阱和渔网，我知你，一片风帆，/ 人们将你垂挂在喀斯特溶洞里。/ 悄悄置你于洞中，仿佛你是一面 / 颂扬和平的旗帜。可随后：奴仆掀动 / 你的边缘，黑夜从洞中抛出一串鸽子，/ 苍白而眩晕，抛入光明……/ 但这也合理。/ 让任何怜悯的叹息远离观望者，/ 不只远离猎人，他警醒，靠行动完成正该做的事。/ 杀戮是我们游移的悲哀的一种形态……/ 凡是发生于我们自身的 / 在愉悦的精神中是纯粹的。②

吉林出版社 2007 年版封面

①《〈杜伊诺哀歌〉与现代基督教思想》(里尔克等著，林克译，上海三联书店 1997 年版)，第 55 页。

② 同上，第 128 页。

马塞尔·普鲁斯特［法国］

《追忆似水年华》

作者简介

马塞尔·普鲁斯特(1871—1922),法国意识流小说的鼻祖之一。疾病使普鲁斯特深居简出,从1909年开始,他把全部身心都投入到了长篇小说《追忆似水年华》的创作中。全书共分七卷，分别是:《在斯旺家那边》《在娇美如花的少女们身边》《盖尔芒特家那边》《索多姆和哥莫尔》《女囚》《逃亡者消逝了的阿尔贝蒂娜》《重新获得的时间》。第二卷《在娇美如花的少女们身边》曾获法国文学1919年度龚古尔文学奖。《追忆似水年华》以细腻的笔调,通过叙述"我"的回忆、联想、感受以及迷离恍惚的精神状态和似睡似醒的心理探索,描写了一个敏感而多思的法国青年眼中的19世纪末至第一次世界大战以前法国上层资产阶级的社会生活。小说没有连贯的故事情节,但人物众多,都是从作者意识的自然流动中浮现出来的,作者把潜意识的作用作为描写人物的第一手法,着重刻画人物的变态心理和细致感触,对后来的意识流小说产生了较大影响。

作品提要

马塞尔在睡意朦胧中,不断涌现出对逝去岁月的回忆。而从睡梦中醒来,他并不急于入睡,躺在床上想起小时候在孔布莱乡间度过的夜晚,假期里的愉快生活,外祖母和父母亲,特别是母亲在他临睡前给他的一吻,以及某一年冬天自己从外面回来,因为吃浸泡在椴花茶里的小甜饼而勾起的回忆,旧日孔布莱的风景、楼台、教堂和夕阳映照的钟楼,还有当时在生活中所接触到的人和事。无论白天或是夜晚,人们时常在孔布莱周围漫游,书房里有鸢尾花,附近唐松维尔的小路上充满了丁香、山楂花的香气。

从孔布莱走出去,一边可以通向斯旺家,这是一位犹太金融家的儿子;另一边通往古老的贵族府邸盖尔芒特家。老邻居斯旺时常来访,每逢他到来时总会响起一阵特别的门铃声。一次偶然的机会,马塞尔初次邂逅斯旺家的女儿吉尔贝特,心里不禁产生了爱情。由此带出了她的父母斯旺和奥黛特的一段爱情。开始时,斯旺并不爱奥黛特,她激不起他的任何情欲，甚至还引起他某种生理反感，但是奥黛特说他们之间可以建立一点罗曼蒂克的联系，斯旺听了后微微一笑，他已经接近看破一切的岁数，懂得满足于为爱的乐趣而爱。他们两个开始交往起来。斯旺抱着浪漫的希望期望她终究吐露爱情，为此，他突然给奥黛特写了一封信，信纸上充满了虚假的失望和佯装的愤怒。他用这种方法得到了奥黛特从未对他写过的一些温情脉脉的信。他们两个开始了热恋。奥黛特弹的万特伊的奏鸣曲中的主题使斯旺联想到他对奥黛特的爱情，因为奥黛特的感情中有稍嫌不足和令人失望的地方，奏鸣曲便以它神秘的本质加以补充、渗透。斯旺基本上每个晚上都到奥黛特家里去。斯旺对奥黛特的爱情终于使他作出了以往他认为毫无意义的事，而这完全是由于爱情所衍生的嫉妒所致。有一天晚上奥黛特不舒服，于是让他回家，斯旺便以为奥黛特还要等别的男人。嫉妒使斯旺又从家里返回来，看奥黛特是不是在骗他，结果证明他是错误的。但奥黛特时常在交际场厮混，玩弄手段，周旋于好多追求者之间，这始终使斯旺嫉妒，无限苦恼。

元旦到来时，马塞尔和妈妈去拜访了亲戚。之后，马塞尔请香榭丽舍大道的那家店铺的女老板将一封信通过来买东西的斯旺家的仆人转交给吉尔贝特。信中说他们旧日的友谊与过去的一年一同结束了，从元旦起，他们要建立一种崭新的友谊。这种友谊需要他们两个共同爱护。

但是斯旺夫妇不喜欢吉尔贝特和他来往，认为他品德不高尚，对他们的女儿只能产生坏的影响。马塞尔最后一次去见吉尔贝特时，她被邀去参加舞蹈训练，而马塞尔的到来使她不能成行，因此她极不高兴。那天下午，他们进行了一场非常枯燥的谈话，她脸上没有一丝欢乐，干涩木然，闷闷不乐，仿佛整个下午都在责怪所有的人。马塞尔感到他自己甚至无法理解吉尔贝特的笑声所表达的另一层难以捉摸的思想，他非常痛苦，决定不再和她见面，然而马塞尔久久不能平静，魂牵梦绕。

两年之后，马塞尔对吉尔贝特几乎已经完全淡漠下来。假期里，他和外祖母带上女仆弗朗索瓦丝同去巴尔贝克海滨度假。他描绘了清晨的大海、日出、阳光和风，眼前的游人，美丽的渔家女、少女们。外祖母遇见韦尔珀里齐夫人，并乘车出游，马塞尔结识了盖尔芒特公爵的侄儿罗贝尔·德·圣-卢，交谊日笃，这位圣-卢后来成为吉尔贝特的丈夫。在巴尔贝克，马塞尔通过风景画家艾尔斯蒂尔认识了阿尔贝蒂娜·西蒙娜。这个棕

译林出版社 2001 年版封面

色头发的少女虽然说话粗俗,但颇有才智,富于魅力,马塞尔渐渐在交际中爱上了她。马塞尔在一次猜物集体游戏中握住了阿尔贝蒂娜的手,感觉特别。然而确定自己爱上她了之后,他却佯装更喜欢别的女孩。阿尔贝蒂娜要马塞尔待她上床之后去看她,马塞尔非常高兴。但在阿尔贝蒂娜的床边,她拒绝了他的亲吻,令马塞尔十分费解。马塞尔在阿尔贝蒂娜送给他一支烫金铅笔后,认为她肯定因没能叫他快活而悔恨。马塞尔这一段日子里充斥着海滨气氛:沙滩、浓雾、爬满青藤的教堂和山楂花。后来,他们离开,马塞尔感觉到"巴尔贝克在晚秋季节成了又潮湿又寒冷的地方,就像在我最初的梦中那样,可是在我的记忆中仍然是披着金色衣裳的盛夏佳日"。他觉得自己在那里待的时间太少了,没有充分利用巴尔贝克。

马塞尔家迁居到紧邻贵族盖尔芒特府邸的新居。圣-日耳曼郊区似乎蒙着一层神秘的纱幕,对他来说,"盖尔芒特"意味着法国古代的历史传说,同时象征了巴黎社会的风尚,这是他所从属的资产阶级从未涉足的禁地。因为圣-卢的援引,这个世界终于向他开放了。在歌剧院,在东锡埃尔府邸,在韦尔珀里齐夫人的繁华沙龙中,他受到非常优厚的款待。他心里暗暗爱慕着盖尔芒特公爵夫人,每天都在她经过的路上等她,为的是能和她打个招呼。马塞尔对盖尔芒特夫人有着强烈的爱,他祈求上帝让她遭受各种灾祸,让她破产,让她名誉扫地,让她失去横在她和他之间的一切特权,让她没有住处,也没有人愿意理睬她,这样,她就会来他这里避难。他还结识了公爵的兄弟、时髦人物夏尔吕斯男爵。马塞尔的母亲发现了孩子心里对贵夫人模糊的爱情,乃设法扭转,使他清醒过来。他又恢复了对阿尔贝蒂娜的热恋。

马塞尔第二次来到巴尔贝克海滨小住,想起前次同来的外祖母已经逝去,十分忧伤。他偶然重逢阿尔贝蒂娜,两人又恢复了亲密交往,于是愁思渐消。两个年轻人在海滨、舞会、花园和游乐场中尽情欢乐。母亲对于他跟这个女孩可能结婚踌躇不安。但是热恋中的年轻人有他们自己的生活,他们乘小汽车出游,穿过桑特比森林,他供应她的一切奢侈享受。"我的整个思绪都被阿尔贝蒂娜占据了。"他们整天双宿双飞,陶醉在爱情深处,虽然有时也发生一些嫉妒与小小的争吵,但最后马塞尔还是决定娶她为妻。

马塞尔与阿尔贝蒂娜在巴黎同居,过着甜蜜的爱情生活,母亲不喜欢与他们共同生活,所以自己留在孔布莱。阿尔贝蒂娜跟一个名叫安德莱的女子很要好,马塞尔怀疑她们有同性恋关系,一件小小的意外事件似乎证实了这一点。后来他想离开她,但又摆脱不了,因为"她的吻就像以前我母亲的吻那样有一种令我平静的力量"。他们的同居遭到人们的指责,而且他们之间有时发生龃龉,使阿尔贝蒂娜在生活中如同女囚:马塞尔的爱情里含有过多的嫉妒成分。疑心病一生,爱情的花朵就枯萎了,最后两人终于分手。

"阿尔贝蒂娜小姐走了。"女仆弗朗索瓦丝说。这件事使马塞尔陷入苦恼。他得知阿尔贝蒂娜在都兰，于是委托圣-卢与在该地的蓬当太太联系，设法寻找。终于，这位太太来了电报说他的女友由于一次意外事故已经死去。马塞尔无限悲痛，回忆过去和她在一起的温馨时光。他拿对吉尔贝特的爱与对阿尔贝蒂娜的爱做了类比。马塞尔又委托艾迈到都兰去调查，艾迈的回信描写了一个与马塞尔所认识的阿尔贝蒂娜完全不同的形象。后来悲哀渐减，马塞尔觉得需要阿尔贝蒂娜，这使他想去寻找别的女人，他开始感到了遗忘的力量。他在盖尔芒特家看到一个叫福煦维尔太太的女子，原来这就是他少年时的恋人吉尔贝特（在斯旺死后，有位叫福煦维尔的先生收养了她）。

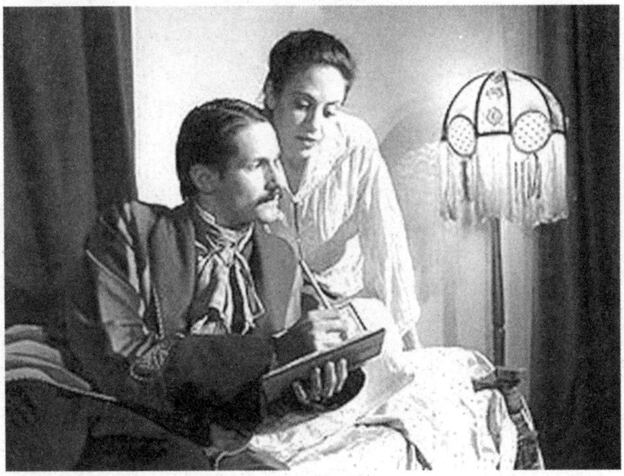

2007年，澳大利亚墨尔本上演的话剧《追忆似水年华》剧照为男女主角马塞尔和吉尔贝特

母亲带马塞尔到威尼斯旅行，在那边住一些时候以遣兴，这令他品尝到仿佛有点像儿时在孔布莱的风味。他心里仍然时常想起阿尔贝蒂娜。母亲先回法国，他不愿离去，一个人留下，但随即又感到十分孤寂。他收到吉尔贝特的信，说她已跟圣-卢结婚，这女子终于踏进了贵族之家。他还收到另一份婚礼请帖。这两个婚礼使他感到惆怅，仿佛一切往事都已远逝。不幸的是，吉尔贝特婚后，她丈夫圣-卢恋上了男提琴手莫莱尔。

1916年巴黎，正值第一次世界大战，德国飞机时时夜袭，一片战时景象。马塞尔的旧相识，有的从军（如圣-卢）在前线战死，有的假装爱国（如布洛克），也有的成了逃兵（如莫莱尔），夏尔吕斯依然继续寻欢作乐，并且在林阴道上散布失败论，成了亲德分子。马塞尔记述了当时听到的和看到的种种事情。随后战争结束。多少年后他又重新回到巴黎，应邀到盖尔芒特家做客。在府邸的深深庭院中散步，偶然碰到砌得不大平整的小径，马塞尔又产生了当年在孔布莱那次吃浸在椴花茶里的小甜饼时的感觉，又遐想到威尼斯、万特伊的小乐句，仿佛还听到从前斯旺来访时的特别的门铃声，他想："真正的天堂是已经失去了的天堂。"这些印象使事物具有时间之外的本质。为了寻觅失去的时间，他再回到交际场中，看到旧时各个人物的变化，或浮或沉，或沦为乞丐，或衰老，或已死亡。吉尔贝特成了福煦维尔太太，像一朵枯萎了的玫瑰花；而曾经粗俗自负的阿格里让特亲王虽已衰老，却变得温和许多；他在自己身上也发现了时间的毁坏作用。时间改变了世界上物的面貌，于是他着手写一本表示"时间之外的现实"的作品，决心在作品中铭刻上时间的印迹。

茅盾［中国］

《子　夜》

作者简介

茅盾(1896—1981)，原名沈德鸿，字雁冰。出生于浙江省桐乡市。1909 年入湖州浙江省立第三中学。1913 年考入北京大学读预科。1916 年预科毕业后，因家境窘迫辍学，到上海商务印书馆编译所当校对，随即开始在《学生杂志》《学灯》等刊物上发表文章，不久就升为主编。茅盾这一笔名，就是因为他刚到上海不得不以卖文为生，老名字用起来不大方便，写小说又是新举动，再加上他认为在生活中、思想上，到处都是矛盾，所以就取了“茅盾”这样的笔名。茅字上面的草头，是代理《小说月报》编务的叶圣陶先生给加上的，因只有加上这个草头，才像是真的姓氏，不会被人猜疑。“五四”运动后，茅盾参加了新文学运动，主要从事理论批评和译介外国文学作品。1921 年与郑振铎、叶绍钧等人发起成立文学研究会，同时参加上海共产主义小组，并从事革命工作。1923 年任教于党创办的上海大学，积极参加了 1925 年的“五卅”运动。1926 年与恽代英、郭沫若等发起组织中国济难会，又赴广州任国民党中央宣传部秘书。1927 年“七一五”政变后回上海转入地下，由原先的主要从事文艺理论批评工作转而开始进行创作活动。1928 年发表三部曲《幻灭》《动摇》《追求》，后来三本合集出版，题名为《蚀》。同年赴日本，1930 年返沪后加入“左联”，一度担任过行政秘书(书记)工作，和鲁迅来往亲密。1933 年，写出了杰出的长篇小说《子夜》。《子夜》的出现，显示了无产阶级革命文学在小说创作方面的重大实绩，推动并提高了革命文学的创作水平，确立了他在中国现代文学史上作为一个卓越的现实主义作家的地位。抗日战争爆发后，最初在上海主编《烽火》周刊。上海沦陷后去香港，并辗转于长沙、武汉、广州等地。1938 年被选为中华全国文艺界抗敌协会理事。1938 年底，应邀离开香港赴新疆，在新疆学院任教，并主持该地的文化协会。1940 年 5 月离开新疆返回内地，途中在延安稍作逗留，并在鲁迅艺术学院作短期讲学。1941 年到香港，主编《笔谈》。同年辗转到桂林从事文化工作。1947 年又赴香港。1948 年末到达解放区。新中国成立后，历任文化部长、政协副主席、全国文联主席等职。在文艺理论批评、译介外国进步文学、指导青年作家等工作中，作出了重要成绩。

作品提要

《子夜》是我国现代文学中一部杰出的革命现实主义长篇小说。它以上海为中心，反映了中国社会的全貌，写的是 1930 年 5 月至 7 月这两个月中的事件。贯穿《子夜》全书的主线，是民族工业资本家吴荪甫与买办金融资本家赵伯韬之间的矛盾和斗争。围绕这一主线，小说共有十九章，第一、第二两章交待人物，其余十七章虽各有重点但皆共同服从于全书的中心，小说结尾侧面带出中国工农红军日益强大，指出了中国革命的真正出路。当时上海的工商业遭受重大打击，公债市场也随着时局急升骤降。工业资本家吴荪甫作为工业界巨头，对中国工业充满了信心。他身材魁伟、举止威严，目光炯炯有神，言语具有磁性，能够煽动起别人追求事业的勃勃雄心，使人愿意跟他合作。他游历过英美等国，懂得管理现代工业的知识，有一套剥削工人、经营企业、与同行竞争的经验和手腕，有魄力，有胆量，多谋善断，富于冒险。他热心于发展家乡双桥镇的实业，经营着米厂、油坊、布店、当铺、电厂、钱庄等，并打算以拥有十万人口的双桥镇为基地建筑起他的“国家像个国家，政府像个政府”的“双桥王国”来。但是仅仅十万人口的双桥镇还不是他“英雄用武”的地方，他要发展中国的民族工业，他要发展企业，增加烟囱的数目，扩大销售的市场，他有着巨大的野心。后来，虽然他在家乡的资产被农会攻占了，他的裕华丝厂也奄奄一息，颇不景气，但他没有气馁，他要把一些半死不活的所谓企业家全部打倒，要把企业拿到他的铁腕里来。这时，正逢若干较小工厂无法偿还债务，他便用极低价钱把它们吞并过来，轻易地吃掉了陈君宜的绸厂、朱吟秋的丝厂，同时又以孙吉人、王和甫共同组织的“益中信托公司”为大本营，不费吹灰之力地吞并了八个日用品制造厂，他扼住了朱吟秋的咽喉，做起了实现他“双桥王国”的美梦。但是这一历史时期的中国社会，各种矛盾缠绕在一起，资产阶级和无产阶级的矛盾，国民党反动派和工农民主革命力量的矛盾，国民党内部汪、冯、阎、蒋之间的矛盾，资产阶级内部民族资本家和买办资本家之间的矛盾等等，错综复杂，交织在一起。在帝国主义和封建主义的统治下，中国民族工业要想得到独立的发展是根本不可能的。帝国主义侵略的魔手已紧紧地扼住了中国民族工业的咽

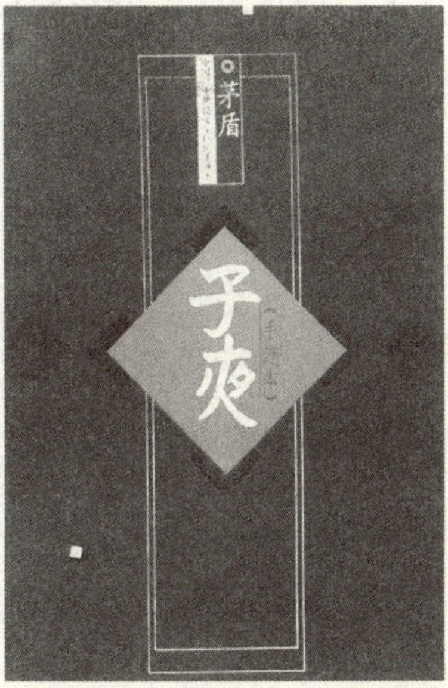

中国青年出版社 1996 年版封面

喉，因此他的所谓“双桥王国”的美梦，他的发展民族工业的勃勃雄心，也就只能是一个无法实现的幻想。他与美帝及官僚买办资产阶级的代理人赵伯韬进行着勾心斗角的斗争，开始他刚愎自用，根本不把赵伯韬放在眼里，要和他决一高低，但当他在金融市场失败以后，当他得知赵伯韬有美国老板撑腰时，却又表现得异常怔忡不宁，再也振作不起来，甚至打起了退堂鼓，产生了“有条件投降”的想法；在跟赵伯韬的争斗中，他和工人阶级的矛盾也日益加剧。他拼命地榨取工人的血汗，尤其是当他受到赵伯韬的威胁，感到资金短缺、生存危险的时候，更是企图从工人身上榨取资本，他减少工人工资、开除工人、延长工作时间，他企图靠剥削工人来挽救因外货倾销和军阀混战所造成的企业的不振，想吸尽工人的血汗来弥补他在投机市场上所受到的损失，他的所作所为引起了工人的强烈反抗和罢工。为了挽救自己的失败命运，他一方面利用军警来镇压工人的罢工运动，一方面又用他的走狗屠维岳的各种阴谋诡计来破坏排山倒海的工人运动，但最终还是阻挡不住、熄灭不了风起云涌的罢工运动，他被工人运动搞得惊慌失措，吓得坐卧不宁。他费尽心思、花极低代价收买过来的许多小厂也都成了他脱不下的“湿布衫”，因为要维持这些工厂，需要大量现金；后来他周转不灵，硬是叫这些小厂把他拖垮了。他和孙吉人、王和甫所苦心经营的“益中信托公司”在军阀混战、农村破产、工厂生产过剩、赵伯韬的大规模经济封锁之下一败涂地。野心勃勃、刚愎自用的吴荪甫，已没有多少可走的路了。

于是吴荪甫开始打公债市场的主意了。吴荪甫是“办实业”的，他以发展民族工业为己任，向来反对拥有大资本的杜竹斋一类人专做地皮、金子、公债的买卖，但为了生存，他也钻进了公债的投机活动里。公债市场一直是赵伯韬的天下。赵伯韬是美帝国主义豢养的买办金融资本家，是半殖民地的特有产物，是一个有大量美资做后台的财阀。吴荪甫瞧不起这个美帝国主义的洋掮客，再加上赵伯韬有意要吞并他的企业王国，迫使他俯首称臣，这些都坚定了他要和赵伯韬决一雌雄的决心。他希望实现他的资产阶级“民主政治”的理想，盼望国民党反蒋派和地方军阀的联盟“北方扩大会议”的军事行动赶快成功，可是当北方的军事进展不利于他的公债活动时，他又唯恐北方的军事势力发展得太快了。在他身上，凝聚着中国民族资产阶级患得患失的心态以及先天的软弱性。显然，作为民族资本家的吴荪甫，很难是赵

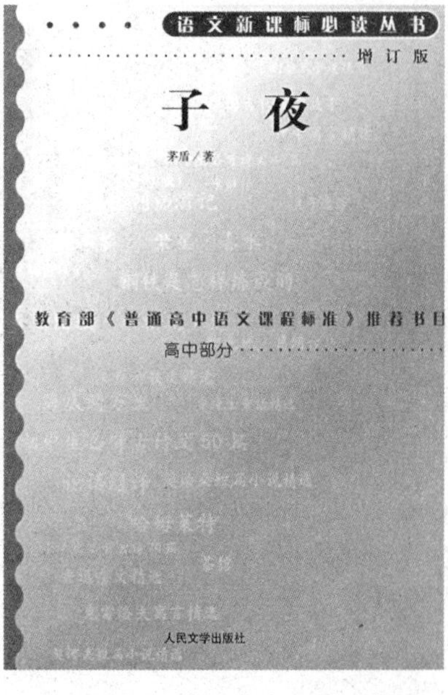

人民文学出版社 2008 年版封面

伯韬的对手。赵伯韬依仗着蒋介石法西斯政权的力量，在政治上和经济上都有着压倒吴荪甫的优势。他控制并操纵着上海的公债投机市场，扼制着民族工业的咽喉。他暗中破坏“益中信托公司”，阻止它们和一些银行、钱庄的来往，企图通过“公债多头公司”来实现他以金融资本支配民族工业资本的计划，他要吴荪甫老老实实地俯首称臣。赵伯韬老谋深算，用美国金融资本家势力做后盾，和反动军阀狼狈为奸，操纵着公债市场，组织银行托拉斯。面对赵伯韬的强大实力，吴荪甫发现自己也有被吞并的危险，于是他一反过去的果决专断和满怀信心，变得急躁不安，狐疑惶惑。为了不被赵伯韬吃掉，他也干起了过去曾反对过的“公债多头公司”，模仿着赵伯韬，与反动军阀串通一气，贩卖军火，与军阀狼狈为奸，企图靠内战来发财。在公债市场的最后决斗中，他把丝厂、住宅以及八个日用品工厂的资本全部拿来押上做“空头”，孤注一掷，以求挽救自己。但由于杜竹斋，这个他一度推心置腹的合股人的倒戈相向，把资金偷偷地投到了赵伯韬的名下，使得吴荪甫终于没能逃脱垮台的命运。